普通高等教育"十一五"国家级规划教材

主编 戴昌钧 符谢红

现代人力资源管理

——理论及实务训练

东华大学 出版社

图书在版编目(CIP)数据

现代人力资源管理——理论及实务训练/戴昌钧,
符谢红主编. 一上海:东华大学出版社,2009.12
　　ISBN 978 - 7 - 81111 - 616 - 8

　Ⅰ. 现…　Ⅱ. ①戴…②符…　Ⅲ. 劳动力资源—
资源管理—教材　Ⅳ. F241

　中国版本图书馆 CIP 数据核字(2009)第 131803 号

责任编辑　曹晓虹

封面设计　刘　洋

现 代 人 力 资 源 管 理

——理论及实务训练

戴昌钧　符谢红　主编

东华大学出版社出版

(上海市延安西路 1882 号　邮政编码:200051)

电话:021 - 62193056　62373056

新华书店上海发行所发行　江苏省南通印刷总厂有限公司印刷

开本:787×960　1/16　印张:25.5　字数:468 千字

2009 年 12 月第 1 版　2009 年 12 月第 1 次印刷

印数:1—5 000

ISBN 978 - 7 - 81111 - 616 - 8/F · 022

定价:47.90 元

前　言

　　人力资源已经成为决定当代组织能否高效运行和现代企业成败的战略性资产，因而可以这样认为，如何有效地进行人力资源管理是从事经济、管理工作的人员必须具备的一种知识和能力素养。出版这本教材的目的即是为这些人员或即将从事这类工作的学生提供相关的基础知识和实际应用的方法及技能。

　　目前，人力资源管理已是国内外工商管理学科以及公共管理学科一门必修课程，出版的这一类教材可以说是"百花齐放"，数不胜数。作为国家"十一五规划教材"本书的特色主要体现在以下几点：

　　一、突出人力资源管理的实践性。鉴于人力资源管理是一门实践性很强的学科，加强实务操作训练应是这一课程的应有之义。因此本教材包括两个部分：上篇"理论与知识点"，下篇"实务技能训练"，两者形成完整的教材，应同时一起使用，以达到预期效果。

　　上篇着力于人力资源管理各个知识点的介绍，以便学习者把握现代人力资源管理各项工作的主要内容，概念内涵，相关理论，基本的操作程序等等。而下篇则着力于将这些知识点如何在实践中应用。它包括三部分内容：1."**案例讨论**"。通常人力资源管理的教材中都包括案例讨论这一内容，我们将它放到实务技能训练中，目的是运用人力资源管理中遇到的实际问题，通过讨论和思辨消化教材主体中的知识点。它强调"思"，锻炼学生的思维能力和创新能力；2."**经验性练习**"。主要是人力资源管理具体工作的实务模拟，如人力资源规划的制定、培训方案的设计等，以锻炼学生的实际操作能力；3."**课堂实践**"。主要是通过角色模拟的方式，锻炼人力资源管理中人际互动及沟通能力。二、三部分强调的是"做"。在教学过程中"实务技能训练"如何使用,在下篇开首中有说明。

二、提供了人力资源管理的相关基础理论。尽管本教材强调实践性,但由于人力资源管理是一个需要不断创新的领域,从理论上把握了人力资源的基本特性有利于根据组织的具体情况及管理情景灵活应用管理方法和工具,进而实现创新。本教材介绍的相关基础理论包括诸如人性假设、激励理论、组织文化及团队建设等等。这些理论通常散布在组织行为学及相关的管理学科中,此处主要从人力资源管理的视角进行阐述,从而达到更深刻地理解人力资源管理本质特性的目的。

三、前沿性。鉴于人力资源管理的实践在不断发展,新的管理方法和经验在不断地涌现。因此,作为教材虽然应保持课程体系的稳定性和和内容的成熟性,我们仍然增加了人力资源管理许多前沿内容,如,在一些章节中以"新动向"为标题介绍了这一领域的新的思路和新的方法;又如,针对我国企业日益国际化以及许多企业面临的关键员工流失问题,我们撰写了"国际企业人力资源管理"和"核心员工管理"两章,等等。

应该说,本教材是集体智慧的结晶,参编的人员包括青年教师、博士生和硕士生,具体的分工如下:

作为主编,戴昌钧负责教材的大纲设计和最后的统稿修订,并负责第一、二章的撰写;另一位主编符谢红,主要负责"技能训练手册"的编写。这一手册是根据她多年人力资源管理课程教学的实践积累而成的,已经在实际教学应用中取得了良好的教学效果,获得了学生的一致好评。其余各章的人员是:第三章人力资源计划,林艳;第四章职务分析和职务设计,白茂林;第五章员工招聘与录用和第六章员工薪酬系统,陶洪;第七章绩效评估,刘广;第八章人力资源维护,熊红军;第九章员工培训,徐濮;第十章员工职业生涯管理,周静;第十一章团队建设,曹汝中;第十二章国际企业人力资源管理,吕英萍;第十三章组织核心员工管理,杨丹。还有周明非参与了资料收集工作并协助主编完成统稿修订工作。同时,黄安、翟倩韵、刘媛媛、杨苏姝、张嘉颖、陆晓艳、方洁、瞿梦泽也参与技能训练手册编写工作,在此表示感谢。

　　本教材属于"十一五规划教材"，它的出版得力于教育部项目基金的资助，在此表示感谢。

　　改革开放以来，我国创造了世界瞩目的经济奇迹，其中一个重要原因是得力于我国丰富的人力资源禀赋优势。如果本教材能为正在从事或即将从事人力资源管理工作的人士更好地利用、开发这一禀赋优势提供一些帮助的话，则是作者所企盼的。

　　本教材难免存在许多不足，甚至错误，真诚希望同行和实际工作者批评指正。

戴昌钧

2009 年 8 月于东华大学旭日楼

目　　录

上　篇　理论与知识点

第二编　人力资源的获取

第五编　现代人力资源管理发展中的若干专题

下 篇 实务技能训练

上篇

理论与知识点

第一编

导　论

第一章　人力资源管理的历史与发展趋势

◆**学习要点**◆

(1)人力资源管理在现代经济中的战略意义、作用和地位;(2)人力资源管理的历史沿革、面临的挑战和发展趋势;(3)人力资源管理的主要内容和总体框架。要求重点掌握人力资源管理发展与社会经济、技术发展的相依关系以及现代人力资源管理的基本内涵和指导理念。

第一节　人力资源及其管理在现代企业中的作用和地位

农业经济时代人类经济活动的基本生产要素是土地,工业时代基本生产要素是实物资本和货币资本,而当知识经济大踏步向我们走来的当代,基本生产要素则是人力资源。人力资源已成为国家和企业最宝贵的财富。1995 年 9 月,"世界银行制定新的国家财富计算法"中指出:一个国家和地区财富的核算应以自然资本、创造资本、人力资本、社会资本为依据,其中人力资本成为衡量财富的重要指标。相应地,人力资源管理已成为国家和企业获取竞争优势的主要途径和手段。

企业竞争的关键是人才竞争,人力资源是企业竞争优势的一个重要源泉,这些观念日益成为现代社会的共识,并已经为许多活生生的事实所证明。人力资

源及其管理在现代企业中具有所有其他要素不能替代的战略功能,其作用和地位主要体现在以下几点:

1. 企业战略的正确制定和有效执行

在 19 世纪末到 20 世纪初,泰勒科学管理诞生和推广的时代,企业面临的主要任务是解决效率问题,而 20 世纪 60 年代以后企业的任务发生了根本变化,它们面临的主要是战略方向的决策问题。由于技术和产品的更新日益加速,顾客的个性化需求日益显现,服务业和其他新行业的兴起,经济全球化和市场竞争的加剧,等等,这些基本经济背景的变化,使得企业成败的关键在于战略的正确制定和有效执行,这显然取决于企业人力资源管理的质量和能力,有赖于从高层决策人员到基层的普通员工对市场变化和机会的感悟及判断能力。许多案例都说明,战略制定的基本事实要素来自于市场,其中包括许多基层的营销人员的发现,而战略制定以后的有效推行则更需要每个员工对战略的理解和把握以及积极的执行。

2. 生产率与竞争优势

生产率的基本含义是投入产出比,它是反映企业竞争实力的一个综合性指标。许多实证调查表明,人力资源管理的成效高低是影响企业生产率的重要因素。1994 年的一项对美国 35 个行业中 968 个公司的人力资源管理与生产率关系的调查研究揭示:人力资源管理有效性较高的公司的生产率要比平均水平的公司高出 5 个百分点。1997 年对 293 个美国公司进行的相似研究也得到了相同的结果,即人力资源管理有效性可以转化为 5% 的生产率差异,相当于平均每个员工每年增加 44 380 美元的产出[1]。

斯坦福大学的杰弗瑞·菲弗(Jeffrey Pfeffer)通过对重要学术文献的深入研究以及与公司人员的访谈,得出的结论[2]是,人力资源管理中有 16 项实践活动对提高企业竞争优势有重要影响。它们是:(1)对雇员在公司就业保障的承诺;(2)以正确方式招聘合格的员工;(3)工资高于同一岗位的市场平均工资;(4)对于为公司创造更高绩效和更多盈利的员工能分享到利益;(5)向员工提供公司

---

[1] Huselid, M. A, Jackson, S. E, and Schuler, R. S. Technical and Strategic Human Resource Management Effectiveness as Determinants of Firm Performance. Academy of Management Journal, 1997, 40(1):171–188

[2] Pfeffer, J. Competitive Advantage Through People, Boston: Harvard Business School Press, 1994

股票份额和利润分享方案;(6)信息分享,及时向雇员提供有关公司经营的相关信息;(7)参与和授权,鼓励决策的分散化,扩大员工在其工作过程方面的授权;(8)团队建设和工作设计,加强团队协调合作的方法和机制的建设,实现工作流程、数量和质量要求的科学化和规范化;(9)培训和技能开发,为员工提供知识和能力发展的机会;(10)工作内容的多样性和丰富化,使员工对工作产生更大的兴趣;(11)尊重并平等对待员工,创造领导与被领导之间的平等氛围;(12)当任务需要相互依赖和合作时,应缩小雇员间的薪酬差别,以减少人际竞争并强调合作,从而提高生产率;(13)内部晋升,这会对员工产生强烈的激励功能;(14)要以公司长期发展的观念对待员工,因为通过人力资源的科学管理获得竞争优势需要花费时间,要防止那种解雇员工、缩减培训费用以提高短期利润的短视做法;(15)重视对员工工作的绩效考核;(16)上述15项人力资源管理实践的成功需要有一种管理哲学贯穿始终,那就是对人的价值和信念的正确认识,这应体现在企业文化的核心价值观中。

　　企业获得竞争优势的这16项人力资源管理要点是成功企业实际经验的总结,虽然仅仅是在美国企业的调查结果,但是其中很多内容反映了现代经济条件下的共同规律,因此值得我们关注和借鉴。本教材在以下章节中将对其作更为详细的阐述。

3. 创新活动

　　创新是现代经济的一个本质特征,并且可以毫不夸张地说它已经成为人类最重要、最具有挑战性的一种经济活动。在企业层面,创新活动包括工艺技术创新、产品创新和管理及制度创新等,它们是企业保持竞争活力和持续发展的根本。显然创新活动的主体是企业员工,因而人力资源管理的一个重要目标是如何调动员工的创新积极性和创新能力,这几乎涉及人力资源管理的各个领域。

　　当代优秀企业的实践表明,创新活动不应该仅仅局限在技术人员、工程师和高级管理人员,而是应该实现全员创新,即使最基层的第一线员工也存在着大量的创新空间。例如日本企业的合理化建议运动便是全员创新活动的生动实例。据统计1986年日本全国职工提出合理化建议达4,792万件,平均每个员工24.7件,采用率94.5%,创造效益3 089亿日元。许多大公司每年的合理化建议以百万项计算,1980年日立合理化建议421万项,松下261万项,富士电机168万项。日本企业在很长一段时间里能保持竞争优势,合理化建议运动功不可没。显然,在其背后是高绩效的人力资源管理实践。

4. 人的全面发展和企业的社会责任

人自身的全面发展一直是千百年来人类的追求,但是只有到了20世纪才逐渐认识到人的发展与组织发展的密切相依关系。直到20世纪初,绝大部分企业或商业组织仍将雇员视为谋取利润的工具,但是,到了20世纪60年代以后,越来越多的公司已认识到雇员是最宝贵的资产。企业最稀缺的资源不再是电力、厂房,不再是资本、机器,而是人,是人的知识、技能和人与人之间既有竞争,更要协调合作的理念和精神。组织的发展绝对有赖于员工的发展;另一方面,现代社会中人的发展大部分是以组织为依托,是在组织内实现的。因而组织成为实现人类自身发展的重要途径和平台。

现代社会越来越重视企业的社会责任。显然,员工作为社会的一分子,其全面发展问题理应成为企业社会责任的重要组成部分,而这一社会责任的承担有很大一部分(即使不是全部)需要通过人力资源的管理得以实现。这种认识和实践虽然可能只是刚刚起步,但是其影响是极其深刻的。"人是公司最宝贵的资产","企业要承担起人的全面发展的社会责任"这一认识将标志着又一个新的管理时代的开始!它也应该成为人力资源管理的最终目标。可以断言,如果一个企业能够在成功地从事其基本的市场经济活动同时,能牢记并实现员工的全面发展,它将必然成为功垂千秋的伟大企业。

第二节　人力资源管理发展的历史回顾

人力资源管理已经成为企业管理领域中的一个重要学科,要深刻理解和掌握这一学科的实质内涵,了解其发展历史是必需的。因为只有了解其发展沿革,才能正确地理解现在和把握未来。通过本节以及下一节的阅读,你将会发现人力资源管理理论与实践发展的最基本原因是人类社会的经济和技术变革,人力资源管理与经济技术发展之间存在着密切的相依关系。今后的人力资源管理也必然会沿着这一历史轨迹顺应新的社会变革而发展。

1. 工业革命

人力资源管理诞生的源头是17世纪在欧洲发生的工业革命。工业革命使人类社会从生产方式到生活方式都发生了深刻的变化。其中,以机械设备和劳动的专业分工为基础的工厂的诞生是工业革命的一个重要特征。工厂中的劳动分工极大地提高了生产效率。

查尔斯·巴比特（Charles Babbage）在《论机器和制造业的经济》一书中分析了劳动分工的优点：由于工人只需学习一种生产技术，从而大大缩短了培训的时间；由于专门从事一项工作，从而减少工作转换时间，并易于对该单项技术熟练程度的提高，降低原材料耗费和对生产工具的更有效使用和革新；劳动分工还可通过合理的工作安排而节约开支，并因此产生以技能和绩效为基础的工资等级的划分①。亚当·斯密（Adam Smith）在《国富论》中用某生产大头针工厂为例，说明劳动分工的基本原理和所带来的效益。同时亚当·斯密也注意到劳动分工的弊端："一个人如把他的一生消磨于少数单纯的操作…… 他就会丧失努力工作的欲望，变成最愚昧和最无知的人。"②

管理先驱罗伯特·欧文（Robert Owen）曾试图解决由劳动分工带来的问题，并在工作中的人的管理方面做了许多努力，因而他被认为是人事管理的先驱。例如在自己的工厂里规定童工的最低年龄，缩短工作时间，建立学校、幼儿园和娱乐场所等。他还创建了最早的工作绩效评价系统。为了检查工人的生产表现，罗伯特·欧文把一块四边分别涂成白、黄、蓝、黑四种颜色的木块装在工人的机器上，用于表示该工人前一天的生产绩效。

工业革命创造了市场经济制度，也抚育了以劳动分工为基础的现代企业的诞生。同时也对劳动的组织和管理提出了完全不同于传统农业社会的新的要求。可以这样断言，现代管理的源头来自工业革命。同样，工业革命也孕育了近代人事管理的胚胎和雏形。

但是必须指出的是，与现代人力资源管理基本指导理念不同的是，在工业革命时期，绝大部分工厂主都把劳动者被视为商品和盈利的工具。血汗工厂便是那个时代最典型的写照。正如马克思所批评的：资本家把工人肢解成各种碎片，使其成为机器的附属物。

2. 科学管理运动和最初的人事管理

19 世纪末至 20 世纪初，由弗里德里克·泰勒（Frederick W. Taylor）倡导和推动的科学管理运动，被认为是现代管理诞生的标志③。其科学管理的原理和

---

① 转引自　李燕萍，人力资源管理，武汉大学出版社，2002
② 转引自　丹尼尔·A·雷恩，管理思想的演变，中国社会科学出版社，2000
③ 科学管理的主要成果成为当代工业工程学科的基础

实践的主要内容可概括为以下五点①：

（1）对工人的每一个操作要素，运用秒表等工具开发出科学方法，替代凭经验的劳动方法；

（2）科学地挑选工人，一定的工作内容需要有合适的人与之匹配，并对他们进行培训，使之拥有工作所需要的技能；

（3）用科学方法制定出合理的工作标准，包括数量、质量和程序标准，齐心协力地按照这些科学原则去做；

（4）将管理工作从生产过程中分离出来，成为一种独立的职能；

（5）建立了以生产绩效为基础的计件工资系统。

泰勒以及其同时代的弗兰克（Frank）、吉尔布莱斯（Gilbraith）、亨利·甘特（Henry L. Gantt）等人所推动的科学管理运动对现代经济的发展产生了极其深刻和长远的影响。当代著名管理学家彼得·德鲁克（Peter F. Drucker）将泰勒视为20世纪人类社会最有影响的代表人物之一。认为科学管理运动的最大成就是，它解决了体力工作的生产率管理问题，使得劳动生产率提高了50倍②。事实上泰勒科学管理中所蕴含的某些基本原理在当代知识经济时代依然具有指导意义。

例如，科学管理中有关工作的标准化和规范化原则（包括操作程序、质量和完成时间等内容）依然是当今管理追求的一个重要目标③，不同的只是从体力劳动和生产制造领域推广到了白领工作和服务工作。从科学管理的基本原理中人们得到的启示是：不断地探索和发现各类工作的基本规律，进而实现工作的标准化和规范化，这是实现工作效率和质量的重要手段。又如泰勒对于"头等"工人操作动作的分解、提炼和重新组合蕴含着现代知识管理中的一个基本原理：隐性知识显性化并进而实现知识的传播和扩散。显然这也是发明新的机器替代人工操作所必须遵循的基本思路④。

科学管理运动在其开展过程中有一个值得关注的现象。泰勒本人其实是一

---

① Frederick W. Taylor, The Principles of Scientific Management, New York：Harper & Row, 1911

② Peter Drucker, Knowledge Work Productivity, The Biggest Challenge California Management Review,1999,41（2）

③ 这一点可以从20世纪80年代兴起的流程再造（reengineering），以及企业ERP的广泛推广得到证明

④ 竹内弘高，野中郁次郎的"知识创造的螺旋——知识管理理论与案例研究"一书中关于松下开发面包机的案例（北京：知识产权出版社,2006）

个极具人本思想的管理学家。他倡导科学管理的初衷是通过科学方法提高生产率,把蛋糕做大,使劳资双方都受益。他在众议院召开的听证会作证词时强调科学管理是一场心理革命。他指出:"科学管理在实质上包含着要求在任何一个具体结构或工业中工作的工人进行一场全面心理革命——要求他们在对待工作、同伴和雇主的义务上进行一种全面的心理革命。科学管理也要求管理部门的人,同样进行一场全面的心理革命,要求他们在对管理部门的同事,对他们的工人和所有日常问题的责任上进行一场全面的心理革命。没有双方的这种全面的心理革命,科学管理就不存在。"

"全面的心理革命",这就是泰勒发动科学管理运动的初衷和核心。从这一大段证词中可以看出,泰勒已经充分认识到科学管理的核心问题还是人的问题。但是在那个时代,当资本的积累的扩张尚未完全摆脱初始的野蛮状态,当工人面对的是大量繁重、枯燥、重复性的劳动,并且只是为填饱肚子而工作的时候,泰勒的想法只能是一种幻想。于是他的科学管理到了雇主和"效率专家"手里就只能成为有效地管理和剥削工人的方法和手段。因此推行科学管理的结果是生产率大幅度提高了,但是生产线上的工人却被降到更接近机器的层面上了。正如有人指出的,泰勒的科学管理是将物理学定理运用到了管理上,造成一种"社会物理学",把人的社会面降为纯粹的物理定律和决定要素①。

因而,科学管理运动在当时曾引起严重的阶级对立和社会冲突。但是科学管理基本原理中所包含的效率意识和科学精神却保留下来,直到当今时代依然熠熠生辉。同时,科学管理运动由于时代的经济和技术条件的限制而产生的种种弊病也催生了企业对人的关心和重视,它们应该说是人力资源管理思想和实践产生的源头。

在探索人力资源管理发展的源头时,还应该提到早期工业心理学的重要贡献,其创始人是芒斯特伯格(H. Munsterberg)。他在1913年出版的《心理学与工作效率》一书中描述了录用汽车司机、舰艇人员和电话接线生的经历。他注重用工人的智力及情感要求来分析工作,并运用实验装置对工作过程中员工的空间感、智商以及身体敏捷性进行测试,结果发现,测试效果好的工人其实际的工作绩效也较好。这一方法为员工招聘和选用提供了思路②。

在科学管理运动的同时或更早一些时候,人事管理的雏形已经出现。最早是福利部的形式,其任务是改善工人的境遇、处理职工的不满意见,而目的则是

---

① 转引自　丹尼尔·A·雷恩,管理思想的演变,中国社会科学出版社,2000
② 转引自　赵曙明,人力资源管理研究,中国人民大学出版社,2001

防止工人组织工会,并使工人更努力的工作。至第一次世界大战,人事部在许多工业大公司已十分普遍地建立起来了,其任务是除了承担福利部的责任以外还包括确定工资的合理水平、审查求职人员、处理与工会的关系等等。但是,在那个时代人事部在企业中的作用很小,生产、市场、财务是企业的首要任务。

3. 人际关系运动和对人事管理的贡献

1924年在西屋电器公司开始的霍桑实验(Hawthorne Studies)是管理研究中的一个里程碑式的事件。这一实验的最初目的是检验工作的物理条件,如照明、工作时间和工间休息安排及报酬对工人生产率的影响。但是很长一段时间,这一实验未能得到清晰、明确的结果,并发现影响工人生产率的因素远比工作的物理环境复杂得多。后来梅奥(Elton Mayo)以及罗特利斯伯格(Fritz J. Roethlisberger)和狄克什(W. J. Dickson)等一批具有心理学背景的专家介入了这一实验,并一直持续到30年代初。他们所得到的结论是,工作场所的群体环境、领导风格和管理者的支持会强烈影响员工的感情和情绪,而这些情感会对工作的积极性和生产率产生重要影响。由于霍桑实验以及其他一些学者的推动,人际关系运动在西方开展起来了。这一运动强调员工个体的差异性,指出非正式的群体会对员工的绩效及行为产生重要影响,主张管理者应更多地关注员工的需求和情绪,要加强沟通,并提出员工参与以及以员工为中心的管理理念。显然,这些观点蕴含了现代人力资源管理的许多思想。

此外,霍桑实验的另一个重要成果是在其长达十几年的研究过程中创造了问卷调查,个别访谈等研究方法以及对员工进行管理的许多实用技能,"……包括:第一,理解人类行为的诊断技能;第二,对工人进行咨询、激励引导和信息交流的技能。"[①]这些方法和技能为人力资源管理的理论和实践提供了方法论上的指导。

正是鉴于上述原因,众多人力资源管理专家都认为霍桑实验及人际关系运动对人力资源管理的诞生和发展作出了重要贡献[②]。同时,它们也为行为科学奠定了基础。

事实上,霍桑实验及人际关系运动同样引起了许多争议。许多人认为这一研究未能给出与生产率联系的更多证据,"快乐的工人未见得有更高的生产

① 丹尼尔·A·雷恩,管理思想的演变,中国社会科学出版社,2000
② John G. Adair, The Hawthorne Effect: A Reconsideration of the Methodological Artifact, Journal of Applied Psychology,1984(2)

率"。究其原因,主要是这些研究缺乏对现代工业组织中的经济技术分析①。因而,到了 20 世纪 50 年代人际关系运动便衰落了。但是,这一学说奠定了组织行为学的基础,也使对人的看法由"经济人"转变为"社会人",同时也为人事部门增加了许多工作内容,提高了他们在企业中的地位和社会影响。

在这一阶段(20 世纪初至 20 世纪 50 年代)人事管理渐渐成型,逐步成为公司的一个职能部门和管理的支持系统。其管理的职能范围逐步扩展,不再仅仅是负责福利工作,还包括人员招聘、基础培训、工资管理和劳资关系处理等等。导致这种变化的原因,一方面由于随着经济技术的发展,企业规模的扩大和人的作用的日益显现,人事管理成为企业参与市场竞争实践的迫切需要;另一方面则来自于科学管理运动和人际关系运动的推动以及组织行为理论的发展。如马斯洛的需求理论,赫茨伯格的双因素理论,阿德弗的 ERG 理论,亚当斯的公平理论,麦格雷戈的 X 理论和 Y 理论等等,这些理论为人事管理提供实践的依据。

还应该指出的是人事管理(也包括以后的人力资源管理)发展的一个重要外部因素是政府作用的日益加强。西方政府出于对于社会稳定以及对劳工雇佣中不道德行为的社会舆论,从开始的不关心、不介入到制定各种法律法规以对企业行为进行约束和管制。在美国,20 世纪 30 年代的经济危机产生的政治压力促成了《国家劳工关系法》(National Labor Relations Act)的出台。到了 20 世纪六七十年代诸如《民权法》、《种族歧视法》、《退休法》和《保障与安全法》等法规先后获得通过并开始执行。这些法律、法规对就业的各个方面产生影响,同时也加速了管理者对人事管理的关注。他们从劳工诉讼案件的巨大经济代价中意识到正确的人事管理的重要性,因而也越来越重视劳工关系,福利和薪酬等问题。

但是在那一个阶段,人事管理依然只停留在战术层面上,人事管理依然是以工作为中心,还尚未将人的作用提高到战略层次,人事管理仅仅是职能部门的事情,而未引起企业高层管理者的关注。

4. 人力资源管理时代

从人事管理向人力资源管理转变大致发生在 20 世纪 50 年代至 60 年代,到 20 世纪七、八十年代人力资源管理这一名词已被广泛接受并替代了人事管理的提法。追究产生这一变化的根本原因还是由于经济技术的变化对企业管理提出了新的需求。因为在那个时期,发达国家已经逐步进入到后工业社会。在后工业社会,组织中具有较高知识基础和技能的员工数量大幅度增加,他们在组织中

①　转引自　丹尼尔·A·雷恩,管理思想的演变,中国社会科学出版社,2000

的作用不断增大,曾经处于与资本、土地相同地位的劳动力开始成为组织的一种更为重要的资源。同时,员工的素质和需求也发生了变化,经济需求不再是他们的唯一需求。这一时代的变化要求对人的管理,从管理的指导思想,管理的内容和方法进行根本的变革。

彼得·德鲁克在1954年出版的著作《管理的实践》中首先提出了"人力资源"这一名词。他指出:人力资源是管理者必须关注的具有特殊性质的资源,"和所有其他资源相比,唯一的区别就是他是人"。德鲁克认为[1],人力资源拥有其他资源所没有的素质,即"协调能力、融合能力、判断力和想象力",而且"人对自己是否工作绝对拥有完全的自主权"。

人力资源管理诞生和发展的另一个重要时代背景是以日本为代表的东方管理哲学的兴起。20世纪六、七十年代,日本经济实现了腾飞,迅速迈入发达国家的行列,日本的产品以其无与伦比的高质量横扫欧、美市场,日本企业的竞争力令全世界刮目相看。在这一背景下,美国管理学界掀起了一股研究日本企业管理的热潮,一批名著如"Z理论"、"追求卓越"相继问世。这一研究的主要成果是发现了日本企业具有与西方不同的管理模式。而这种不同主要体现在对员工的使用和管理方式上,如:终身雇佣、年功序列制、企业的家庭气氛等等。进一步探索发现产生这一差异的根本原因在于民族文化的不同。这一认识在管理的发展历史上应该是具有革命意义的。因为近代管理是伴随着西方革命而诞生的。因而一说起企业管理往往如同牛仔裤、可口可乐一样被视为西方文化的一部分,但是日本管理模式的兴起,使人们认识到东方文化同样可以孕育出先进的与现代经济要求相一致的管理模式。这种管理模式与西方传统的模式产生差异的根本原因在于以儒教为代表的东亚文化中那种源远流长的人本主义精神。在中国近代民族工业的管理实践中,我们便可以看到这种文化的深刻烙印。例如:天津东亚毛纺厂早在20个世纪30年代便编写了厂训、厂歌,让员工统一着装,组织各种文艺团体等等。企业在追求利润目标的同时已经有意识主动地承担起培育员工精神文明的社会责任。对员工负责的社会使命感,家庭式的企业氛围,这些认识和实践,在当时中国优秀的民族企业中已不是个别现象了。但是在西方企业只是到了20世纪80年代在总结日本管理模式以后才系统地认识到文化因素在管理中的重要性。

对日本管理模式的研究以及跨国公司的迅速发展导致了管理理论和实践的许多新领域,诸如企业文化,全面质量管理,团队工作(team work),国际企业管

---

① Peter F. Druck, The Practice of Management, New York: Harper & Brothers, 1954

理中的民族文化因素等等,这些理论和实践无疑又大大提高了对于人在组织中的作用和地位的认识。同时由于竞争范围的日益扩大,产品、技术以及经营环境的更新变化日益迅速,在激烈的竞争环境中,越来越多的企业认识到竞争的关键是人才,于是"人是企业最宝贵的资产"这一口号被提出来了,人力资源管理工作被提高到战略的高度。

人力资源管理与传统的人事管理的主要区别可以概括为以下 3 个方面:

(1)人力资源管理具有战略性质,它不再仅仅是企业的一种管理职能,而是被提高到战略高度,成为企业总体战略的重要组成部分。如果说人事管理是一种着眼于短期的、被动的管理职能,其关注的是吸引、留住和激励员工,那么人力资源管理是一种着眼于长期和主动的战略活动,其关注的是开发员工的潜力和创新性,并以提高企业长期的竞争优势为其最终目标。针对人力资源管理的战略性质,以戴瓦纳(Devanna),布兰克(Baird)和比尔(Dyer)等人为代表的许多学者又提出了"战略人力资源管理"的理论,这一理论是人力资源管理战略特性的概括和理论提升①。

(2)人力资源管理具有整合性,强调通过营造企业文化及统一的价值观实现人事政策与企业其他经营活动的整合,使得人力与其他资源(资金、机器、材料、信息)能够协调运行,同时也强调人力资源本身的整合。因而,相比人事管理着眼于员工的个体管理,人力资源管理更关注团队管理。

(3)人力资源管理已成为企业高级总裁的一项重要职责②,他必须为企业提供一个整体的具有与战略一致性的人力资源政策,这一政策应能将企业的核心价值传播到每一个雇员,并指导企业文化的营造和实施。

人力资源管理与人事管理虽然从具体的管理内容上有许多重叠和相同之处,但是他们绝不仅仅是一种用词的变化。人力资源管理意味着这样一种认识:人是组织中最宝贵的资源,它标志着,以人为核心的管理时代的到来!但是迄今为止,这种认识应该仅仅是一个开始,仅仅是一个序幕,知识经济将为以人为核心的管理提供更为广阔和丰富的活动舞台。这一发展动态我们将在下一节作简要介绍。

---

① 倪敏玲,试论战略人力资源管理的本质与特征,苏州大学学报(工科版),2005(4)
② Gary Desslerr, Human Resource Management, Prentice – hall Inc,1995

第三节　人力资源管理面临的挑战和发展趋势

人类进入 21 世纪以来,人力资源管理正面临新的挑战,这一挑战的根本原因还是在于企业经营环境的巨大变化。

1. 环境的变革与人力资源面临的挑战

我们把这些变革概括为劳动力队伍的变化、技术变革、经济的全球化,以及工作和职业性质的变化。

1.1 劳动力队伍的变化

这主要表现在以下 5 个方面:

(1)教育程度的提高。在发达国家,以美国为例,2000 年,25 岁以上人口中大专以上学历已占 50.1%,其中硕士以上学位 24.4%,博士以上学位占 8.9%[①]。在我国,2006 年全国 1% 人口抽样调查显示,截至 2005 年底,我国人口中,具有大学程度(指大专及以上学历)的人口达 6 764 万人,高中程度(含中专)的人口达 15 083 万人,(以上各种受教育程度的包括各类学校的毕业生、肄业生和在校生)。与第 5 次全国人口普查相比,具有大学程度的人口增加了 2 193 万,高中程度的人口增加了 974 万[②]。

教育程度的提高,使员工的价值观发生变化,使人们更倾向于工作的自主权和独立性,更关注上下级之间的平等关系,更着力于追求自我价值的实现。同时文化程度的提高使员工不安于单调重复的机械式劳动,事实上他们更容易进行创造性劳动,拥有更多的潜在生产率。这些变化将使人力资源管理面临许多新的课题,例如:如何适应高教育员工需求层次的提高,如何开发员工的潜在生产率及创造性等等。

此外,随着教育程度的提高而带来的收入水平的提高将使员工更关注生活质量,表现在工作上,更强调生活和工作的平衡(balance),希望有更多的休闲时间。因而,如何用更高的生产率来弥补工作时间的减少便成为人力资源管理将面临的一个普遍问题。

---

① 美国 2000 年人口普查,转引自　詹鸣,美国人口现象面面观,人口与计划生育,2004(12)

② 2005 年全国 1% 人口抽样调查主要数据公报,中华人民共和国国家统计局

（2）老龄化趋势。这在一些发达国家尤为明显。例如在美国1979年,劳动力的平均年龄是34.7岁,1997年是37.8岁,而估计到2005年则变为40.5岁[1]。在我国由于庞大的人口总量,这一趋势目前尚未完全显现[2]。但是随着医疗水平的提高,寿命的延长,必将对人力资源管理产生影响。例如:增加健康保险金和退休保险金的压力会越来越大。又由于教育年限的延长,25岁以下的年轻劳动力会显得短缺,而30~45岁之间员工的职业生涯发展将可能由于经验问题而受到较大年龄员工(例如46~55岁)的限制。

（3）劳动力构成的多样化。这主要指劳动力队伍的国际流动,外籍员工比例增加,教育与工作求职之间的频繁变动,以及妇女在劳动力队伍中的比例继续增加。

（4）劳动力队伍的国际流动是与经济的全球化密切相关。改革开放以来,我国独资、合资企业中,外籍管理人员和技术人员,人数大幅度增加,如何调动这些外籍员工的积极性,包括如子女的教育问题、家属的工作安排问题、文化差异问题等等,成为企业必须解决的一个重要课题。

（5）在"妇女解放"、"男女平等"的思想及政策的影响下,我国工人队伍中,妇女一直占有很高的比例。随着贫困地区的现代化以及农村的城镇化,将将有更多的妇女加入到企业的员工队伍中来,因而双职工家庭的总数还将扩大。由于剥离企业的社会功能而被逐渐淡化的"双职工"问题(如幼儿教育、怀孕等)经过一轮"历史循环"迟早又会提到企业人力资源部门领导面前。同时在安排员工的假期、旅游等活动时也必须考虑双职工这一因素。这些问题已经被西方发达国家企业所经历的事实所证明。

再有,知识及技术更新速度日益加快,使得终身教育成为一种必然趋势,因而在接受教育和工作之间的变动将成为影响员工队伍稳定性的一个重要因素。如何评价这种流动对企业发展的影响以及如何应对这种流动,便成为人力资源管理的重要挑战。

1.2 技术变革

技术变革是决定企业变化的一个最基本因素,而这种技术变革的速度在日益加快。美国一家销售生活用品的公司经理说:"20世纪70年代我们公司的客

[1]　Gary Dessler, Human Resource Management, Prentice - hall Inc, 1997
[2]　事实上,在我国有一技之长的退休人员经常以返聘形式在继续工作。笔者未得到这方面的统计数据,如果将实际工作的年龄计算在内,同时考虑到教育年限的延长,可以断言我国劳动力队伍的年龄实际上已较以前大大增加了

户订单是靠员工每天到邮局去取回的;20 世纪 80 年代初是靠电话订货;20 世纪 80 年代后期则靠传真机;到 20 世纪 90 年代初则开始使用电子数据交换技术,又过了仅仅两年该公司一半以上的订单是通过计算机网络拿到的。"

技术变革使得劳动力越来越多地从劳动密集型产业转移到技术密集型及新兴的服务产业部门。机器人的大量采用①,以及计算机辅助材料设计(CAD)和计算机辅助制造系统(CAMS)的广泛应用使得蓝领工人的岗位不断减少,而高教育高技能人才的需求急剧增加。而办公自动化及计算机管理系统亦在改变着办公室工作的性质。

总之,劳动密集型的蓝领工作及职员工作岗位在不断减少,而技术型的、经营管理型的以及专业性的岗位将不断增加。岗位职务以及组织结构都需要重新设计,管理的层次将减少,组织呈现扁平化的趋势。

归根结蒂,技术变革将导致人力资源管理在企业中的作用发生根本变化。例如它需要给予员工以更多的决策权和管理参与权,进而使得在人员挑选、培养和报酬方面作出相应的变革。

1.3 经济的全球化趋势

经济的日益全球化是当今世界发展的一个基本趋势。我们经常用"地球村"这样一个名词描述世界各国在经济、文化、政治上的紧密联系。越来越多的企业向国外推销自己的产品,或者干脆直接投资,当地生产,当地销售。现在几乎很难找到一个纯粹的"民族"产品。日本在乔治及肯德基州生产的丰田车(Toyota)有 80% 的零件是美国产品,而美国的 Pontiac Lemans 轿车 2/3 的零部件是进口产品。

我国经济经过 20 多年的改革开放,已经深深的与世界经济融合在一起,截至 2005 年年底,中国企业对外直接投资额超过 500 亿美元,境外中资企业超过 1 万家。"十五"期间,中国从事跨国经营的企业达 3 万多家。2004 年,16 家中国企业进入世界 500 强,49 家中国企业进入世界最大 225 家国际承包商行列②。

经济全球化使所有企业无一幸免的面对着日益激烈的国际竞争,包括产品竞争、市场竞争以及日趋白热化的人才竞争。传统的国际投资理论认为,企业海外扩张的基本动因之一是为寻求相对的比较优势,如较便宜的劳动力和原材料

---

① 据卡耐基梅隆大学调查,美国在 90 年代初约有 10 万～20 万台机器人在生产线上使用,而通用汽车公司在 1984 年仅有 1 000 台机器人,而到 1993 年,则已有 14 000 台

② 中国对外投资超过 500 亿美元,联合早报

等。但是在当代,这一动因已经发生了根本的变化,正如"幸运"杂志所指出的①,跨国公司到国外投资是为了在世界范围内搜罗高技术的人力资源,各种专业人才和工程师。例如,一家生产运输工具和发电设备的瑞士和瑞典合资的大型跨国企业(ASEA Brown Boveri)在东欧国家已有 25 000 名新员工,包括许多一流的工程师和技术人员,从而使得该公司能够将许多技术专业工作从西方转移到了东欧。

经济的全球化对企业经营管理的严重挑战主要表现在如何适应与每国截然不同的经济、文化、政治、法律环境;不同民族、不同文化、不同语言的员工和管理人员如何融洽的在一起工作,创造出高生产率,并共同为企业目标而努力,这几乎涉及人力资源管理的各个方面,从而成为人力资源管理和实践迅速发展的一个新的领域,我们将在本书的第十三章作较详细的介绍。

1.4 工作和职业性质的变化

科技进步和全球化趋势所产生的一个直接的后果是,它们使工作和职业的性质发生了变化,这主要表现在以下 3 个方面:

(1)服务业的兴起。在西欧和北美呈现出一种明显的趋势,即大量的人力资源由制造业向服务业转移。如今美国有 2/3 的劳动力是在提供服务而不是生产产品。20 世纪 80 年代,美国制造业的工人数量下跌了 12%,到 20 世纪 90 年代中期,美国经济创造了 2 100 万个新的职业岗位,这些职业岗位绝大部分都是在服务行业,诸如,快餐、零售、咨询、教育和法律工作等。许多新的职业岗位要求新型的知识工人以及相应的人力资源管理的新方法。

(2)知识工人和人力资本。管理学家被彼得·德鲁克指出现代公司的经营管理方式将很少会再与 30 年前的制造业企业有相似的地方。他预言"一个典型的现代化企业将以知识为基础,其大部分员工由专家组成"。他们根据同事、顾客及领导的反馈信息,对自己的工作进行自我管理和调节,因此可以有理由称之为以信息为基础的企业②。这样的企业其基本特征是越来越强调人力资本,即相对于设备、厂房、机器等方面的物资资本投资,公司将会越来越重视员工的知识、技能专长和教育培训方面的投资。发生这一现象的原因涉及许多社会的经济因素。

例如,服务行业的许多工作岗位(如咨询业)需要更多的专业知识和更快的

---

① Bryan O, Reilly Your New Global Workforce Fortune, December 14,1992

② Peter F. Drucker, The Coming of the New Organization Harvard Business Review, January – February, 1988

知识更新,从而使得对于员工的教育投资将会比传统制造业岗位上的教育投资得到更快的回报。

又如,制造业本身的工作性质也正在发生变化。一些工业发达国家,其传统的生产密集型产业,如钢铁、汽车、橡胶、纺织等行业已逐渐被知识密集型的高技术行业所替代,如航天、计算机、通讯、家用电器、药品以及医疗器械等。同时制造业中原来的那些体力劳动岗位,其技术含量也日益增加,普遍采用机器人和计算机自动控制。对于这些岗位上工人的知识技术要求远远超过二三十年前的生产线上的工人。显然,这样的企业人力资本比机器来得更重要,人力资本成为企业生存的基础。

(3)产品更新速度日益加快。据统计,现在超过 1/4 的产品,其寿命短于 5 年。这样,创新包括开发新产品、新服务,创造新的更经济更有效率的经营方式等,便成为所有企业最关心的事情。这意味着公司越来越有损于员工的创造性和技能,有损于员工的脑力。"幸运"杂志的一篇文章指出脑力对企业从来没有像现在这样重要过。所有公司越来越依赖知识、专利、工艺、管理技能、技术、有关顾客和供应商的信息,以及经验等等。所有这些总和便形成了"智力资本"①。

当代企业人力资源管理的最大挑战就是如何培育这种智力资本(或人力资本)的迅速发展。事实上,对知识工人的管理显然应该不同于对传统工人的管理。这些知识工人不可能像传统工人和职员那样忍受军队式的命令和控制,他们需要一种新的人力资源管理制度和管理技能。

2. 人力资源管理的发展趋势

上文所描述的社会环境的变化使得人力资源管理面临新的挑战,一种全新的企业组织和人力资源管理模式正在形成,这主要表现在以下几个方面:

(1)传统的金字塔式的组织形式正在逐步被淘汰,代之以新的组织模式。例如许多像 AT&T 这样的公司,十分强调跨职能的团队活动以及部门间的沟通,而通用电器公司正在设计所谓无边界组织,即员工不再从属于某个具体部门,而是根据工作需要随时进行人员组合。

(2)给予员工以越来越多的决策权。许多专家主张应该将传统的组织结构倒置过来,即在现代企业组织中最顶端的应该是顾客。公司的每一项举措的最终目的应是满足顾客的需要。为此应该授权第一线的员工以更多的决策权。因为他们最了解顾客的需要,从而使他们有权根据顾客的需求迅速及时作出反应。

---

① Thomas Steward, Brain Power, Fortune, June 3,1991

在这种倒置的组织结构中管理人员的主要责任是服务于第一线的员工,使第一线员工的工作更达到顾客的满意。

(3)组织结构趋于扁平化。在金字塔式的传统组织结构下,一般大公司通常有 7 到 10 层甚至更多的管理层。而现在许多公司只有 3 到 4 层的管理层。例如 AT&T 和通用电器公司已由原来 12 层管理层缩减到 6 层,甚至更少。从而使得管理信息的传输更为迅捷,同时可以减少对员工工作的干涉,使他们拥有更多自主权。

(4)多职能的团队组织。企业的许多工作岗位,不管是在工厂的生产线上,还是在办公室,甚至于在宾馆,越来越多的使用团队形式来开展工作,而且这种工作团队往往是多职能的。即员工不再像以前那样往往只是一种重复性的劳动。一个团队小组负责一系列工作,并对这些工作的效率、质量全面负责。

(5)权力基础的变化及管理人员角色的变化。在传统的管理中,只要是公司经理或公司所有者,这一地位和头衔便会使他们具有管理权威,他们的职权便是通过对下层的命令和控制达到预期的公司目标。但是在新的管理模式中权威已不再依赖于头衔和地位,成功的源泉主要来自创新——新的思路和新的方法。管理的权威则依赖于管理者是否善于将新思想变为行动以及是否善于在合作中达到目标。相应的,认为"管理的权威便是命令和控制"这一概念已经成为过去的事情了。正如德鲁克所说的,现在管理人员不再有命令式的权威,他们必须在一种既不被别人控制,又不控制别人的情况下进行管理,昨天的管理人员,认为自己是领导者和老板,而新的管理者则应把自己看成为新事物的倡议者、团队的教练和内部顾问。

(6)建立员工自我控制、自我管理的机制。在以顾客为导向的企业组织中,员工应该能主动自觉地对顾客的需求迅速作出反应,这就要求建立一种员工自我控制、自我管理的新的激励机制。许多人认为,要做到这一点主要还要依靠工作自身的激励因素,如:工作内容的丰富化、挑战性和创造性,而这一趋势已日益变得明显。

(7)培训将成为人力资源发展的核心。国外经济学家认为:大多数工人的教育水平与其创造力成正比。实践证明,重视教育、重视对职员的培训给发达国家的企业带来了巨大的技术经济效益。美国为了获得高额利润,不惜血本增加智力开发投资,美国全国有 2 000 多万工程师,每年都进行培训以更新知识,仅1990 年美国用于技术培训的资金就达 60 亿美元,而相应的回报是美国现在国民总收入的平均增长额,大约有一半是由于改善劳动力的教育水平取得的。

(8)管理中处理各种关系的新准则:沟通、共识、信任、尊重、自主,服务、支持、创新、学习、授权赋能。即如何在沟通基础上达成共识,如何在信任基础上彼此之间达成承诺,尊重员工的个性,如何在自主的基础上达到有效的管理,如何注重创新机制,如何变成一种学习型组织,如何授权赋能。

(9)人力资源管理的重点已经开始从管理职能向员工的潜能开发转移。上文提到人的全面发展是人类追求的一个长期目标,而潜能开发是其中的一个重要内容。员工的发展问题既是组织的社会责任,又是组织持续发展的基础,自然也是人力资源管理的重要任务。目前从企业及社会发展的现状看,人的潜力开发和发展问题还只是刚刚在萌芽,从一些高科技企业和许多小企业的创业、创新活动中已经可以看到这种趋势。可以断言,随着社会经济技术的高度发展,人的潜力开发和全面发展问题迟早会成为人力资源管理的主流和最终目标。

第四节　人力资源管理的主要内容和框架

很难给人力资源管理下一个确切的定义,但是当代人力资源管理的主要功能目前已基本有了相同的看法,那就是,战略规划,获取与配置,人力资源保护和员工发展等,就其包含的内容来看可以概括为以下 3 个方面:

(1)它是一种管理思想、管理哲学,即将人视为组织中最重要的资产,并认为人是能够而且愿意不断成长和发展的。(2)它包含着传统人事管理的基本职能如:岗位设计、人员招聘及配置、报酬、激励、培训等,我们已经把这些职能称为人力资源管理的战术层次。(3)人力资源与公司战略的系统整合,我们把这种系统整合称为人力资源管理的战略层次。现在我们分别从战略和战术两个层次介绍人力资源管理的具体内容。

1.人力资源管理的战略层次

人力资源的战略层次,亦可称之为人力资源战略,即是将人力资源与企业的战略目标(亦称组织目标)联系起来,满足企业的战略需要,为企业战略目标的实现提供人力保障。通常,人力资源战略是通过人力资源的战略规划来具体实现的。

对许多企业来说,一般有三个层次的战略决策问题。第一个层次是企业战略。许多公司有很多不同的业务领域如:海尔集团,它经营空调,又生产冰箱及其他家用电器,因此需要一个将所有业务进行整合的总体战略,这就是企业战略。企业战略的任务即是使得公司的业务达到最佳组合,以形成公司的竞争优势。第二个层次是业务战略(如海尔空调的生产和销售)。业务战略亦称竞争战略。竞争战略的决策和执行的组织机构称为战略业务单位(Strategy Business Unit，SBU)。它的目标是培育本业务的竞争能力，以在市场上取得长期的竞争优势地位。例如:海尔空调的竞争战略即是如何与市场上众多的空调产品进行竞争。第三个层次则是职能战略。公司有许多职能部门组成，如市场营销部、生产部、研究开发部、财务部、人力资源部等。职能战略的任务即是制订和实施基本的行动路线，以帮助公司达到其竞争目标。三个层次的战略，它们的关系如图1-1所示。

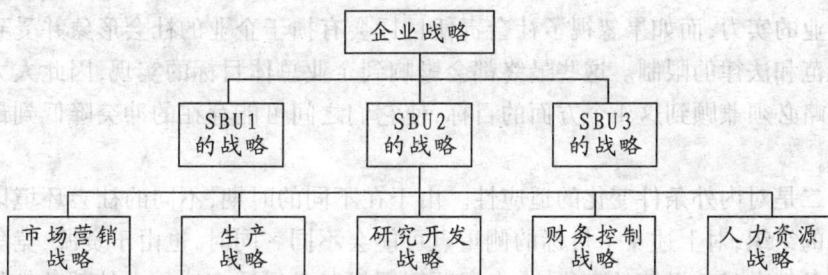

图1-1　企业战略层次图

人力资源战略在企业战略层次和业务战略层次的主要任务是明确人力资源管理的基本指导理念和政策，还应包括根据企业发展需要对高级管理人才的选聘和使用等。如:微软公司奉行的是以最丰厚的政策吸引最优秀的人才;宝洁公司强调与员工共同成长和健康的生活;而亚洲最佳雇主 Leviala 公司则追求员工的快乐工作。

人力资源的职能战略则主要是根据公司的总体战略和对人力资源的要求，制订并实施人力资源的战略规划，主要包括以下内容和步骤:

(1)环境分析。通过对经济、社会、劳动力市场以及政府政策的变化趋势和发展动态的监视和跟踪发现企业外部环境中存在的机会和威胁。从而为人力资源管理的制订提供必需的信息依据。

(2)组织分析。即分析组织内部的优势和弱点。如本企业员工队伍的特长、技能、经验以及企业的组织结构、运作程序等。通过这一分析为战略的选择提供实际的可行性。

案例:一家经营电器销售和修理的小公司，共有19名员工，其中12名负责销售，7名是电器修理工。由于面临日益激烈的市场竞争，公司决定制订一项富有进取性的广告及促销策略，但是对公司以往经营业绩的分析，以及对员工队伍的技能分析，发现公司的真正实力在于快速和低价的修理服务，而销售力量相对处于一般水平,其中有些销售人员甚至没有受过正规的销售训练。于是公司决定制订一项将广告集中于售后服务的战略。

(3)确定人力资源战略规划的目标,目标是战略的重要组成因素。人力资源管理战略目标的制订必须考虑以下两个主要因素。

一是目标的兼容性。即人力资源管理的战略必须同时兼顾4个方面的要求那就是:组织目标、财务目标、社会责任目标及个人目标,显然帮助实现组织目标是人力资源管理战略的首要任务,但是其他三个目标也不能弃之不顾,否则会影响组织目标的实现,例如,不考虑个人目标,从长远看必将会影响员工的积极性及企业的实力,而如果忽视了社会责任目标会有损于企业的社会形象并受到社会规范和法律的限制。这些最终都会影响到企业总体目标的实现,因此人力资源战略必须兼顾到这4个方面的目标,使它们之间可能存在的冲突降低到最低程度。

二是对内外条件变化的适应性。由于在不同的时期,不同的社会环境以及不同的组织,对上述4个目标的侧重点可能会不同。同时,也由于资源、竞争环境和条件在日益迅速的变化,人力资源管理战略必须适应这种内外部条件的变化。

案例:一家汽车零件的生产厂家,决定淘汰陈旧的生产流水线,建立一条计算机控制的新生产线。对于这家企业来说这是一项重大的战略决策,相应的人力资源管理战略即是要建设一支能熟练运行这条新生产线的员工队伍。虽然该公司原生产线上的员工大部分都是教育程度不高,缺乏专业技能的体力劳动者,但是公司选择的目标即是对原员工进行强化培训,而不是解雇替换这些工人。结果经过3个月的数学和语文培训再加上5个星期的计算机操作培训,70%的员工完全能胜任新生产线的操作。生产线顺利运行,从而实现了组织目标,它免去解雇和招聘所需要的巨大费用,节省了新的高技术员工所需要支付的高工资,从而实现了与社会目标及个人目标的一致性。

(4)选择行动方案。在分析了外部环境中存在的机会和威胁以及组织内部的优势和弱点,并确定了目标以后,人力资源战略规划的下一个任务即是选择并执行行动方案时,必须注意方案的可行性以及竞争对手的反应,应充分考虑各种可能的预选方案,在详细分析各个备选方案的风险利弊基础上确定最后的行动。

案例:上述案例中的那家电器销售和修理小公司在决定以加强售后服务作为公司的竞争战略以后,为了避免竞争者的反应,他们采取的行动方案是把服务时间延长到顾客下班时间以后,并入户进行维修。同时对修理技工进行适当的销售培训,每一次入户进行修理服务时赠送给顾客一本介绍公司服务项目的小册子,以及购买电器的优惠券,从而起到了促销的作用。

(5)战略评估。当行动方案开始实施以后,应定期地对战略规划的有效性及实施的效果进行评估。同时由于环境、政府政策、技术在不断变化,而组织内部也在不断变化,因此定期进行战略评估,可以使战略不断适应这些变化。每一次战略评估的结果可产生一个反馈,为修正战略目标及行动方案提供重要信息。

案例:M 地区的总医院预见到药剂师在未来一段时间将会非常短缺。为了解决这一问题,人力资源部制订了一个转岗培训计划,挑选了 6 名实验助理进行专业培训。15 个月以后受训人员通过省级药剂师资格考试,成为合格的专业药剂师。此时药剂师短缺愈加严重,于是另外 8 名实验助理参加了第二期培训。

在这一案例中,人力资源管理的战略目标是为医院寻找合格的药剂师,而选择的行动方案是内部员工的转岗培训,受训人员全部通过资格考试,这一结果提供了一个反馈证明,执行的战略是成功的。

人力资源战略管理的上述内容,总结成如图 1-2 所示。

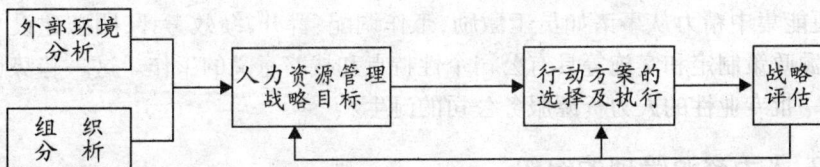

图 1-2 人力资源战略框图

2.人力资源管理的战术层次

人力资源管理的战术层次的职能通常是由人力资源部来执行,包括以下几个方面:

(1)职务设计和职务分析。所谓职务设计即是明确设置这一工作职务的目的,描述岗位的任务及其内容和特征,以及应承担的职责和职权。而职务分析则是在对工作职务进行系统研究的基础上,明确职务对技能、体力和教育程度的要求,以及与其他职务的关系等等。

(2)制定人力资源需求计划。即预测企业在未来发展中对员工的需求,估计对员工需求的数量及类型,在此基础上制定出行动计划,包括招聘、培训、员工的职业生涯发展计划等(这一职能应该说是与企业战略联系最紧密的一环)。

(3)招聘。包括吸引人才与招聘申请,确定招聘的候选人,对候选人进行选拔、测试,最后确定应聘的新职员。

(4)培训新员工。即通过培训向员工提供必要的信息,帮助他们熟悉领导和同事,熟悉工作环境,掌握工作技能,了解并遵守企业的制度政策。

（5）报酬和福利系统的设计管理。此处报酬系统包括员工的工资奖金、红利、年假以及各种福利保险,如:退休、医疗保健等。

（6）员工的绩效评估。即对员工的工作成绩进行评价和估计。

（7）激励。促使员工更积极、更愉快工作的各种措施和方法,包括物质激励和精神激励。

（8）培训和人力资源开发。指导和帮助员工更有效地完成现在所担任的工作并为员工未来所要承担的工作职责做好准备。使得员工在业务、技术能力上不断地发展和提高,同时亦提高员工的精神素质,培育员工的工作责任心。

（9）劳动安全。即劳工关系和员工不满意见的处理等等。

人力资源管理的上述内容,我们将在后面章节中作详细介绍。此外,还需指出的是,当代人力资源管理的许多具体工作内容已实行外包的形式。这通常包括一些已经实现规范性的例行工作,如人事档案管理,基本工资及社会和医疗保险金的管理等等。这一做法的好处是可以使公司的人力资源管理部门更为精简,更能集中精力从事诸如员工激励,工作调配、晋升、绩效考评、团队建设及人力资源政策制定和实施等具有公司个性特点和战略意义的工作。这一趋势也导致了一批专业性的人力资源服务公司的诞生。

3. 人力资源管理的组织

虽然人力资源管理几乎与每个管理人员都有关,但其职能的有效运行却需要有专门机构或专门的管理人员。在小企业,由于雇员不多,人力资源管理经常由一名或几名管理人员负责。这些管理人员可能是专职的也可能是兼职的,通常还属于某一个管理部门。例如图1-3即是某家私营小型木材公司的组织图,其中人力资源管理由一名人事经理负责,从属于办公室。

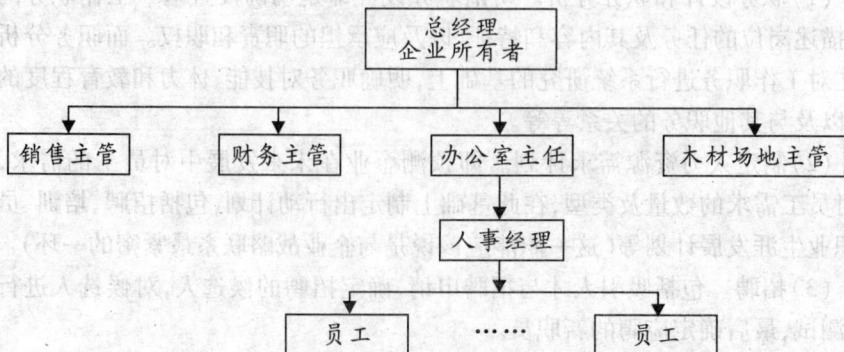

图1-3　木材公司的组织图

当公司规模扩大到一定程度,人力资源管理的任务就会变得非常繁重。雇员人数的增加,使得工作内容增多,此时就需要成立人力资源部,人力资源部的大小各个企业差异很大,据一次调查表明人力资源部管理人员与企业员工人数的比例,最高的 1.22:29,最低则是 1:277①。

图 1-4 给出某个大公司人力资源管理组织的层次图。它由 3 个层次组成。最高层由一名高级副总裁负责全公司的人力资源管理决策,并直接向总裁负责。有些较小的企业,这一层次负责人可能是人事部经理或人力资源部经理等。当企业达到相当规模时就需要一位执行副总裁主管人力资源部的工作。第二层,负责人力资源管理各项主要职能如薪酬管理、培训和开发管理等。每项职能包括若干具体工作,如薪酬管理中包括薪酬系统的设计、工作绩效评估等,培训开发管理中则可能涉及人力资源计划及人员配置等,而这些工作的执行则是第三层次工作人员的任务。

事实上,企业人力资源的管理职能是由两种不同类型的管理人员来完成的。一类称之为直线管理人员(Line Manager),另一类是参谋管理人员(Staff Manger)。所谓直线管理人员,如生产部经理、销售部经理等,他们对主管的工作及下属有直接的指挥决策权,并对完成企业目标负有直接的责任;而参谋管理人员的主要职责则是向直线管理人员提出建议,帮助他们更好地达到企业目标。

人力资源部的管理人员兼有直线职能和参谋职能。其直线职能主要体现在人力资源部内部的管理活动上,如人力资源部内部人员的调配工作任务的指派等。而其参谋职能,则是指对其他部门的直线管理人员。

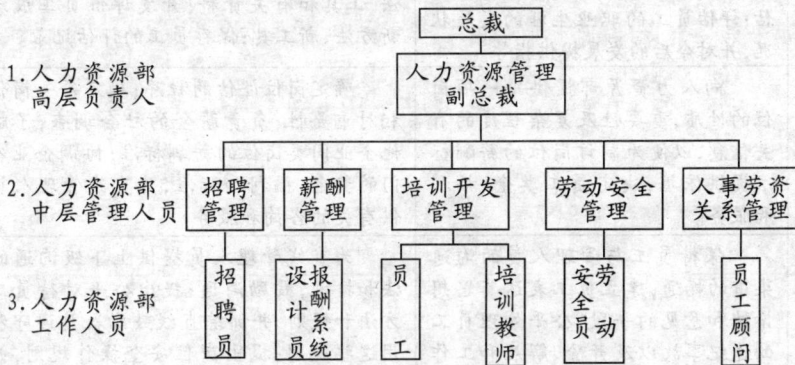

图 1-4　某公司人力资源管理组织层次图

① H. Shwind, et al, Davis, Canadian Human Resource Management, McGraw - Hill Ryerson Limited, 1995

事实上,每一个直线管理人员对其主管范围内的人员都负有直接的管理职责,例如人员的岗位调配、新员工的训练、改进员工的工作绩效、控制劳动成本等等。人力资源部不能对其他部门的员工进行直接管理,他们只能对直线管理人员提出建议、帮助,并设法满足他们在人力资源方面的要求。

同时人力资源部的一项重要职能是协调功能。即对企业各部门的人事管理活动进行监督和协调以确保最高管理层的人力资源政策、人力资源目标能在整个企业得到有效贯彻。表1-1列举了若干人事管理活动中,直线管理人员和人力资源部管理人员的不同职责。

表1-1 直线管理人员和人力资源部管理人员的不同职责

	直线管理人员	人力资源部管理人员
1. 人事管理活动	向人力资源部提供本部门的人事需求信息,如:需要补充人员的数量、技能和素质,对现有员工的培训要求等等。	负责整个企业的人力资源计划,特别应包括:将组织的目标变换成对人员需求的预测(人员的类型和数量),预测企业内部、外部可提供的人力资源,提出满足人力资源需求的措施和策略。
2. 招聘	提供岗位职责要求以及应达到的岗位绩效标准,会见招聘的候选人,审核申请者的个人材料,最后决定录取人员。	制订招聘广告及招聘程序;扩大应聘人员来源;对申请者进行初步选拔,确定应聘候选人,然后提供给用人部门的领导。
3. 培训和开发	向员工介绍工作任务,指导培训新员工;实施新老员工的岗位培训;领导建立有效的团队工作;按照企业标准对员工的工作成绩进行评估;评估员工的职业生涯的发展状况,并对今后的发展提供指导。	准备新员工的培训计划及相关材料;根据企业战略目标制订员工培训发展计划和实施程序;对各部门的人力资源开发提供方法、工具和有关资料;开发评价员工成绩的新方法、新工具;保存员工的评估记录。
4. 报酬管理	向人力资源部提供每一项岗位的性质,重要性及复杂程度的有关信息,以便为制订岗位的薪酬标准提供依据;决定员工奖金、福利和服务。	确定岗位评估的程序;确定每一岗位的相对重要性;负责薪金的社会调查,了解其他企业同类岗位的薪酬标准;协调企业各部门的奖金、福利和标准,为直线管理人员提供有关的咨询和服务。
5. 领导保障及劳动安全	保持员工与管理人员的沟通渠道的畅通;建立员工表达其思想情绪和意见的手段;公平处理员工的违纪事故以及开除、解雇和工作保障等事宜;不断指导员工进行安全生产;发生事故时,及时做出处理并及时准确地向有关部门提出报告。	为直线管理人员提供上下级沟通的方法和技术,鼓励沟通;提出公平对待员工的方法和规则,并训练直线鼓励人员遵守和应用这些规则;提出岗位安全操作规则,并帮助设计防护工具;及时进行事故调查,分析事故原因,提出今后事故防范的建议和措施,向职业安全和职业健康部门提出必要的报告。

☞ **复习思考题**

1. 试用实际例子说明人力资源管理在现代企业中的战略地位。

2. 简要总结人力资源管理的发展历史,试分析人力资源管理发展的经济、技术及文化诸因素。

3. 知识经济时代正在到来,试分析知识经济时代人力资源管理的特点及发展趋势。

4. 什么是人力资源的战略管理? 如何理解人力资源管理部门的直线职能和参谋职能?

☞ **进一步阅读的材料**

1. 赵曙明. 中国人力资源管理三十年的转变历程与展望,南京社会科学,2009(01)

2. 黄芳. 知识经济时代企业人力资源开发的新趋势,企业活力,2009(01)

3. 李桂华. 未来人力资源管理发展的新趋势,理论界,2005(5)

4. Diana L. Deadrick, Dianna L. Stone. Emerging Trends in Human Resource Management Theory and Research, Human Resource Management Review, 2009, 19(2):51 - 522

5. Baird, Becca. Using Human Capital Metrics To Develop Strategic Objectives: Putting The Cart Before The Horse, PA Times,2009,32(1):2,10 - 11

6. Jeffrey B. Arthur, Trish Boyles. Validating the Human Resource System Structure: A Levels - based Strategic HRM Approach, Human Resource Management Review, 2007,17(1): 77 - 92

7. David P. Lepak, Hui Liao, Yunhyung Chung, Erika E. Harden. A Conceptual Review of Human Resource Management Systems in Strategic Human Resource Management Research, Research in Personnel and Human Resources Management, 2006,25:217 - 271

8. Larence, Eileen. Human Capital: Agencies Need Leadership and the Supporting Infrastructure to Take Advantage of New Flexibilities, GAO Reports,2005:1,22

9. Aghazadeh, Seyed - Mahmoud. The Future of Human Resource Management, Work Study, 2003,52(4):201 - 207

第二章　人力资源管理的相关理论

◆**学习要点**◆

（1）与人力资源管理有关的一些基础理论，包括人力资本理论、以人性假设和人的行为假设为基础的管理指导思想以及组织文化；（2）美、日、德等国企业人力资源管理实践的特点；（3）我国人力资源管理的沿革和现状。重点要求掌握这些基础理论与人力资源管理实践的关系，以及国外企业人力资源管理实践对我国企业的借鉴。

第一节　若干基本理论

现代人力资源管理的发展一是依赖于社会经济技术活动的实践，二是由于理论的推动。现代经济学和管理学为人力资源管理活动提供了极其丰富的理论基础和指导。此处，我们挑选了几种最重要的理论进行介绍。

1. 人力资本理论

在西方经典经济学中，一直是将人视为与资本、土地并列的生产要素，他与物质要素一样服从边际报酬递减规律。甚至到20世纪50年代西方的经济增长理论仍然将资本视为后发展国家经济起飞的瓶颈，认为只要有充足的资本便能实现经济腾飞。到了20世纪60年代，T.舒尔茨提出的人力资本理论指出，对人的投资，包括教育、卫生、保健等，可以获得更高的资金回报率。虽然这一理论仍然以"资本"，这一要素形式来表述，并且追求的依然是冷冰冰的经济利益，但是，理论的本质却是将人的特殊性与物质要素区分开了。人力资本理论的基本观点概括如下，这对于理解人力资源管理会有所帮助。

人力资本就是指依附人体体力和智力所具有的劳动（包括体力劳动和脑力劳动）价值总和。这个定义至少可理解和延伸如下6层意思：（1）人力资本依赖于人们的体力和脑力，因而凡具有劳动能力的劳动者都具有人力资本的依附基础。（2）人们的体力和智力是由于营养、保健、医疗和教育、培训、自学等形成的，需要花费资金，即投资形成的。（3）人力资本是通过人的有效劳动创造的价值体现出来的。(4)按照市场经济法则,谁投资谁受益。(5)所有劳动者在劳动过程中获得社会给予的工资、福利、社会保障等,至少要等价于他们个人的平均投资成本。(6)人力资本对于个人包括了从小到大直到老年,从投资、产出直到分配,从获得、增长直到降低、消失的全过程。

此外,自20世纪60年代以来,博弈论、制度经济学、信息经济学、行为经济学这些经济学的新领域迅速发展,这些领域的研究内容无不与人这一要素有关,反映了经济学对于人的因素在现代社会中的作用也日益受到重视。它们成为人力资源管理实践的重要理论基础。

2. 经济人、社会人和企业人假设

2.1 经济人假设

经济人假设源于西方经济理论。是近代西方新古典经济学理论的一个基石,也是管理组织行为学研究的一个基本出发点。同时作为对人性的一种基本认识以及一种指导原则,曾被有意识或无意识地广泛应用于管理实践中。普遍认为泰勒管理的核心即是将人视为经济人。

所谓经济人假设,主要包括两点:一是认为人是理性的;二是认为人是自利的。前者主要指在给定的条件和约束的限度内,人总是寻找最适合实现预定目标的方式行为。后者则是指这种设定的目标总是以有利于个人利益为原则的[①]。因此经济人假设指这样一种人"他非常明确自己的利益所在,具备其行为所需的相当完备的知识,会算计,有条理,不为感情所左右,有稳定的偏好体系。"

这一假设无论对于经济管理的理论还是实践都起过一定的推进作用,说明有其合理的一面。但是随着理论的深入以及实践的发展,经济人假设的不合理的一面日益暴露。诺贝尔经济学奖获得者H.西蒙全面批判了经济人全智全能行为的可能性,提出了有限理性的假设并用满意准则代替了最优准则[②]。

同时经济人假设也无法解释人在组织中大量存在的利他行为及群体行为,不能概括人们如何处理相互关系以及情感、社会规范、价值观念等因素对于行为的影响。此外,经济人假设应用到管理实践中表现出来的反人性的一面许多人表示了强烈的反感。例如丹尼尔·贝尔认为以经济人假设为基础的泰勒学说造

---

① 此处"自利","个人利益"与我们日常理解的"自私自利"的概念不同。这些概念包括它们的延伸,"个人主义"都是哲学意义上的。见[奥]A.哈耶克,个人主义与经济秩序,北京经济学院出版社,1991

② H.西蒙,现代决策理论的基石,北京经济学院出版社,1992

成一种"社会物理学","把人的社会面降为纯粹的物理定律和决定要素"(见第一章,第一节)。这样,随着组织行为学派的兴起,管理理论便出现了以梅奥为代表的社会人假设。

2.2 社会人假设

社会人假设的基本点是从企业团体结构中建立起一种社会系统的观点,认为人是复杂的社会系统的成员。人不仅是自利的,而且还有追求友谊和自我实现的愿望。社会规范、价值观念这些不仅是行为的约束条件而且能够内化为自觉的行为准则。而情感因素对行为的影响经常会超过对理性逻辑的影响。社会人理论不同于经济人假设的最基本特征是它揭示了人在组织中客观存在的社会关系以及由此而产生的对行为的巨大影响。如果说经济人理论注意的中心是个别的工人,而社会人理论注意的中心则放在作为团体成员的工人身上。同时社会人理论改变了人为什么工作的基本假设。"一个人是否全心全意地为一个团体服务,在很大程度上取决于他对自己的工作、自己的同事和上级的感觉如何……。"金钱只是满足所需满足的一小部分,工人需要的还有"社会承认……安全的感觉,这种感觉更多的来自被接受为团体的成员,而不是来自银行存款的金额"①。

2.3 企业人假设

所谓的企业人假设包括如下内容②:

假设1:有限工作欲望假设。工作欲望是人的本能,这种欲望的大小则取决于人对于工作任务中所需要的知识技能、创造性、体脑力付出的动态适应程度。

大量的事实表明人是愿意工作的。迄今为止,人类社会取得的种种成就无不是与人的工作热情、工作中的表现出来的创造性联系在一起的。但是,遗憾的是,无法否认在实际生活中也存在大量厌恶、逃避工作、偷懒等现象。产生这种矛盾现象的原因极其复杂,如果我们仅从人与工作这一关系的角度去观察,那么可以归纳为以下3点:

(1)工作的内容与性质。如工作任务中所蕴含的责任性、挑战性、内容的丰富性等因素对人的吸引力,我们把它们称为工作的人性面。显然,工作中的人性面是诱发人们工作欲望的一个基本原因。

---

① 罗特利·斯伯格,管理的士气,哈佛大学出版社,1942
　　转引自　丹尼尔·A·雷恩,管理思想的演变,中国社会出版社,1992
② 戴昌钧,行为与管理模式——人力资源管理的一种新探讨,国家自然科学基金资助项目总结报告(批准号79270057),1996

（2）工作的目的。迄今为止包括科学技术高度发达的当代，人们基本上依然没有摆脱工作作为谋生手段的束缚。谋生是目的，工作是手段。当然目的是首要的，因而效率、速度、数量、质量等便成为衡量工作的指标，而不能过多地考虑（甚至根本没有考虑）如何使工作本身符合人性的需要。只有在发现违反人性的工作内容或程序会影响到目的本身时，人们才越来越重视工作的重新设计，诸如使工作更丰富多样，能更多的体现个人价值，更富有挑战性和创造性等等。工作本身一旦符合人性需要便会使人的潜能得到最大限度的发挥。问题就在于很长一段历史时间内尽管不少哲人指出发挥人的潜能的这一正确途径，但是人们依然很少去考虑这样一种即使对于资本家也是有百利而无一害的事情，为什么呢？原因只有一个，当时经济与科学的发展水平以及与之相应的人的素质水平无法使得工作的人性面与工作的目的相一致，因而只能牺牲前者而服从后者。所幸的是随着科学技术及经济的发展以及与之相应的人员素质的提高越来越使得工作中的人性面的增加与工作效绩目标相一致了，从而使得企业能够更多地提供能激发人们工作欲望的职务，这最终导致人们工作态度的变化乃至管理基础的变化。

（3）人员的素质、知识技能、体力与工作的适应性。在上面的讨论中蕴含着这样一个事实：工作对于人的吸引力或者人的工作欲望的产生包括两个方面的因素，一是工作本身的属性，例如工作的挑战性、内容的丰富多样性、工作过程中对于体力智力需求的强度、工作成果中的个人价值体现等等；另一个是人的素质因素，主要是具备的知识技能、智力体力对于上述工作属性的适应能力，即工作欲望源于工作与人的匹配程度。而且，这种匹配是动态的。当人们已经适应某些工作以后，便希望有一种新的与其已经积累更多的技能知识相匹配。这种动态的匹配才是人们工作欲望永不枯竭的源泉，直到年龄的衰老，体力智力已不能适应新的工作（甚至连老的工作都不能胜任）为止。

事实上，上述的工作欲望假设并不是新的东西。前人已有过许多论述，例如马克思曾经预测过劳动不再成为负担，而成为人的第一需要的时代的到来。遗憾的是我们离这种理想的境界尚有很大的一段距离。迄今为止，绝大部分工作无法达到上述的那种匹配（尽管这种匹配的趋势正在日益加强）。我们依然可以看到许多令人难以重负的体力劳动，令人生厌的单调重复，也可以看到许多由于人的素质原因而无法引起对富有挑战性的更能体现个人价值的那类工作的兴趣……于是工作不能不依然主要是谋生的手段，它依然异化于人而不能与内在的工作欲望融合在一起。这样，企业的工作行为必然还会由工作以外的其他因素来决定，其工作的积极性只能靠其他激励因素才能使其有效发挥。

假设 2：有限理性假设。人是理性的，但是这种理性是有限的。

假设 3：合理自利假设。人在其自认为合理的范围内是自利的。

对于人类理性的限度，H. 西蒙曾有过细详的论述。这种理性的限度不仅受到人的思维能力的约束而且受到感情因素的影响。诸如凝聚力工程等管理新方法的有效性证明了非理性因素在企业活动中的作用。

对于人的自利性显然也不是无约束的。它受到内化在自身的价值体系的束缚。内在的价值标准会引导产生利他行为并约束人的自利本性，至少被压抑到人的潜意识中，即人只有在其认为是有理的范围内才考虑自身的利益。由此，如何将企业目标社会规范内化到员工的价值体系中。引导员工自觉地在合理的范围内去追求其自身利益，从而使个人利益与企业目标达到自然和谐的统一便成为管理实践中的一种很高的境界。企业文化，便是在这一方面的一种很好的尝试。

3. X 理论和 Y 理论①

与经济人、社会人以及企业人假设相对应的是麦格雷戈所归纳的 X 理论及 Y 理论，分别代表着截然对立的两种管理指导思想。

X 理论的基本思想是：

（1）一般人有一种不喜欢工作的本性，只要可能，他就会逃避工作；

（2）由于人类的不喜欢工作的本性，对于绝大多数人必须加以强迫、控制、指挥，以惩罚相威胁，以便使他们为实现组织目标而付出适当的努力；

（3）一般人宁愿受指挥，逃避责任，较少有野心，对安全的需要高于一切。

麦格雷戈认为 X 理论代表的是"传统的指挥和控制"的观点，并认为现代工业实践中大部分依然流行着这种指导思想。

Y 理论则是麦格雷戈将之作为"人力资源管理的一种理论的有限的开端"而提出的，Y 理论的核心内容是：

（1）运用体力和脑力从事工作，正同游戏和休息一样是自然的。一般人并不是天性不喜欢工作的；

（2）外来的控制和惩罚的威胁并不是促使人们为实现组织目标而努力的唯一方法。人对自己所能参与的目标能实行自我指挥和自我控制；

（3）对目标的参与是同获得成就、报酬直接相关的，这些报酬中最重要的是

① D. 麦格雷戈，企业的人事方面，纽约：希尔图书公司，1960
转引自 丹尼尔·A·雷恩，管理思想的演变，中国社会科学出版社，1986

自我意识和自我实现的需要得到满足,它们可能是为实现组织目标的努力的直接产物;

(4)一般人在恰当条件下不但能接受,而且会追求责任。逃避责任、缺乏雄心和强调安全,一般是经验的结果,而不是人的天性;

(5)不是少数人,而是许多人都具有解决组织问题的相当高度的想象力、独创性和创造力;

(6)在现代工业生活的条件下,一般人的智慧潜能只是部分地得到了发挥。

按照 Y 理论,管理者的重要任务是发挥职工的潜力,使他们在为实现组织目标而贡献力量时,可以同时达到自己的目标。接受 Y 理论的管理者不会对员工及工作环境进行过多的组织、控制或严密监督,而是使职工有更多的工作自由,鼓励他们发挥创造性,少用外部控制,鼓励自我控制,通过工作本身的挑战性获得的满足达到激励的效果,并帮助职工逐步成熟。Y 理论主张让人们参与组织目标代替运用权力进行控制。并使员工感受到在组织中勤恳工作是实现自己目标的最好途径。将企业目标与个人目标有机地融合起来是 Y 理论的中心思想。Y 理论认为这种和谐是可以实现的,关键是要改变管理者对人的假设,以便把人看成是可以信赖的,他们是可以自我激励和自我控制的,他们有能力把自己的个人目标和正式组织的目标结合起来。麦格雷戈认为,人们怎样被对待,往往决定了人们的态度和行为。如果管理人员认为人是懒惰的,并像他们似乎是懒惰的那样去对待他们,那么他们就会变得懒惰。相反,如果管理人员假设人们需要挑战性的工作,并据此增加人们的责任,那么工人的确就会作出响应而寻求越来越多的责任。

麦格雷戈认为,不管管理人员是有意识的还是无意识的,基于他们对人性的不同假设,会具有不同的管理指导思想,有的偏向于 X 理论,有的则更接近 Y 理论,他设计了一套问卷以检验管理人员自己是属于 X 理论的信奉者还是 Y 理论的信奉者。

4.Z 理论与组织文化

所谓 Z 理论(也称 Z 型企业)是由威廉大内研究了成功的日本企业和美国企业以后总结的一种企业文化模式①。Z 型企业具有以下特征:

(1)员工长期被雇佣;

---

① Ouchi, W. G, Jaeger, A. M, Type Z Organization: Stability in the Midst of Mobility, Academy of Management Review, 1978, 3:305－314

（2）共同决策；

（3）个人分工负责；

（4）逐级缓慢地提升员工的职务；

（5）用含蓄的非正式的方式进行控制，但是用明确的正式的方法对员工的绩效进行评估；

（6）按适度专业化的原则发展员工的职业生涯。

上述特征综合了日本企业和美国企业的文化特点，兼有美国组织的个人主义导向文化与日本企业的群体导向、群体决策文化的特点。

尽管在 Z 理论问世的初期有人提出疑问，认为缺乏数据支持证明 Z 型企业一定比其他类型的企业更有效率①，但是逐渐地积累的不少案例，证明 Z 理论在实践中是有效的。例如，密特公司（Mead Company）的查尔斯乔纳（Charles Joiner）在克利斯乐（Chrysler）和密特两家公司成功地推行了 Z 理论中所包含的基本原则，其中密特公司的批发分售业务按照 Z 理论重新进行组织不仅扭转了销售额下滑的局面，还使销售额增长了 15%，纯收入增加了 2 倍②。

Z 理论（包括其他一些总结日本企业管理特色的著作）的另一个重要贡献是首次提出了企业文化（也称组织文化）的概念和相应理论。事实上，虽然人力资源管理的内容十分丰富，但是它的每一个方面都能从独特的组织文化反映出来。组织文化越来越被认为是企业人力资源管理的精髓和基础。研究探讨组织文化，将有助于更深层次地去理解和把握企业人力资源管理，为人力资源管理提供指导原则、思维方法和有效实施的环境和氛围。

组织文化通常被定义为企业员工共有的信仰、价值观、行为准则以及共同的动机、理想和期望，并表现在员工间的交流、语言、行为、动作以及待人待事的态度方式中，从而会在企业中形成一种特殊的氛围，构成了企业的特殊个性和特殊风格。

例如，IBM 公司一直信奉顾客是中心的指导思想，注意接近顾客，为顾客提供高质量服务。因此，长时间以来他们一直保持着这样一种传统：经常通过各种方式与顾客联系，倾听他们的希望和要求，从现有的和未来的顾客中搜集相关信息，并与公司的有关部门分享这些信息。这一做法被各级管理人员所自觉遵循。这种以顾客导向，注意顾客需求动向的做法，强烈地影响到公司的每个部门、每个员工，包括产品设计、生产、分销，甚至个人决策。这便是 IBM 公司企业文化

---

① Sullivan, J. J, A Critique of Theory Z, Academy of Management Review, 1983, 8:13

② Joiner, C. W, Making the "Z" Concept work, Sloan Management Review, 1985:57 – 63

（或者说是其企业文化的一个重要组成部分）。

组织文化包括以下具体内容：

(1)员工在交往时的行为方式以及习惯使用的共同语言；

(2)被员工共同接受的道德标准和规范,如"付出多少,得到多少"、"诚实的劳动,公的报酬"等；

(3)企业共同信奉的价值观,如"质量是企业的生命线"等；

(4)公司制定政策的指导哲学；

(5)组织中约定俗成的规则,包括新的成员为了能被企业老成员接受而必须学习的行为方式,如:尊敬年长的师傅,下班后一起聚会,小饮一杯等；

(6)通过具体的物质形式,如:一定的礼仪、厂歌、厂旗以及无形的人员间交往方式而传递的感觉和氛围。

上述每一项单独内容,都不能构成组织文化,它们合在一起才表述了组织文化的完整意义。

组织文化的表现形式可以划分为4个层次：

(1)文化符号。包括用词(如行话、俚语)、手势、表情以及照片、图画或者其他物体等,它们携带着特殊的文化含义。例如,麦当劳使用的俚语便是很好的例子。在麦当劳员工培训班上,他们称呼对公司特别忠心的那些员工"血管里流的是番茄酱"。

(2)文化偶像。即指在企业中被员工广泛认可的优秀典范人物,这一人物可能还活着,也可能已去世;可以是实际存在的,也可以是想象的,文化偶像体现着企业文化中所蕴含的价值标准。作为一种典范、一种具体形象,集中体现了企业文化。例如:大庆油田的王进喜便是体现大庆精神的典范。又如:弗吉尼亚大学的创始人是托马斯·杰斐逊(Thomas Jefferson),现在,每当学校的领导面临挑战性决策时往往会问:"杰斐逊遇到这样的问题会怎么决策?"这样,杰斐逊事实上已成为该大学的文化偶像。

(3)组织的礼仪形式。如:厂歌、厂旗、升旗仪式、厂庆活动等等。

(4)文化价值观。这是最深层次的文化形式,指企业中存在的公共的价值标准,即对什么是好的,什么是有意义、有价值的,什么是合理的,一种共同的判断标准,一种共同的信仰。

企业文化的上述内容包含有主观因素,如共有的价值观、共有的信仰等;也包含客观因素,如可观察到的行为、企业举行的仪式、典范人物的照片等。我们把文化的定义以及内容①概括成图2－1。

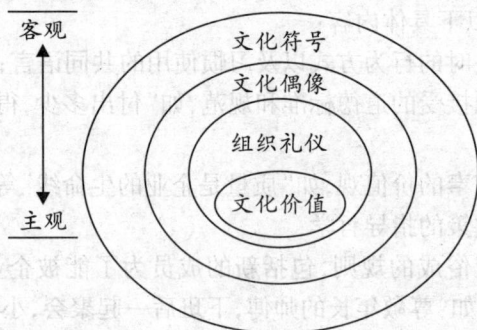

客观 ↕ 主观

文化符号
文化偶像
组织礼仪
文化价值

图2－1　组织文化的层次：从外表到深层

组织文化——思维谈话、行为的方式——被组织中的每一个成员或多或少地共同拥有，它往往是企业的资深员工通过身传言教给新来的员工，从而使其得到继承，并在这种继承过程中得到强化或发生变异。

J.申耐费尔特教授将组织文化归纳成4种类型②：垒球队文化（baseball team），俱乐部文化（club），学术型文化（academy）和堡垒型文化（fortress）：

（1）垒球队文化。具有这种类型文化的企业善于吸引企业家、创新者和冒险家。员工的报酬完全按照他们的绩效支付，成绩最优秀者将会得到很高的工资，或者其他的物质报酬，员工有很大的自主权，但是风险很高，不存在安全稳定的长期职务。员工追求高绩效，很像专业体育运动员。他们跳槽是经常的事情，员工今天离开公司是为了追求更高的薪金，明天又换一个公司可能是为了获得更多的工作自由度。通常如广告公司、生物技术企业、咨询公司、投资银行、法律事务所和软件设计公司（如微软）等，这一类企业中普遍存在的是典型的垒球队文化。

（2）俱乐部文化。俱乐部文化的企业很看重年龄和经验的价值，提供的职务往往比较长期和稳定，对于那些忠于组织乐于承担责任，以及善于与他人协作配合的员工，公司会给予回报和鼓励。管理人员会轮换工作在不同的职能部门，职务的提升非常缓慢，快速提升是很偶然的事情。员工经常从年轻时就开始在同一家公司工作35到40年。具有这种文化类型的企业如日本和中国的许多企

①　Hofstede G, Measuring Organizational Cultures：A Qualitative and Quantitative Study Across Twenty Cases, Administrative Science Quarterly, 1990

②　转引自　Thompson, G. Fitting the Company Culture, In T. Lee（ed.）"Managing Your Career" New York：Dow Jones & Company, 1990, 16

业,在美国例如,联合包裹服务公司(UPS),它的现任领导层都是从最基层开始,有的是邮递员,有的是普通职员,有的是培训员。具有这种文化的美国组织还有如,台尔泰航空公司(Delta Airlines)、大部分商业银行以及许多公用服务企业(如贝尔公司)等。

(3)学术型文化。具有这种文化的组织和俱乐部文化相似,乐意雇佣没有工作经历的年轻人,如直接从学校毕业生中招聘。但是学术型文化特别强调职务的专业性质,要求员工成为一个领域的专家。例如被聘为市场代表的雇员极大可能禁止去做生产管理工作。学术型文化强调工作的连续性和岗位的专业知识。对于那些追求快速提升的员工,学术型文化也许会提供一些机会,但是它更偏好那些稳扎稳打的员工,鼓励他们更精通地去掌握岗位的专业技能。据调查,如 IBM、可口可乐、美国三家最大的汽车制造公司、药品公司以及许多电子办公用具公司都呈现学术型文化的特点。

(4)堡垒型文化。堡垒文化的主要特点是专注于如何使公司能够生存下去。它基本上不能保证职务的安全性,并且对于高绩效的员工很难能够给予回报。这类企业可能正处于业务萎缩或者重建时期,从而导致许多员工被解雇。这种文化比较有利于那些勇于面对公司急剧变化、乐于接受挑战的员工,而对于那些希望有一种归属感的员工以及希望个人业务能有不断长进或者希望将来有稳定收入的员工是不利的。有一些具有堡垒文化特点的企业以前可能属于垒球队文化、俱乐部文化或者学术型文化。但是现在正处于困难时期,另一些企业则是由于受到现时商业周期的影响。这类企业如纺织企业、大型零售公司、木制品企业,等等。

总结本节的内容,我们提出"管理模式"的概念①:

以人性假设为基础,以一定的管理哲学为指导思想而形成的包括组织文化在内的一种管理风格和管理方式,我们称为"管理模式"。它包括以下具体内容:

(1)决策权力的集中程度(倾向于集权还是倾向于分权);

(2)收入分配的平均程度(倾向于比较平均还是倾向于拉开收入差距的分配方式);

(3)激励方式(以物质激励为主还是以精神激励为主);

(4)控制强度(对员工实行严密控制还是让其有较大的自由度);

---

① 戴昌钧,行为与管理模式 ——人力资源管理的一种新探讨,国家自然科学基金资助项目总结报告(批准号 79270057),1996

(5)团队管理倾向(倾向于以群体为管理对象还是以个体为管理对象);

(6)对人的评价标准(倾向于资历还是用能力效绩作为其评价人的主要标准);

(7)竞争氛围(强调竞争还是强调合作)。

第二节　激励理论

员工的激励问题是现代组织都面临的一个重大战略性课题,它几乎贯穿在人力资源管理的各个环节。据美国哈佛大学威廉·詹姆士的一项研究表明,员工在受到充分的激励时,可发挥其能力的80%~90%,而在仅保住饭碗不被开除的低水平激励状态,员工只发挥其能力的20%~30%。可见,组织激励水平越高,员工积极性越高,生产效率也越高。因此我们单独列出一节,将激励理论的研究成果作为本教材的基础理论进行介绍。

1.需要层次理论

美国心理学家马斯洛(Abraham Maslow)提出的需要层次理论认为,每个人都存在一个复杂的需求系统,追求这些需求的满足便形成了一种重要的激励力量。在这些需求中只有一部分是与物质报酬有关[①]。

马斯洛认为人有几种不同的需要,是一种有关联的层系结构。马斯洛的需要层次包括如图2-2所示的五种基本需要。生理需要是最基本的需要,如果这类需要得不到满足,其他需要都要退到隐蔽的地位;一旦生理需要得到满足,安全需要便上升为第一位,如图2-3所示。这一过程不断持续,当上一级的需要获得满足时,新的需要就会出现。

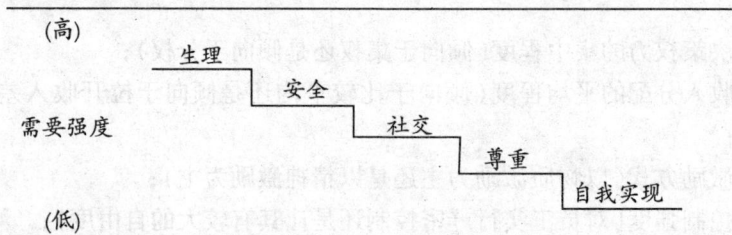

图2-2　马斯洛的需要层次论

[①]　A. H. Maslow, *Motivation and Personality*, New York: Harper & Row, 1954

(高)

需要强度

```
         生理     安全
                       社交
                            尊重
                                 自我实现
```

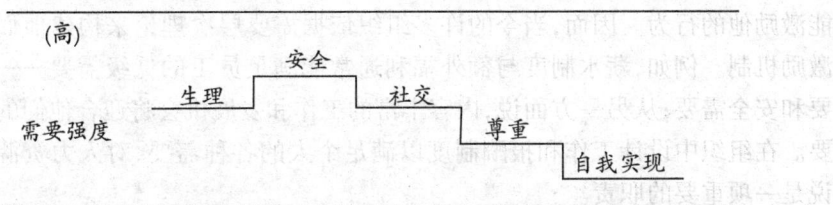

图2－3　安全上升为第一需要

生理需要是人类生存必须满足的最基本的需要,包括食物、睡眠、水、运动、衣服以及住所;安全需要是保障自身安全、摆脱失业和危险等威胁的防御需要。在某种程度上所有的员工都依赖于组织,因此安全需要是至关重要的。徇私、歧视以及组织政策上的专制管理等不确定行为,对安全需要会产生影响。

相对而言,生理需要和安全需要属于人类的低级需要。在现代社会中,这些需要相比其他需要更容易满足。马斯洛对这五种需要的满足比率进行了估计,结果如下:生理需要,85%;安全需要,70%;社交需要,50%;尊重的需要,40%;自我实现的需要,10%。现在组织提供的薪水和额外福利等物质报酬通常用来满足生理和安全需要。

第三层次是社交需要,是对爱、关心和归属感的需要,希望在与他人交往过程中确立自己的地位,这一级与下两级需要被称为高级需要。性要求不一定属于社交需要,它也可以分类于基本生理需要之中。社交需要可以由在组织中发展有目的的人际关系和被群体接纳以及对一个合作团体产生归属感或与工作群体融为一体来满足。

尊重的需要是第四层次,包括自尊和尊重他人。马斯洛坚信所有人都需要可靠、稳定、高度的自我评价——也就是说,需要自尊并尊重他人。这意味着人需要建立恰当、独立的各种关系,给予他人尊重和赏识,同时也得到他人的尊重和赏识。

在马斯洛的需要层次中最高的一个层次是自我实现的需要,指的是一种运用个人的能力和兴趣在工作中使潜力得以最充分发挥的欲望。人们在努力发挥潜力的过程中,所追求的报酬是他们所欲达到的成就,这种报酬不仅是经济上的或社会性的,也可以是心理上的。对于这一层次需求的追求,正如马斯洛所指出的,即是:"能够实现他所希望能够成为的那样的人"。自我实现的需要对某些人来说,永远不会得到完全的满足,他们总是希望能够达到更高一层的台阶。表2－1列出了每一层次需要的一些具体内容。

需要层次理论最重要的论点是已满足的需要不会再起激励作用。若把氧气作为基本的生理需要来考虑的话——只有当个人被剥夺了呼吸氧气的权利时才能激励他的行为。因而,当今的许多组织依据需要层次理论来构建他们的员工激励机制。例如,薪水制度与额外福利通常能满足员工的低级需要——生理需要和安全需要;从另一方面说,内容丰富的工作和发展机会将迎合他们的高级需要。在组织中设计工作和报酬制度以满足个人的各种需要,对人力资源管理来说是一项重要的职责。

表 2 - 1　保健因素与激励因素

保健因素(环境的)	激励因素(与工作有关的)
企业的政策和行政管理	工作上的成就感
监督系统	工作上得到认可和赞赏
工作条件	工作本身的挑战意味
人际关系	工作职务上的责任感
个人的生活	工作的发展前途
薪金、地位、保险	个人成长机会

2. 双因素理论

赫茨伯格(Fredrick Herzberg)提出的工作激励理论,在管理学术界已被广泛接受。他的理论有以下几个不同的名称:双因素理论、激励—保持理论和激励—保健理论等。

这一研究是在匹茨堡11个行业的大约200名工程师与会计师的广泛的访问中进行的。赫茨伯格和他的助手进行深入的调查,要求员工回想他们在受到充分激励与非充分激励时的工作情况,调查他们当时的实际情景和对积极性的影响①。

通过对被访问者叙述的分析发现,导致员工在工作中产生良好感觉的因素与产生厌恶感觉的因素是不同的。这些条件可以分为两大类:感到满意的都是工作性质和内容方面的,如成就感、得到认可、责任感、发展前途以及工作的特征;感到不满意的都是工作外部环境方面的,如与上级主管、与同事以及与下级之间的人事关系,工作监督、企业的政策和行政管理的状况,工作的安全感、工作条件,薪金及个人生活等。赫茨伯格把后者称为保健或维持因素。研究认为这类因素带有预防性质。换言之,保健因素没有激励作用,但如果这些因素缺乏了,却会引起职工的不满。因此,保健因素对激励来说是必要而非充分条件。

---

① F Herzberg, B Mausner, B Snydeman, The Motivation to Work, New York: John Wiley & Sons, 1959

前者则被称为激励因素,赫茨伯格认为它们能够产生真正的激励作用。他还坚持认为那些激励主要来自个人内部,而非管理者。保健因素充其量仅能消除个人的不满,但不能导致满足。但是保健因素和激励因素都与激励有关。这两类因素的总结,详见表 2 - 1。

为了解决激励问题,赫茨伯格提出一种"工作丰富化"的提议。工作丰富化并不是工作扩大化,给人以更多的相同的工作,也不是简单的工作循环,只从事阶段性的循环任务,而是试图赋予工作本身以更丰富的内涵。例如给人有趣的工作,使工作具有成就感、受人赞赏,并能形成责任心,具有发展前途及成长空间等。赫茨伯格的双因素论和马斯洛的需要层次论是密切相关的,见表 2 - 2。

在应用方面,许多研究者试图将双因素理论应用于实际研究中,但产生了不同的结果。多数结果显示,如果选择的对象接近赫茨伯格的原始对象——会计师和工程师,结论与理论相符。但是,如果选择的是蓝领工人以及负责日常工作的低级白领工人,则实验结论并不确切。同时,双因素理论也受到了其他一些批评。批评者认为赫茨伯格理论是以满意和生产率之间有密切关系为假设前提的,实际上他只考察了工作满意度,而没有考察生产率的变动。实际生活中,人们对工作满意并不意味着生产率的提高。但是,该理论提醒管理人员,应首先满足员工对保健因素的需要,防止产生负向的激励,而且必须充分关注工作本身的满意度对激励的重要意义,以有效激发员工的工作热情。

表 2 - 2　马斯洛的需要层次论和赫茨伯格的双因素论对比表

需要层次论	双因素论	
自我实现		工作本身 成就 成长可能性
	激励因素	发展空间 赏识 地位
尊重		
社交		人际关系 与上级主管 与下级之间 与同级之间 监督
	保健因素	企业政策和管理监督 工作保障 工作条件
安全		
生理		薪金 个人生活

3. 偏好—期望理论

这是佛罗姆(Victor H. Vroom)提出的另外一种激励理论,简称为期望理论[1]。期望理论着眼于 3 种关系:

(1)努力 — 绩效关系。用努力—绩效期望(E-P 期望)表示,例如,销售人员根据自己的能力和客观条件,认为努力推销更多产品(努力)会增加销售量(绩效),那么他的 E-P 期望值就高,反之,如果他认为无论怎样努力都不会增加多少销售量,那么他的 E-P 期望值就会很低。

(2)绩效 — 奖励关系。即期望绩效会带来一定的成果和奖励,称之绩效—成果期望(P-O 期望),这种期望值也有高有低。例如,销售人员认为增加推销量会增加奖励的可能性很大,即 P-O 期望高;也可能认为销售量增加不可能带来更多的奖励,P-O 期望低。

期望理论认为,个人努力的强度值应是 E-P 期望值与 P-O 期望值的乘积,用 0 和 1 之间的数值表示,越接近 0 表示期望值越低,越接近 1 期望值越高。这两者关系如下图:

$$努力强度 = E-P 期望值 \times P-O 期望值$$
$$(0,1) \qquad (0,1) \qquad (0,1)$$

(3)奖励 — 个人目标关系。这一关系涉及个人对其目标的偏好和对特定奖励的价值评价,简称效价。如果这种奖励与个人目标一致,效价越高,反之就越低,数值被定在 +1.0 到 -1.0 之间。例如,如果一个人的目标是职位提升,那么,他得到这一奖励的效价为正;相反,如果他对提升不感兴趣,他得到这一奖励的效价将会很低甚至为负值。

总之,当员工认为努力会带来良好的绩效评价时,他就会受到激励而付出更大的努力。

良好的绩效又会带来所期望的组织奖励,如奖金、加薪或晋升等,当这些奖励又与个人目标相一致时,便会产生激励动力。这一基本思想可用公式表示如下:

$$努力 \xrightarrow{E-P 期望} 绩效 \xrightarrow{P-O 期望} 奖励$$

动机强度是个体受激励的程度,表示个体为实现一定的目标所做出的努力程度。公式表明,期望值越高,效价越高,行为动机就越强烈。

我们用下面一个例子来说明上述公式:假设一位名叫王军的员工由于无法

---

[1] Victor H. Vroom, *Work and Motivation*, New York: John Wiley & Sons, 1967

克服的某种客观原因,比如家中有病人需要照顾,经常迟到,结果造成了拖拉的
工作表现记录。尽管管理部门并没有规定员工必须准时上班,但是对于拖拉作
风是不许可的,而且赏罚分明。因此王军知道,如果他能改变工作的拖拉表现,
提高效率便能得到公司的奖励,而这些奖励也是他希望得到的。在这种情况下,
王军的 P－O 期望值及效价值都很高,但是他无法克服迟到这一困难,因此他的
E－P 期望值接近于 0。这样,他的动机强度也几乎等于 0,即不会受到激励而准
时上班。

佛罗姆的期望理论的前提是:不管人们是否意识到,个人的期望与偏好是客
观存在的。

期望理论有助于管理者分析职工们的工作积极性状况,识别原因。如员工
是否对努力成果有不好的预期,认为绩效 — 奖励关系不明确,工资分配中的资
历、合作、逢迎上司的因素繁多,或者奖励不能很好满足个人需要等,由此找出相
应的对策。同时,要注意将员工的个人目标与组织目标紧密挂钩,为员工实现自
己的目标创造有利条件。

4. 强化理论

强化理论的基础是由斯金纳(B. F. Skinner)奠定的。该理论的主要内容
是:被强化的行为将会重复出现,而没被强化的行为不会重复出现。例如,当员
工表现出色时增加他的薪水,这个员工将会继续努力工作。强化理论强调个人
行为的结果主要取决于他被强化和激励的程度,而个人动机则是相对次要的。

行为强化不一定用报酬奖励的方法,也不一定必须用正强化。例如,在偏好
期望理论一段中所讨论的王军工作拖拉问题,由于管理部门过去并没有规定员
工不能迟到,因此希望员工避免无纪律性的行为就只能采用回避强化的方式。
类似地,当推销员的销售量下降时,降低他的工资便是一种负强化。此处,所谓
负强化即是使员工停止目前他所习惯的某种行为,改变其行为方式。

目前在组织中大量应用的是正强化。例如美国艾莫利航空货运公司(The
Emery Air Freight Corporation)运用正强化方法取得了很好的实效。应用艾莫利
的经验,其他一些美国公司,如联合航空公司(United Airline)、IBM、AT&T 和福
特汽车公司也达到了"强化"的优良效果。

对于负强化方法的最终效果究竟如何尚未用科学方法确认。使用惩罚手段
抑制一种行为的时候,负强化的通常作用多是恐惧和退缩,因此,在更多的研究
成果出来以前,负强化方法在组织中的实际使用要非常小心。

5.公平理论

公平理论是美国心理学家亚当斯提出的一种激励理论。其基本思想是,员工的行为取决于他在工作中对于公平待遇的感受。

员工都是以自己的某些投入进行工作的,这种投入包括如教育、以往的工作经验以及对组织的贡献等,同时也产生一定的回报,如工资、福利、工作的乐趣和声望等。公平理论认为,如果员工感到他在工作中的投入与产出的回报不平衡,那么他会采取一定的行动使其平衡。例如经常有这样的情况发生,员工感到他的报酬比其他同类员工偏低,此时他会减少工作的努力程度,以使他的投入与产出平衡,或者消沉和辞职。反之,如果员工认为报酬偏高,那么公平理论认为,他会更努力地去工作以使之平衡。

由此可见,公平理论着重研究公平性对员工积极性的影响。公平取决于员工获得的报酬与他对组织贡献大小之间的比较,涉及员工选择的参照物。参照物是公平理论中的一个重要变量,可分为4类:

(1)自我—内部:员工与自己在同一组织中不同时间或不同职位取得的投入和产出比较;

(2)自我—外部:员工与自己在其他组织的职位上取得的投入和产出比较;

(3)别人—内部:员工与同一组织内的其他员工比较;

(4)别人—外部:员工与组织外的其他人比较。

公平理论简要地表示在表2-3中。其中 O_a/I_a 代表员工的产出投入之比, O_b/I_b 代表相比较的其他员工的产出投入之比。

表2-3 公平理论

比率比较	感 觉
$O_a/I_a < O_b/I_b$	由于报酬过低产生的不公平
$O_a/I_a = O_b/I_b$	公平
$O_a/I_a > O_b/I_b$	由于报酬过高产生的不公平

研究表明,员工的公平性比较还与4个中介变量——性别、任职期、在组织中的地位以及受教育或职业化程度有关。男女员工都倾向于进行同性别比较。同类工作,女性比男性的报酬期望低,会选择较低的比较标准。任职期长的员工更多地与同事进行比较,任职期短的员工更多地与自己以往的工作经历比较。高层次员工、受教育程度较高的专业技术人员倾向于与组织外员工进行比较。

公平理论指出:一个人在组织中更关心的不是他所得报酬的绝对值,而是进行比较之后的相对值。每个人都会把自己的劳动报酬与朋友、邻居、同事或其他组织成员比较，或者与自己以往的历史工作经验比较。如果他认为所得是公平的，便会心情舒畅、努力工作。否则，就会产生紧张感，这种紧张感将成为他们追求公平的激励基础。

该理论给管理人员带来的启示是：员工往往会在主观上产生公平或不公平的感觉。如果分配制度的确存在不合理状况，员工报酬偏低，将严重挫伤员工积极性。管理者应该尽力消除导致不公平的客观诱因，并且加深员工对现有分配制度的理解。研究表明，对公司政策有较好理解的员工，趋向于认同它的公平性。

第三节　当代中国企业人力资源管理的沿革与现状

新中国成立以后，随着我国计划经济体制建立到社会主义市场经济体制的逐步完善以及改革开放政策的推行，人力资源管理经历了巨大变化，这一变化大致可以分为 5 个阶段[①]：

(1)1949—1952，这一时期以国有企业为代表的新的人事管理处于萌芽期，各种制度和管理方法处于摸索阶段[②]，主要实行统包统配和固定工资；

(2)1952—1957，完成了工商业的社会主义改造。在这个时期主要是推行"一长制"，以按劳分配、计件工资和一定的奖励制度为主要特征；

(3)1957—1966，逐步形成了具有自己特色的人事管理模式，提出了两参一改三结合为纲的管理体制，包括厂长负责制、职工代表大会和职工参与管理等内容；

(4)1966—1976，文化革命时期。分配平均化，强化铁饭碗、铁交椅和铁工资（三铁）是这一时期人事管理的典型特点；

(5)1978—现在，改革开放时期。逐步改革计划经济体制下的人事管理制度，实行全方位的人力资源管理的理论与实践创新。

下文我们按计划经济体制和改革开放两个时期，分别介绍我国人力资源管理的主要内容和特色。

---

① 赵曙明，人力资源管理与开发，中国人事出版社，1998
② 那个时期还存在大量的私营企业，其中一些规模较大的企业实行的主要是以泰勒科学管理为基础的人事管理制度

1. 计划经济时期的企业人事管理

自 1949 年至改革开放前(除了文革特殊时期以外)中国企业在计划经济这一基本的经济体制下,不断探索并形成了一套属于自己的人事管理模式,总结这一模式的指导思想及实践,有利于我们继承和发扬长处,消除缺陷。例如在相信群众,尊重普通劳动者,崇尚集体主义,坚持民主管理,发挥思想工作作用等方面蕴含着现代人力资源管理的基本思想,应加以肯定和发扬;而在只讲思想意识,不讲物质利益;轻视知识和人才;以及"铁饭碗"、"大锅饭",只凭个人经验和主观意志办事等方面则应彻底摒弃。

(一)人事管理的指导理念①。这一时期,企业管理处于不断探索、时有反复的阶段,其指导思想也有变化,但从总体上看基本的观念可概括为:

(1)工作是劳动者的基本权利,职工是企业的主人,有权参与管理;

(2)在生产力诸要素中,人的因素第一,只要解放思想,敢想敢干,什么人间奇迹都可以创造出来。但是人只有依靠组织才有力量,个人必须服从组织,集体利益高于一切;

(3)企业职工被分为 3 个阶层:工人、干部和知识分子。工人最有觉悟,只要政治上获得解放,当家做主,经济上免除剥削,并通过思想教育,就能自觉积极地工作。干部(即企业中的管理人员)应该是人民的"勤务员","政治路线确定之后,干部是决定因素"。知识分子(技术人员)是一种依附性阶层,需要解决为谁服务的问题,必须加强教育改造。

(4)管理人员和技术人员的专业培训的必要性受到怀疑,未受到重视,相应的外行能够领导内行的观点相当盛行。

(二)劳动就业。个人服从组织,一切依靠组织,这一观念造成了自上而下分配职务由国家包办一切的劳动就业体制,它保证了我国统一调配人力以迅速形成工业体系的需要。但是由于忽视了个人的专长和兴趣及企业生产经营状况的变化,企业与个人缺乏双向选择的机会,人力资源难以合理流动。造成个人过分依赖组织,"铁饭碗"代替了必要的就业压力。

在具体的操作过程中,受人情关系因素影响较多,造成裙带关系严重,企业内人浮于事、效率低下的混乱局面。

(三)考核和提拔。企业职工的管理按身份分成两大体系:干部(包括大、中专毕业分配工作的知识分子)和工人,前者属于人事部门管理,后者则属于劳动

---

① 黄津孚,现代组织与人力资源管理,人民日报出版社,1994

部门管理。

　　企业在组织人事方面决策权较小,企业的机构设置、人事任免、职工进出等方面均由上级政府行政部门统一安排。提拔干部的标准主要是资历年龄、政治立场、组织观念和基层工作经验,专业知识和领导能力居次要地位。

　　普通职工的定级、升级,依据其学历、工龄以及领导对其的主观印象等因素,缺乏科学方法,定性成分过大,评价模糊,易受主观影响。

　　(四)工资和奖励。在"不患寡,而患不均"的思想指引下,强调均富,实行平均工资制。不管企业效益好坏,不管职工能力表现,国家统一工资标准,从而造成企业内长期端着"铁饭碗"吃着"大锅饭"的局面。

　　(五)保险和福利。长期盛行"企业办社会"。国家规定内容和标准,由企业负担几乎全部的职工保险和福利待遇,包括医疗公费、退休金、分房福利、粮油补贴、子女入学等。企业包袱沉重。

　　(六)培训教育。长期以来,对人才的知识重视不够,认为读书是为了做人,获得立身处世的本钱,它与西方人力资本理论强调通过教育获得足够的专业知识以提高生产率的出发点不同。

　　企业在招工以后让职工接受"学徒工制"的技术培训,这往往是企业内部唯一存在的职业培训形式。企业的培训管理政策非常弱,没有长期的培训规划,时紧时松,通常流于形式,效率低下,另外对管理人员需要经过专门培训的认识模糊,所以造成外行领导内行的局面。

　　总结我国计划经济时期人事管理的指导理念和管理实践,不难发现,它们其中有一部分包含了现代人力资源管理的合理成分。但是由于过分强调思想意识的作用,忽视现代经济中的技术和经济因素,因此,在实际操作中出现了严重偏差,导致劳动生产率低下,经济效益逐步滑坡,至 20 世纪 70 年代中期(其中当然有文革干扰的因素),这种管理模式已经是难以为继了。

2. 改革开放时期的企业人力资源管理

　　党的十一届三中全会以后,改革开放成为我国的基本国策,并将社会主义市场经济体制作为改革的目标。在这一方针的指引下,我国经济持续快速发展,社会主义市场经济体制日趋成熟。2001 年 11 月,正式加入了 WTO 标志我国经济开始融入了世界经济的共同潮流。在这样一种背景下,作为市场经济独立运行的主体,中国企业面临着与其他国家企业相同的挑战,如市场日益开放和经济全球化、竞争日趋激烈、生产要素加速流动、技术和产品更新速度日益加快等。

　　而在人力资源管理领域,中国企业则面临着一些特殊的问题,如国有企业的体制改革而带来的员工下岗问题、民营和私营企业的劳资关系问题、就业问题等。这些问题在计划经济下并不存在(或不严重),但现在成为政府和企业必须解决的现实问题。我国企业如何在市场经济体制下构建具有国情特色的人力资源管理模式,包括指导理念和具体的运作方法尚在形成和探索阶段。这既需要借鉴国外先进经验,更需要结合本国的文化传统和民族特性,还需要在两者结合基础上的管理创新,这一使命任重而道远。下文将简要介绍我国企业人力资源管理的现状。鉴于我国企业的人力资源管理仍在不断的变化中,因此此处介绍的内容只能是这一变化过程的大致轮廓,并对存在的不足之处做一些简单的分析。

(一)在改革开放初期,民营企业尚处于抚育和成长阶段,同时由于历史遗留下来农民工和城镇职工的身份不同,以及国家相关的法律法规尚不健全,政府监管力度不够,使得许多私营企业(也包括一部分外资企业)对员工的管理呈现资本原始积累时期的一些特征。如任意延长工作时间、缺乏劳动安全保障、使用童工等现象屡屡发生;而原有的大中型国有企业,计划经济的管理模式的影响依然严重存在(如用工制度、报酬体系和干部的使用和晋升制度等),改革举步维艰,但也开始逐步引入现代人力资源管理的理念和方法。与此同时,伴随着经济发展而发展起来的一批高科技民营企业由于人力资源在企业经营中的重要作用以及企业领导层的高学历使得在这些企业不断探索、学习运用现代人力资源管理的各种方法,并在此基础上已有许多创新。

(二)员工招聘和选用。经历了改革的适应期以后,"自主择业"以及员工和企业实行"双向选择"的就业原则已被社会接受。以具有法律约束的用工合同制度已在全社会实行。企业面向社会公开招聘,经过考核选择录用的方法已普遍采用。

但是,招聘中选拔员工的程序、方法的科学性和规范性尚待完善。此外人力资源配置的市场机制还不成熟,如劳动力市场和人才市场的运作还未发挥更大的作用,特别是企业家市场还未在社会规模层次培育起来。

(三)教育培训。在国家层面,党和政府充分认识到人力资源在国家发展中的战略地位,积极发展教育事业,发动了"希望工程",以提高全民族的文化素质。教育经费占财政比例逐年上升,教育体制改革已全面启动。

在企业层面,越来越多的企业也日益认识到教育培训的重要作用。实行上岗证制度,先培训后上岗,对所有新老职工分别采取岗前、在岗、新岗培训以及定期轮训等做法已比较普遍。但是,将教育培训提高到人力资源开发的战略高度的观念尚未牢固树立。不少企业仍将培训费用视为一种可以节约的成本。此外,企业教育培训的方法和有效性尚有许多改进之处。这方面,一些优秀企业的做法值得借鉴。

案例:*海尔的培训*

海尔集团自创业以来一直将培训工作放在首位。例如在企业文化的建设方面,创造了丰富多彩、形式多样的"文化培训"。通过员工的"画与话"、灯谜、文艺表演、找案例等活动,用员工自己的画、话、人物、案例的方法来诠释海尔文化,从而达成理念上的共识。海尔在进行技能培训时重点是通过典型、到现场开展"即时培训"的模式进行。员工能从典型案例中学到分析问题、解决问题的思路及方法,提高员工的技能,这种培训方式已在集团内全面实施。对于管理人员则以日常工作中发生的鲜活事例进行剖析,且将培训的管理考核表变为培训单,利用每月8日的例会、每日的日清会、专业例会等各种形式进行培训。同时,海尔也十分重视员工个人的职业生涯发展的培训。根据个人的职业生涯计划为每个员工设计制定了个性化的培训计划,搭建了个性化发展的空间,提供了充分的培训机会,并实行培训与上岗资格相结合。

(四)考核、晋升和激励。许多企业已逐步建立绩效评价体系,对于职工能力和成果的定性和定量相结合的考核方法已做了许多尝试。在考核和晋升的标准中,既重视工作的实际成果,也开始关注潜在的发展能力。同时,在大型的国有企业中也十分注重思想政治表现。但是,仍有不少企业由于缺乏绩效评估方法的科学性和系统性,以及评估后的后续应用,结果考评往往流于形式或者并没有起到应有的作用。

在国有企业,对管理干部已提出"革命化、知识化、专业化"的使用和晋升标准。一般由企业主管部门考核、报上级主管部门审批,并开始实行管理干部的公开招聘,注重专业能力。"外行领导内行"的局面已基本改变。

由于计划经济时期,人民生活水平长期处于十分贫困状态,因而改革开放初期,人们对于经济收入非常关注,"经济人"特征非常突出。因而那个时期,企业激励手段比较单一,主要是物质激励,采用工作绩效和收入紧密挂钩的管理方法。随着收入水平的大幅度提高,特别是管理人员和科技人员开始关注自身发展等多方面的需求,相应的企业的激励方法也呈现多样化的趋势。

案例:*联想绩效管理体系*

联想绩效管理体系遵循三大理念:(1)结果导向,(2)关注能力发展,(3)公开公正。绩效管理从上到下贯彻公开公正原则,自上而下落实绩效管理各项要求。绩效面谈从总经理作起,逐层落实。对于中高层干部还通过公开述职、述能的方式,开诚布公。依照考核标准将各级员工强制按2/7/1的比例区分为优秀、符合要求和待改进三类。在激励方面,联想应用长短期激励相结合的方式,采取不同的激励措施,从而不断优化人员素质和结构。短期激励侧重于考核结果在薪酬方面的应用,包括绩效奖金、工薪调整;长期激励则以提升企业持续发展的业绩为目标,主要的激励方法是,发掘员工潜能,关注员工能力提高和职业生涯发展,为高绩效、高能力员工提供更大的发展空间和舞台。

(五)工资和奖励。不同性质的所有制企业和不同规模、不同行业的企业,其工资报酬体系有很大差异。其中以市场劳动力供需关系以及企业经济效益和工作绩效作为决定工资报酬的主要原则已普遍推行。近几年国家规定了最低工资标准,并大力推行对农民工实行同工同酬的政策,使得企业的工资报酬体系日趋合理。以按劳分配为基础,资本参与分配的多种分配方式已被普遍接受,但是相应带来的收入差距过大的问题也随之产生。

在某些股份制企业也采用了西方职工持股制,对管理层实行期权激励的实验也正在进行。不少企业为了激励职工的积极性还设立了其他各种各样的物质奖励措施。

(六)保险和福利。在大部分企业基本保障项目的社会化以及其他项目的企业承办相结合的职工保障和福利体系已初步形成。即一方面企业和个人各交纳一定资金由社会统筹负责职工的人身保险、医疗保险、住房公积金、失业救济等项目;另一方面,企业提供其他项目的福利,如免费度假、子女补助、接送上下班等。

在劳动者社会和劳动保障方面,近年来取得的成果主要体现在:1995年1月1日中国《劳动法》开始实施,自此以后政府日益加强了对企业劳动人事管理的监管,相关的法律法规日趋完备。例如2007年6月29日我国第十届全国人民代表大会常务委员会第二十八次会议通过了新的《劳动合同法》。较之旧劳动合同法,有着很大的变化,更加规范和明确了劳资双方的义务和权益。另一个成果是农民工的身份开始转变,他们逐步获得了与城镇职工相同的工作和社会保障及福利。这一成果对于激发农民工的积极性,进而开发农村庞大的人力资源,实现社会公平、和谐具有极其深远的意义。

(七)职工参与管理。这一方面,应该说我国企业在计划经济时期就具有较好的基础,但是在实行改革开放初期,这一观念有所减弱。目前,我国出现了所有制形式不同的企业并存的局面,在这样的情况下,职工参与方式也随着公司的形式和投资主体不同而各异。在股份有限公司或国有投资主体设立的有限责任公司,员工参与管理的方式主要有下几类情况:(1)通过监事会形式参与管理;(2)通过职代会或其他形式实行管理;(3)职工代表作为董事会成员参与决策,等等。但是,在一般企业,特别是传统行业和外资企业,一般职工很少有机会和权力参与管理。这一问题已经引起政府和社会的关注,正试图通过加强工会职能和其他形式来提高员工在企业经营决策中的发言权。

总结我国企业自改革开放以来人力资源管理的改革和变化,我们可以得到以下认识:

(1)我国庞大的人口数量蕴含着极其丰富的人力资源,人力资源开发和有效管理是实现中华民族复兴的关键因素。显然,在实现这一伟大目标的过程中,企业承担着重要的社会责任。以人为本、以员工的发展为本的理念应该成为我国企业人力资源管理的基本指导思想,这一指导思想的有效执行必将成为我国企业参与国际竞争、获得竞争优势的不竭源泉。

(2)随着我国经济发展水平的迅速提高,上文所提到的人力资源管理面临的各种挑战,在我国也同样已经出现。例如,"未富先老",享受"人口红利"的时代即将过去;又如,新一代年轻员工对于收入、生活质量有了更高的要求,对于体力型的艰苦劳作已不愿意承担,希望有更多的时间花费在进修、休闲和娱乐方面等。如何预见到这些变化,采取妥善合理的应对之策,显然是我国企业人力资源管理在战略必层面上须考虑的问题。

(3)如同管理的二重性一样,人力资源管理既具有反映现代经济运行共同规律的一面,又具有由民族文化、历史传统和经济发展水平等因素决定的特殊个性的一面。与其他领域的管理相比,人力资源管理的个性特征更为突出。因此,我国企业的人力资源管理的创新模式必定是在充分反映我国国情和民族个性的基础上诞生。

☞ **复习思考题**

1. 请讨论人性假设、管理哲学、企业文化等与人力资源管理这一职能的关系及其对人力资源管理实践的影响。

2. 如果你成为一个管理领导者的话,请检验你是"X 理论"的信奉者还是"Y 理论"的信奉者?请列举我国企业中,分别用"X 理论","Y 理论"作为管理指导思想的实际例子。

3. 请以我国企业的实际案例,说明它们分别属于哪一类企业文化?请评价"Z 型文化"在企业实践中的有效性,以及实现这种有效性的条件。

4. 试分析在美、日、德人力资源管理实践中,我国企业可借鉴的经验。

☞ **进一步阅读的材料**

1. 于书平,王伟红. 本土经验——中国企业人力资源管理的核心法则与流程,中国经济出版社,2006

2. 刘秋华. 回归人本:中国本土企业人力资源管理攻坚历程,机械工业出版社,2006

3. 文丽颜. 华为的人力资源管理,海天出版社,2006

4. Stowe, C. Incorporating Morale into a Classical Agency Model: Implications for Incentives, Effort, and Organization, Economics of Governance, 2009,10(2):147 – 164

5. Dianna L Stone, Eugene F Stone – Romero, Kimberly M Lukaszewski. The Impact of Cultural Values on the Acceptance and Effectiveness of Human Resource Management Policies and Practices, Human Resource Management Review, 2007,17(2):152 – 165

6. Eric Kong. The Human Capital and Human Resource Management Relationships in Non – profit Organisations: Misunderstanding and Implication, International Journal of Knowledge Management Studies,2007, 1(3/4): 471 – 483

7. Dail Fields, Andrew Chan, Syed Akhtar, Terry C Blum. Human Resource Management Strategies under Uncertainty, Cross Cultural Management: An International Journal,2006,13

8. Nafukho F M, Hairston N R, Brooks K. Human Capital Theory: Implications for Human Resource Development, Human Resource Development International, 2004,7

第二编

人力资源的获取

第三章 人力资源计划

◆学习要点◆

(1)人力资源计划的概念和基本内容,它与企业发展战略的关系;(2)制订人力资源计划的步骤以及方法和工具;(3)人力资源信息系统的结构、功能及在人力资源计划中的应用。

第一节 人力资源计划的基本概念和主要内容

1. 什么是人力资源计划

人力资源计划是将管理基本原理用于企业对劳动力需求的规划,是一个组织或者企业通过拥有合理、高效的人员配置结构来维持生存和持续发展的主要前提。其含义有狭义和广义之分,狭义的人力资源计划关注的是企业人力资源供求之间在数量、质量和结构上的平衡和匹配,其前提条件是人力资源是充裕的,并且可以随时招聘到。广义的人力资源计划,也可称为人力资源规划①,不仅要考虑实现企业目标的需要,而且必须考虑人力资源环境以及实现个人利益

---

① "计划"和"规划"两个词汇按中文字义应该是有区别的,前者更为具体,在本书中不再作严格的字义辨析,在用词中不再严格区分

目标的需要。因此,广义的人力资源计划是以组织的战略目标为基础,根据企业环境的动态变化,预测未来的组织任务和环境对组织的要求,并为满足这些要求而提供合适的人力资源过程。它是企业经营战略的主要组成部分之一,是在适当的时间,以适当的劳动力价格,向企业适当的部门提供适当的人员,保障企业完成战略目标和实施其他经营计划。

从以上定义我们可以看出,人力资源计划主要的特征是:

(1)人力资源计划是通过考察企业环境的变化,配合企业的战略目标来追求企业目标的达成。当企业环境和战略目标发生变化时,人力资源计划表现出相应的动态变化。

(2)由于企业内外环境的不断变动,人力资源供给和需求的平衡是一个动态的平衡过程。

(3)人力资源计划将个人发展规划寓于组织发展规划中,在实现组织目标的同时实现个人利益,使组织和个人获得长期利益。

随着经营环境日趋复杂,企业管理人员经常会问:我们的人手是否足够?产品和生产方式变动后人员应该有哪些相应的变化?是否需要有职工从事新业务?富裕职工如何安排等一系列问题。人力资源计划是帮助管理人员在人员使用方面作规划。它是企业预测与规划员工规模与结构的过程,其目的是保证有最适当的员工去实现组织目标。人力资源计划是企业战略和计划的重要组成部分,它为企业生存、竞争、成长、发展、及对环境的适应和灵活反应,提供人力支援和保障。

2. 人力资源计划和发展战略的关系

企业的发展战略是人力资源计划制定的理论指引和现实基础,而人力资源计划则为企业发展战略的有效实施确定人力资源配置的具体目标和实施方法。根据企业实际的做法,人力资源计划和企业战略的关系存在3种基本方式:事后/附加方式,结合方式和孤立方式,如表3-1所示。

表3-1的左栏是"事后/附加"方式,即在企业战略之后的人力资源计划方法;中间栏是与企业战略相结合的人力资源计划方法;右栏是"孤立"于企业战略之外的人力资源计划的方式。

在"事后/附加"栏中人力资源计划是在企业的产品、市场和技术方向等战略确定以后,才会提及人力资源计划,因此人力资源计划是事后的,它们是企业战略的分支和附件,各部门的领导者注重的仅仅是企业在市场中的地位;而在"孤立"一栏中,人力资源规划是一个特别的、游离于企业战略之外的计划流程。

在这种情况下,人力资源计划关注的是人力资源事项的过程,而不是优先关注企业的战略目标。极端的情况是,人力资源部门以外的管理者很少或根本不关心制订人力资源计划,也不为之提供信息。因此,这些孤立的人力资源计划对企业的附加值很少,因为它们脱离了企业总体战略的设计和执行流程。

表3-1 人力资源计划和企业战略的关系

事后/附加	结 合	孤 立
重点是企业战略,人力资源计划是一个事后措施	重点是企业战略和人力资源计划的结合	重点是人力资源行为和人力资源如何为企业增加价值
各部门管理者主导人力资源的讨论,人力资源人员列席	各部门管理者和人力资源人员共同保证了一个与人力资源相结合的战略计划过程	人力资源人士制订计划并把它提交给各部门管理者
产出是达成经营战略所需的一个人力资源管理行为的概括	产出是看重战略达到的结果,优先考虑达成战略目标的人力资源管理行为	产出是人力资源部门的日程表,包括优先考虑的人力资源行为

资料来源:【美】戴维·沃而里奇,人力资源管理者,北京:新华出版社,2000

正确的人力资源计划应该是人力资源管理行为与企业战略结合起来,人力资源规划与企业战略保持一致,成为企业计划流程的内在的一部分,并为企业的整体战略服务。

3. 人力资源计划的作用和类型

人力资源计划的功能和作用归纳为以下三点:

(一)保证组织目标的完成。人力资源计划是实现组织战略的基础计划之一。制订人力资源计划的一个主要目的是确保组织完成发展战略。目前大多数组织为了生存、发展及保持竞争优势都制订了独特的战略。经营战略与计划一旦确定后,那么下一步就是要有人去执行和完成,人力资源计划的首要目的就是有系统、有组织地规划人员的数量与结构,并通过职位设计、人员补充、教育培训和人员配置等方案,保证选派最佳人选完成预定目标。

(二)适应环境变化的需要。人力资源计划有助于企业对市场经营环境、竞争、企业重组及新技术引进等作出相应的调整反应。现代企业处于多变的环境之中,一方面内部环境发生变化,如管理哲学的变化、新技术的开发和利用、生产与营销方式的改变等都将对组织人员的结构与数量等内容提出了新的要求;另一方面外部环境的变化,如人口规模的变化、教育程度的提高、社会及经济的发展、法律法规的颁布等也直接影响到组织对人员的需求,影响到员工的工作动机、工作热情及作业方式。因此,人力资源计划的作用是让企业能更好地把握未来不确定的经营环境,适应内外环境的变化,及时调整人力资源的构成,保持其组织能力和竞争优势。

(三)提高使用人力资源管理效率。人力资源计划有助于组织降低人员的使用成本。它帮助管理人员预测人力资源的短缺和冗余,纠正人员供需的不平衡状态,减少人力资源的浪费或弥补人力资源的不足。良好的人力资源计划能充分发挥人员的知识、能力和技术,为每个员工提供公平竞争的机会;能客观地评价员工的业绩,极大地提高劳动积极性。通过人力资源计划,向员工提供适合个人的职业生涯发展计划,提高员工生活质量,开发员工的生产能力,最终提高组织对人力的使用效率。

人力资源计划按其内容、目的和时间的长短可分为劳动力计划,人事管理计划和战略性人力资源计划3种形式。

(1)劳动力计划是最基本的人力资源计划,属于短期计划,它的内容一般比较简单,主要规划具体部门的用工的需求,负责人员招聘与解聘等。

(2)人事管理计划,属于中短期计划。它涉及的内容较广:包括分析组织外部条件和内部因素,预测组织人员需求和供给,制订人力资源计划,具体为人员招聘计划、人员晋升和调动计划、开发和培训计划、辞退或退休计划、绩效评估计划、薪酬激励计划、员工关系计划和职业生涯发展计划。其核心的内容是企业预测人力资源需求和供给,并平衡组织内部的劳动力供给与需求。

(3)战略性人力资源计划是从战略管理角度考虑人力资源,它一般是长达3～5年的长期人力资源规划。近年来,企业相当重视战略性的人力资源计划。因为它是企业根据自身发展的特点和环境的变化,以综合的、整体的发展观念制订人力资源计划,以保证将人力资源调配到适当的岗位。战略性的人力资源计划具有前瞻性,对经营业务与环境预先作反应,以维持和发展企业的竞争优势。

第二节 人力资源计划的制订

1.制订人力资源计划的一些原则

1.1 与企业组织战略目标相一致

人力资源规划应是企业整个发展战略的重要组成部分,其首要前提是服从企业整体经济利益的需要。人力资源规划设计的范围很广,可以运用于整个企业,也可局限于某个部门或某个工作群体;可系统地制订,也可单独地制订。在制订人力资源计划时,不管哪种计划,都必须与企业组织战略目标相一致,只有这样才能保证企业目标与企业资源的协调,保证人力资源计划的准确性和有效性。

1.2 充分考虑内部外部环境的变化

人力资源规划只有充分考虑了内外部环境的变化,才能适应需要,真正做到为企业发展的目标服务。内部变化主要指企业业务的变化、技术和产品开发的变化或者说企业发展战略的变化,还有公司员工的流动变化等;外部变化是指市场的变化,政府有关政策、法规的变化,人才市场的变化等。为了更好地适应这些变化,在人力资源规划中,应该对可能出现的情况作出预测和风险估计,最好能有面对风险的应对策略。

1.3 企业的人力资源保障

企业的人力资源保障是人力资源规划中应该解决的核心问题,包括人员的流入预测、流出预测、人员的内部流动预测、社会人力资源供给状况分析、人员流动的损益分析等。只有有效地保证了对企业的人力资源供给,才可能去进行更深入层次的人力资源管理和开发。

1.4 使企业的员工都得到长期收益

人力资源规划不仅是面向企业的计划,也是面向员工的计划。企业的发展和员工的发展是相互依托、相互促进的关系。如果只考虑企业的发展需要,忽视了员工的发展,则有损企业发展目标的达到。企业的人力资源规划一定是能够使企业员工取得长期收益的计划,一定是能够使企业和员工共同发展的计划。

1.5 系统性

企业拥有同样数量的人,但用不同的组织网络连接起来,形成不同的权责结构和协作关系,会取得完全不同的效果。有效的人力资源规划能使不同的人才结合起来,形成一个有机的整体,有效地发挥整体功能大于个体功能之和的优势,这称为系统功能原理。人力资源规划要反映出人力资源的结构,让各类不同的人才恰当地结合起来,优势互补,实现组织的系统功能。

1.6 适度流动

企业的经营活动不可避免人员的流动,好的人力资源规划应该考虑到适度的人力资源流动,企业的员工流动率过低或者过高,都是不正常现象。流动率过低,员工会厌倦工作过长时间的岗位,而不利于发挥他们的积极性和创造性;流动率过高,说明企业管理中存在问题,企业花费较多成本培训员工而取得回报的时间较短。保持适度的人员流动率,可使人才充分发挥自身潜力,使企业人力资源得到有效的利用。

2. 人力资源计划的制订步骤

人力资源计划是一个系统工程,科学的人力资源计划包括明确企业的发展战略与目标、分析现有人力资源现状、预测人员需求、预测人员供给、制订行动方案、控制与评价计划6个步骤(图3-1)。其中,预测人员需求、预测人员供给和平衡是该程序的关键步骤。

2.1 明确企业的发展战略与目标

人力资源计划的制订应立足战略的高度,明确企业的发展目标。企业的发展战略目标是企业在制订人力资源计划时为完成这些目标需要必需具备的组织能力,是指企业适应市场变化并在激烈的市场竞争中维持竞争优势所必须的能力。处于低成本战略时期的企业,应制订以严格控制成本为目标的人力资源计划来与之相适应,通过采用聘请成本控制专家、分析现有员工需求、合并工作岗位、提高工作效率、解聘多余人员等一系列具体方案来减少劳动成本和费用;当企业决定向电子商务领域发展时,人力资源计划应该说明企业发展的专业人才需求,并根据需求调整人力资源结构,制订这些专业人员在组织内部与外部的供给计划,说明调整人力资源结构满足企业需要的途径与方法。企业人力资源计划 策略是建立在企业发展目标基础之上,它保证企业有效地实施。

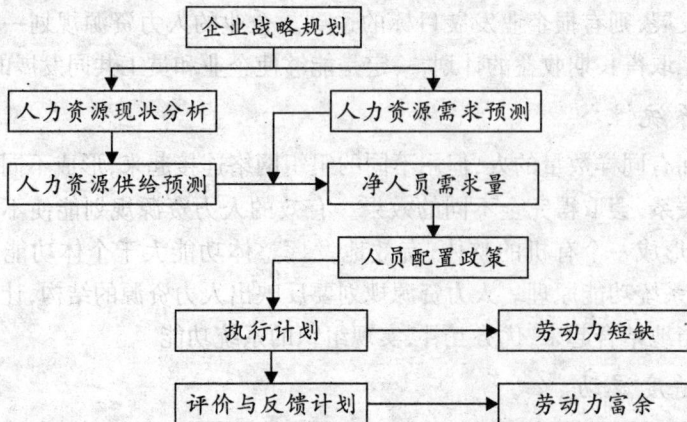

图3-1 人力资源计划步骤示意图

资料来源:戴昌钧,许为民,人力资源管理,南开大学出版社,2001

2.2 分析现有人力资源现状

分析现有人力资源现状是正确掌握企业现有的人力资源存储状况,它是对企业人力资源进行优化控制和战略分析的前提条件。了解人力资源管理基础信息一般通过企业人事档案或人力资源数据库进行。分析对企业人力资源现状的重点是通过人事档案了解目前种类员工的数量、变动情况、知识结构、任职能力、技术和经验专长等方面的特点。人力资源数据库涵盖的内容包括员工的姓名、性别、出生年月、出生地、工作年限、技术等级、工作经历、教育背景、培训及证书、薪酬福利以及现任岗位和工作绩效表现等。

2.3 预测人力资源的需求量

预测人力资源计划的需求量是科学制订人力资源计划的第三步,是预测在某段时期企业劳动力的需求会受到什么因素的影响,并根据各种影响因素确定企业需要劳动力的类型和数量。例如当企业革新技术,引进先进生产流程时,可能会提高劳动生产率并减少作业工人数量,这必然会增加对技术人员的需求。

2.4 预测人力资源的供应量

预测劳动力的供给是通过对企业人力资源现状的分析,并根据企业的发展确定所需人力资源的供给情况,制订向企业提供此类人员的数量与来源的计划。人力资源供给包括企业内供给和企业外供给。而企业内部的工资增长率、人事任免政策及工人的工作环境,企业外部的劳务市场人力资源供求、就业规模的变化等都会对人力资源的供给产生影响。

2.5 确定企业人员的净需求,制订行动方案

确定企业人员的净需求,制订行动方案是通过对企业人力资源现状和企业对劳动力需求与供给进行正确分析以后,确定企业实际需要的劳动力数量与人力资源结构,同时制订具体人事工作方案。企业人力资源需求行动方案的制订以企业人事数据库和人员的供求信息为依据,拟订具体的人员维持、扩张和缩减等工作计划,制订满足现在与将来人员需求的各种政策。例如,通过制订奖金制度、福利政策吸引员工留在组织内;通过人员招聘、调动、培训等计划增加人员的有效供给;通过制订提前退休、临时离职或分享工作等计划裁减人员。此外,人力资源计划还可包括职工保健、安全生产等劳动力维护计划。

完成以上5个步骤后,就可以编写人力资源计划了。表3-2是一个人力资源计划书的基本格式,供读者参考。

表3-2 人力资源计划书范本

1.计划的时间段			
2.计划的目标			
3.公司目前人力资源现状分析			
4.公司未来人力资源状况分析			
5.计划内容	计划完成的时间段	负责人	经费预算
(1)			
(2)			
(3)			
...			

6.执行内容	执行时间	负责人	检查人	检查日期	经费执行情况
(1)					
(2)					
...					

计划制订者： 计划制订时间：

资料来源：根据"林忠,金延平,人力资源管理,东北财经出版社,2006"修改

2.6 评价人力资源计划

评价人力资源计划就是评价人力资源计划的效益有多大,对企业的经营有多大的影响并及时反馈评估结果,以便及时修正计划。企业在评估人力资源计划时应当正确反映组织内部目标或外部目标的变化;必须明确各部门和岗位具体的职权和相应的责任;必须为确保计划有效地完成给予执行人员一定的独立决策权;必须将人力资源计划与其他经营计划相衔接。此外人力资源管理部门还必须追踪计划的实施执行,及时反馈计划的运作结果并根据反馈结果修正计划。

案例:柯达公司人力资源计划

柯达公司认为人力资源计划的目标是保持和提升企业的能力。因此,在这一前提下柯达公司制订人力资源计划的第一步是定义组织能力。具体做法是,由各直线经理与人力资源经理共同分析与确定为完成预定的战略目标,员工公司必须具备什么样的能力。在明确组织能力的具体内容后,第二步是了解每项组织能力与具体人力资源业务的关系,具体分析人员配置、培训、绩效评估和报酬系统等对开发组织能力有什么样的促进作用。第三步是将这些能力进行整合,建立

人力资源计划。第四步是设计执行方案,描述人事经理和经理们的责任,工作时间表。职能经理与人力资源经理共同完成人力资源计划的制订与实施。

3. 人力资源的供需预测与平衡的方法

人力资源的供需预测包括预测企业对人员的需求和预测人员供给两个方面。通过分析企业人力资源现状,了解劳务市场人力资源供求情况等各种导致劳动力变化的因素后,预测企业人力资源结构的调整与劳动力数量需求和供给情况,为企业制订人力资源计划提供基础信息支持。人力资源的供需预测是人力资源计划的重要环节,越来越多的企业开始重视人力资源预测工作[①]。

3.1 人力资源需求预测的一些常用方法

人力资源需求预测方法包括定性预测方法和定量预测方法,定性预测方法主要是经验判断法;定量预测方法主要是依据统计学的方法。

3.1.1 经验判断法

经验判断法是人力资源专家或有关管理人员根据自己的工作经验判断预测企业未来对人力资源结构的调整与数量的需求,属于人力资源需求定性预测法。常用的经验判断法有团体评价法、管理评价方法和戴尔菲法。它适用于企业在不稳定的环境下对劳动力需求的预测。

(1)团体评价法

团体评价法是以小组座谈会的方式来预测企业人力资源需求。团体评价法的主要步骤如下:首先挑选 7～10 名有关人员组成预测小组;拟定需要决策的问题,如在公司向电子商务领域发展过程中,在今后 2～5 年内需要什么样的人员,什么时候需要,需要多少人等。然后组织小组开座谈会,在讨论前先向参会人员说明预测程序和预测内容,要求他们将意见写在纸上,记录人员将每个人的意见写在大记事板上,但这时不进行讨论,直到在记事板上写出所有意见为止。接着大家讨论,参加人员发表自己的意见,表明是否支持;随后每一个参会人员独立对这些意见按序排列。最后对意见的排列次序投票,排在第一位的意见就是公认的预测结果。

(2)管理评价方法

管理评价方法包括上级估计法和下级估计法两种,上级估计法是指由企业

---

① 美国最近的一项研究表明,约有 60% 的大企业做人力资源预测,其中 50% 以上的公司预测人员需求,33% 的公司也预测人员供应。见 Randall S Schuler, Vandra L Huber, Personnel and Human Resource Management (5th edition), West Publishing Company, 1993

高层领导根据组织企业发展战略、经营环境的变化,预测和判断企业在某一时段对劳动力的需求;下级估计法是首先由基层管理人员根据企业生产能力和员工流失等情况预测企业人力资源需求,然后向上级主管部门汇报的管理评价法。管理评价中进行预测估计的依据有企业的生产目标、生产能力,市场需求、销售预测、人员配置和员工的流动性等。这种评价的主体是企业高层或基层领导管理者,判断依据的真实性与判断者的经验容易导致预测估计者犯主观错误,这也是这种评价方法的主要缺陷。

(3)戴尔菲法

戴尔菲法是20世纪40年代美国兰德公司使用的一种意见调查法,主要是应用专家的知识和经验对经济管理问题进行评估和预测,其应用范围十分广泛。此处,这种方法对于人力资源的需求预测主要适用于行业层面的专业和管理人员的预测评估。其步骤是:首先由预测主持机构根据预测判断的目的选定征询意见的对象,被选定征询意见的对象一般是某些领域或相关领域的专家,主持机构将预测有关问题交给预测专家,让他们独立预测,发表书面意见;然后将所有意见汇总到主持机构,并对意见进行分析、归纳和总结,主持机构再根据专家预测的意见编写征询调查表,列明需要进一步澄清与预测分歧的问题,将征询调查表寄送专家,进行第二轮征询预测。第二轮的征询中要求预测专家们重新对征询问题发表自己的意见,进一步澄清自己的观点并说出明确的理由。每位预测专家在征询的过程中,随时都可以修正自己原先的意见,但在修正时应说明修正原因和理由。预测主持机构经过多次反复征询,使预测专家小组的判断最终逐步趋于集中,最后形成比较一致的预测结果。

3.1.2 统计学方法

统计学方法在预测人力资源的实际操作过程中主要包括趋势分析法、比率分析法和回归分析法,都属于定量方法。采用统计学方法预测必须选择一个与劳动力紧密相关的尺度,也就是选择一个与人力资源需求有关的商业要素,并根据商业要素的变化预测企业劳动力的需求变化。所谓商业要素就是企业在运营中与人力资源紧密相关的因素,具有商业属性,如生产能力、销售额、市场份额等。统计学方法中选择的商业要素不仅与劳动力紧密相关,而且在相对稳定的经营环境中容易发现,因此统计学方法适用于在相对稳定环境中企业对人力资源的预测。

(1)趋势分析法

趋势分析法是以企业生产的历史资料为基础信息,根据某个商业要素的变化与劳动力变化的关系来预测商业要素的变化,从而预测企业人力资源需求。

如某公司在进行劳动力趋势分析时选择以销售额为商业要素作为预测指标。然后列出历史上销售额和劳动生产力(劳动力与销售额之比),从而计算出预测年份的劳动力需求数。表3-3给出了这一方法的一个例子。

表3-3 人力资源需求趋势分析

年份	商业因素(销售额) 单位:千元	劳动生产力 销售额/员工数	劳动力需求数量
2000	2 351	14.33	164
2001	2 613	11.12	235
2002	2 935	8.34	352
2003	3 306	10.02	330
2004	3 613	11.12	325
2005	3 748	11.12	337
2006 *	3 880	12.52	310
2007 *	4 095	12.52	327
2008 *	4 283	12.52	342
2009 *	4 446	12.52	355

其中 * 为预测数

资料来源:根据"Arthur Sherman, Managing Human Resources(11th edition),东北财经大学出版社,1998"修改

(2)比率分析法

比率分析法是比趋势分析法更加精确的预测方法,是通过计算某一商业要素与员工数量的比率数,推测企业需要员工的数量。商业要素与劳动力数量的比率通常是由某个行业的劳动生产率来决定的。如高等院校的规定师生比率为1:20或1:30,即每招20名或30名学生需要配置1位教师。随着招生规模的扩大,可以按这个比率数计算出高校需要的教师数量。

(3)回归分析法

回归分析法分为简单回归分析法和多元回归分析法二种。是用回归分析方式来描述商业因素与企业人力资源数量的需求关系。

简单回归分析法是首先选择一个与劳动力紧密联系并能有效预测人力资源需求的预测指标,然后分析这个指标与各类劳动力需求量之间关系的历史发展趋势,从而得出这一指标与员工人数的比率,然后用该比率来反映某种劳动力生产率。最后根据企业历年的生产率,计算出与人力资源需求之间的比率关系,据此预测出企业下一年度人力资源结构调整与劳动力数量的需求。

多元回归分析法是选择多个能有效预测人力资源需求预测指标并利用模式或多维预测技术进行人力资源需求预测分析。因为企业人力资源需求会受企业

的销售额、市场占有率、引进新设备等多种因素影响,所以采用多元回归分析法预测员工的需求和结果比简单回归分析法更精确。

3.2 人力资源供给的预测方法

人力资源供给的预测方法是企业经过人力资源评估分析,并通过企业外部和内部获得人力资源来填补企业职位空缺的方法。由于企业的发展与社会劳动力的供给状况不同,人力资源的企业外部劳动力供给与内部劳动力供给的方法也必然不同。

3.2.1 预测外部劳动力供给

企业的外部劳动力供给受社会劳动力供给状况(即社会人口数量与结构、经济与技术、社会与文化、政府的政策法规)等外界条件和组织内部的人事政策、劳动强度、工资效率等因素的影响与制约。因此企业组织通常可以充分利用政府机构公布的人力资源资料来分析和预测企业外部社会劳动力资源的供给状况,分析和预测企业的外部人员供给。也可采用戴尔菲法及统计学方法。

3.2.2 预测内部劳动力供给

预测内部劳动力供给常用的方法有人员替补配置表和马尔可夫分析模式等,它是通过分析员工缺勤、调离岗位、人员离职、临时解雇和退休等能引起组织内部劳动力变化的因素,总结人员的流失或消耗的规律,从而预测企业未来的劳动力供给状况。由于企业内部管理者和员工之间具有员工忠诚度高、员工更易接受指挥和领导以及给员工激励能提高其工作积极性的特性,因而企业组织一般都比较重视预测组织内部的人力资源供给。

(1)人员替补配置表

人员替补配置表是由人事部门根据各行政负责人向上级提出的替补人员推荐意见编织的一张标明目前在岗人员的数量和未来需求人员条件的组织岗位图。各行政负责人向上级提出的替补人员推荐意见书必须说明替补对象的现有业绩和潜力及对其的评定意见、可能接任的时间等,上级有关部门收到推荐书后对内容进行审查和评论,提出自己的建议,最终形成替补图。从而为企业内部劳动力供应提供分析依据。如图3-2。

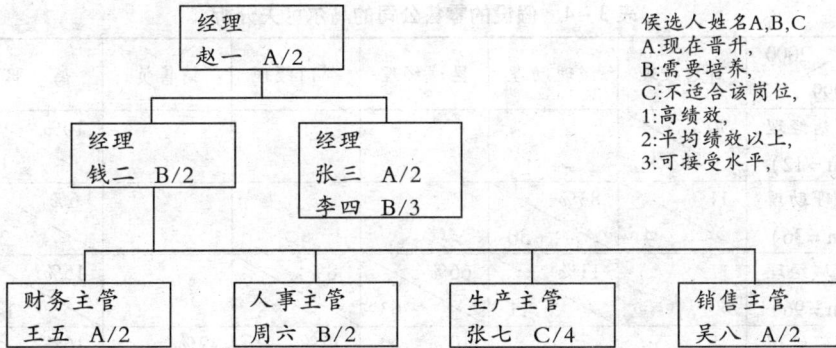

图3-2 人员替补示意图

资料来源:戴昌钧,人力资源管理(第2版),南开大学出版社,2008

(2)马尔可夫分析模式

该方法是应用马尔可夫随机过程模型的基本原理并用矩阵形式来表述企业人员流动的典型模式。它通常是收集几个时期的人员变化数据,然后再算出平均比值,并用这些数据代表企业每种职位中人员变动的频率,就可以推测出企业员工变动的具体情况。即它是通过分析企业过去组织人事变动的规律,以此预测企业在未来人力资源的供给需求情况。具体做法是将计划初期每一种工作的人员数量与每一种工作的人员变动概率相乘,然后纵向相加,即得到组织内部未来劳动力的净供给量。其基本表达式为:

$$N_i(t) = \sum_{t=1}^{k} N_j(t-1) * P_{ji} + V_i(t)$$

其中:i,j=1,2……,n;n 为岗位数 $N_i(t)$:t 从第 1 时期至 k 时期内 i 类人员数量;P_{ji}:人员从 j 类岗位向 i 类岗位转移或离职的转移率;$V_i(t)$:在时间(t-1,t)i 类所补充的人员数。

企业人员的变动包括调出、调入、平调、晋升与降级五种。表3-4 假设某零售公司在 1999 至 2000 年间各类人员的变动情况。年初商店经理有 12 人,在当年期间平均90%的商店经理仍在商店内,10%的商店经理离职,期初36 位经理助理有11%晋升到经理,83%留在原来的职务,6%离职;如果人员的变动频率是相对稳定的,那么在 2000 年留在经理职位上有 11 人(12×90%),另外,经理助理中有 4 人(36×83%)晋升到经理职位,最后经理的总数是 15 人(11+4)。可以根据这一矩阵得到其他人员的供给情况,也可以计算出其后各个时期的预测结果。

表3-4 假设的零售公司的马尔可夫分析

1999 ＼ 2000	商店经理	经理助理	区域经理	部门经理	销售员	离 职
商店经理 (n=12)	90% 11					10% 1
经理助理 (n=36)	11% 4	83% 30				6% 2
区域经理 (n=96)		11% 11	66% 63	8% 8		15% 14
部门经理 (=288)			10% 29	72% 207	2% 6	16% 46
销售员 (=1440)				6% 86	74% 1066	25% 228
供给预测	15	41	92	301	1072	351

资料来源:戴昌钧,人力资源管理(第2版),南开大学出版社,2008

(3)企业人员流失分析

企业人员流失分析也称人力资源损耗分析。它是从企业减员或企业员工流动角度来分析企业劳动力的供给情况。人员损耗可分为自愿损耗(主动离职率)与非自愿损耗(非主动离职率)两类,自愿损耗是指企业员工因为结婚、怀孕、搬迁、跳槽等原因主动离开企业;非自愿损耗是指企业员工因为退休、解雇或死亡等非主动要求离开企业。人力资源管理部门应该分析员工流失的原因,消除不必要的人员流失。

企业人员流失分析中,企业某段时间内员工离职的情况所反映的员工流失指数就是人力资源流失率。人员流失大,说明企业留不住人,人力资源损耗严重。并且员工流失指数是预测企业人员供给时的重要参考指标。企业人员的流失会因年份、季度、性别、年龄层次、收入水平等的不同而不同,一般情况下某个行业发展较快,工作机会就增加;反之,某个企业用工条件差等就会导致员工流失率偏高。因此企业应正确分析了解人员流失的原因。目前我国正处于经济快速发展时期,工作机会相对以前大为增加,企业流失率也普遍提高,尤其是主动离职率呈上升趋势。当前企业已经越来越重视统计和分析员工主动离职率,从而深入分析企业人员流失的根本原因,以达到降低企业人员流失率的目的。

现代企业通常采用流失率和留任率两个指标来分析企业的人员稳定性。人员流失率指标的缺点是不能反映出企业人员稳定性的特点,不能说明在企业服务满一年、二年的、十年的有多少人。而留任率指标刚好可以补充流失率指标的不足,留任率指标是说明留在企业的人员的比率,是一定时期后仍在职员工与原在职人员之比。它可以描述留在企业 10 年以上的人员、5～10 年之间及 5 年以下人员的比率,说明员工在企业服务年限的特点,一般社会就业机会减少,企业有吸引力,则留任率较高。

3.3 企业人力资源平衡

制订人力资源计划的一个主要目的是为了保持企业内部的人力资源达到平衡。企业完成人力资源供需预测以后,就可以确定对劳动力的净需求。企业平衡劳动力资源有两类人事政策,一类是解决人力资源缺乏的政策,另一类是处理冗员的政策。

3.3.1 人力资源缺乏时的政策

人力资源管理部门通常可以从三个方面提高生产能力,从而缓解企业劳动力不足的压力。第一是引进先进技术设备,改进先进工作流程,替代劳动力的不足;第二是提高目前在岗员工的生产能力或增加员工的劳动强度;第三是增加劳动力数量,完成生产任务。其具体的方法主要有:

(1)对企业人力资源结构重新调查,将存储人力资源补充到空缺岗位;(2)引进先进技术,提高原有设备的工作效率;(3)增加新设备,用资本替代劳动,提高工作效率;(4)实行加班加点方案,延长工作时间①;(5)培训员工,提高员工的工作能力与工作效率;(6)将部分工作交其他公司完成,如工作外包;(7)招正式职工、临时工和兼职人员。

近年来,解决人力资源缺乏的一种新的方法是人力资源外包。所谓外包(outsourcing),指企业整合利用其外部优秀的专业化资源,以达到降低成本、提高效率、充分发挥自身核心竞争力和增强企业对环境迅速应变能力的一种新的管理模式。而人力资源外包,就是企业根据需要将某一项或几项人力资源管理工作或职能外包出去,交由其他企业或组织进行管理,以降低人力成本,实现效率最大化。总体而言,人力资源管理外包已渗透到企业内部的所有人事业务,包括人力资源规划、制度设计与创新、流程整合、员工满意度调查、薪资调查及方案设计、培训工作、劳动仲裁、员工关系、企业文化设计等方方面面。在美国,出现了各种各样的"临时雇员"公司和专业的 PEO (Professional Employer Organization)公司;这些公司为客户公司承担有关工资、福利、员工档案、招聘、录用、培训等管理工作并提供相关报告等,是为企业提供人事方面服务的专门机构;英、法等国新近出现的快速人员服务公司,还有目前市场上盛行的猎头公司,也属于为企业提供人力资源管理外包服务的公司。通过人事外包,企业得到专

---

① 采用此措施时要注意新《劳动合同法》的有关规定

业人员的服务和保障,弥补了企业人力资源的短缺,同时不用承担很大的人力资源成本。现在,国外人力资源管理人员与员工的比例通常是1比100,而在国内这个比例却在1比30左右,效率普遍低下。但随着中国客户对外包服务认知度的提高,外包服务的需求也将大幅增加。目前人力资源外包市场的平均增长速度已经超过了中国GDP平均增长速度的1.5倍,发展前景广阔①。

3.3.2 人力资源富余时的政策

近年来,许多组织正在经历规模减缩和再组织的过程。企业发现员工太多,人员结构失调,需要采用减少人员的政策。在企业相对超员的情况下,企业可通过减少每个员工的工作量、降低工资费用或解雇等方式控制劳动力需要及相关费用。具体方法主要有:

(1)提前退休;(2)临时解聘、鼓励停薪留职;(3)鼓励员工辞职;(4)将员工转移到人才交流中心或托管中心;(5)降低工资;(6)减少福利;(7)培训员工;(8)扩大业务量。

第三节 人力资源信息系统

人力资源信息系统(HRMIS)在现代人力资源管理中起着越来越重要的作用,它不仅应用在人力资源决策的各个方面,同时也是制订人力资源计划的基础和工具,因此集中放在本节作一介绍。

1.人力资源信息系统概述

计算机技术的发展使人力资源管理实现了信息化,人力资源信息系统即是在计算机技术的基础上发展起来的。由于人力资源计划的基础是人员的信息,因此人力资源信息系统在人力资源计划决策中起着重要的作用。

人力资源信息系统,亦称为人力资源管理系统,是一种搜集、记录、存储、分析和检索信息及知识的人力资源数据系统,为人力资源部门和直线经理掌握相关信息,并制订和实施人力资源的规划和决策提供支持。人力资源信息系统由20世纪60年代诞生到现在,发展日趋成熟,到20世纪90年代,随着人力资源管理工作重要性的不断增强,企业组织对人力资源信息系统提出了更高的要求。同时,计算机技术的飞速发展与电脑应用的普及,使得第三代人力资源信息系统

---

① 中国人力资源外包网,http://www.hros.cn/

的出现成为必然。第三代人力资源信息系统的特点是从人力资源管理的角度出发,用集中的数据库将几乎所有与人力资源相关的数据(如薪资福利、招聘、个人职业生涯的设计、培训、职位管理、绩效管理、职位描述、个人信息和历史资料)统一集成的信息源。友好的用户界面,强有力的报表生成工具、分析工具和信息的共享使得人力资源管理人员得以摆脱繁重的日常工作,集中精力从战略的角度来考虑企业人力资源规划和政策。同时,随着互联网和信息技术的日益成熟,人力资源信息系统开始突破人力资源部门的封闭模式,向企业各级管理部门和普通员工延伸。企业员工可以通过人力资源内部网络系统及时了解人力资源相关信息,包括员工手册、福利信息、通讯录和工作职位等,并能进行在线培训。另外,人力资源信息系统还加强了企业与外界的联系,如网络招聘等。

人力资源信息系统具有 3 个基本功能:

(1)获取个人和事件信息并进行编辑,建立人力资源档案。人力资源系统可以通过搜集个人数据、招聘数据、工作经验数据以及报酬数据、业绩评估数据、福利计划数据等方面的数据建立人事档案;可以估计企业当前的人力资源现状,如劳动力的知识,技术能力、经验和职业等。同时可以为企业人力资源规划的制订提供准确及时的基础数据。

(2)收集数据并进行分类。通过收集的人力资源数据进行整理分类,可以为企业的各种人事决策提供依据。例如,企业的晋升人员的选定,工作分配与调整、培训、绩效评估、工资和奖励计划、职业生涯计划等,这些工作的完成都需要借助人力资源信息系统。

(3)人力资源信息系统可以为管理者决策提供各种信息和分析报告,例如,在企业的日常经营活动中,人力资源信息系统可以提供有关岗位空缺、新员工招聘、辞职情况、退休情况、提升情况等工作报告。

此外,它还可以为企业制定发展战略提供人力资源数据,为人事决策提供信息支持,为企业管理效果的评估提供反馈信息,还为企业其他有关人力资源的活动提供快捷、准确的信息。综上所述,人力资源信息系统在企业人力资源管理的各个方面都有着重要的作用。

2. 人力资源信息系统的结构

2.1 系统结构

一个典型的人力资源信息系统的构成如图 3-3 所示,主要包括员工招聘、员工培训、绩效考评、薪资与福利、员工关系等几项人力资源的基本职能。系统的输入信息包括组织战略、职务分析结果、员工信息和行业信息等。系统的输出信息则是组织所需的人力资源方面的数据分析报告。

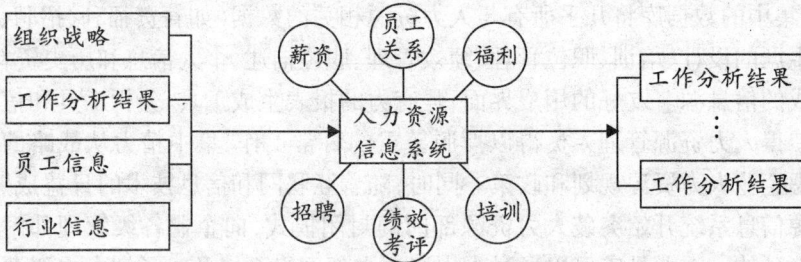

图 3 - 3　人力资源信息系统构成图

资料来源:Schwind Das Wager, Human Resource Management – A Strategic Approach, McGraw – Hill Company,2002

一般来说,人力资源信息系统所包含的信息应包括工作信息和员工信息两部分,如表3 –5 所示。

表3 –5　人力资源信息系统所包含的信息

工作信息	
职位名称	职位说明
目前空缺职位	薪酬待遇
任职条件	职业晋升路径
员工信息	
自然信息	职业兴趣和职业目标
教育背景	专业技能
聘用时间	荣誉和奖励
所任职位	福利
薪酬	所持的证书和执照
绩效	出勤
参加的培许项目	纳税
工作经历	退休金计划
职业发展需求	

资料来源:Lawrence S. Kleiman, Human Resource Management – A Managerial Tool for Competitive Advantage, 机械出版社,2003

2.2 功能结构

2.2.1 HRMIS 功能结构中的 3 个层面

一套典型的 HRMIS 从功能结构上可分为 3 个层面:基础数据层、业务处理层和决策支持层。

（1）基础数据层。基础数据层包含变动很小的静态数据，主要有两大类，一类是员工个人属性数据，如姓名、性别、学历等；另一类是企业数据，如企业组织结构、职位设置、工资级别、管理制度等。基础数据在人力资源管理信息系统初始化的时候要用到，是整个系统正常运转的基础。

（2）业务处理层。业务处理层是对应于人力资源管理具体业务流程的系统功能，这些功能将在日常管理工作中不断产生与积累新数据，如新员工数据、薪资数据、绩效考核数据、培训数据、考勤休假数据等。这些数据将成为企业掌握人力资源状况、提高人力资源管理水平，以及提供决策支持的主要数据来源。

（3）决策支持层。决策支持层建立在基础数据与大量业务数据组成的人力资源数据库基础之上，通过对数据的统计和分析，能快速获得所需信息，如工资状况、员工考核情况等。这不仅能提高人力资源的管理效率，而且便于企业高层从总体上把握人力资源情况。

2.2.2 HRMIS 的功能模块

（1）人事管理模块。从企业的人力资源规划开始，一般将包括招聘、岗位描述、技能、绩效评估、离职等个人信息储存到数据库中，统一的管理起来。其灵活的报表生成功能和分析功能使得人力资源管理人员可以从繁琐的日常工作中解脱出来，将精力放到更富有挑战性和创造性的工作中去。

（2）薪资和福利模块。该模块通常用于管理企业薪资和福利计算的全过程。通常，这些程序还可以根据公司的政策设置并计算由于年假、事假、病假、婚假、丧假、迟到、旷工等对薪资福利的扣减，直接生成总账凭证，还能存储完整的历史信息供查询和生成报表。

（3）培训管理模块。培训管理模块一般通过培训需求调查、预算控制、结果评估和反馈等手段，实现培训管理科学化，并且和人力资源信息有机地联系起来，为企业人力资源的配置和员工升迁提供科学依据。

（4）考勤管理模块。考勤管理程序一般都与打印机等设备相连，生成较为清晰的员工出勤报告，并可转入薪资和福利程序中，使考勤数据与薪资计算直接挂钩。其生成的文档还可作为历史信息保存，用于分析、统计和查询。

（5）eHR。eHR 是一种基于 Internet/Intranet 的人力资源管理系统。eHR 强调员工的自助服务，员工可以对自己个人信息、培训、假期申请、报销等日常行政事务自行处理。而且由于 Internet 不受时间和地理位置的限制，即使经理远在国外，也可及时地处理员工的各种申请，不会因为人不在公司而影响工作。同时，公司的各种政策、制度、通知和培训资料也可通过这种渠道来发布，有效地改善了公司内部沟通途径。根据 HRMIS 的功能，我们可以看出，它的成功实施对于企业提高工作效率、优化业务流程、提高管理水平等方面将起到非常重要的作用,所以在以后企业的经营发展中,应大力加强这方面的建设和员工的培训,它对企业带来的效益是不可估量的。

案例:微软的 e 化

微软是软件行业的领航者,在人力资源的管理领域,微软凭借其开发出来的适用于内部人力资源管理的信息系统软件依然成为 e 化道路的领航者。让我们看看微软公司人力资源管理的 e 化的功能吧:(1)网络招聘。微软公司在网上发布全球各个国家各个职位的招聘信息,根据职位空缺及职位要求,微软员工或者外部招聘者可以跨国申请,发出申请信,并表示是否可以长期移居。接下来,该国家的人力资源部会对申请者的技能业绩做一番调查,并进行网上测评,一旦聘用,你的一切劳动关系将随即转入公司,进行培训。员工的职业发展及工作能力的提高与企业培训密切相关,在微软的网站上,发布了多种培训课程供员工选择,并让员工与人力资源信息部进行交流;(2)休假报销。微软员工可以直接去网上申请休假或者报销,系统上有每位员工的休假和报销记录,获得批准后系统会自动更新,省时省力;(3)绩效考核。微软的绩效考核每半年进行一次,先由员工在网上为自己半年来的绩效打分,然后经部门经理签字打分(没有经过部门经理签字打分的信息呈红色),经理打完分后,如果员工对经理的评价没有异议,再进行最后的确认,确认后信息变成绿色。如果员工对经理的评价有异议,可以拒绝确认,更高层经理及人力资源部的人员看到后将与员工沟通,直至查出员工拒签的原因;(4)个人信息查询。每位员工只要输入自己所持有的密码,就可以查到全方位的信息,包括职位、录用信息、升迁及调动信息、薪资福利状况等。而且你还可以看到比你自己级别低的员工的信息,部门经理就可以看到自己部门所有员工的个人信息,以便于管理本部门。

由上述介绍可见,人力资源信息系统为人力资源计划的制订提供了重要的信息来源和决策支持,充分利用这一管理系统将有效提高计划制订的工作效率和科学性。

第四节 人力资源计划的实施

在人力资源规划实施阶段,在正确分析人力资源需求与供给的基础上,管理人员根据两者的平衡结果,制订人力资源的总规划和各项业务计划,并制订出实施计划的具体措施,取得实际成效,使组织对人力资源的需求得到满足,保证组织战略目标的实现。人力资源计划实施中应特别注意3个环节。

1. 计划实施中的协调性和整合性

由于人力资源计划的实施涉及企业的各个部门,包括企业的决策层,各职能部门的执行层,乃至最基层的员工;就其涉及的内容看,包括人员、岗位设置变动、组织结构变革及利益关系调整等各方面的因素。因此,计划的实施必须由企业主要领导亲自掌控,必须有具体详尽的实施步骤和配套政策,注意从战略高度协调、整合各方面的关系,这样才能保证计划的有效实施。

2. 计划的实施具有动态性

人力资源规划是个长久持续的动态过程。由于企业内外诸多不确定因素的存在,造成组织战略目标的调整,使得人力资源需要作出相应的变动,因此人力资源规划应当滚动地实施,不断修正短期计划方案。在规划方案实施的期间,组织的人事部门或专项方案的实施部门应定期检查方案的执行情况。检查中如发现实际执行情况偏离了目标,首先应该分析产生偏离的原因,然后再采取相应的纠正或者调整措施。产生偏差的原因可能有两种:一是确定的目标和标准不具有可行性;二是方案执行中存在问题。也可能这两种原因兼而有之。在第一种情况下,纠正偏误的方法是修正原有目标和执行标准;在第二种情况下,则需采取措施来解决存在的问题。例如,某企业在实施招聘方案时,未能从外部雇佣到预定人数的新员工,其原因可能是确定的录用条件太高,又可能是招聘信息传播范围太小;如是前一种原因,应适度降低录用条件,如是后一个原因,则应在下次招聘时扩大招聘信息的传播范围。

3. 计划动态调整的基础是对计划实施效果的评估

由于预测不可能完全正确,因此必须根据实施的结果进行人力资源计划的评估。人力资源评估的要求是:在实施的过程中,要随时根据变化调整需求与供给的预测结果,同时调整相应的措施,对计划执行有效性进行评价,及时将评估的结果反馈,并修正原有的人力资源计划,同时吸取经验教训,为以后的计划提供借鉴和帮助。

在对人力资源评估时一定要遵循客观、公正、准确的原则,广泛征求组织内部各业务部门管理人员的意见,只有被人力资源计划的实施者和直接受益者所接受,才能使计划具有可行性。

第五节 问题与探讨

从 20 世纪人力资源规划这一管理思想诞生到现在,已经产生了众多人力资源计划的优秀理论研究成果,而国外的企业和政府部门也较早地开展了人力资源计划的实践活动,很多组织还独立开发了自己的人力资源规划模型和数据管理系统,有效地提高了人力资源管理获得的效率和组织绩效。目前,国外发达国家的企业大多数已步入战略化人力资源规划时期,通过人力资源规划与组织战略的整合来促进组织战略的充分实现。相比国外比较成熟的人力资源规划,我国对于人力资源规划的研究相对比较欠缺,在企业尤其是中小型企业的人力资源管理实践中,人力资源规划的发展还处于起步阶段,主要问题体现在以下几方面①:

(1)对人力资源规划的认识不全面。企业的整体发展战略目标决定了人力资源计划的内容,而这些内容又为建立人力资源管理体系、制订具体的人员补充计划、人员使用计划、人员接替与晋升计划、教育培训计划、评估与激励计划、劳动关系计划、退休解聘计划等提供了方向指引和依据。广义上的人力资源规划包含了所有这些具体内容,而绝不仅仅是些"招聘、薪酬"之类的内容,许多企业的管理者和 HR 在对人力资源规划的认识上不全面,导致在具体制定和实施过程中缺乏足够的重视,各级部门主管和直线经理也未能有效配合。

(2)公司战略目标不明确。在人力资源开发与管理活动中,应从公司战略目标出发,以战略目标为指导,确保人力资源政策的正确性与有效性。因此,人力资源规划的前提是企业战略目标首先要明晰,之后才能分解到人力资源方面,随后才会有人员需求计划、招聘计划、薪资福利计划等与之相配套。而一些企业尤其是中小型一般缺乏较明确的企业发展战略,尤其在快速扩张阶段,往往涉足于不同的业务领域,其中不乏许多新兴产业。而这些新兴产业在研发、营销、管理、服务等各个环节没有成熟的经验可以借鉴。因此在人力资源管理方面也不可能有明确的规划,只能是走一步,看一步。

(3)企业外部环境变化太快,不易规划。市场发展变化速度很快,据统计,由于市场变化而使得规划目标的达成率只有 20% ~ 30% 。如某 IT 公司是联想

---

① 二十一世纪管理培训网, http://www. 21emr. com/zszx/emr28/200606/zszx_
20060626182502. shtml

集团在某区域的大代理商之一。在年初,该公司的人力资源部根据公司的年度发展战略制订出了本年度公司的人力资源规划。但是在新的一年开始不到3个月的时间里,联想集团自身的战略、组织结构发生重大变化。于是作为供应链上的一个环节,该IT公司也必须随之调整整个公司的人力资源规划,根据要求重新进行公司的人员设置与编制,重新制订与之相关的一系列培训计划等。事实上,企业外部的政治、经济、法律、技术、文化等一系列因素一直处于动态的变化中,相应的就会引起企业内部的战略目标的变化,从而又会导致人力资源规划的失效。因而如何使人力资源规划具有柔性,使其能适应外部环境的变化是一个值得探讨的问题。

(4)缺乏人力资源规划的专门技术与人才。目前,虽然许多中小企业成立了人力资源部,但在行使部门职能的时候,普遍存在一些问题,主要表现在:第一,整体素质不高,专业人员很少,专业知识储备不足,专业技能不够;第二,许多人力资源工作者缺乏系统、良好的职业培训,没有经过正规职业教育的熏陶,眼界不高。人力资源工作是一项非常独特的工作,对个人素质、领悟能力和学习能力要求都很高。而这些综合因素中,有很多不是通过正规教育过程所能获得的。一位优秀的人力资源工作者不是靠认证也不是靠理论培养的,需要的是其对工作的深刻体验和对社会的敏锐洞察。

(5)人力资源规划缺乏系统研究。许多组织在研究和应用人力资源规划中都显得比较盲目,强调技术、模型和方法的借鉴,缺乏对原理的学习和结合自身组织的分析。另外有一些企业"重业务、轻管理",加上人力资源管理相对滞后于业务管理,资源配置也不够充分,从而人力资源管理很难形成系统、完整、成熟的支撑体系,导致人力资源规划的有效性下降。

(6)人力资源规划是一个要求参与度高的过程,需要决策者、业务部门、人力资源部门之间的密切协作。而实际工作中,组织对人力资源规划的参与度不够,多数中小企业的直线经理尚未充分发挥其应有的人力资源管理职能,人力资源部门一头热,业务管理与人力资源管理分离。获取内部信息不够全面、广泛,致使规划的输出大打折扣,可执行性也较差。

此外还存在人力资源规划仅停留在纸面或者制订阶段的问题,不重视执行、修正、评估和反馈等后续工作,使得人力资源规划不能充分发挥对企业活动的指导功能。总的说来,中国企业人力资源规划还处于初级阶段,离战略化还有很长的距离。

☞ **复习思考题**

1. 企业发展战略和人力资源计划有什么关系?

2. 人力资源计划的程序是什么?

3. 预测人力资源需求和供给有哪些方法,各有什么特点?

4. 收集一个或几个企业的相关案例,分析这些企业在人力资源计划实施中的问题。

☞ **进一步阅读的材料**

1. 丁海力,王芳. 人力资源优化配置模型及算法研究,科学技术与工程,2009(1)

2. 洪亮. 战略人力资源规划,中国外资,2008(2)

3. 胡丽红. 战略导向的人力资源规划,人力资源,2007(1):42 - 43

4. 徐剑. 人力资源规划全过程,HR 论坛,2006(5):26 - 27

5. 李小华,董军. 人力资源规划的特征与作用分析,现代管理,2006(1):211 - 212

4. 伍珂霞. 对人力资源规划评价指标的探索,商场现代化,2005(12):259

6. Dianna L Stone, Kimberly M Lukaszewski. An Expanded Model of the Factors Affecting the Acceptance and Effectiveness of Electronic Human Resource Management Systems, Human Resource Management Review, 2009,19(2):134 - 143

7. Stefan Strohmeier. Research in e - HRM: Review and Implications, Human Resource Management Review,2007,17(1):19 - 37

8. Atul Gupta. Enterprise Resource Planning: the Emerging Organizational Value Systems, Industrial Management & Data Systems, 2000,100:114 - 118

第四章 职务分析与职务设计

◆ 学习要点 ◆

(1)了解职务分析与职务设计的含义及其在人力资源管理工作的作用、意义;(2)掌握职务分析与职务设计的步骤与方法;(3)掌握职务描述和职务规范的编写方法。

第一节 职务分析的基本内容

1.职务分析内容概述

案例:A公司是一家机制制造公司,某天一个机床操作工把大量的液体洒在机床周围的地板上,车间主任叫他清扫干净,该操作工拒绝执行,理由是工作说明书中并没有包括此项任务。车间主任顾不上去查工作说明书上的原文,就找来一名服务工做清洁工作,但服务工同样拒绝,他的理由是,工作说明书里没有包括这一类工作。车间主任威胁说要把他解雇,因为这种服务工是分配到车间来做杂物的临时工。服务工勉强同意,但是干完之后就回公司投诉。主管人员看了投诉之后,审阅了有关人员的工作说明书。机床操作工工作说明书规定:操作工有责任保持机床干净,使之处于可操作状态,但并没提及清扫地板;服务工的工作说明书规定:服务工有责任以各种方式协助操作工,如领取原料和工具,随叫随到,即时服务,但也没有包括清扫工作;勤杂工的工作说明书中确实包含了各种形式的清扫,但是他们的工作时间是从正常工人下班后才开始。

解决这一矛盾的方法是在职务分析的基础上,明确工作责任。

职务分析与职务设计是人力资源管理的核心内容之一,也是人力资源管理的基础。管理人员只有在清楚企业业务和把握工作流程的基础上,设置相应的职务,明确各自的工作内容和职务,才能使员工高效率、高质量的工作。

职务是由一系列有关的活动和责任组成的,组织通过职务分工完成预定目标。职务分析(Job Analysis)是一个确定职务的任务、活动和责任的过程,在我国也被称为岗位分析、工作分析或职位调查。尽管不同学者对职务分析用不同的名称和不同的表述方法,但其所包含的基本内容的看法较为一致。职务分析主要说明职务的两个重要方面,第一是对工作本身作出规定;第二是明确工作承担者的行为和资格要求。具体而言职务分析是指通过对某种岗位工作活动的调查研究和分析,确定组织内部某一职务的性质、内容、责任、工作方法以及该职务的任职者应该具备的最必要的条件。职务分析的结果是形成一套职务描述和职务规范的文件。

职务描述是说明完成一项工作所要求的过程和行为,包括描述工作目的与任务,工作内容与特征,工作责任与权利,工作标准与要求,工作流程以及工作条件和环境等特征;职务规范则说明胜任该职的员工,必须具有哪些最基本的条件、技能和知识,即说明在这种环境下完成该工作的人员所必需的个人特征。

2. 职务分析的功能和作用

无论是对组织和个人来说,职务分析都非常重要。从组织角度分析,通过职务分析,能够确定完成组织目标的职务和人员特点;对个人而言,职务分析向个人提供职务信息,帮助个人判断自己是否能获得和胜任该职务。通常情况下,职务分析可以为组织在如下领域提供帮助。

2.1 职务分析是制订人力资源计划的依据

职务分析对组织人力资源管理有两方面的作用。第一,它是人力资源需求预测的基础;第二,它是计划招聘、培训、换岗和提升晋级的基础。因为人力资源计划的目标就是保证组织发展中对人员的需求,而对未来需要什么样的人,这只有在职务分析的基础上才能提出,通常职务分析的信息是人力资源信息系统的一部分。

2.2 职务分析为组织设计提供依据

通过职务分析,组织可以明晰各种职务的角色及其行为,为组织结构和组织设计打下基础。因为明确了组织中职务的性质、职责、要求以及职务间的相互关系后合理地设计职务,可以避免工作重叠和劳动重复,提高组织的工作效率和业绩。

2.3 职务分析为员工的工作业绩考评提供评价标准

对员工业绩考评是根据其完成工作实际情况确定的,职务分析的结果可以作为一种衡量标准,以保证合理、客观地评价员工的业绩。职务分析也能为员工报酬决策提供信息。人员在某一职务上,劳动的量是多少,劳动的难度有多大,应该获得多少报酬,这些都需要通过职务分析来确定。职务分析帮助有关人员客观地评价职务状况,确定这个职务中员工的劳动强度、所需知识的多少或能力的大小等,以此来决定这个员工应得的合理报酬。

2.4 职务分析是组织招聘人员的依据

人员的招聘是组织人力资源补充的主要方式,所招聘的人员应该满足组织的需要,能够胜任所要从事的工作。职务分析的结果能反映出招聘岗位的特点、从事人员的条件,这就使招聘有了选拔人员的参考标准。

2.5 职务分析使人员换岗工作更有效率

录用的员工并不总被分配在固定的岗位工作,有时申请者首先被录用,而后因为工作需要很有可能会被安排去其他岗位。指派员工从事何种工作,首先应该考虑员工是否能胜任这项工作,这就需要有一个非常清楚的职务条件的分析,即完成这些职务需要的什么样的人,如此被选择的工人将会被安排在其最能发挥潜力的特殊工作岗位上。如果对职务的描述是模糊的,则选择人员的决策会不正确,换岗的人员工作效果也会较差。

2.6 职务分析使培训和开发有正确的方向

职务分析能帮助人力资源管理部门确定员工的能力和技术、需要培训的内容,使对员工的培训能反映出实际的职务要求,培训和开发有针对性,节省培训费用的支出。尽量做到今天培训中学会的,就是明天在工作中要用的。

2.7 职务分析为职业生涯计划提出方向

如果组织或个人不完全了解职务的有效条件,无法确定各种职务之间的联系,也就无法进行有效的职业生涯计划。职务分析不仅提供了职务的描述和任职条件的说明,而且还说明了职务与职务之间的关系,可以帮助个人设计职业生涯,从低一级职务向高一级职务发展。

2.8 职务分析帮助明确劳动关系

职务分析提供的信息有助于雇主和雇员之间的劳务谈判,同样也有益于解决抱怨和劳动争议。因为职务分析提供与职务有关的信息,雇主与雇员都可以利用这些信息,争取自己的合理权益。

2.9 职务分析有利于重视作业的安全

有些工作在没有分析以前,其环境条件与个人劳动保护防范常常被忽略,在职务分析中经常会发现一些不安全因素,将这种不安全因素记录下来,可以有效防范安全事责任事故的发生。

2.10 职务分析为职务设计提供思路

随着科技的进步与公司规模的扩张,会产生许多新的工作岗位。新的工作岗位必须通过职务分析重新被评价,需要说明工作的性质以及从事工作的人员条件。组织在对人员选拔、培训和支付报酬时,常常依据职务分类系统,或称"职务族"。没有职务分析,在职务设计中,就不可能决定职务间的关系结构。

第二节 职务分析的步骤、方法和工具

1. 职务分析的步骤

职务分析是一个对工作进行全面的评价过程。它一般需要经过:准备阶段,调查阶段,分析与汇总3个阶段(见图4-1)。

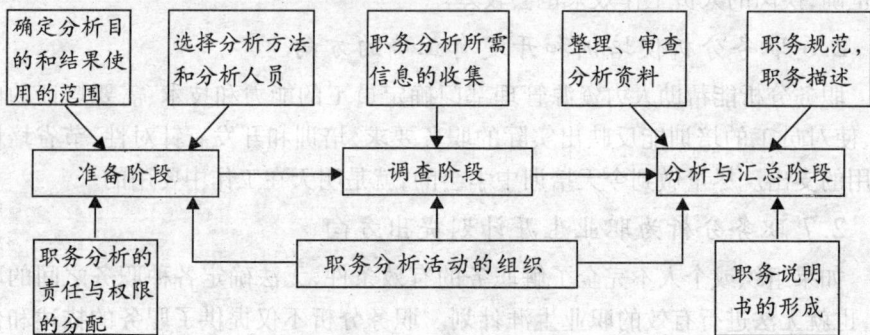

图4-1 职务分析的各个阶段的关系

1.1 准备阶段

进行职务分析之前需要确定职务分析的目标。一般而言,职务分析是为了满足企业管理发展的需要,例如当企业要制订培训制度或制订薪金制度时,需要了解各职务的特点,这就需要职务分析的结果。企业应该了解分析的结果将用于何处,明确职务分析要达到的目标。

目标确定以后,人力资源部门需要解决4个方面的问题。第一,确定需要得到哪种类型的信息;第二,需要得到哪些数据;第三,使用什么方法进行职务调查和分析;第四,由谁来进行分析。

(1)明确职务分析需要的信息类型。职务分析需要的信息类型一般有工作活动,机械、工具、设备以及辅助设施,有形与无形的工作,工作业绩,工作内容和

个人条件等6个方面(见表4－1)。其中工作活动主要包括以工作为导向和以人为导向的两种活动。以工作为导向的活动是操作性活动,指出要完成的是什么工作,如机床操作、清洁等,这种活动描述有时也指出员工为什么、如何以及在何时做工作。以人为导向的活动涉及人的行为、基本动作和个人工作要求。

(2)制订职务分析的数据格式。职务分析信息的形式可以根据定量和定性加以区分,有时这些信息的形式是在定量和定性之间的某个点上。典型的定性形式特点是用词语表示结果。用文字描述工作内容、工作条件、社会关系和个性要求等内容。定量信息是使用数量单位表示测量的结果,如工作中的氧气消耗量、单位时间内的产量、单位时间内的差错次数、工作小组的规模、能力测量的标准和对工作的评定分等等。在此准备中企业要制订职务分析材料,明确采用职务分析的格式,编制指导书等。在职务分析格式和指导书中应当规定收集信息的类型、信息所用的格式。

表4－1　职务分析信息类型一览表

信息的类型		记录的资料
工作 活动	以工作为导向	工作活动/过程,用胶片等记录人员的义务与责任
	以人为导向	人类行为、基本动作和个人工作要求
机械、工具、设备和辅助设施		完成职务活动所利用的工具
有形与无形的工作		信息材料的加工,产品的制造,处理或应用的知识
工作业绩		工作测量,工作标准,错误分析和其他方面的信息
工作内容		工作条件,组织的上下关系,社会的上下关系,工作时间表和激励方面的信息
个人条件		与工作有关的知识、技能,如需要的教育训练,工作经验,个人态度,能力倾向,身体特征,人格,兴趣等

(3)选用职务调查的方法和工具。收集信息的方法有许多,一般有观察法、访谈法、专家咨询、问卷调查、工作日记以及关键事件记录、工作活动记录等方法。在准备阶段,应根据职务分析的目的和要求选用合适的方法。

(4)确定进行职务分析的人员。职务分析通常是人力资源部门的基本责任。具体参与人员可以是组织内部或外部的咨询员、职务分析专家,也可以是相关管理人员,甚至工作的承担者。企业要选择有分析能力、写作技巧、善于沟通和熟悉业务的人员担任分析员的工作,并对他们做职务分析的培训。

1.2 调查阶段

调查阶段是一个收集信息的过程,其任务是对工作过程进行全面调查。包括作业环境、工作性质及责任、难易程度、人员条件等内容。在调查前,分析人员应该通知被调查的员工,消除被调查员工的疑虑。进行调查时通常要观测现场,召开班组座谈会,采访工人和管理人员,并采用合适的职务分析方法,收集与工作有关的信息。这种调查的分析一般包括工作和人员两方面。

以工作定向的调查分析重点是对工作的各个构成因素进行调查,并分析和描述该工作的性质、内容、任务和环境条件,明确此职务工作本身特点。

以人员定向的调查主要是分析研究每一职务的任职者所应该具备的基本任职条件。它是在分析工作特点及要求的基础上,确定担任该项职务的人员应该有的工作能力、知识结构、经验、生理特征和心理特征等方面的最低条件。它解决的问题是谁可以从事这工作。应当说明,以人员定向的分析是了解可从事工作的最低要求,而不是从事这工作的最佳人选。

1.3 分析和汇总阶段

职务分析的最后的阶段是分析上述的调查内容,用规范性的文件表示分析的结果。在这一阶段,分析人员要依据一定的标准审查、分析和编制收集到的信息资料,正确反映职务的性质和任职的条件,完成整个职务分析。职务分析的最终结果是形成职务规范、职务说明书等一系列劳动人事文件。这一阶段的关键是要对岗位的特征和要求作出全面考察并创造性地揭示职务的主要成分和关键因素。

2. 职务调查方法

如上文所述,职务调查有许多方法和工具,本节介绍最常用的 3 种方法:观察法、面谈法和问卷调查法。

2.1 观察法

观察法是指由分析人员实地观察员工的工作过程,记录分析有关数据。通常借用人的感觉器官、观察仪器或计算机辅助系统描述实际工作活动,并用文字、图表和流程图等形式表现出来。

观察有参与性观察与非参与性观察两种主要的形式。所谓参与性观察是指观察者在所观察的活动中是正规的参与者,即观察者本人具有工作者和观察者双重身份,通常观察者的身份是保密的。非参与性观察是指观察者不参加工作的具体活动,观察者只有一个身份。职务分析中通常用非参与性观察的方法,观察中分析人员应尽量避免引起被观察者的注意,防止干扰被观察者的工作。

在实施观察法时,分析人员首先要决定研究的目的,然后决定拟观察的观察对象组,要注意观察的样本应具有代表性,取得进入观察的许可;观察中要注意细节,防止遗漏那些关键的细微的工作要求。一般在观察前,分析人员应首先根据观察的目的拟定一个观察提纲,然后以此为向导对职务活动逐一观察。观察中要与对象保持友善关系,并作好现场记录;此外还应及时处理所发生的危机,最后要分析资料,写出一份陈述研究结果的报告。

观察法特别适用于分析那些在一段时间内,工作内容、工作程序、对工作人员的要求不会发生明显变化的职务,是搜集非语言行为资料的初步方法。它在搜集非语言行为资料方面明显优于问卷调查法,分析人员通过直接观察工作所获得的资料比通过工人自己描述工作更能深入和全面了解职务信息。此外,它还能观察自然环境或工作场合工人做什么及如何做等情况。

然而观察法也有不足之处。首先分析人员难以控制可能影响职务活动的外部变量,造成观察的结果不准确;其次适用对象有局限,它容易观察以体力为主的工作特征,对以智力活动为主的工作特点则难以观察;再次观察的结果难于用数量表示,虽然观察性资料可在一定程度上以数量表示,但这样的数量表示一般仅限于经常性和百分比,观察的大部分结果是以文字的形式表示,不利于统计分析;最后观察的样本数通常较小,观察法的样本比问卷的样本小,而且观察的时间需要较多,由此观察法的成本较高。

2.2 面谈法

面谈法是由职务分析人员通过与有关人员或小组进行面对面的交谈,获取与职务有关的信息。这种方法能提供标准与非标准工作信息,也能提供身体和精神的信息。面谈分析员应该掌握三个原则:第一,谈话的主动性应当总在面谈者一边,但不能强迫被面谈者说话;第二,面谈者的行为和态度应当诚恳,表现出对被面谈者的真正关心;第三,面谈者应当引导谈话内容,取得所需信息(表4-2为一份面谈法问题样本)。

面谈实施分准备,开局,实施和结束4个阶段。面谈的准备阶段要求主管人员事先把面谈的安排通知每一个被面谈者,通知的面谈内容应该能激发被访谈者的兴趣;其次选定合适的场所,以保证面谈的私密性;最后不用或少用地位标志,不要让被面谈者感到比面谈者的地位低。

开始面谈时面谈者应把握面谈的开局。面谈者事先要熟悉被面谈者的姓名,作自我介绍,建立和睦气氛,使面谈双方都处于自然轻松的气氛之中;讲清楚面谈的目的,说明为什么安排这次面谈,希望做什么,被面谈者合作的重要性;对被面谈者所讲的内容表示真诚的兴趣,鼓励对方谈话。

表 4 - 2　职务分析面谈问题样本

1. 请问你的姓名、职务名称、职务编号是什么？
2. 请问你在哪个部门工作？请问你的部门经理是谁？你的直接上级是谁？
3. 请问你主要做哪些工作？可以举一些实例？
4. 请你尽可能详细地讲讲你昨天一天的工作内容？
5. 请问你对哪些事情有决策权？哪些事情没有决策权？
6. 请你讲讲在工作中需要接触哪些人？
7. 请问你需要哪些设备和工具来开展你的职务？其中哪些是常用的？哪些是偶尔使用的？你对目前的设备状况满意吗？
8. 请问你在人事审批权和财务审批权方面有哪些职责？可以举些实例？
9. 请问你认为做好这项职务需要什么样的文化水平？需要哪些知识？需要什么样的心理素质？
10. 如果对一个大专学历层次的新员工进行培训,你认为需要培训多长时间才能正式上岗？
11. 你觉得目前的工作环境如何？是否需要更好的环境？你希望哪些方面得到改善？
12. 你觉得该工作的价值和意义有多大？
13. 你认为怎么样才能更好地完成工作？
14. 你还有什么要补充的？
15. 你确保你的回答内容都是真实的吗？

　　面谈进行过程中面谈者应控制面谈的进程。面谈者应该按照工作的逻辑顺序谈话。提出问题后,鼓励被面谈者说话;一次应只提一个问题,让被面谈者有足够的时间来回答每个问题。面谈时要使用通俗易懂的语言;态度真诚,不能用冷淡的、高傲的或者命令的方式;控制面谈的内容和时间,如果被面谈者离题太远,面谈者应把话题拉回;保持耐心,注意面谈对象的反应。分析员不应探讨与职务分析无关的事情,如抱怨不满、劳动关系、违反安全卫生的规定以及工资等级等问题;避免对改进加工流程、车间布置、工作方法和职务设计等管理问题作出评议。

　　面谈临近结束时,面谈者可以用问题或语调来表明面谈趋于尾声,也可以概括一下从被面谈者那里获得的资料,表明完成的主要任务和有关细节;指出所提出的信息的价值作用;在友好的气氛中结束面谈。

　　除此以外,面谈者还应该注意:不要与被面谈者的陈述发生争论,对不满和有关劳动关系的冲突不要表示任何倾向性;不要在工资等级问题上表示任何兴趣;整个面谈过程要体现礼貌和谦恭;不要打断工人的谈话;不要急于批评,也不要对工作的组织或方法急于提出任何更改或改进;与工作人员谈话事先应得到其主管人员的许可;要与主管人员或部门负责人一起核实职务数据,特别是技术或商业术语。

总之,要注意面谈的技巧。面谈的成功很大程度上依赖于在合适的时间、使用合适的字句、询问合适的问题,以及面谈者主动地倾听被面谈者回答的能力。要求面谈者具有对语言较高的敏感性,以及回忆和记录的能力。

2.3 问卷调查法

问卷调查法是以问卷的形式调查工作的任务职责。调查问卷可分为结构性问卷和非结构性问卷。结构性问卷是对某工作的任务与职责大量描述,由员工作选择与判断哪些是本工作的任务与职责;非结构性问卷则事先不提供任何答案。一般的工作问卷调查表是介于这两者之间。表4-3给出的一份简单的非结构性问卷。

表4-3 非结构性职务分析问卷调查表

```
姓    名_____      工作名称_____
部    门_____      工作编号_____
主管姓名_____      主管职位_____
1. 任务综述(请简要说明你的主要工作)
   _____

2. 特定资格要求(说明完成由你承担的职务需要什么学历、证书或许可)
   _____

3.设备(列举为完成本职工作,需要使用的设备或工具等)
     设备名称                平均每周使用小时数
   _____           _____
   _____           _____

4. 日常工作任务(请你尽可能多地描述日常工作,并根据工作的重要性和每项工作所花费
   的时间由高到低排列)

5. 工作接触(请你列出在公司或公司外所有因工作而发生联系的部门和人员,并根据接触
   频率由高到低排列)

6.决策(请说明你的日常工作中包含哪些决策)

7.文件记录责任(请列出需要由你准备的报告或保存的文件,并说明文件交给谁)
```

续表 4 – 3

8. 工作条件(请描述你的工作环境与条件)
9. 资历要求(请描述胜任本工作的人最低应达到什么要求) 　　最低教育程度 　　专业或专长 　　工作经历 　　工作年限 　　特殊培训与资格 　　特殊技能
10. 其他信息(请写出前面各项中没有涉及的,但你认为对本职务很重要的其他信息)
填表人:　　　　　　　　　　　　　　　　　　　　日期:

3. 职务分析的一些常用工具

目前运用较广的职务分析工具有任务清单法、职位分析问卷、功能性职务分析法和关键事件技术等。此处仅对前 3 种工具的应用作一介绍。

3.1 任务清单法

任务清单法是一种利用职务结构调查表分析职务的方法。任务清单是职务分析调查表的一种形式,是某一职业领域范围内的任务目录。任务清单有两种特征,一是所研究职业领域的任务目录,二是对每一任务作出某种反应的尺度。任务清单中包括了职业领域范围内职者承担的全部或大部分工作。也有个别任务清单只包括用语言叙述职务完成什么,而不包括如何和为什么等说明。

在任务清单中使用两类反应尺度,第一类是职务的承担者参与每一任务的情况说明(表 4 –4);第二类是对任务以判断和看法表示某种反应(表 4 –5)。第一类反应尺度又被称为"主要评定因素",可以使用的尺度有:重要性、完成、完成频数,时间消耗等。第二类反应尺度又被称为"第二任务评定因素",使用的评定因素有:任务的复杂性、任务的关键性、学习任务的困难程度、在职人员学习任务的场所、反应者认为应学会任务的场合、从事任务所必需的特种训练(量)、学会任务所必需的时间、执行这一任务的难度、任务执行中要求的技术援助、任务执行中要求的临管、任务执行中的满足程度。对第二任务评定因素的反应是由职务的在职者作出的。

表4-4 汽车机械工任务清单中几项任务的示例

汽车机械工任务清单	检查及时间耗费	
下面是您的一项工作所包含的具体任务。检查您所完成的所有任务,加上您已做的但表中尚没有列出的任务。然后按表右侧列出的计分标准填上完成每项任务所耗费的时间分值。 工作任务:维护和修理制动系统	检查: 在已检查过的任务上画√	时间耗费计分标准 1. 大大低于平均值 2. 低于平均值 3. 稍低于平均值 4. 约为平均值 5. 稍高于平均值 6. 高于平均值 7. 极度高于平均值
1. 修理主油缸		
2. 修理车轮制动分泵缸	√	4
3. 更换刹车软管和线路	√	1
4. 更换刹车制动块	√	6
5. 结刹车鼓整面		
6. 调整刹车	√	7

资料来源:G. 萨尔文迪,现代管理工程手册,机械工业出版社,1987

表4-5 反应尺度评定表示例

任 务	平均难度指数
校正接收天线	7.07
安装微波传播系统	6.81
螺状磁带录像机的作业检查	5.01
调整视频程序放大器	4.98
卸下或安装扬声器	3.13
开动转盘	2.91
清洁影片接片机	2.29

资料来源:G. 萨尔文迪,现代管理工程手册,机械工业出版社,1987

3.2 职位分析问卷(Position Analysis Questionnaire,PAQ)

职位分析问卷由美国普度大学的 E. J. McCormick 提出,是一种结构严密的职务分析问卷,可达到很高的信度和效度。该问卷总结了 194 种不同的职务活动,其中 187 项属于完成一项岗位任务所包含的工作内容和工作特征。问卷由

6 个部分组成：

(1) 信息来源与方式。即员工在什么地方和如何获得执行职务所使用的信息。

(2) 工作中的脑力活动。包括推理、决策和计划制订,信息处理以及知识应用等。

(3) 工作工具及操作。主要指工作中使用的工具或设备、操作活动的类型等。

(4) 与其他人员的关系。在执行职务时,要求与别人有什么样的关系? 例如指导、交流、监督等。

(5) 职务的环境。职务是在什么样的物理或社会的关系中完成的。

(6) 其他职务特点。除了上面已经述及的以外,还有哪些活动、条件或特点是与职务有关的。例如,岗位证书和资格要求、规定的工作进度、职责要求等。

PAQ 的另一个特点是对于各种职务的工作要素按活动的频率、重要性、时间长度等指标给出了计分标准,从而可以实现工作内容和性质的量化。

3.3 功能性职务分析法(FJA)

这是由美国劳工部开发的职务分析方法。FJA 认为每个职务均涉及执行某种功能,而工作功能离不开数据、人和事这三类要素。各类职能又可按照不同的复杂程度再分成若干等级(见表 4-6)。它是利用反映各种类型功能的详细清单,构成职务的工作活动项目,确定工作人员在工作中做什么行为,有什么结果,即完成什么。分析人员分析职务时,指出一项职务在三种类型中的不同功能水平,然后通过为每项功能打数,用百分比形式表明工作人员对于功能的相对投入量,对数据、人、事的方面的投入总量为 100%。功能职务分析最终的结果是用数量化评价职务,易用于描述职务的内容,对完成职务说明书的写作提供基础材料的作用。

表 4-6 工作功能的不同水平

数据	人	事
0 综合	0 监控	0 建立
1 协调	1 谈判	1 精密工作
2 分析	2 指示	2 操作—控制
3 汇编	3 监督	3 运行—操作
4 计算	4 转移	4 操纵
5 复制	5 说服	5 供应
6 比较	6 口头指示	6 进货及取货
	7 服务	7 处理
	8 接受指示	

第三节 职务设计

1. 职务设计的含义和作用

职务设计(Job Design)是指根据组织需要并结合员工的需要,确定某一职务的任务、责任、权利以及与组织中其他职务关系的过程。

职务设计与职务分析既有区别又存在一定的联系。职务分析是对现有的职务进行系统分析和研究,其主要内容已由上文说明。而职务设计则是利用职务分析所提供的信息,对现有的职务进行认定、修改、完善或者重新设计出新的职务。若对一个新建的组织而言,职务设计实际上要设计工作流程、工作方法、工作所需要的工具及材料、工作环境等。而对一个已经运行的组织而言,则根据组织的需求,重新设计组织结构,改进原有的工作方法或流程,改善设备,提高员工的参与程度。后者也可以称为职务再设计。职务设计、再设计都要以职务分析为基础,职务再设计是职务分析的延伸。职务设计与职务分析的最终结果都是形成职务说明书和职务规范。职务设计的具体内容与职务分析的基本内容基本一致,包括工作任务、工作职责与权限、工作关系、工作环境、工作业绩标准、任职要求等。

对于一个已经运行的组织而言,一般由于以下原因要求进行职务再设计:

(1)由于组织的变革或者组织所处的环境发生变化,原有的设计已经不能适应组织新的目标、任务和体制要求。例如,企业扩大经营规模导致组织结构发生变化,需要整合或者增加职能部门;企业引进新的设备导致生产工艺的改变,原有职务已经不适合生产经营的现实状况等。

(2)现有员工在一定时期内无法达到职务规范的要求。例如,某著名保险公司精算部门的精算师职务规范中规定,需要获得北美精算师证书以及一定时间的工作经验,但发现暂时难以招募到符合要求的人员,公司只能适当降低条件。

(3)组织原有的职务设置不合理。职务设置不够合理的现象主要有:有些职务工作量大,常常无法按时完成,而有些职务工作量太小,员工有很多空闲时间。既提高了人力资源成本,又破坏了员工之间的公平和谐,影响员工士气,那么这时,组织也需要进行职务再设计。

从上述几点原因可以看出,职务再设计能够满足组织发展的要求。除此之外,职务设计还对组织内部的员工有着重要的影响。它能够直接影响员工的工作表现,特别是在不同的工作对员工的激励存在实质性差别的情况下,职务设计的重要意义尤其突出。符合要求的职务设计可以减少辞职、缺勤及怠工现象,降低劳动成本;同时,职务设计的过程需要基层员工直接参与,因而会更多地考虑到工作承担者本身的要求和需要。因此,良好的职务设计能够满足员工的生理和心理健康。例如,职务设计可以在工作承担者的参与下对工间休息、座位设计、轮班等具体工作内容做出合理的改进。

2. 职务设计的类型

职务设计的类型有很多,目前常用的主要有以下几种:

(一)职务专业化。当组织中员工的素质和精力无法适应复杂和综合的工作时,就应通过提高员工的专业化程度使工作简单化。职务专业化的好处在于能够提高员工的熟练程度,提高劳动效率,也有利于发挥每个劳动者的个人专长。但是过分专业化,就可能使工作单调,令员工感到厌倦。

(二)职务扩大化。职务扩大化是指给予某一员工更多的具有相似性的任务,扩大工作的范围。它包括横向扩大化和纵向扩大化。横向扩大化可以将分工很细的作业单位合并;在单调的作业中增加一些变动因素,例如,可以负责一些相关设备的保养、维修、清洗等辅助工作。纵向扩大化可以将经营管理人员的部分职能转由劳动者承担,例如,生产工人参与计划的制订、自行决定作业程序和操作方法等。

(三)职务丰富化。职务丰富化是基于赫兹伯格的双因素理论的一种职务设计的实现形式。该理论认为,对员工的激励因素来自于工作内容本身,比如工作的挑战性、自主性及成就感等。当这些因素增强时,就会对员工产生激励作用,从而提高员工的工作绩效。职务丰富化即通过赋予员工更多、更有意义的任务与责任,使职务工作多样化,让员工更加完整、更加负责地工作,以满足员工的心理需要,达到激励目的。例如,某公司的会计业务原来被分割成发票、审核、查询3个业务,分别由不同部门人员完成,后来改成每个会计对一笔买卖的全过程负责,由于员工感觉到有一定自主权,又有了工作的多样性和结果反馈,因而满意度和生产率都上升了。

(四)以员工为中心的职务再设计(Employee - Centered Work Redesign)。以员工为中心的职务再设计是一个将组织战略、使命与员工对工作的满意度相结合。在职务再设计时,从员工出发和员工参与,考虑并采纳员工对某些问题的改进建议。以员工为中心的职务再设计,不仅可以增加员工对工作的满意度,而且也有利于组织目标的更好实现。

3.职务设计的几种方法

在对工作本身有了全面的了解后,管理者可以针对不同的职务设计方式来选择不同的方法。研究表明,在各种学科,例如心理学、管理学、工程学以及人类工程学,共有4种基本的方法与职务设计问题有关①。所有的工作特征都可以通过这4种方法中的任意一种确定下来。

3.1 激励型职务设计

职务设计的激励型方法强调的是可能会对工作承担者的心理价值以及激励潜力产生影响的那些工作特征,并且它把态度变量(比如满意度、内在激励、工作参与以及出勤、绩效这样的行为变量)看成是职务设计的最重要结果。激励型的职务设计方法所提出的设计方案往往强调通过职务扩大化、职务丰富化等方式来提高工作的复杂性,同时,它还强调要围绕社会技术系统进行工作的构建。

强调激励的职务设计方法通常倾向于提高工作的激励潜力。职务扩大化、职务丰富化以及职务轮换等管理实践都是激励型职务设计的实现方式。尽管大多数研究表明采用激励型职务设计方法能够提高员工的满意度和绩效质量,但却并非总能带来绩效数量的增加。激励型职务设计对工作特征可以表述为:

(1)自主性:这种工作允许承担者在工作时间、工作顺序、工作方法、工作程序、质量控制以及其他类型的决策方面拥有自由、独立或者相机行事的决策权吗?

(2)内在工作反馈:工作活动本身能够提供有关工作绩效的有效性(用质量和数量来衡量)的直接而清晰的信息吗?

(3)外在工作反馈:组织中的其他人(管理人员和同事)能够提供有关工作绩效的有效性(用质量和数量来衡量)方面的信息吗?

(4)社会互动:工作本身能够提供积极的社会互动(比如团队工作或者同事协助)吗?

(5)任务/目标清晰度:工作的责任、要求和目标清晰且具体吗?

(6)任务多样性:工作的责任、任务和活动具有多样性吗?

(7)任务一致性:工作要求承担者完成一项具有一定整体性和具有可变性的工作吗?它是否给任职者提供一个从头到尾完成整件工作的机会?

(8)能力/技能水平要求:工作要求较高水平的知识、技能和能力吗?

---

① 雷蒙德·A·诺依,人力资源管理:赢得竞争优势,中国人民大学出版社,2001

(9)能力/技能多样性:工作要求承担者具备多种不同类型的知识、技能和能力吗?

(10)任务重要性:同组织中的其他工作相比,这种工作是否具有显著性和重要性?

(11)成长/学习:工作是否提供学习以及在能力和熟练程度方面成长的机会?

3.2 机械型职务设计

机械型职务设计方法源于古典工业工程学。它强调寻找一种能够使得效率达到最大化的最简单方式来构建工作。在大多数情况下,这种设计方法通过降低工作的复杂程度,即让工作尽量简单化,来提高人的工作效率。任何人只要经过简单快速的培训就能够很容易地完成这项工作。这种方法强调按照任务专门化、技能简单化以及重复性的基本思路来设计职务。如果按照这种方法来进行职务设计,组织就能够减少它所需要的能力水平较高的雇员数量,从而减少组织对单个员工的依赖。职务专业化、工作简单化等管理实践都是机械型职务设计的实现方式。

早期的科学管理就是一种出现最早的、著名的机械型职务设计方法。该理论是通过对工人每个动作的研究,找出"一种最好的方法"来完成工作,并使最优动作标准化,每个工人都按照标准化动作进行工作,从而使生产率达到最大化。它要求按照完成工作的最有效方式来甄选员工,并按照完成工作所需的最优方式来对其进行培训,同时向员工提供金钱刺激,从而激励他们在工作中发挥出自己的最大能力。机械型职务设计的工作特征可以表述为:

(1)工作专门化:从工作目的或者工作活动角度来说,工作是否高度专门化?

(2)工具和程序的专门化:就目的方面来看,在这种工作中所使用的工具、程序、原材料等是否高度专门化?

(3)任务简单化:工作任务是否小而简单?

(4)单一性活动:工作要求任职者在同一时间内只从事一项任务吗?它是否要求任职者同时或者紧接着完成多项活动?

(5)工作简单化:工作所要求的技能相对较少,同时所要求的培训时间也相对较短吗?

(6)重复性:工作要求在职者反复不断地执行相同的一种或者多种活动吗?

(7)空闲时间:在工作的各种活动之间只有很少的空闲时间吗?

(8)自动化:工作中的许多活动都实现了自动化或者能够得到自动化设备

辅助吗?

3.3 生物型职务设计

生物型职务设计方法主要来源于生理机械学、工作心理学、职业医学,即通常所说的人类工程学。该方法的目标是以人体工作的方式为中心来对物理环境进行结构化安排,从而将员工的身体紧张程度降低到最小。因此,它对身体疲劳、痛苦以及健康抱怨等方面的问题十分关注。

生物型职务设计通常被运用到对体力要求比较高的职务再设计之中,目的是通过降低某些工作的体力要求使得每个人都能够去完成它们。此外,一些生物型职务设计还强调对机器和技术进行再设计,比如为了减少职业病而调整计算机键盘的高度,为符合人体工作姿势的需要而调整办公室的坐椅和桌子的设计等。有研究表明,让员工参与生物型职务再设计计划会降低累积性精神紊乱发生的次数和严重程度、减少工作时间的损失以及受到限制的工作日数量。生物型职务设计对工作特征的描述可以表述为:

(1)力量:工作只要求非常小的肌肉力量吗?

(2)抬举力:工作只要求相当小的抬举力以及(或)只要求任职者举起相当轻的物体吗?

(3)耐力:工作只要求相当弱的肌肉忍耐力吗?

(4)座位设置:工作中的座位安排恰到好处吗(有足够的机会坐下,有舒适的坐椅以及良好的坐姿支持等)?

(5)体格差异:从间隙距离、伸手距离、眼的高度以及腿的放置空间等方面来看,工作场所能够容纳不同体格的人吗?

(6)手腕运动:工作允许人的手腕伸直而没有过多的运动吗?

(7)噪音:工作场所中有过多的噪音吗?

(8)气候:从温度和湿度的角度看,工作场所中的气候舒适吗? 有过多的灰尘和烟雾吗?

(9)工作间隔:根据工作的要求,任职者有充分的工作间隔时间吗?

(10)轮班工作:工作要求任职者从事轮班工作或者更多的加班工作吗?

3.4 知觉运动型职务设计

知觉运动型职务设计来源于对人性因素的研究。生物型职务设计所关注的是人的身体能力和身体局限,而知觉运动型职务设计则注重人的心理能力和心理局限。这种职务设计方法通过降低工作对信息加工的要求来改善工作的可靠性、安全性以及使用者的反应性。在进行工作设计时,设计者首先看能力最差的员工所能够达到的能力水平,然后再按照使具有这种能力水平的人也能够完成的方式来确定工作的要求。

像航空管制人员、石油冶炼操作工以及质量控制监督员这类工作都需要进行大量的信息加工工作。而许多事务性和流水线上的工作往往只要求进行很少的信息加工。然而,在对所有的职务进行设计时,管理者们都必须认识到信息加工的要求,并确保所有这些要求不会超过有可能执行这类工作的全部员工中能力最差者的能力界限。知觉运动型职务设计的工作特征描述可以表述为:

(1)照明:工作场所的照明充分并且不刺眼吗?

(2)显示:工作中所使用的显示器、量器、仪表以及计算机化的设备容易阅读和理解吗?

(3)程序:工作中所使用的计算机化设备中的应用程序容易学会和应用吗?

(4)设备:工作中所使用的设备都容易学会并被使用吗?

(5)打印式工作材料:工作中所使用的打印的材料容易阅读和理解吗?

(6)工作场所布置:工作场所的布置能够使工作者在完成工作的过程中很好地看到和听到吗?

(7)信息投入要求:完成工作时所需要的注意力是非常少的吗?

(8)信息产出要求:从活动和沟通两个方面来说,雇员必须从工作中获得的信息产出是非常少的吗?

(9)信息处理要求:从思考问题和解决问题的角度来说,在工作中必须加工的信息数量是非常少的吗?

(10)记忆要求:在工作中必须记住的信息数量非常少吗?

(11)压力:工作中需要承受的压力相对较小吗?

(12)厌烦:对工作产生厌烦的可能性非常小吗?

不同的职务设计方法会产生完全不同的工作结果。例如,根据研究,员工对于那些在激励型职务设计方法中得分较高的工作表现出较高程度的满意度,而那些在生物型职务设计法中得分较高的工作往往是员工认为体力要求较低的工作。研究还表明,扩大事务性工作的内容会导致工人的满意度更高、厌烦情绪降低、发现错误的能力有所提高以及向客户提供的服务水平更好等。具体每种设计方法可能导致的结果可参见表4-7。

总而言之,在进行职务设计时,管理者如果希望按照某种能够使得任职者和组织的各种积极结果都达到最大的方式来进行,那么他们就必须掌握各种不同的职务设计方法,对其可能导致的结果有充分的认识,理解与每种方法相联系的成本与收益,并在它们之间进行适当的平衡,从而为组织谋求一种竞争优势。

表4-7　不同职务设计方法的结果对比

职务设计方法	积极结果	消极结果
激励型	更高的工作满意度 更高的激励性 更高的工作参与度 更高的工作绩效 更低的缺勤率	更多的培训 更低的利用率 更高的错误率 精神负担和压抑出现得 可能性较高
机械型	更少的培训 更高的利用率 精神负担和压力出现的可能性较小	更低的工作满意度 更低的激励性 更高的缺勤率
生物型	更少的体力付出 更低的身体疲劳 更少的健康抱怨 更少的医疗事故 更低的缺勤率 更高的工作满意度	由于设备或工作环境的变 化带来更高的财务成本
知觉运动型	出现错误的可能性较小 发生事故的可能性降低 精神负担和压力出现的可能性降低 更少的培训 更高的利用率	较低的工作满意度 较低的激励性

资料来源：American Management Association，Organization Dynamics，1987

第四节　职务说明书

无论是职务分析还是职务设计，其最终的成果应表述为职务说明书。

1. 职务说明书的构成

职务说明书是根据职务分析和职务设计结果所形成的书面文件，由职务描述与职务规范两部分组成。

职务描述是说明某一职务的职务性质、责任权利关系、主体资格条件等内容的书面文件，侧重于反映工作的客观要求；职务规范则是任职者任用条件的具体说明，侧重对任职人员的能力和资格要求的分析。职务描述和职务规范二者结合起来便构成了针对某一职务的完整、全面、详细的职务说明。

职务说明书可用于设计业绩评价形式,进行职务评价和建立报酬系统,能确定满足任职条件所需要的教育和训练,并为设计适当的招聘、选择、训练和开发计划提供依据。职务说明书的准确与否将直接影响到职务分析和职务设计的有效性及管理应用的可操作性。

职务说明书不存在标准格式,所以每个组织的职务说明和内容都不相同,但是作为一般规律都应说明所执行的工作、职务的目的和范围、员工为什么做工作、做什么工作及如何工作。多数职务描述有 3 个主要部分:职务头衔、职务确定和职务责任。职务说明书应具备以下各项内容①②。

1.1 职务的识别部分

这部分位于职务说明书的首部,有识别和确定某项职务的作用。主要内容有职务头衔、职务所在的部门。职务头衔是指对一组职位的称呼,如软件技术员、助理会计师等。设定头衔有几个作用。第一,头衔名称归纳职务活动的特点,对职务提示出一个整体概念以及职务的责任。如销售员名称会暗示该职务有销售特征和责任;第二,它对员工有心理上的作用,如将垃圾清扫工作称为"环境保洁员"在心理上能提高这一职务在人们心中的地位;第三,头衔也可反映出该职务与其他职务的关系、处于何种级别水平等,如助理工程师、初级工程师、高级工程师的头衔可说明职务的不同等级。

1.2 功能部分

这部分是描述职务应完成的工作、任务和责任,说明工作活动本身的特性和进行工作的环境特性等。功能部分首先是确定组成职务的责任和任务。任务是指员工要完成的工作或是制造产品或提供服务的行为。责任则是一系列主要任务的集合,职务的责任依据完成任务的花费时间和重要性依优先次序排列。因此,有关职务责任说明通常按其重要的程度编写。

此外,这部分要说明劳动手段和工作环境。劳动手段即工人用来执行职务的具体活动的机器、工具、设备和辅助装置。工作环境是说明工作是处在何种环境状态完成的,如在室内外、温度、湿度,或是需站立、久坐、受电磁、噪音、有害气体、传染病及焦虑影响等。

1.3 职务规范说明部分

这部分反映为取得成功的职务绩效所需要的员工特性。通常是描述从事该

① 戴昌钧,人力资源管理(第 2 版),南开大学出版社,2008
② 石金涛,现代人力资源开发与管理,上海交通大学出版社,1999

职务的员工应该具备的经验、教育和培训等条件和特殊的知识、能力和技能等。

职务说明书的一个简要样本见表4-8。

表4-8　助理的职务说明书

职务头衔

招聘助理

工作分类编号:HRM-2-01

部门:人力资源管理部

制表填写人:　　　　　(签字盖章)　　时间:　　年　　月　　日

审核人:　　　　　　　(签字盖章)　　时间:　　年　　月　　日

职务任务:在员工招聘、选拔、测量、指派、转移以及员工档案的保存等领域完成专业的人力资源工作。在完成指派工作中有义务进行独立判断和创新。

基本功能

工作活动及要求:

　　制订招聘计划,交主管人员审核

　　准备招聘文件和招聘广告

　　检查邮寄的申请书和履历表初步筛选申请人

　　准备与安排面试

　　对申请人进行背景调查等甄别工作

　　在招聘方面与地区经理日常工作关系

　　评估招聘活动

　　执行由人力资源经理安排的有关工作

工作环境和设备:

　　1.主要工作场所:办公室

　　2.工具配备:电脑及相应软件

任职条件(职务规范)

　　大专或本科,人力资源管理、企业行政或工业心理学;或在经验、教育和训练方面与此相同。

　　具备选拔和人事安排的知识

　　书面和口头的表达能力

　　独立计划和组织活动的能力

　　人力资源计算机应用的知识

2.职务说明书的写作

职务说明书的写作应该使用简洁的、明确的语言和结构,要充分反映职务的特征。具体应注意以下几点：

（一）要根据企业的实际情况形成职务说明书的标准格式，包括职务编号的符号和顺序的统一，职务职责描述等内容的标准化和规范化。在职务说明书格式的规范化内容中要突出员工做什么、如何做两个方面的问题。"做什么"是明确职责范围，"如何做"是执行职务任务所采取的方法或程序以及工作环境、工具和设备等。

（二）职务说明材料的组织，依赖于采用的职务分析方法和职务性质。在多数职务说明材料中，可根据职务主要内容的分类来组织，也可按职务活动进行的顺序来组织，或按各种活动的重要程度，或按消耗于各种活动上的时间多少来排列叙述的顺序。对职务的描述应明确、清晰，使任职的员可以明白无误地了解其工作的范围和责任。

（三）在措词上，应尽量使用简洁、精练的语言表达，同时，应尽量减少用词含糊。其中，词语使用的一般原则是：（1）用简单的而不用牵强的词语，限制使用不精确的词语；（2）用具体的而不用抽象的词语；（3）用单纯的而不用迂回的词语；（4）尽可能不用过长的词语；（5）有限制地使用形容词；（6）只有读者能了解时才使用特别重要的技术术语，否则应避免使用或给以说明。

第五节　职务分析和职务设计的新动向

近年来，在职务分析与设计的理论与实务发展中，其新动向是将职务分析及设计活动与企业战略日益紧密地联系在一起，即以战略为导向来指导职务分析及设计，从而出现了许多创新的理论和理念[1]。具体表现在以下几个方面[2]：

1. 职务分析与设计的目标创新

基于企业战略导向的职务分析与设计的目标与传统有根本性的差别。基于企业战略的职务分析与设计的创新模式，是以建立企业持续竞争优势为目标，始终紧密地围绕企业战略需求来进行的，主要是采取自上而下的方式进行；而传

① 约翰·伊万切维奇（John M1Ivancevich），赵曙鸣，人力资源管理（第9版），机械工业出版社，2005
② 俞荣建，基于企业战略的职务分析与评价模式创新，工业技术经济，2006，7（7）：103－106

统职务分析与评价的最终目标则是编写职务说明书与给职位进行等级划分进而确立职位薪酬,这是对传统职务分析中自下而上信息收集方式的重要补充。战略导向的职务分析与设计应该符合未来的工作需求,以体现组织战略。

2. 职务分析与设计的程序创新

传统的职务分析程序的出发点是界定工作职责,没有涉及职务分析与设计战略层面上的含义。事实上,职务分析与设计作为员工行为的外在导向框架,其根本目的是为企业战略服务的。所以,职务分析与设计的程序应该从分析企业战略开始,重点是确定战略目标,继而根据战略目标规定特定工作职位上的员工的行为,构成其相应的工作职责,其中与战略相关的部分构成工作职责要素,这些工作职责要素是职务说明书的重要内容。

3. 职务分析与设计的内容创新

传统的职务分析与设计的主要内容包括:职务的名称、上级的名称、责任概述、预算、人员配备及其他方面的职务控制和激励、主要的责任、主要的工作场所、制定决策的权力、对知识、技能或认证的要求等,主要方式是直接的描述。职务评价的指标主要包括 4 个方面:知识和技能、工作成绩、责任的范围以及工作条件等。相比之下,基于企业战略的职务分析与设计的创新内容主要包括:职务的名称、团队成员协作关系、个体与团队的使命目标、质量管理、顾客服务、学习与创新、财务指标等,主要是在职责、责任、绩效标准与任职资格方面的宽泛界定。创新的职务评价指标则包括内部价值链上的重要性、团队合作要求、质量管理要求、客户服务要求、学习要求以及绩效的财务表现等。

总之,职务分析与设计的传统模式与创新模式在实施目标、实施程序、主要内容、导向作用、合作的促进以及员工发展等 6 个方面存在根本的差别。传统模式从分立的职位出发,追求纵向科层体制的巩固,激励员工关系的竞争性与员工追求职位晋升,而不是职业发展的行为。相比之下,职务评价创新模式则以战略支持为目标,通过“企业战略—战略与满意度双重检验”循环为实施程序,就开放的价值源泉进行分析与评价,对员工的行为起到鼓励合作、顾客服务、学习与创新以及追求成长的导向作用,促进员工提升工作技能、知识学习与职业的发展。

第六节　问题与探讨

在许多企业的人力资源管理中,都强调"以职务为核心的人力资源管理整体解决方案"。实际上就是指人力资源管理的一切职能都是以职务分析为基础的,因为职务分析往往会制约人力资源管理的其他职能,如人力资源规划、薪酬设计、绩效考核等。但是职务分析是一个极为复杂的过程,在实际操作中会遇到许多问题,我们把它们归纳为以下几点,需要注意和探讨解决:

(一)职务分析在发达国家企业的人力资源管理中是普遍推行的一项基础性工作,其理论基础以及操作的方法、工具已十分成熟,但是在我国,职务分析工作起步较晚,许多企业刚刚在推行。由于职务分析涉及的因素极其复杂,往往需要多部门乃至全体员工的参与和配合,会遇到许多困难,下述案例虽然是在一个企业发生的事情,但是具有普遍意义。

案例:公司人力资源专员小李接到指示,公司在这个月要开展职务分析。人力资源部的每个成员都是分析小组成员,小李负责销售部门各个岗位的职务分析。他决定先从普通销售员开始,从下往上分析。但是,在实际分析过程中,远没有小李想的那么顺利。"职务分析? 干吗用的? 你们人力资源部是不是吃饱没事干?"资历深厚的销售员直接质疑小李。"噢,是不是要裁员了? 怎么突然要进行职务分析?"有些员工则说"真抱歉,手头忙,等过一阵再说吧。"态度冷淡不配合的更多。一周下来,小李身心疲惫,毫无收获。

因此,企业在进行职务分析工作时,特别是初次进行时,要充分估计可能遇到的各种问题。对此,我们建议:(1)企业的高层主管必须加强领导,亲自参与,进行协调;(2)第一次开展职务分析工作时,要以已实行的职务分工为基础,分阶段的逐步完善和规范。

(二)企业领导要明确职务分析的指导思想,防止将职务分析仅仅作为增加工作量和减薪、裁员的手段和工具。这是决定职务分析能否成功并取得实际成效的关键因素。下面案例说明了这一问题。

案例:人力资源王经理,刚从一家外企跳槽到一家民营企业,发现企业管理有些混乱,员工职责不清。他希望进行职务分析,重新安排组织结构。一听是外企的做法,老板马上答应,还很配合地作了宣传和动员。王经理和分析小组成员,积极筹备一番后开始行动。不料,员工出乎意料地不配合"我们部门可是最忙的部门了,我一个人要干3个人的活。""我每天要加班到9点以后才能回去,你们可别再给我们加工作量了。"多方了解后,王经理才知道,她的前任也做过职务分析,且根据分析结果进行了大调整,不但删减了大量的人员和岗位,还对员工的工作量进行了调整,几乎每个人都被分配了更多的活。有了前车之鉴,大家都夸大自己的工作量,生怕职务分析把自己"分析没了"。

(三)要使员工对职务分析的作用有正确认识。由于职务分析的重要功能是明确职责,分配合理的工作负荷,并成为绩效考核及报酬的依据,这些功能涉及员工的实际利益,往往会使他们产生担心和恐惧心理,从而成为职务分析工作的障碍。上面的两个案例也说明了这一问题。因此员工的发动以及相应的思想工作,使员工明确职务分析的目的,消除恐惧、抵触心理是开展职务分析工作必不可少的环节。

(四)信息的准确和完善是使得职务分析的成果具备科学性和可操作性的基础,这主要取决于职务分析过程中使用的方法和工具。下述案例所描述的调查方法应该避免使用。

案例:"请你谈谈你这份工作对公司的价值。"听到这样的问题,小黄愣住了,该怎么回答呢? 当然要说价值很大了,怎么大呢? 思考了许久,她也不知道该怎么回答,只能说"我的工作是公司正常运转不可缺少的一个环节",心里暗想,这回答还真是废话。不仅仅是小黄,还有不少员工都在面谈中遭遇这样的"宏观"问题。原本以为职务分析,人力资源部在了解情况后会对每个人的工作作个评价;谁知道,上来就让员工自己谈价值。这下可把大伙难住了,说高了,一听就是空话;自谦一下,不等于让人家来炒鱿鱼? 只好统一口径,简单几句话把进行职务分析的人打发走了。

上述几个问题是职务分析必须高度关注并探索解决的,否则不仅会影响职务分析工作的有效开展及结果的可靠性,还会影响职务分析成果的实际应用。例如,如果根据不符合实际情况的职务说明书中有关员工知识、技能、能力的要求来进行培训,那么整个培训项目显然不会给企业带来预想的效果。还有,如果用这种职务说明书对员工进行考核,往往也无法真实地反映员工的实际绩效。

☞ **复习思考题**

1. 职务分析和职务设计在人力资源管理中的作用是什么?
2. 描述职务分析的各种方法,并说明各方法有哪些特点?
3. 职务设计的实现形式主要有哪些? 每种实现形式各有什么优缺点?
4. 职务设计的方法主要有哪几种? 每种方法实施后导致的结果怎样? 管理者在选用设计方法时应该注意哪些问题?

☞ **进一步阅读的材料**

1. 张欣,许多爽. 创意企业的工作设计与员工薪酬机制研究,经济管理,2008(18)

2. 周筱乐. 内部轮岗话短长,人力资源·HR 经理人,2007(08)

3. 胡建平. 胜任力职务分析与传统职务分析比较,人才开发,2007(05)

4. 顾琴轩. 职务分析:技术与范例,中国人民大学出版社, 2006

5. 蒋国诚. 管理实战:HP 管理制度、职务说明书、工作岗位职责样本,湖南科技出版社,2005

6. Juan I Sanchez, Edward L Levine. What is (or should be) the Difference between Competency Modeling and Traditional Job Analysis, Human Resource Management Review, 2009,19(2):53 – 63

7. Parbudyal Singh. Job Analysis for a Changing Workplace, Human Resource Management Review, 2008,18(2):87 – 99

8. Retha M M Snyman. Do Employers Really Know What They Want? An Analysis of Job Advertisements for Information and Knowledge Managers, Aslib Proceedings: New Information Perspectives,2001

第五章　员工招聘与录用

◆学习要点◆

(1)招聘对组织的意义和作用;(2)招聘程序,招聘方式,甄别人员的方法;(3)人力资源的来源与录用原则。

第一节　员工招聘概述

1.员工招聘的目的和作用

组织为了适应经营环境的变化、提高竞争能力,将需要不同的人员,招聘是补充人员的主要方法,也是保持组织生存与发展的重要手段。成功和有效的招聘意味着组织有更多的人力资源优势。组织发展过程中,岗位在不断地变化和增加,如何获得合适的人力资源,完成"岗"和"人"的匹配是人力资源工作的一项重要内容,招聘是解决这一问题的重要途径和方法。有效的招聘是组织根据岗位的需要,不断地寻找和发现适合岗位需要和组织发展的人才,以保证组织的生命力和竞争力。完整的招聘过程由招聘、甄选和录用3个环节组成。

其中,招聘环节就是发现和吸引符合条件、有资格和能力的人员来填补组织的职务空缺。成功的招聘策略需要考虑4个要素:

(1)我们开展招聘工作的目标是什么?

(2)我们需要招到怎样的员工?

(3)我们需要工作申请人得到什么样的信息?

(4)这些信息怎样才能最好地传达给工作申请人?

甄选环节是按照岗位的任职资格和要求,对应聘候选人进行筛选,找出符合组织要求的员工。在这一环节实现了"人"和"岗"的匹配。

录用是组织经过招聘、甄选后,在应聘者中挑选出最适合岗位的人员,经过试用期考察,被正式吸纳为组织成员的过程。

招聘工作的作用和目的可概括为:

(1)招聘有助于调整公司的人力资源结构与劳动力数量。招聘活动是以组织战略和计划为基础,控制公司人力资源的类型和劳动力数量,改善人力资源结构,保证年龄结构、知识结构、能力结构等符合组织发展的整体目标。也就是公司根据人力资源计划确定人员需求,在某段时间、某个地点,有目的、有计划地招聘所需要的员工。

(2)通过内部员工的招聘可以调动员工的积极性,充分发挥个人的工作潜能。因为内部招聘可以帮助员工找到适合自己的岗位,使其才能得到充分发挥,职业生涯得到发展,从而激发员工的积极性。同时组织可以获得最佳人选,有利于落实计划、人员稳定和综合效益的提高。

(3)招聘是扩大组织的公众影响力和知名度的有效途径。组织在各种渠道公开发布的招聘信息往往包括组织产品和服务构成、组织结构、企业文化、经营理念等组织的经营和管理情况介绍。这些介绍吸引了求职者的同时也宣传了组织,提升了组织的知名度。

2. 招聘的影响因素分析

招聘是一项有成本的管理活动,并且会受多种因素影响,其中公司的条件、员工的求职动机、法律和法规等因素对招聘的影响较大。

2.1 公司的条件

公司招聘的目的是服务于公司的生产发展,壮大和填补公司的人力资源空缺。应聘人员的数量取决于公司自身的特点和条件。通常公司的薪酬体制、员工的晋升机会和公司本身的信誉是吸引应聘人员的 3 个主要因素。

(1)公司的薪酬体制。公司的薪酬体制是激励员工的主要因素。上岗的起始底薪、工薪增加的幅度和频率、公司提供的福利和其他保障是多数应聘人员首要考虑的问题。高报酬通常更容易吸引到优秀的、综合素质高的人才。

(2)员工的晋升机会。晋升能够带来更高的报酬,如果公司有明确的岗位晋升计划,员工有较好的晋升机会,公司在工作中通过晋升机制使优秀的员工在人格上、技术上得到认可和鼓励,这必然提高员工的工作积极性,从而提高员工的个人工作能力和公司的生产效率。这样的公司必然能吸引和招聘到更多优秀的工作人员。

(3)公司的信誉。绝大多数人喜欢在国有企业、外资企业或大公司有一份稳定的工作。公司本身的信誉和形象就是导致人们产生这种心理的主要因素。而公司的形象也是一个变量,它是由许多因素形成的,如对员工的待遇、产品和质量、产品的售后服务等。一个公司的形象越好,就越容易吸引人才的加入。

2.2 员工的求职动机

(1)经济的压力。求职就业是求职者获取维持本人及其家庭正常生活的主要经济来源，人们求职动机的强烈程度与其承受的经济压力成正比。没有工作的人员如果没有收入或者收入少，求职的强烈程度就高；有收入的员工寻找工作的强烈程度就较低，能花较长的时间寻找较为满意的工作或收入较高的职位。

(2)自尊的需要。影响人们的求职动机的另一个因素就是个人的自尊情况。因为高度的自尊，人们一般倾向于寻找比以前地位更高、报酬更多和更有挑战性的职位，这就必须花更多的时间和精力去寻求新的工作。

(3)职业的兴趣。职业兴趣是个人特有的兴趣爱好，是选择不同职业的主要动机。个人的职业兴趣受个人接受的教育程度、个人的经济因素、劳动力市场的特点及个人的知识、能力和个性等影响。有的人兴趣可能从童年时代就产生了，而有的人到成年以后才有明确的对职业内容的要求。个人兴趣使求职者在工作中保持积极的工作热情，是充分发挥个人创新能力的根本动力。

2.3 法律和法规

招聘工作既涉及组织和员工的利益，又涉及社会的稳定性。招聘过程中可能违反法律的行为主要包括以下 3 种行为。

(1)直接歧视。在招聘过程中通过制订限制特定性别、民族或年龄的规定，剥夺部分求职者的机会。例如，规定管理工作只招男性等。

(2)间接歧视。表面看是一视同仁的要求，但对某些特定群体来说不易达到。例如，招聘广告上指明应聘者身高必须 1.75 米以上。对女性应聘者来讲就难以达到。

(3)恶意伤害。由于应聘人员试图运用法律手段来维护自身利益而遭到歧视待遇作为报复。

为了保障人们能充分地就业，消除在招聘工作中歧视和不公正地对待申请人，国家通过法律和法规对以上行为给予了严格控制，公司招聘工作中必须遵守。例如，我国法律规定，劳动者享有平等就业和选择职业的权利。劳动者就业，不因民族、种族、性别、宗教信仰不同而受歧视。企业可以根据生产经营的需要自行确定机构设置和人员编制，并招聘人员。但企业不得招聘在校学生，不满16 岁的未成年人；若招聘从事有毒有害作业和特别繁重体力劳动工种的，申请人最低年龄必须满 18 岁。我国有关法律还规定不得歧视残障人士申请职务，并对吸收残障人士就业达到一定比例的企业给予政策优惠和扶持等。

第二节　招聘的渠道和招聘程序

招聘渠道是公司制订招聘计划时需要最先解决的问题。招聘渠道的选择受企业的人事政策、技术特征、人员的要求等多种因素的影响。招聘可分为企业内部和外部两种渠道进行。

1. 内部招聘

充分利用企业自身的人力资源,实行人力资源的内部调整是大多数企业在进行人力资源调配时的主要做法。企业利用调整内部人力资源的主要形式有员工晋升、平级调动、工作轮换和招回原员工等。

1.1 员工晋升

将企业内某些优秀的员工调配到较高的职位上工作就是内部晋升。晋升内部人员有许多优点:一方面内部人员因为熟悉组织的管理方式、政策、组织特殊的文化,与组织文化冲突较少,因而容易更快地适应新的岗位。另一方面组织对这些晋升员工比较了解,能够比较正确地评价他们是否有资格和能力胜任新的职务。

从管理学的角度理解,内部晋升员工也是企业的一种激励手段。企业通过晋升内部员工,不仅可以使员工感到自己有发展前途,产生对企业的安全感和长期兴趣,而且可以激发员工的工作积极性,发展欲望促使员工不断开发自身的工作潜能。

不仅如此,企业的内部晋升还能为企业带来经济效益。一方面外部招聘的人员比从事同样工作的内部人员常常需要支付更高的薪水,企业在引进外部人员时还要支出费用安排其家属,使外聘人员的费用增加。另一方面,利用组织内部自有的人力资源可以节省企业的招聘费用,可以将培训员工等方面的支出转变成企业的资源。

案例:宝洁尽量不用"空降兵"

宝洁公司成功的一个重要秘诀就是从内部提升,尽量不用"空降兵"。也就是说所有的高级员工都是从内部提升的,160多年来,宝洁从来没有从外面招入一个人任公司上司。宝洁公司员工提升是以员工的工作能力和贡献为标准,不受国籍和其他因素的影响。宝洁公司相信自己招聘的质量,相信公司内部拥有大量人才;另外,宝洁希望每个员工都能看到自己的上升空间,而不要一有职位空缺,就由"空降兵"占领了,这样员工可能对公司就没有归属感。基于以上原因,宝洁公司一直坚持内部培养、内部提拔的传统。

企业内部晋升除了上述的优点外也有其不足之处。因为当企业某个岗位空缺时,有可能企业内部不能及时提供最佳的候选人,即使发现有最佳人员,也可能对方因为不喜欢离开熟悉工作环境,不愿意离开长期居住的地方和家人不支持等种种原因不愿意被提升。另外,企业内部晋升还容易引发不利于企业发展的内部明争暗斗和近亲繁殖等现象。

基于以上企业内部晋升的优点和缺点,企业在需要高级的、受过专业训练的员工或高级经理时不得不考虑从外部获得,一般只有在需要中级技术和管理人员时才用内部晋升的方法。企业招聘时常根据企业需要员工的类型决定去何处招聘员工,公平、公开和公正是开展内部晋升获取合格人选的前提。而目前许多企业的晋升标准是以高层领导的个人判断为基础,而企业高层领导的个人判断常常带有主观性和自我的情感因素,从而引发内部晋升活动欠缺公平性。因此企业在采用内部晋升方式时,应制订一套令人可信的晋升标准,按公正客观的方法评价晋升员工。

1.2 内部人员的平级调动

平级调动是常见的企业人力资源配置方式,是指企业内部人员在同级水平的职务之间调动。因为一个企业职位越高可用于晋升的职位就越少,有限的晋升职位促使企业在激励员工时不得不采用平级调动的方式。因为如果职工被调任到一些较为重要的岗位,被平调的员工也有受重用之感。企业的平级调动一般是依据员工的资历和业绩两个标准来确定谁可以调动,并希望根据员工的能力大小安排平调,而资深员工则更愿意依据资历深浅调动工作。

1.3 工作轮换

工作轮换是企业人力资源临时的调配方式,是指企业安排员工在某一个阶段从事某一项工作,在另一段时间从事另一项工作,具有临时性的特点。工作轮换的优点是可以通过工作轮换培养企业需要的技术和行政管理人员,将他们置于组织的各部门,使其熟悉组织的更多领域及各部门之间的相互活动,有助于丰富员工的工作内容和工作经验,增加对不同岗位的理解和合作,从而为今后的管理工作打下扎实的基础。

1.4 重新召回原有员工

企业重新聘用原有的员工与聘用新的职务申请人不同,这种招聘方式适用于商业周期明显的行业。一方面因为企业一般有对原有员工的记录,对他们比较了解,使用这些人对组织而言更安全,并且通常聘用的原有员工比新招进的员工有更好的业绩,对企业也较忠诚、更稳定、流动性少;另一方面这些人员熟悉企业的工作流程,了解企业的文化特点,同时也有丰富的工作经验,容易适应工作环境及胜任新的工作。所以每次在暂时解聘员工时,为防止会不能及时招聘到合格的员工,仍应与这些员工保持较好的人际关系,因为这些被解聘员工可能希望回到原有的工作岗位或是不再愿意重新加入其他的企业中去,所在企业在岗位空缺或人力资源匮乏时可以及时召回他们。

案例:摩托罗拉的好马请吃回头草

重新招回原有员工是摩托罗拉中国公司采用的重要人力资源策略。摩托罗拉中国公司在长期的实践中本着给拥有公司需要的工作知识和技能的前任员工提供工作机会的目的,制订了一套非常科学的原有员工"回聘"制度。该回聘制度规定适用回聘的对象是所有主动提出辞职的前任公司常规员工。摩托罗拉为了鼓励核心人才回归,还制订了一系列的优惠措施和福利制度,如摩托罗拉制订了对回聘员工有利的服务年限计算方法:如果员工6个月之内被重新聘回,且在辞职前已经是正式员工,可以免除试用期,以前服务年限将累计计算;6个月后被重新聘回,试用期按照新员工执行,但按照以前服务年限提供奖励。对于赔偿和福利,摩托罗拉也制订相应的办法:雇员在6个月之内被重新聘回,赔偿和福利按照回聘员工实际工作日计算;超过6个月被重新聘回的,按照新员工标准执行。重新招聘职位或级别高于原先等级的员工,赔偿和福利一律按照新员工标准执行。目前在摩托罗拉公司有十几名中高级管理层员工都是与摩托罗拉公司小别之后再次被重新招回聘任的。

1.5 适用内部招聘的方式

内部招聘人员有许多方法,如职务海报、口头传播、从公司的人员记录中选择、以业绩为基础的晋升表等。常用的是职务海报。

职务海报招聘是组织向员工公布空缺职位的信息,邀请所有人员应聘新职位。它给员工提供平等的成长和发展机会,员工自由、自愿申请不必事前得到其直接领导批准。海报招聘通常通过布告栏、内部报纸、广播和员工大会等发布招聘消息。海报招聘的目的是吸引更多有资格的员工参加应聘和竞争。

海报内部招聘方式的关键是与员工有良好的沟通和将招聘结果反馈给员工。招聘海报应该描述职务、说明职务的重要性、报酬、应聘者必须具备的条件等,增加职位透明度,让员工了解到组织的需要。有时招聘海报也说明希望员工介绍和推荐适合的人员应聘,并给介绍人一定的奖励。为了保证招聘工作的公正和公平,组织需要向员工宣布应聘人及被聘理由。这种方式向员工提供多样化的职务、使组织以较低成本配置员工进入最适应的位置。但是也要防止有些员工不顾个人的知识、技术和能力,利用这公开招聘方式在组织内部连续"跳槽",影响员工在职位上的稳定性。

2. 外部招聘

2.1 招聘渠道

企业外部的人力资源招聘是企业招聘的主要渠道,在企业快速发展需要大量基础人员、专业人员和管理人员时,企业内部有时不能及时补充那么多合格的人员,这就需要去外部招聘。外部人员来源有以下几种:

(1)内部人员介绍推荐。当企业人力资源空缺时,企业内部人员可以推荐和介绍新的职位申请人到企业中来。它实际上是企业通过内部职工以口头方式传播招聘信息,并将企业外部的人员引进企业适当岗位的招聘方式。

内部人员介绍推荐首先由企业公布岗位空缺的招聘信息,让企业内部人员知道企业需要招聘的空缺职位、需要多少人员及各类人员的应聘条件,并且提出相应的鼓励措施鼓励内部人员推荐和介绍"朋友和亲戚"申请招聘的职位。因为内部员工向应聘人员提供的组织资料比较客观,知道组织职位所需的知识、能力和技术,这样推荐进入的员工相对较稳定,并且受聘人员与员工关系较密切,比较熟悉组织文化、工作制度与作风,能快速适应组织的环境。

(2)上门求职者。上门求职者就是直接上门主动寻找工作的劳动者。因为这种求职者事先对企业及其从事的职务并不了解,企业对他们也不能充分信任,因此相互之间融洽地合作需要一个适应的过程。因此通常企业采用此渠道招聘的都是营业员、职员和保管员等技能和知识要求都比较低的工作人员,而管理人员或监督人员则很少通过这种渠道进行招聘。然而招聘上门求职者是企业以最低的成本从社会获取人力资源的方式,企业应该认真保持上门申请求职者的申请记录,以保证企业人力资源缺乏时能得到及时补充。

(3)劳务中介机构。劳务中介机构是在企业和求职者之间进行信息传递,专门向企业提供人力资源的机构。我国劳务中介机构有些是国家和政府设立的,有些是由某些企业、集团和集体开办的,有些是纯属商业性的劳力中介公司,它包括各类各级人才交流中心、临时劳务市场、固定的劳动介绍机构和专门从事提供高级管理人员的猎头公司等。这些劳务机构主要向社会提供熟练工人和技术工人,而有些重点是向社会提供管理人员、高级专家和留学回国人员,还有些机构专门帮助组织发掘高级行政主管,每种劳力机构对人员的提供亦有侧重。

劳务中介机构的主要职能是将社会劳动力纳入到人力资源市场配置的范

围,充当求职者与企业的沟通纽带。一方面为求职者提供了选择工作的广泛机会;另一方面使企业以低廉的成本快速高效的招聘到急需的人力资源。企业利用劳务中介机构招聘的渠道可以获得各种类型的人员;劳务机构向招聘单位和应聘者发布信息、组织劳务供需双方的见面、为各方提供一系列的招聘服务,这样提高了社会劳动力的配置效率。

(4)教育机构。教育机构是培养知识、技术等综合素质水平高的管理人员、技术人员的主要机构,然而由于各种学校的毕业生在技术、能力、知识水平方面差异很大,企业可以根据不同的职务要求招聘各类不同等级的教育机构毕业生。许多企业很乐于接受应届毕业生,就是因为应届毕业生年轻,富有朝气、活力,而且能干,善于吸收新知识,有较大的可塑性,但是他们一般都没有社会实践的经验,所以,聘用应届毕业生往往首先需要进行上岗培训。

2.2 适用外部招聘的方式

外部招聘不同于内部招聘,是用人单位将需要招聘职务及有关信息告知特定的目标对象或社会公众,这种招聘是面向社会不同阶层的应聘者,所涉及的各种社会因素都会影响到招聘的效果。外部招聘的主要方法有广告招聘和网络招聘。

2.2.1 广告招聘

广告招聘是用广告的方式将需要招聘的有关信息告知社会公众,吸引职务申请人应聘。一般企业是利用大众媒介如报纸、杂志、电视和电台发布招聘信息。因为报纸发行量大,读者面广,可让更多的社会潜在职位申请人看到有关招聘职务和岗位信息。而且,报纸的读者层次不同,从非技术工人到技术及管理人员等几乎所有的职位都可适用报纸广告招聘。所以以报纸刊登招聘广告是企业最常用的对外招聘方法。

杂志广告在招聘特定人员时比报纸广告更有针对性、也更有效。利用杂志发布招聘广告一般适用于招聘高级人员和特殊领域的专家,如当企业需要招聘具备特殊技能的专家时,在该特殊专业的相应杂志上发布招聘广告就可以很容易地将企业招聘信息传达到特定的招聘目标对象之中,从而帮助企业招聘到具备特殊技能的工作人员。但是,杂志往往出版周期较长,在组织急需人员时不能及时发布招聘信息,这是杂志广告招聘的主要缺陷。

一般企业利用电台和电视进行招聘的很少,主要原因是利用电台和电视招聘所支出的经费较高,而且招聘的效果还深受该电台和电视节目收视率的影响。为了克服这一缺陷,目前有的电台和电视台在节目播放过程中通过提供劳务招聘的信息,插播与劳动和职业介绍有关的节目来提高节目收视率。目前我国有许多城市的电台和电视台正在开展此项业务,为我国下岗人员的重新安置提供了较多的求职信息。

2.2.2 网络招聘

网络是目前人们普遍使用的通讯方式,网络招聘是传统的人力资源招聘与现代网络技术相结合的产物,它是用人单位通过计算机网络向公众发布企业招聘的有关信息吸引社会职务申请人应聘职务的招聘方式。用人单位进行网络招聘时可以通过公司自身网站和外部人力资源服务网站发布招聘信息。利用计算机网络发布招聘信息快速及时,且传播面极为广泛,可以直接跨越地区和国界,这种招聘方式已日渐成为我国企业采用的主要人才招聘方式。

与广告招聘方式相比,网络招聘具有以下优势:

(1)网络招聘速度快、效率高,能及时地将用人单位的招聘信息传播给社会公众;

(2)网络招聘覆盖面广、互动性强;

(3)功能强大,提供增值服务。如专业的人才测评、在线薪酬顾问、在线评估、在线培训、专业咨询等增值服务;

(4)网络招聘的成本低、选择性多。如用人单位可以通过网络进行远程面试与测试,只要双方约好测试的时间并且在规定的时间内完成,这样就可以直接了解招聘结果。用人单位还可以通过这种方式对应聘者进行心理测试、知识考试、情景模拟等,可以客观、快速地了解应聘者的基本素质。这样既节省时间,又可以节约资金。

3. 招聘程序

招聘工作包括制订招聘计划、发布招聘信息、接待和甄别应聘人员、发出录取通知书、评价招聘工作等5个步骤。

3.1 制订招聘计划

招聘计划是在人力资源计划基础上制订的。企业在运营过程中某些部门发现有些职位空缺需要有人来填补时,就会向企业人事主管部门提出人员招聘的要求,人事主管部门会根据这要求制订相应的招聘计划。制订招聘计划是一项复杂的工作,大型企业经常聘请企业外部的人力资源专家制订和执行招聘计划,小型企业通常由人力资源部策划实施此次工作。招聘计划的基本内容包括此次招聘的目的、招聘组织人员、招聘对象的来源、应聘职务描述和人员的标准和条件、传播招聘信息的方式、参与面试人员、招聘的时间、新员工进入企业的时间等。招聘计划有时收录在企业的人事政策或员工手册中。

3.2 发布招聘信息

企业发布招聘信息是用人单位通过各种渠道向企业内部或社会公众发布岗位招聘信息、鼓励和吸引求职者参加应聘的方式。企业在招聘信息的发布过程中,会根据向内部或外部招聘对象的不同,选择最有效的发布媒体和渠道传播信息。应当注意的是用人单位在发布招聘信息时要有明确的潜在应聘对象,要有正确描述职务特点的内容、应注明应聘者必备的条件和应聘的方法及应聘者需要提交的应聘资料等。

3.3 接待和甄别应聘人员

接待和甄别阶段是用人单位对应聘申请人进行选拔的过程。当应聘者收到用人单位的招聘信息后,应按照用人单位的要求提交相应的应聘资料,用人单位首先要审查应聘者提交的应聘资料,初步筛选出符合应聘条件的人员,然后安排这些候选人参加面试,进行各种必要的测验,并对通过测试的应聘者进行背景调查,再从中优选出应聘人员接受主管经理或高级行政管理人员的复试,最后通知合格人员作健康检查。这个阶段对应聘者的评估必须客观与公正,这是控制招聘效率的关键。

3.4 发出录取通知书

发出录取通知书是用人单位与测试合格的应聘人员签订劳动合同,并向其发出上班试工的通知。通常通知中应写明新员工的上班时间、地点与报到方式。

3.5 对招聘工作的评估

这是整个招聘过程的最后阶段,对进行过的招聘过程作总结和评价,并将有关资料整理归档。评价指标有招聘成本的核算和对录用人员评估,可从以下三方面建立招聘评价指标体系,其中有一些指标的评价要延迟至新员工工作一段时间后(例如试用期结束后)进行。

(1)普通评价指标。包括:补充空缺的数量或百分比,及时的补充空缺的数量或百分比,平均每位新员工的招聘成本,业绩优良的新员工的数量或百分比,留职至少一年以上的新员工的数量或百分比,对新工作满意的新员工的数量或百分比,等等。

(2)对于招聘者工作的评价标准。如,从事面试工作的数量,被面试者对面试质量的评价,职业前景介绍的数量和质量等级,推荐的候选人中被录用的比例,推荐的候选人中被录用而且业绩突出的员工的比例,平均每次面试的成本。

(3)对于招聘方法的评价指标。收到申请的数量,收到合格申请的数量,平均接收每个申请的成本,从方法实施到接到申请的时间,平均每个被录用的员工的招聘成本,招聘的员工的质量(业绩、出勤等)。

第三节 人员的甄选过程与方法

人员的甄选是人员招聘的关键步骤。通常有审查申请表、招聘面试和测验等几个过程。

1. 审查申请表

申请表是应聘者按照用人单位的要求提交的说明本人基本信息的书面材料,也是用人单位对应聘者进行初步审查的基本资料,申请表的内容依申请工作的复杂性而异,对一些简单的工作,申请表格所要填写的内容比较简单,但是招聘专家、管理人员或科技人员的申请表上内容则较多。申请表能反映申请人的特征和历史,反映申请人的经验和知识是否满足该职务的最低需求,也包含面试人员希望询问的申请者背景的基础问题,这有助于用人单位以较低的成本作最初的人事筛选。审查申请表是甄选应聘人员的第一步。用人单位在设计申请表时常会强调某一个特别的因素,充分反映出申请人的特点(表 5 - 1)。

表 5 - 1　ABC 公司申请表

姓名	申请职位	外语及水平
户籍所在地	出身年月	性别
最高学历	身体状况	婚姻状况
通讯方式		
从何途径知道招聘事宜		
教育程度(包括参加的培训项目)		
工作经历		
工作绩效		
申请人:		

2. 招聘面试

面试是招聘过程的重要步骤。通过面试交谈可以收集和发现申请者的态度、感情、思维方式、人格特征、行为特点及洞察其敬业精神。如请被面试者用3分钟时间介绍自己,就可以从其回答中判断其反应能力,回答恰当性与重点性判断被面试者的分析能力,回答的逻辑性、条例性与用词准确性判断被面试者的表达能力,回答内容与时间把握运用的适当性判断被面试者的控制能力。

面试方式根据不同的划分标准有不同分类,按照面试的结构化程度可将面试划分为非结构化面试、结构化面试。结构化面试是根据岗位分析,确定面试的测评要素,在每个要素维度上预先编制好面试题目并制订相应的评分标准,面试过程遵循一定的评价程序,并对被面试者的表现给予量化分析。相对普通的非结构化面试,结构化面试有着针对性强、标准化、结果化的特点。所以正被日益广泛采用。

面试一方面是在面试的过程中,由主持面试的主管人员对招聘的职务作现实性的介绍,既要说明好的方面,又要介绍工作对健康或安全等不利的方面,让应聘者全面、客观地了解招聘岗位工作的特点。这样能增加员工对职务的满意感,减少人员的自主流动,并通过开放地沟通,提升员工对职务的现实期望值。面试另一方面是尽可能多地了解应聘者的各种信息,费尔认为面试可以包括下列内容:应聘者的工作经历,包括职务、爱好、成就、工作条件、薪金、转业原因、工作满意原因、工作需求方式、工作业绩等;教育程度,如学历、最好最差的学科、等级、用功程度、课外活动、特殊成就、大学以上的训练、毕业成绩等;家庭背景,父母职业、父母性情、兄弟姐妹人数、教养及工作情况、早年经济背景、家庭生活的影响等;现代社会适应特征,兴趣和爱好、婚姻情况、配偶兴趣和人格、经济情况、健康状况;应聘者的动机与性格、情绪稳定性等;资产及负债情况和综合结论概述。根据以上信息,用人单位主管人员可以做出一个全面的、客观的、公正的筛选结果。

3. 测试

案例:宝洁公司的招聘考试

宝洁公司的招聘考试包括解难测试、英语测试、面试3个环节,其中比较有特色的是解难测试这部分。宝洁人力资源部门把历年来成功员工的特征进行了分析和归纳,研究出了一些可以量化测评的工具应用在招聘中。在美国总部,宝洁有一个专门的小组负责跟踪生物学、心理学、社会学等学科的最新成果,并把它应用在人力资源招聘工作中,目的只有一个——用最科学的手段准确地找出应聘者中的优秀分子。宝洁在世界范围内招聘时都遵循同一条准则:根据应聘人的能力和表现来招聘最优秀的人才。宝洁公司招聘员工时重视的是员工本身的素质,这些素质包括:诚实正直、领导能力、勇于承担风险、积极创新、团结合作、不断进取以及发现问题和解决问题的能力。

有时对面试后入选的申请者还需做一些正式的测试。目前普遍采用测试主要包括专业技能测试、心理测试和评价中心三类。

3.1 专业技能测试

专业技能测试可以采用笔纸考试和工作情景测试两种方式。在工作情景测试中,对机械技能型、操作技能型岗位,如生产线员工、文秘等主要使用工作模拟测试,而对管理类、市场类等专业岗位一般采用情景测验。

工作情景测试通过创设一种受控的情景模拟状态或情景,让被测试者参与其中,扮演一定角色,在模拟的情景中按考官提出的要求,完成一个或一系列任务、活动,从而考官根据在行为模拟过程中,被测试者的特定行为是否符合目标岗位的要求,以及被测试者通过模拟提交的报告、总结材料来预测被测试者能力与拟聘岗位要求的一致性。文件筐测验和无领导小组讨论是两中常用的精确测验方法。文件筐是对实际工作中管理人员掌握和分析资料、处理各种信息,以及做出决策的工作活动的一种抽象和集中,该测验在假定的情景下实施。该情景模拟一种假设环境,如单位、机关所发生的实际业务、管理环境,提供给受测者的信息如函电、报告、声明、请示及有关材料等文件,内容涉及人事、资金、财务、市场信息、政府的法令、工作程序等多种材料,这些材料放在文件筐里,测验要求受测者以管理者的身份,模拟真实生活中的情景和想法,在规定的条件下在限定时间(通常为1~3小时)内对各类公文进行现场处理,评委通过对受测者处理文件过程中的行为表现和书面答案,评价其计划、授权、组织、预测、决策和沟通的能力。无领导小组讨论由一组应试者组成一个临时工作小组,讨论给定的问题,并做出决策。由于这个小组是临时拼凑的,并不指定谁是负责人,目的就在于考察应试者的表现,尤其是看谁会从中脱颖而出,成为自发的领导者。在无领导小组讨论中,或者不给应试者指定特别的角色(不定角色的无领导小组讨论),或者只是给每个应试者指定一个彼此平等的角色(定角色的无领导小组讨论),但这两种类型都不指定谁是领导,也并不指定每个应试者应该坐在哪个位置,而是让所有受测者自行安排,自行组织,评价者只是通过安排应试者的讨论题目,观察每个应试者的表现,给应试者的各个要素评分,从而对应试者的能力、素质水平做出判断。

3.2 心理测试

心理测试是现代人事测评中广泛使用的一项技术,职业心理测试主要包括智力测试、能力倾向测试、人格测试、态度兴趣测试等。

企业招聘中采用的智力测试有奥特斯心理能力自我测试、旺德利克人员测试、韦斯曼人员分类测试、韦克斯乐成人智力测试、瑟斯顿个别智力测试和瑞文推理测试。

能力倾向测试主要包括一般能力倾向测试和特殊职业能力测试。一般能力测试的主要内容有:思维能力、想像力、记忆力、分析力、推理力、数学能力、空间关系力、语言能力等。美国劳工部20世纪40年代研究制定了《一般能力倾向成套测试》(General Aptitude Test Battery,GATB),之后日本劳动省将GATB进行了相应修改制定了更适合日本的《一般职业适应性检查》。特殊职业能力测试主要用于测量已具备一定经验和能力的人员在某些岗位上现有的熟练度和成就水平,或辨识应试者是否具有从事某项企业的特殊潜能。

人格测试主要为了考察人格特点与工作行为的关系。人格测试的方法包括问卷调查量表法、投射技术测验法和情景测验法。

态度主要是一种内心活动形式,在认知、情感与行为上具有一致性,所以态度测试常用的是问卷测验和认知量表测验。

用测试对申请人筛选时,招聘人员应注意到使用这些测试本身的局限及可能产生的偏见。因为这些测验都具有文化方面和技术方面的局限性,只凭一个测试诊断某人是一种相当武断的做法,应尽量避免。此外心理测试一般应该有专业心理专家主持和实施;使用的心理测试工具也需要具有权威性,以保证测试的信度和效度。

3.3 评价中心

评价中心技术在二战后迅速发展起来,它是现代人事测评的一种主要形式,被认为是一种针对高级管理人员的最有效的测评方法。一次完整的评价中心通常需要两三天的时间,对个人的评价是在团体中进行的。被试者组成一个小组,由一组测试人员(通常测试人员与被试者的数量为1:2)对其进行包括心理测试、面试、多项情景模拟测验在内的一系列测评,测评结果是在多个测试者系统观察的基础上综合得到的。评价中心技术中所采用的情景性的测验包括多种形式,主要有文件筐或公文处理测验,无领导小组讨论,角色扮演,根据所给的材料撰写报告,演讲辩论,案例分析等。

严格来讲,评价中心是一种程序而不是一种具体的方法;是组织选拔管理人员的一项人事评价过程,不是空间场所、地点。它由多个评价人员,针对特定的目的与标准,使用多种主客观人事评价方法,对应试者的各种能力进行评价,为组织选拔、提升、鉴别、发展和训练个人服务。评价中心的最大特点是注重情景模拟,在一次评价中心中包含多个情景模拟测验,可以说评价中心既源于情景模拟,但又不同于简单情景模拟,是多种测评方法的有机结合。

案例:发达国家企业的心理测试

(1)美国企业:在美国许多求职者要想获得一个高级职位,必须通过一系列问题和练习组成的心理测试。在具体的心理测试中,他们必须极其详细地描述以前的多项工作成绩,或者问一些诸如"谁是你曾为之工作过的最佳经理以及为什么?"或者"你最好的朋友喜欢什么"等问题,这样用人单位就能看出应聘者的行为思维模式。科学家们认为,对细节的注意力和管理风格以及行为,能预测一个人的个性特征和工作动机。心理学家们也认为这些问题能透露有关求职者的管理风格以及有关他本人的许多情况。不过,测试的目的最主要是为了衡量求职者交往、分析和组织的技能。

(2)日本企业:目前日本的人力资源招聘策略可谓标新立异,具体包括以下3个方面:时间观念测试、自信心测试和工作责任心测试。时间观念测试:以应聘者的时间观念为标准,看谁比规定的应试时间来得更早就录取谁,或者进行"用餐速度考试",将吃饭最快的人录取。自信心测试:他们认为,只有说话声音洪亮、表达自如、信心百倍的人才具有工作能力和领导能力,因此在面试时让应试者轮流朗读或演讲、打电话,根据声音的大小、谈话风度、语言运用等反映的自信能力来录取。工作责任心测试:就是让新招员工先打扫一年厕所,把不愿干或敷衍搪塞的人淘汰掉,把表里如一、诚实的人留下来。以上这些品质正是一个优秀的质量管理者应具备的基本素质。

(3)英国企业:据 PID 统计,在英国心理测试已取代传统面试方式,有90%的公司使用心理测试招募新人。特别是企业在谋求财会和公共关系等部门的新人时,还要求被测试对象展示各种技能,如一对一面试、对数学的使用、小组面试以及角色的扮演等。在常规的招聘过程中,求职者需要就各种文件、问题的处理在 3 小时内提供书面答案,甚至还有可能被要求主持一个会议或撰写统计报告。经过至少 2 天的测试,评估专家将根据 10 个不同的评分标准打出分数,通过的应聘者才是再次面试的候选人。

第四节 录用决策及应注意的问题

经过上述一系列程序最后决定录用人选时还应注意以下几点：

(1)坚持公平、平等原则,对合格人员采用竞争择优录用,避免由于民族、个人身份、性别、信仰、婚姻等原因在录用时予以歧视。招聘中的歧视行为不仅为法律、社会规范所不允许,而且会直接影响公司今后人力资源的质量。

(2)如果有多个合格的候选人,在进行录用决策时应特别注意候选人的工作能力和工作动机。工作能力主要看候选人以往的工作经历和工作绩效;工作动机则是指候选人希望获得这一职位的动机强度。相关的研究表明,工作动机强度是影响工作积极性,进而影响工作绩效的重要因素。因此在录用决策时要挑选工作经历丰富,特别是工作动机强烈的候选人。

(3)慎用过分超过任职资格条件的候选人。一般而言,任用一个学历、知识、技能水平远超过工作任职要求的候选人,未必是一件好事,因为这一类候选人的要求,包括工资待遇、工作条件和环境等都比较高,录用以后流动的可能性较大。

(4)当多个候选人符合任职条件时,要注意录用决策的程序和方法。一般先征求与这一招聘岗位相关并具有一定经验的老员工意见(例如可以设计专门的评价表格用定量计分方法进行评价),最后,将各种相关材料呈报该岗位的直接领导人,由他最终定夺。

☞ **复习思考题**

1. 招聘的影响因素是什么?
2. 招聘的程序是什么?
3. 内部招聘和外部招聘有哪些优缺点?
4. 招聘适用的心理测试主要有哪些,在使用心理测试进行选拔时要注意些什么?
5. 请设计一份招聘人力资源部门主管的结构化面试提纲。

☞ **进一步阅读的材料**

1. 肖余春,袁炳耀,王怀秋. 五大模型在人员招聘中的应用,企业活力,2009(01)
2. 宋红超. 世界500强员工招聘准则,中国经济出版社,2007
3. 孙宗虎,李艳. 招聘与录用管理实务手册,人民邮电出版社,2007
4. [美]理查德·吕克(Richard Luecke). 招聘与留用最好的员工,机械工业出版社,

2005

　　5. Arthur Gutman. Major EEO Issues Relating to Personnel Selection Decisions, Human Resource Management Review, In Press, Corrected Proof, Available online,2009 – 04 – 09

　　6. Therese Macan. The Employment Interview: A review of Current Studies and Directions for Future Research, Human Resource Management Review, In Press, Corrected Proof, Available online, 2009 – 04 – 09

　　7. Deborah L Whetzel, Michael A McDaniel. Situational Judgment Tests: An Overview of Current Research, Human Resource Management Review, In Press, Corrected Proof, Available online,2009 – 04 – 05

　　8. George C Thornton III, Alyssa M Gibbons. Validity of Assessment Centers for Personnel Selection, Human Resource Management Review, In Press, Corrected Proof, Available online, 2009 – 03 – 20

第三编

人力资源管理的运行

第六章　员工薪酬系统

◆学习要点◆

（1）薪酬目标和政策；（2）基本工资体系；（3）奖金激励体系和员工福利体系。掌握上述三个薪酬组成部分所涉及的概念、要素、原则和方法。

第一节　薪酬概述

1. 薪酬的性质和基本类型

薪酬系统是人力资源管理中极为重要的组成部分。

薪酬是指员工因其劳动付出而获得的补偿，广义的薪酬包括内在薪酬和外在薪酬。内在薪酬是员工完成工作而形成的心理方面的回报，属于一种心理层面的感受。外在薪酬包括货币形式和非货币形式薪酬。在人力资源管理实践中，一般将基本工资、奖金作为货币形式薪酬，福利作为非货币形式薪酬。其中，基本工资是员工以工时（时、周或月、年）为单位计取的劳动薪酬；奖金是基本工资之外的激励性薪酬，通常与员工工作业绩直接挂钩；福利是员工因其所在岗位或在组织中担任的职位而获得的薪酬。薪酬系统因组织而异，但都由组织薪酬政策决定，并受组织所在的政府相关法律法规的制约。根据薪酬的组成，组织薪酬系统可分为基本工资体系、奖金激励体系与员工福利体系。

案例：雅芳公司的薪酬和福利

雅芳公司每年都进行薪酬调查，根据劳动力市场和外部环境的情况，并结合公司的经营状况，员工个人的绩效来调整薪资，从而使雅芳员工的薪酬相当具有竞争力。同时，雅芳为员工设置了各种保险，包括社会保险、退休养老保险、全球雅芳公务出差保险、保险补偿、医疗福利。雅芳员工还拥有以下假期：法定节假日、公司其他假日、公司年假及其他假期。全体雅芳员工在购买供个人和家庭使用的雅芳产品时可享有低于顾客价的优惠价。雅芳鼓励并表彰长期服务于雅芳，并为雅芳的成功作出贡献的员工的忠诚和奉献精神，公司会向在雅芳服务5年（及5年的倍数）的所有正式员工颁发员工服务奖。雅芳员工还拥有其他福利包括独生子女贺金、员工生日庆祝、节日贺金等。

基本工资体系是薪酬体系的基础，它体现员工的工作对组织的价值，并与外部市场上这一工作的价值相一致。因为这两种价值有时会相互冲突，所以工资体系设计者常常要在内部公平性和外部公平性之间做出艰难的抉择。从事相同工作的不同员工会因为其知识、技能、能力、资历和业绩的不同，在基本工资上往往会存在着差异。一般，新员工所获得的基础工资比从事相同工作的经验丰富的老员工要低。工资范围的建立就是为了向从事同一工作或同一组工作的不同员工提供基本工资的上限和下限。工资范围体现了一个工作或者一组工作对于组织的最大价值和最小价值。

基本工资体系中常常还包括津贴。津贴也是形成工资水平差别的一个因素，它与工作岗位的性质、工作环境条件等因素有关，而与工作的实际绩效无关。例如，夜班津贴给予那些在车间里进行夜班工作的员工，与他们之间的绩效差异无关。这种津贴是用于补偿令人不快的工作时间和工作条件所带来的额外困难或痛苦。又如，生活成本加薪反映了组织通过调整员工工资来防止通货膨胀对工资的购买力造成的冲击。

奖金激励体系包括绩效工资和奖金，它们都是由员工的实际工作绩效来决定，反映了不同员工或不同群体之间绩效水平的差异。其中，绩效工资是基础工资的增加部分，它与奖金之间的差异在于，奖金不会变成基本工资的一部分而造成基础工资的持续增加。

员工福利体系是工资的附加部分，但常常并不反映在员工所获得的直接薪酬之中。

2. 薪酬的目的和功能

薪酬体系是组织的人力资源管理整个系统的一个子系统。薪酬向员工传达了在组织中什么是有价值的。一个设计良好的薪酬体系直接与组织的战略规划相联系，从而使员工能够把他们的努力和行为集中到帮助组织在市场中竞争和生存的战略方向上去。薪酬体系的设计应该能够增强和补充其他人力资源管理系统的作用，如人员选拔、培训和绩效评价等。

在一个设计良好的薪酬体系中，员工会感觉到，相对于同一组织中从事相同工作的其他员工和相对于从事不同工作的其他员工以及相对于其他组织中从事类似工作的人而言，自己的工作获得了合适的薪酬。比如，一个秘书会将自己的薪酬与行政助理、会计等同一组织中的其他工作的薪酬进行比较，如果她认为相对于组织中的其他工作，自己的工作获得了公平的薪酬（即对组织越重要的工作获得的报酬也越多，不重要的工作获得的报酬越少），她就感到了内部公平性。她也可能将自己的薪酬与其他组织中的秘书相比较，如果她认为相对于其他组织中的类似工作而言，自己的薪酬也是公平的话，她就感到了外部公平性。她还有可能将自己的薪酬与同一组织中的其他秘书进行比较，如果她认为相对于组织中的其他秘书，自己的薪酬也是合理的，那么，她就感到了个体公平性（Individual Equity）。一个组织越是能够建立起面向员工的内部公平、外部公平和个体公平的条件，它就越是能够有效地吸引、激励和保留它所需要的员工，来实现组织的目标。组织的薪酬系统包括3个方面的行为目标：

（1）成员性行为——招募和保留充足数量的高素质员工；

（2）任务性行为——激励员工全力投入工作；

（3）约束性行为——鼓励员工遵守岗位规则，并且能够在无人指导或监督的情况下完成有利于企业的特定任务。

薪酬的根本功能是吸引、激励和保留企业所需的人力资源、调动员工工作积极性、并最终保证组织目标的实现。所以组织的薪酬应该具有补偿、激励和调节3项功能。

薪酬体系设计是具有挑战性的，它既是一门科学，同时也是一门艺术。薪酬体系设计与管理应该被看做是一个动态的过程，这是因为组织的内外部环境会以一种不可预见的方式发生变化。因此，一个有效的薪酬体系不应是僵化和死板的，而应该根据需要随时进行监控和调整。

3.制定薪酬政策应考虑的因素

薪酬政策对于组织的整个薪酬系统具有重要的作用。薪酬政策的制定需要考虑员工对薪酬的公平感，薪酬构成的比例，政府相关法规和薪酬的透明度诸因素。

3.1 员工对薪酬的公平感

薪酬的满意程度对个人和企业业绩都会产生重大影响。埃利奥特·杰奎斯（Elliot Jacques）根据对英国薪酬系统 10 多年的研究认为："实际支付若低于标准 10% ,将足以使员工产生相当的不满情绪而采取要求提高薪酬的行动,而实际支付若低于标准 20% ,将会带来一个十分糟糕的局面"。这说明企业的薪酬的类型以及薪酬支付方法直接决定企业员工的工作积极性,合理的劳动薪酬是员工积极工作的动力,而不足的劳动薪酬将对企业带来严重的负面影响。从图 6 - 1 我们可以看出,员工对其获得的薪酬不满时在情感上会产生以下两种反映:(1)要求提高薪酬待遇;(2)降低当前工作对其的吸引力。当员工对其获得的薪酬不满,要求提高薪酬数额时,他将可能通过不满情绪,寻找其他工作,更好的工作表现或是罢工等方式表现不满。这些行为中除了"更好的工作表现"之外,其他行为都是对企业不利的,也都是企业管理者所不愿看到的,而追求"更好的工作表现"只会在薪酬直接与业绩挂钩时才会被员工采用。而当员工所从事的工作对其产生的吸引力减少或者是降低时,在工作中他将会消极怠工,甚至会对自己所从事的工作产生反感,从而影响个人和企业的工作效率。

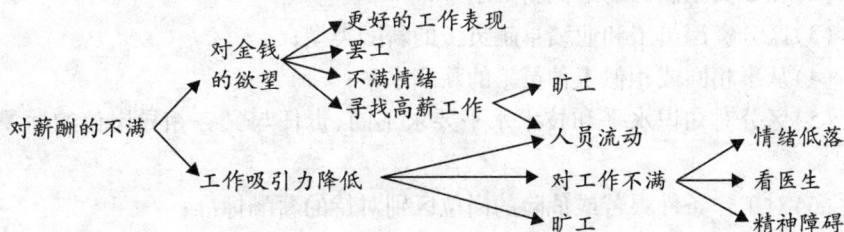

图 6 - 1　对薪酬不满导致的结果模型

内部平衡与外部平衡是薪酬公平支付的两个方面,内部平衡指员工薪酬水平与其所在的组织中从事其他工作的员工薪酬水平相当,外部平衡指员工薪金薪酬水平与其他组织中从事相似工作的员工薪酬水平相当。在实际的工作中,即使员工与其受雇于其他组织的朋友相比时,对自己获得的薪酬很满意,但与本组织中其他员工相比时,也可能会感到不满,因此员工个人经常会因在对内部平衡与外部平衡这两方面的感觉不一致而产生不满情绪。

根据以上分析,企业要想避免员工对薪酬支付的不满,就必须同时做好内部平衡与外部平衡。优秀的岗位评估体系通常是解决内部平衡的最好的方法,而外部平衡通常通过工资定价实现,将在后文予以阐述。

综上所述,薪酬的公平性是制定薪酬政策必须考虑的重要因素。因此制定薪酬政策应注意以下几个方面着手:

(1)不同薪酬水平的关系(如资深的管理者与一般管理人员之间,管理员与操作工之间等);

(2)薪酬总额的分配(即什么部分应归入基本薪资,什么部分作为奖金激励,什么部分作为福利等);

(3)薪酬的上限与下限(考虑支付能力,政府法规,工会影响以及市场压力)。

除了以上几方面,薪酬政策还必须考虑到资金中有多少可用于次年的提薪,哪些人可以提薪,以及提薪额度等。另一个重要决策是薪酬信息是否要公开。关于这一点,后文将予以讨论。

3.2 薪酬的构成

薪酬构成是指薪酬的各组成部分在薪酬总体中的结构与比例。薪酬政策为建立薪酬构成体系提供了导向。薪酬政策中有关薪酬构成体系的部分涉及以下几方面因素。

(1)吸引称职员工的最低薪酬水平;

(2)在职员工满意的最低薪酬水平;

(3)区分资深员工和业绩卓越员工的薪酬类型;

(4)从事相同或相似工种员工的薪酬水平;

(5)区分对知识水平和技术水平要求不同、责任与义务相异岗位的薪酬标准;

(6)对工作条件艰苦或危险的岗位区别对待的薪酬标准;

(7)不同岗位基本薪酬提升的不同标准;

(8)员工的晋升与薪酬增加的标准;

(9)政策对员工的薪酬率上限与下限限制的相关规定;

(10)薪酬结构如何为企业全局调整、生活费用的变化以及其他与员工保障、责任变化无关的调整变动服务。

3.3 政府相关法规的影响

薪酬政策除了受上述企业内部因素的影响之外,企业外部也存在大量影响薪酬政策的因素。

3.3.1 西方国家的相关法律

以美国为例,美国政府法规与工会合同是影响企业薪酬政策的重要外部因素,其中最有代表性的法规是:《平等劳动标准法案》(The Fair Labor Standard Acts),《戴维斯—贝肯法》(The Davis – Bacon Act),《沃尔雪—希雷公共合同法》(The Walsh – Healey Public Contracts Act)、《联邦工资扣押法》(The Federal Wage Garnishment Law)以及《平等支付法》(Equal Pay Act)等。这些法规以《平等劳动标准法案》为核心,就如何体现与保护员工利益,如加班工资、薪资上限与下限、薪资合同的合法性、一些费用的代缴以及消除性别歧视等,在薪酬政策制定过程中进行了一系列的规定。

因为企业员工与工会有密切的联系,所以薪酬政策也与工会有关,企业在制定薪酬政策时必须考虑当前的工会合同。另外工会会员的工资率与加薪会影响到无工会组织的员工工资,因而即使企业内部没有工会,薪资结构通常在很大程度上也应取决于雇佣双方的协商。

3.3.2 我国的相关政策与原则

随着我国经济体制的转型,使得薪酬决策主体发生变化,由企业自主决定薪酬。但社会主义计划经济的基本原则对于市场体制条件下薪酬的决策依然有参考价值。它们主要是:

(1)坚持按劳分配、多劳多得的原则;

(2)坚持遵循兼顾国家、集体和个人利益,逐步提高员工工资薪酬水平的原则;

(3)坚持在发展生产、提高劳动生产率的基础上,确定工资增长标准,薪酬政策全面考虑各方面的关系,统筹兼顾,适当安排,以处理好各种差别,增强劳动群众之间的团结,鼓励员工提高技术,促进劳动生产率的不断提高;

(4)坚持精神鼓励与物质奖励相结合的原则。

企业自主决定薪酬必须符合国家相关法律。其中最重要的是《中华人民共和国劳动合同法》(新劳动合同法),已由中华人民共和国第十届全国人民代表大会常务委员会第二十八次会议于2007年6月29日通过,2008年1月1日起开始施行。该劳动合同法对于最低工资在第五十五条有明确规定:集体合同中劳动报酬和劳动条件等标准不得低于当地人民政府规定的最低标准;用人单位与劳动者订立的劳动合同中,劳动报酬和劳动条件等标准不得低于集体合同规定的标准。

此外,合同要求企业进一步加强民主管理,健全企业薪酬分配制度,过去工会不参与企业的薪酬制定,现在随着制度的改革,工会在薪酬制定中的作用会将逐步体现。

3.4 薪酬的透明度

薪酬的透明度是与薪酬保密相对立的,当前有些企业为了避免员工因知晓他人的薪资水平而可能产生的不满,在制订薪酬政策时要求对薪酬发放的相关信息予以保密。实施薪酬保密的另一个理由就是许多员工,尤其是工作成绩非常显著的员工强烈的认为自己的收入与他人无关。实际上薪资水平保密的做法不仅不能消除员工之间薪资水平的比较,反而会导致企业员工高估其他同事的薪资水平,或者低估管理者的薪资水平,其结果必然会导致员工产生不必要的反感情绪。而要解决这一问题的最佳办法就是在组织内部公开不同岗位的薪资水平范围,在一定程度上实施薪酬的透明制度,这样既能表明不同岗位的不同待遇,又能对个人具体的收入情况保密。

第二节　基本工资制度的设计步骤和方法

基本工资是薪酬的基础。下面是基本工资制度的设计和实施步骤的描述。虽然在此采取先后方式来描述这些步骤,但其中一些步骤可以是同时展开的,一些已经完成的步骤也可能需要根据后来的决策结果进行修正。

1. 岗位评估

步骤一,岗位评估。对岗位评估的一般理解是:根据该岗位的职责要求及企业员工对企业的贡献进行分类。岗位评估是薪酬系统设计的起点,是通常用来建立各项工作岗位的基本工资体系而非员工个人岗位业绩的评估,是组织中每个岗位相对于其他岗位价值进行系统决策的过程。例如:设计师与装配工都是企业两个重要的岗位,而设计师的工作职责要求和对企业的潜在的贡献当然比装配工的岗位价值大得多。岗位评估除了决定不同岗位的相对价值外,还具有以下其他作用:

(1)简化和理顺因机会、习惯与偏好等个人因素而产生的混乱的薪资结构;

(2)制订新岗位与岗位变动的工资薪酬方案;

(3)制订员工个人业绩的考核标准;

(4)制订员工有效的员工激励机制;

(5)通过缩小员工不满的范围和制订被共同认可的用以解决争端的方法来减少员工对工资率的不满;

(6)制订员工与企业签订薪资协议的依据。

收集评估对象的信息是岗位评估程序的第一步。评估对象的信息一般来源于该岗位的职务说明书,如果没有现成的职务说明,则通常需要进行该岗位的职务分析,制定一个最新的职务说明书,然后根据企业内不同岗位价值的技术、职责和工作条件等因素判断予以确定被评估对象的基本信息。

制订发展和完善用以选择评估组织内不同岗位相应价值依据要素的计划,岗位评估计划大多数是由以下3种方法变化与结合的产物:(一)评分法;(二)要素比较法;(三)岗位分类法等。上述方法我们在职务分析一章中已有介绍,此处结合基本工资体系的设计做一些补充。

1.1 评分法

评分法在简化评估过程和提高评估结果客观合理性上非常有效,因而在岗位评估中使用最为广泛。随着我国企业体制改革的不断深化,企业内部各部门责权关系的不断明晰,认识与分配制度的不断合理,评分法也逐渐在实践中发挥其高效的作用。岗位评估在使用评分法时,单一的量化分值尺度通常不能使用于所有工作的评估,而应根据评估对象的不同而选取。通常人力资源部将为各项工作岗位明确相应的评估尺度,如办公室文员和产品生产这两个岗位要求的不同,评估的尺度也不同;评估管理工作和专业研究工作又需要另一个尺度等。

一般企业的工作岗位分为关键岗位和非关键岗位,关键岗位应具有代表性并为制定评估尺度的人员所认可,一个企业通常有15~20个关键岗位。在进行岗位评估过程中对关键岗位的评估也应区别于非关键岗位。这里以关键岗位为例对评分法进行介绍。评分法通常按以下3个步骤对岗位进行评估。

1.1.1 选择薪酬要素

关键岗位对这些要素的要求决定了要素的价值。薪酬要素反映关键岗位的价值要素,是说明企业关键岗位确实重要并能够与其薪酬相对应的要素和特征。

企业进行评估时,要求对不同关键岗位应根据实际情况选择薪酬要素。如对生产性的岗位进行评估的薪酬要素应包括技术、绩效和工作条件,而对管理型的岗位进行评估的薪酬要素则应包括知识、职责和决策要求。有工会的组织薪酬要素的选择应被管理当局和工会同时接受。通常对关键岗位选择薪酬要素时更为具体和细化,从而要进行次级要素的评估。对次级要素的评估常以一个表示其所处水平的单位——层次——来进行衡量。例如,与职责有关的薪酬要素包括对他人工作责任、完善组织章程或增加组织资产等次级要素。表6-1列出了"责任"这一薪酬要素中所包含的次级要素及其相关的层次。将薪酬要素细分为以层次为衡量单位的次级要素,这样对岗位的评估过程就更为灵活,对工作的定义变得更为精确了。

表 6 - 1   "责任"作为薪酬要素所包含的次级要素及层次

次级要素	第一层次	第二层次	第三层次	第四层次
决定组织政策	能使管理层对组织政策进行微小改动的提议	能够为部门处理内部事务时所采用的提议	能够为管理层制定政策时所采用,并能对员工解释组织政策的提议	提议能够决定适用面广的组织政策,若对其使用不当,将带来相当的损失
要求的管理能力	只对自身工作负责	小范围管理,在机械生产过程中能够起到控制作用	管理较多的员工或一个部门,并能组织协调其他管理者	负责部门间合作与协调
保持与拓展客户关系与公共影响	很少联系客户和公众	偶尔通过电话联系客户与公众	通过信函或个人访谈紧密联系客户,以避免友谊的淡化带来的损失	与客户、其他组织和公众具有频繁的联系,具备出色的公关能力
用于组织的现金支出以及对其需要进行的判断	月支出不超过 1 000 元	月支出在 1 001 元到 3 000 元之间	月支出在 3 001 元到 6 000 元之间	月支出在 6 001 元到 10 000 元之间

1.1.2 要素权重分配

为了反映企业岗位各评估要素相对应的重要性,每个薪酬要素、次级要素及层次均被分配一定的权重。很自然,和评估要素分配的权重因工作岗位而异。例如,对于技师来说最重要的因素是技术,而对于管理人员来说最重要的则是责任。

一般情况下,权重依照各项岗位的评分结果可能具有的最大值进行分配,但这个分值决定却是武断的。也就是说权重的分配虽然有一些系统的、有效的方法,但却没有最好的方法。并且在实际操作中不得不考虑技术因素、历史经验和个人判断等因素在权重分配中扮演的非常重要角色。于是,薪酬要素、次级要素及层次的分值依其各自的重要性来确定。表 6 - 2 列出了一套将总分定为 1 200 分的评估体系中各要素可能具有的分值。

表6-2 分值范例

薪酬要素	次级要素	层次				
		1	2	3	4	5
技术(325分)	工作知识	35	70	105	140	175
	经验	20	40	60	80	100
	初始分	10	20	30	40	50
效果(300分)	体力的	20	40	60	80	100
	精神的	40	80	120	160	200
责任(400分)	对公司政策	20	40	60	80	100
	对他人工作	30	60	90	120	150
	对公共关系	20	40	60	80	100
	对公司资金	10	20	30	40	50
工作条件(175分)	劳动条件	20	40	60	80	100
	危险性	15	30	45	60	75

1.1.3 关键岗位的分值分配

在使用评分法进行岗位评估的过程中,当权重分配分值的尺度被一致通过后,关键岗位的分值可以按照以下步骤得出:

(1)检查岗位职责说明;

(2)通过层次法对薪酬要素的每个次级要素进行最佳评述;

(3)计算总分。

通过上述关键岗位分值分配程序计算得出的总分应能准确反映出与关键岗位实际一致的薪酬支付尺度。也就是说,可以依照评分得到的关键岗位级别排序来检验岗位对薪酬要素、次级要素及层次的分值分配是否合理,当依照评分得到的关键岗位级别排序与依照薪酬水平得到的关键岗位级别排序大致一致时,则认为计算的总分是合理的。

在企业岗位评估的过程中,非关键性岗位也可以用关键性岗位的评估方法进行评估,即依据一定的尺度对各要素进行评分,再将分值汇总。

适用评分法进行岗位评估需要大量的实践来完善分值尺度,这是评分法的一个主要缺陷。但分值尺度一旦被确定,就能很快得出对岗位的评估结果。

1.2 要素比较法

岗位评估的要素比较法是由尤金·本吉(Eugene Benge)于1926年开创的。他将分值尺度以货币尺度取代,并试图以此克服评分法中存在的不精确问题。具体的做法与评分法大体相似。

与评分法一样,使用要素比较法进行岗位评估也要选择关键岗位。并且薪酬要素与评分法中所使用的大体相同,二者的不同之处,一方面在于要素比较法不将薪酬要素细分为次级要素及层次,另一方面在于对薪酬要素级别的确定不同。在要素比较法中,根据一个要素在工作中的重要性对该关键岗位进行定级,这种关键岗位定级的方法比每次以已有要素为参照给一项工作定级的方法更有效。并且要素比较法的许多倡导者认为这种依据最新情况而不参照已有级别的定级方法更为合理。

关键岗位薪酬的货币表现与要素级别必须保持最终一致,否则将不再被列为关键岗位。也就是说各关键岗位应根据以上各要素和程序进行评分定级,然后根据其级别为其分配薪资。在岗位的定级与薪资的分配过程中关键岗位的工资率必须为所有的评估者认可。并且要素比较法的一些倡导者认为制订薪酬时不应参照要素级别。要素比较法最终为每一个薪酬要素准备一个表现不同工作级别的货币尺度,从而反映出其薪酬的相应差别。

企业对其他的非关键岗位将通过对其相应的职责进行研究评估,并根据薪酬要素为各岗位确定货币价值。每个岗位的货币价值将由分配给各项薪酬要素的货币量总和决定。

1.3 岗位分类法

岗位评估的第三套方案是岗位分类法。各岗位依照其职务、职责、技术、工作条件和其他相关工作要素的不同而分类。将特定岗位的职责与各岗位的职责相对比,以同类岗位为参照,确定其相应价值。该方法的优点是简单。但由于其将每个岗位作为一个整体来评估,故而精确度不高。岗位类别的数量取决于被评估的所有工作的技术范围、职责范围、职务以及其他要求。一般来说,5 到 15 个种类就足够了。1949 年以来,美国政府运用岗位分类法评估所有公共服务行业的工作。

2. 工资调查分析

步骤二:工资调查分析。其目的是决定在相关的产品市场和劳动力市场上,其他组织对类似的工作支付了多少工资。这一分析的结果是得出工资政策线。它表达了工作评价点值(内部的工作价值)和市场工资(外部的工作价值)之间的简单的线性关系。

一旦工作等级建立起来,下一步就是要与外部市场同类工作进行比较。这类工作的特点是,工作内容相对稳定,与其他组织中的工作具有可比性,能够被准确的进行界定。通常的方式是在工作等级的上层、中层和下层各选取几个关键工作进行。

在关键工作确定以后,下一步就是要获取这些关键工作的工资调查的数据。一个组织可以建立和管理自己的工资调查系统,也可以获取外部的公共数据资源,还可以从咨询公司等商业机构那里购买。事实上,大多数组织都是通过多种来源获取工资调查数据的。无论这些数据来源于组织自己的工资调查,还是从商业机构那里购买,工资系统设计者都必须注意调查的对象。工资调查的数据要对组织有用,它就必须是来自于以下几种组织:(1)具有与本组织相同或相似岗位的组织;(2)在相同区域内(包括员工工作流动区域)的组织;(3)在相同或相似的行业中的组织。进行工资调查必须考虑的其他问题将在后面的章节中进一步讨论。

典型的工资调查包括:参加调查的组织(如:规模大小、员工数量、所在行业等)以及支付给要调查的每一工作的直接和间接薪酬的信息。因为一些组织可能提供较低的基础工资和较高的福利,另外一些组织则提供较高的基础工资和较低的福利。所以,只有在考虑总体薪酬时,不同组织的工资比较才有意义。工资范围通常用来反映每一工作的最高、最低和平均(中点)工资。数据常常要被总结,从而使工资系统设计者能够确认每一关键工作的市场流行工资率。这一市场工资率可以作为建立工资政策线的参考依据,以满足某一特殊组织的需要。

一旦确定了每一关键工作的市场工资率以后,常常使用坐标图,在 X 轴上标出工作评价点值,在 Y 轴上标出其市场工资率数据,建立这些数据的直观表达形式。这种被称为散点图的图表,表达了工作评价点值与市场工资率之间的关系。工作评价点值高的工作往往市场工资率也较高,尽管这并不适用于每一个点。

因为关键工作仅仅代表了组织的所有工作结构的一个子集,所以有必要去确认其他的非关键工作的市场流行工资率。其目的是为那些没有明确的市场等价工作的工作建立起市场流行工资率。可以用数学方法,对关键工作的工资调查数据计算出回归方程,使工资系统设计者能够在以工作评价点值来表达的内部工作价值和以市场工资率来表达的外部工作价值之间建立起联系。可以得到工作评价点值和工资率之间的关系的线性表达。市场工资线描述了竞争者为类似工作支付的典型工资是多少。进而可以推断那些在工资调查中没有涵盖到的工作岗位。

在对工资结构作出决策之前,常需要对市场工资率作出以下几个方面的调整。第一,因为市场工资数据常常是在它收集几个月以后,我们才能得到并加以总结,所以,这些数据需要进行时间上的推断。就是说,因为这些数据反映的是组织在过去的一个时间点上,给员工支付的报酬,所以我们需要根据他们来推断最近的情况,从而使数据有意义。对于数据的这种调整需要根据数据收集日期之后的生活成本的提高(如通货膨胀)和工资水平的变化来作出。当通货膨胀或者工资水平增长较高时,调整就会较大;当通货膨胀或者工资水平增长较低时,调整就会较小。薪酬系统设计者常使用工资水平和生活成本在过去的变化来对所需要做出的调整进行判断。第二,因为工资系统可能要直到未来的某天才会实施,所以,必须对市场工资率进行一个额外的调整,使之与到工资系统实施之日时的生活成本和工资水平的变化相一致。因此,薪酬系统设计者必须根据信息作出判断,来预测可能的工资水平和生活成本的变化。

在对市场工资线作出了调整之后,还必须作出另外的调整来反映组织独特的工资政策。反映组织独特的工资政策需要各种不同的调整(如:组织相对于竞争对手是希望采取匹配型、领先型、还是拖后型的工资政策)。以上描述的对于市场工资线的调整,将产生组织自己的工资政策,以反映组织的工资系统的竞争地位。

随着市场工资率的建立,组织就确立了一套关于工作评价点值与工资之间的简单的线性关系。虽然,一些组织使用回归方程来为每一工作决定一个唯一的工资率,但更多的组织则是用它来将一个具体的点值范围内的工作进行归类(如:将所有 150 点到 300 点之间的工作分为一等)。分出的这些类别称为工资等级,它们形成了建立工资结构的基础。这种工资等级是组织的管理创新,它使组织能够高效和公平地管理每个员工的工资率。

3. 工资结构设计

步骤三:工资结构设计。工资系统设计的第三步可被看做是整个工资系统设计的建筑方面。这一步的目的是为员工个体的薪资分配建立具体的管理政策。这一步的成果是得到一个工资结构,来决定组织中每一工作的工资和工资调整技术的框架。

设计工资结构的起点是将相近点值的工作从逻辑上进行分组。因为是将相近但却有不同点值的工作分为一组,所以必须十分谨慎地保持其内部公平性。如果建立工资等级的点值范围太大,点值范围上层工作的员工就会感到他们的工作价值被低估了。如果建立工资等级的点值范围太小,虽然可能实现内部公平,但其代价是管理的低效率。我们的目标是要在内部公平性和管理效率之间取得平衡。

当建立工资等级的点值范围确定之后,下一步就是要为每一等级建立工资范围。工资范围的建立将依据事先已确定的每一工资等级的市场工资。市场工资决定了工资范围的中点。市场工资则根据事先作出的市场工资率来得出。市场工资率代表了组织与市场工资率有关的薪酬战略(领先型、拖后型或匹配型)。通过市场工资率的回归方程可能计算出处于每一工资等级中部的工作的"预测工资率"(Predicted Pay)。这一"预测工资率"就成了该工资范围的中点。

为了理解这一过程,我们不妨考虑将 0~150 点之间的工作作为一个工资等级。在这一工资等级中点的工作将是 75 点。使用回归方程,我们发现市场工资率预测这一工作的工资应为 15 500 元。这一工资是与组织的薪酬战略相一致的。同样的程序可以用来建立工资结构中的其他工资等级的中点工资。

在找到中点工资之后,工资范围的决策将依赖于关于这一中点值的适当的"范围"或"带宽"的选择。被选择的"范围"将应用于这一中点值,以计算这一工资等级中的每一项工作所能获得的最高工资和最低工资。下面的等式将被用来推算最高工资和最低工资。

$$工资范围 = (最高工资 - 最低工资)/最低工资$$
$$最低工资 = 中点工资/(1 + 0.5 * 工资范围)$$
$$最高工资 = 最低工资 * (1 + 工资范围)$$

例如:如果某一工资等级的中点处的工作的工资为 15 500 美元,工资范围为 30%,那么这一工资等级中的最低工资为 13 478.26 美元,最高工资为 17 521.74美元(大多数组织通常采用最低工资为 13 480 美元,最高工资为 17 520 美元)。

为建立有效的工资体系必须进行谨慎的判断。工资系统设计者必须对最初的设计进行修改和调整。由于邻近的工资等级之间的工资范围常常会相互重叠,必须考虑到在邻近的工资等级之间(甚至不邻近的工资等级之间)相互重叠的部分的大小向员工传递了什么样的信息。这些决策将会使工资系统的激励功能增强或减弱。

最终的工资结构设计是为组织中员工个体的工资率的决策和管理提供一个框架。同一工资等级中的员工个体的工资率受到多种因素的影响。例如,大多数新员工往往只能得到工资范围底部附近的工资率,然而,一些新员工将会凭借其过人的知识、技能、能力或经验获得高于最低工资的工资率。随着时间的推移,员工将会由于其资历或业绩(或二者的结合)而获得工资的增长。通常,员工工资的增长从这一工资等级的最低工资率开始。在员工结束了试用期之后,他的工资就增长到了工资范围的中点工资。在这一点以后的增长将会根据其工作业绩作出。一个高绩效的员工将会由于其绩效获得一段时间的工资增长,直到达到其工资等级的顶点。在这一点后,如果没晋升到更高的工资等级,将不再获得工资的增长。

就如在前面的例子中能够看到的一样,工资结构必须与组织希望鼓励的员工职业生涯管理系统保持一致。职业生涯计划、工作任命系统和其他的人力资源管理活动都会受到工资结构的强烈影响,结果是,工资结构在其他的人力资源管理活动上的错误考虑,将会导致员工得到关于组织所期望的行为的混杂的信息。

一旦工资结构被确定,下一步就是实施。为了获得最高的效率,产生最少的问题,必须对其进行仔细地计划。因为工资系统常常直接与组织的财务计划和预算系统相联系,所以其实施中的许多问题必须在组织的财务计划的循环中来加以考虑。薪酬设计者要采取所有必要的步骤来确保系统的有效实施。

在工资系统运行之后,接下来的挑战将会是如何维护这一系统并根据组织的内外环境的变化来对其进行调整。

4. 工资系统的管理

步骤4:工资系统的管理。在建立了工资系统之后,必须继续对其进行管理以确保其有效性。内外环境施加在工资系统之上的压力需要进行监督、评价、修正和控制。这一步的结果是确认出工资系统的病症,从而使薪酬设计者能够保证这一系统无障碍地运行。

内部公平性、外部公平性和个体公平性这些概念是理解工资系统的控制和评价背后的逻辑性的基础。因为薪酬体系的目的是吸引和保留员工,激励员工的行为向组织所期望的行为方式发展,所以收集表明组织能否达到这些目标的数据是十分有意义的。因此,很多组织评价员工对于薪酬和其他因素的态度,如通过计算流动率和其他离退职的统计数据,用多种方法来衡量员工的生产率等等。所有这些手段都能够提供必要的信息,来验证组织的工资系统是否达到了它的目标。但是,薪酬不是影响组织吸引、保留和激励员工的唯一因素。因此,对评价方法必须进行谨慎的考虑,保持多角度的思考。

工资系统管理的其他方面还包括为每个员工确定加薪决策的政策和程序。典型的加薪程序是建立在资历、绩效(或二者的结合)之上的。如果绩效是加薪的最基本的决定因素,那么薪酬政策应该表明由绩效评价向加薪决策转换的程序。许多组织都建立了为这样的转换提供指导的绩效工资模板。

第三节　奖金激励制度的设计和实施

1. 奖金的性质

奖金是一种补充性薪酬形式,它是对员工超额劳动或者增收节支的一种报酬形式,劳动者在创造了超过正常劳动定额以外的劳动成果之后,企业以物质的形式给予激励,其中,以货币形式给予的激励就是奖金。主要特点是:

(一)较强的针对性和灵活性

奖金有较大的弹性,它可以根据工作需要,灵活决定标准、范围和奖励周期等,有针对性地激励某项工作的进行;也可以抑制某些方面的问题,有效的调节企业生产过程对劳动数量和质量的需求。

(二)弥补基本工资制度的不足

任何工资形式和工资制度都具有功能优点,也都存在功能缺陷。例如,计时工资主要是从个人技术能力和实际劳动时间上确定劳动报酬,难以准确反映经常变化的超额劳动;计件工资主要是从产品数量上反映劳动成果,难以反映优质产品、原材料节约和安全生产等方面的超额劳动。这些都可以通过奖金形式进行弥补。

(三)较强的激励功能

在这种工资制度和工资形式中,奖金的激励功能是最强的,这种激励功能来自依据个人劳动贡献所形成的收入差别。利用这些差别,使员工的收入与劳动贡献联系在一起,起到奖励先进,鞭策后进的作用。

(四)将员工贡献、收入及企业效益三者有机结合

奖金不具有保证企业员工基本生活需要的职能,它既随着企业的经济效益而波动,又能体现个人对企业效益的贡献。例如,当企业经营效益好的时候,企业和员工的总体奖金水平都提高,但个人奖金不一定与总水平同步提高,因为每个人的贡献是有差异的;反之,企业经营效益不变,总体收入水平下降,但贡献大的员工奖金收入不一定会下降,甚至会脱离总体奖金水平而提高。

有效的奖金激励体系通常有两个基本要求。第一个要求涉及评估员工业绩的过程和方法。如果激励体系以业绩为基础,那么员工必须能够感受到他们和其他员工的业绩被正确与公正的评估。显然,绩效的衡量有难有易。例如,销售员的业绩比较容易衡量;而中层管理人员的业绩就很难衡量了。业绩衡量的一

个关键问题是管理层的可信度。如果员工不信任管理层,那么就很难建立有效的业绩评估体系。第二个要求是奖金激励必须以业绩为基础。员工必须确信他们的劳动付出与所得薪酬之间的关系。奖金激励体系能够以多种方式进行分类。

本节将奖金激励措施分为个体激励、群体激励以及组织整体激励,并对管理人员的激励措施进行单独介绍。

2. 个体的奖金激励

个体激励方案与员工个人业绩紧密相关,它能够充分的体现员工付出与劳动所得之间的关系,而在群体激励方案和企业整体激励方案中这种关系都不能被反映出来,这是个体激励方案在企业运营过程中能够得以最广泛采用的原因。个体激励方案除了具有上述优点外,同时也存在员工之间因为过于激烈的竞争会给企业整体带来负面影响的缺点。例如,销售员因担心别人获得"顶级销售"的称号可能不会与别人交流自己的体会与经验,生产线员工为了追求可以得到奖励的产量而忽视产品的质量等。以下列出个体奖金激励的几种方式。

2.1 计件工资率方案

计件工资率通常是指员工获得一定量薪酬与生产单位产量的比率,这是最简单,也是最普及的激励方案。例如,一个普通的机械操作工每天的工资为60元,而他每天可以生产30个单位产量的产品,那么计件工资率即为2元。也就是说企业员工个人的工资由其单位产量数与计件工资率的乘积得出。而企业计件工资率通常取决于普通员工的工资水平。

计件工资率的另一种计算方式就是1895年弗雷得里克·W·泰勒提出的差别计件工资率方案。泰勒的差别计件工资率认为额定产量以内的单位产量应以一种工资率进行支付;若超额产出,则对所有产品以一种更高的工资率进行薪酬支付。例如,如果额定产量是每天30个单位产量,该企业的单位工资率为每单位产量1.5元,若某员工的产出量若在此标准以内,则按每单位产量1.5元的工资率获得薪酬;而若员工产出量达到31,则每单位产量按2元的工资率计算,则该员工就可获得总额达到62元的薪酬。另外,还可以采用仅对超额产出支付较高工资率的支付方案。

2.2 省时方案

海尔塞奖金方案(Halsey premium plan)、罗万方案(Rowan plan)和贝德克斯方案(Bedaux plan)是常见的3种省时方案。省时方案是企业为鼓励节约时间,对提前完成额定产量的员工给予奖金的激励方案。在海尔塞奖金方案中,员工若能将额定的产量在规定的时间以内完成,则该员工所获得的薪酬将是计时工资再加上其与节约的时间相对应的奖金。例如,如果一个员工以 45 分钟完成 1 个小时的标准产量,那么该员工除了得到按正常计算所得的薪酬外,还会得到因节约 15 分钟而获得的附加薪酬。罗万方案就是将海尔塞奖金方案中的固定比率设为由员工节约时间的长短所决定的可变比率。例如,如果一个员工以规定时间的 75% 完成了额定产量,那么该员工将获得相当于其工资 25% 的奖金。在贝德克斯方案中,奖金取决于在规定的时间内超额的数量,员工的薪酬则以一种标准化计量单位为基础进行支付。

2.3 提成方案

提成方案是主要适用于销售人员的一种激励方案,它是根据员工完成的全部或部分销售业绩给予员工薪酬。提成薪酬的激励方案有以下三种方式,一是员工的薪酬全部直接来源于销售额的提成;二是销售员的薪酬由底薪加提成构成;三是为了确保销售员保持相对稳定的月收入,避免因月份或季节的市场变化导致收入的剧烈波动,对按月计算的提成进行调整,例如提前获得将来预期的提成等等。

对于薪酬完全来自提成的销售人员来讲,没有业绩就意味着没有收入,将薪酬与业绩直接联系起来是提成方案的优点;而提成方案的最大缺点在于个人无法控制的时间对销售的负面影响。例如,产品因技术的飞速进步而失去市场,环境因素(如国民经济、气候以及消费者偏好等)对销售量的影响。

2.4 管理人员奖金

管理人员奖金是指许多企业依据当年的利润并参照其他因素给予管理人员年终奖金。"年终奖金"是管理人员最常见的个人激励方式。虽然管理人员的奖金通常取决于企业的业绩或小组业绩,但由于他们在企业中所处的重要地位,因而对他们的个人激励在企业薪酬体制中得到相当的重视。原则上奖金的支付方式应在一个经营年度终了后以现金的形式一次性付清,但实际操作中出于避税目的往往将现金形式的奖金分成几次支付。

2.5 合理化建议奖励

合理化建议奖励是指员工对公司提出合理化建议,公司对该员工给予现金奖励的激励措施。因为员工提出合理化建议不仅有助于公司经济效益的提高,而且还可以增强员工的主人翁意识,这样有利于加强管理层与员工的沟通与交流。因此合理化建议奖励在许多公司都得到重视。例如,美国北方天然气公司

（NNG）于 1980 年准备了超过 89 万美元作为员工提议的奖励储蓄金,并且规定员工任何有用的提议都可以得到 20 美元到 5 000 美元不等的现金薪酬。在我国许多企业一直都保留着鼓励员工提出合理化建议的优良传统,并且许多公司还建立了包括合理化建议的提交和提议研究评估专门委员等正规的合理化建议体系。

3. 群体和组织的奖金激励

一个企业的各项工作都是相互联系、相互依存的统一整体,有时很难将个人业绩隔离出来进行单独评估。例如,因为装配线上每个员工的工作都对其他员工具有较大的影响和依赖,这样装配工的个人工作效率必须依赖整条装配线的效率。这时,建立一个以小组业绩为基础的群体激励体系就显得比较重要了。群体激励体系是以创造利润和降低成本为目的的。在群体激励中,所有组员可以依据整个小组的业绩获得奖金。

群体激励的主要缺点是,有些情况下可能很难看到个人业绩与小组业绩的直接关系,并且不同的工作组之间的竞争可能会损害组织中更大群体的利益。群体激励的优点是,群体激励体系可以通过鼓励员工对小组中其他员工制造工作压力来提高小组的工作业绩。例如,如果小组因一个成员的表现不佳而降低了整个群体的产量,则这个小组在工作中必然会对这名员工施加压力以使其得到提高,从而提高整个小组的工作效率,使群体激励体系的作用充分表现出来。因而实施群体激励的关键是群体的绩效以及个体在群体中的作用是否能明确界定。

4. 奖金效果的评估

奖金制度和基本工资制度一样,实施效果的好坏,直接影响企业经营和劳动者的积极性。因此,对一种特定的奖金制度,要进行科学的分析和效果检验,分析影响的具体因素和环节,改进运行环境和运行机制,有效发挥作用。可以从如下三大类 19 个因素对奖金效果进行评估(表 6 - 3)。

表 6 - 3　奖金效果的评估指标

因素分类	具体内容	影响程度
制度科学性	1. 劳动定额和工作标准制订的科学性 2. 奖励条件是否突出直接生产人员 3. 对个人奖金份额的限制程度 4. 管理人员和辅助人员奖励条件的科学合理性 5. 奖金结算和兑现情况 6. 奖励条件的制定是否协调\重点突出	40%

续表 6-3

奖金分配过程	1. 管理监督方法是否适宜、可接受 2. 工作时间安排是否合理 3. 管理者与员工对奖评认识是否一致 4. 上级对奖励计划的支持 5. 对员工培训的投入及效果	30%
薪酬管理水平	1. 工作评价标准的稳定性 2. 工作标准与生产特点的适应性 3. 工资标准的合理性 4. 管理者的业务能力 5. 生产、工作计划的执行情况 6. 工作质量控制效果 7. 统计和职务分析的及时准确程度	30%
合计		100%

第四节　员工福利体系的设计和实施

员工福利是员工薪酬的重要组成部分,它与工资和奖金的不同点在于,福利与员工个人的工作业绩没有直接联系,并且福利很少以现金的形式出现。它的主要作用在于通过为员工提供各种补贴从而丰富员工的生活并为员工的生活提供便利,激发员工的工作热情和创造力,提高员工对组织的忠诚度。

福利作为一种制度始于 18 世纪 20 年代,起初曾被视作雇主给予员工的一种恩赐,而现在已成为赋予员工的一项基本权利,并且国家法律所涉及的相关领域也越来越广。作为基本工资补充,福利除了退休金、带薪休假、病休以及健康人寿保险等已经普及的福利措施之外,目前又出现了失业保险、公费医疗保险等其他福利措施。并且现在许多企业都在人力资源部门设置了一个专门负责完善与管理本企业福利的机构。本节从福利体系的建立与管理和员工福利类型两方面对员工福利体系进行介绍。

1. 构建福利体系的一些基本原则

建立高效的福利体系是一个不断完善的过程,企业福利体系的建立必须符合福利体系的构建要求并从以下几方面着手。

1.1 建立明确的目标

员工福利体系的建立应与人力资源管理的其他组成部分一样具有明确的目标。而公司建立的目标取决于多种因素,包括企业的规模、员工的数量、工会的地位、企业的利润以及产业结构等。并且这些目标必须与企业的管理思想和发展策略相一致。当前大多数企业的福利计划都是在企业成本控制的范围之内进行考虑的,企业制订福利计划的目标大多是为了迎合员工对健康与安全的要求,从而提高员工的满意度、吸引与激励员工等。

企业要想构建系统的福利方案,那么必须拟订一套灵活的福利计划(后文讨论)做支撑,也就是说企业在制订福利计划的过程中,必须仔细考虑各种可提供的福利、管理层与员工的相关福利偏好、每项福利的预期成本以及整个福利方案所必需的资金总额。

1.2 允许员工参与

一项新的福利计划被引入之前,首先应在员工中进行调研,让员工充分参与福利计划的制订与实施。因此许多企业执行、解释和统筹福利政策的专门委员会由管理者与员工共同组成。甚至一些著名的企业请员工帮助制订与改善福利计划,然后在不提高成本的前提下给员工提供更多的福利选择,这样有助于企业管理向满足员工需要的方向靠近。

(1)员工福利的改进

由于社会经济的不断发展,人们生活水平的不断提高,人们的社会生活也不断的发生变化,为了更好地方便员工的生活,员工福利方案必须要适应现实社会中不断发生的变化,尤其是劳动力结构的变化。例如,随着社会的发展,女性在社会劳动力资源的构成中所占比例持续增加,而福利对于他们的价值很大程度上取决于他们是否具有享有福利的配偶,以及他们的孩子是否已经独立等。

(2)提高灵活性

福利计划为了与员工的个人需要相适应,同时避免某些福利待遇在不需要的员工身上被浪费,柔性福利计划渐渐成为趋势,这就是"自助福利计划"。这些福利计划方案使得员工个人能够选择最能满足自身特定需求的福利。这种福利计划通常为员工提供一个基础福利组合,包括人寿保险、健康保险、病休、休假等,在此基础上还根据员工的个人需求增加一定数量的其他福利。当前许多福利咨询公司可以帮助企业制订始终与实际变动相符的福利体系,以使企业福利方案具有足够的柔性来适应新法规对其的影响。

(3)员工福利信息的沟通

衡量一个企业福利体系成功与否的标准是员工对其的理解和信任程度。企业应仔细明确有关保险、退休金计划的信息,以明确这些福利计划能为员工提供一些什么,使员工在哪些方面受惠。

美国1974年通过的《员工退休收入保障法》使有关员工福利信息的交流逐

渐受到重视,该保障法要求企业一定要将员工所能获得的退休金和其他福利以普通员工所能计算、理解的方式告知他们。为了确保员工对福利体系的熟悉,管理者应安排足够的时间告知新进员工和其他正在接受培训的员工当前企业的福利信息,并回答疑问。员工了解一般的信息最广泛的交流方法是企业"内部公开",包括员工福利手册和公司新闻信札,除此之外,企业通常建立员工个人福利状况计算机管理系统,员工可以通过该系统清楚的查询自己的福利待遇。

福利管理是企业自主展开的,它必须考虑员工的基本要求,并且密切关注维持该体系平衡的福利待遇、纳税负担、成本增长以及国家法律等问题。西方国家公司非常重视这一点,它对降低企业成本起到了积极的作用,可以为我国借鉴。

在整个福利管理的过程中,福利体系的管理者期望找到最能节约成本的福利。当前许多企业福利计划的制订是基于固定的成本而非可变成本,如果制止强行保留某项福利待遇,那么取消该福利待遇的负面影响将大于维持它所产生的积极作用,所以管理中必须确定能否在经济条件不佳的情况下负担。除了员工福利的实际成本之外,还存在着福利管理的成本。许多企业为了减小负面影响,避免不必要的费用,要求员工支付某些福利的一部分,特别是医疗方面的。健康福利的成本与所有企业都相关,虽然个人健康保险费每年都在增长,但是企业必须清醒地认识到员工健康福利的重要性。

2. 员工福利的类型

员工福利的内容非常丰富,福利的种类也随着社会生活环境的变化不断推陈出新,表6-4列出了一些常见福利内容。

按福利内容一般可将福利分为3种基本类型:受法律保障的员工福利、组织自主决定的员工福利以及服务部门提供的员工服务。

表6-4 员工福利的常见内容

因公死亡及伤残保险	公司安排的旅游
健康及人寿保险	医疗服务及医疗保险
工休假、额外假期、产假	住宅补贴
交通补贴	住宅分配福利
私人用车和公车配备	无息贷款
公司设备的借用	教育费用、教育培训
公司产品(服务)的价格优惠	退休金
福利娱乐设施(餐厅、浴室、俱乐部等)	

2.1 法律保障的员工福利

国家法律规定员工福利的基本保障,法律保障的员工福利几乎占了福利合同的 25%,这些福利除了伤残保险外,还包括失业保险、岗位补偿补贴、社会保障保险等。

2.1.1 社会保障保险

社会保障保险能够避免员工因退休、失业、伤残等各种原因而导致收入损失。无论是何种意外伤害保险,社会保障都不会承担完全的赔偿,除非意外伤害导致员工收入完全丧失。

社会保障的资金来源于纳税人按其收入交纳的税金,税收收入是老龄保险福利、伤残保险以及遗嘱保险支出的主要来源。

伤残保险与社会保障保险、失业保险、岗位补偿补贴的福利不一样,它被严格的限制在从事"具有潜在伤害工作"的员工身上,并且只有当员工的个人伤残已经发生了至少 6 个月,而且将持续 12 个月以上,甚至将会导致死亡的时候才能进行伤残保险清偿。

遗嘱保险和人寿保险类似,是一种支付给死亡员工的家属、以满足其合理要求的人寿保险。在社会保障制度下,受益人获得的利益取决于员工职业生涯的长短,并且将大大超过当初的成本付出。

2.1.2 失业保险

失业保险是国家为解决就业问题,维护社会稳定而制订的福利措施,在当前的社会保障体制下,员工失业后将在失业期中享受 26 个星期的失业保险。失业人员接受失业保险时必须向相关机构提交一份失业保险的申请,登记信息,并愿意接受任何适合的职业。失业保险的资金来源于每个在职员工缴纳的收入调节税,失业保险的金额取决于失业前的工资率和供职时间的长短。

2.1.3 岗位补偿补贴

补偿补贴是与工作有关的事故或疾病导致的一种企业运营成本,并将最终转嫁给消费者,此项成本不需要员工个人通过降低自身待遇或减少自身收入来承担,也不受到法律过程的影响。在一般情况下,企业采取以下措施来制订员工的补偿补贴:

(1)优化员工的工作环境,防止职业疾病产生;

(2)对员工进行有效培训,以避免因工伤害;

(3)配备经验丰富的医生,为发生工伤的员工提供有效的医疗护理;

(4)为了避免法律纠纷,加强劳资双方的交流与沟通。

2.1.4 无薪假

无薪假是指很多员工在工作过程中因长期患病、怀孕、生养子女、教育培训以及社会服务活动等私人原因而请假,对于这种情况,雇主通常在员工请假期间停发薪酬,但不影响员工福利。

2.1.5 社会保险

在我国,现行的社会保险就是通常所说的"四金",包括基本养老保险金、基本医疗保险金、失业保险金再加上住房公积金。"四金"不是由劳动者和企业在劳动合同中所能协商的,而是由法律、法规强制性规定的。对单位来说,它是适用单位必须承担的基本社会义务;对劳动者来说,是应当享受的基本权利。因此凡"四金"规定的适用单位,都必须无条件地执行。

2.2 组织自主决定的员工福利

2.2.1 健康保健福利

健康保健福利一般包含每年进行的健康检查和健身消费。此外还包括员工生病时,医药费、手术费和住院费等方面公司给予员工的补贴等。健康保健福利往往会随着社会福利的提高而增加,从而增加公司的福利成本。健康保健福利成本增长的因素很多,包括相关法律、老人医疗保险费的上涨,适龄人群保健需求的增长、医药技术成本的增加、迅速增长的医疗保险费率、健康护理的劳动成本的上升以及健康护理的过度使用等。

2.2.2 非工作时段的福利

"非工作时段的福利"包括带薪休假、休假场所的开支、节假日的支出、病休支出、兵役义务以及婚丧假等。从表6-5可以看出这些福利开支占支出总额的比例非常大,达到了10.4%。

(1)带薪休假

带薪休假是许多发达国家的公司比较通行的一种做法,它是调整员工工作状态的重要措施,一般来说,工作满7年、15年和20年分别享有3周、4周和5周的带薪休假。员工带薪休假会因行业、地点和公司规模而不同,假期也会因工作时间而异。大多数国家的带薪休假都有政府保障,而美国和英国却没有,表6-5表明欧洲国家的技术人员与管理人员比美国、加拿大和日本相应的人员享受更长的假期。

带薪休假还包括法定节假日。一般员工每年都可享受至少10天的法定带薪节假日,这种节假日的数量和相关规定会受到各国的民族风俗的影响。我国法定节假日有春节、五一劳动节、端午节、国庆节等;在美国,这法定假日包括元旦、阵亡将士纪念日、国庆、劳动节、感恩和圣诞节等。除法定节假日外,许多公司还给予员工另外的 2 到 3 天的假期。

表 6-5　带薪休假全球观

国家	法定天数	实际常用天数	固定假期
巴西	22	22	11
加拿大	10	20	11
法国	25	25~30	13
德国	18	30~33	13
香港	7	20~30	17
日本	19	20	14
墨西哥	14	15~20	19
瑞典	30	30~32	10
英国	0	25~30	9
美国	0	20	10

（2）病休

病休是指员工在因病或因伤而无法工作的情况下仍可以获得薪酬的休假。无论是公务员还是私企员工，尤其是白领员工，每年都有一定的病休假期，甚至有些企业还允许员工将未用的病休假累计到以后使用，当病休假超过规定时，累计的带薪休假也可转为病休假，员工因工伤导致的收入损失会通过工人补偿保险得到补偿。

2.2.3 遣散费与人寿及意外保险

遣散费是雇主根据员工服务期的长短，在员工被解雇时一次性支付的费用，其数额相当于几天或几个月的工资，遣散费通常可以缓解解聘员工带来的副作用。

人寿及意外保险是公司为员工发生意外提供保险，将保险金支付给员工，并为投保人提供补贴，它是最古老、最普遍的员工福利。

2.2.4 退休方案

退休方案是指员工退休后所享受的福利方案，退休是每个人人生的一个重要阶段。在招聘中，雇主通常强调在服务期结束后可以享受的退休福利。通常每个员工每年都将得到一份个人福利报告，包括退休后的养老金、社会保障和员工个人投资计划。

（1）退休政策

退休政策是指企业通过提高养老金或现金红利等措施鼓励员工提前退休的政策。其目的是为了避免员工,尤其是新进员工跳槽和减少薪水及福利支出等。相对于企业而言,制订这些鼓励措施的成本支出可通过在职人员的薪酬得以抵消;而导致员工做出提前退休决定的主要因素是员工个人的经济条件、健康状况以及对工作的满意程度,另外具有吸引力的养老金福利和找到满意工作的难度也是员工选择提前退休的原因。

(2)退休前计划

针对员工退休后产生的一系列问题,如收入的减少和收入的固定化,面对地位的丧失、家庭问题以及退休所带来的无所事事等,企业不得不制订许多退休前计划来帮助员工适应退休后的生活。退休前计划包括座谈会和专题讨论,以讲座、录像和印刷材料的形式介绍有关养老金、健康保险、社会保障、医疗保险、个人理财、生活方式和退休调整适应等方面的内容。

2.2.5 养老金计划

最初,只有为公司服务一辈子的员工才可以从企业获得一种以酬谢形式向员工发放的养老金,而那些在退休前离开公司或被公司开除的员工无论在公司工作多久都不能享受这笔酬金。但近年来根据工会合同和有关法律的规定,养老金被视作员工应得的递延收入。养老金的额度依据员工在公司服务期的长短,而与是否在退休前离开公司无关。

(1)养老金方案的类型

养老金方案分为"员工出资"和"员工不出资"两种。政府部门一般采用"员工出资"方式,养老金由单位与员工共同承担;而绝大多数私企采用的是"员工不出资"方式,由企业全额承担养老金。

企业不会给予员工养老金具体数额的承诺。根据养老金总额,可将养老金方案分为"固定额度"和"浮动额度"两种。"固定额度"是指员工退休时根据其服务年限,特定时段的收入水平以及退休年龄获得额度固定的养老金;"浮动额度"是指员工根据对养老金基金的贡献获得相应的养老金数额,其额度取决于公司为每位员工开立的退休金账户里的存款以及其他的退休福利,如利润分红等的市值。

(2)养老金的便携性

养老金的便携性是指员工可以建立自己的个人退休金账户,公司将员工的养老金存入该账户中,当员工更换工作时就可以克服传统的养老金方案中难以将等值养老金带走的缺点,使得养老金可携带成为可能。

2.3 服务部门提供的员工服务

员工服务不属于福利成本,但是同样为企业带来成本。并且无论是企业还是员工,从中获得的效用都远远超出了这个成本。近年来国外出现的新的服务项目大大改善了员工工作态度,此处作一介绍。

2.3.1 员工助理方案

员工助理方案是为了帮助员工解决,如酗酒、感情危机、理财和家庭危机等这些问题,或至少避免这些问题恶化,以保证员工良好的工作效率而制订的方案。具体的实施方法是企业制订员工助理方案帮助员工对这些问题提供诊断、顾问,并给予一定的建议。

2.3.2 顾问服务

员工助理方案中帮助员工对这些问题提供诊断、顾问,并给予一定的建议,这需要有专业的顾问服务,而大多数公司都缺乏这一部门为员工解决问题,大多数公司让员工到其他专业机构进行家庭咨询、婚姻咨询、心理健康咨询等,有一些企业还专门配备了专职的心理医生、咨询员等。

2.3.3 教育培训计划

教育培训计划是一项对员工非常具有吸引力的福利。该计划通常由公司承担学杂费,而员工承担书费、餐费、交通费和其他费用。实施该计划的根本目的是帮助员工跟上本工作领域的发展,并在公司中处于领先地位。

2.3.4 其他服务

除了上述服务项目外,员工服务还包括很多其他福利项目,如托儿服务、托老服务、用餐服务、法律咨询服务、理财服务、购房服务等。

第五节　薪酬体系的新动向

近年来随着经济时代的到来,薪酬模式和福利制度都有了新的发展,此处主要介绍宽带薪酬和自助式福利。

1. 宽带薪酬

宽带是无线电传播技术用语,宽带薪酬(Broadbanding)[1]借助"宽带"一词描述其比传统薪酬相对较宽的薪级幅度这一显著特征。宽带薪酬又称海氏薪酬

[1] 刘昕,薪酬管理,中国人民大学出版社,2003

制,是薪酬设计的要素比较法中一种常用的方法,是美国薪酬设计专家艾德华·海1951年研究开发出来的。

宽带薪酬实际上是一种新型的薪酬结构设计方式,它是对传统薪酬那种带有大量等级层次的垂直薪酬结构的一种改进或替代。将原来较多的薪酬等级压缩成几个级别,但同时又将同一级别内的薪酬幅度扩大,从而形成一种新的薪酬管理系统及操作流程。根据美国薪酬管理学会的定义,宽带薪酬结构就是指对多个薪酬等级和薪酬变动范围进行重新组合,从而变成只有相对较少的薪酬等级与相应的较宽薪酬变动范围的薪酬制度。

传统的薪酬设计基本上与职位成同级对应关系,也就是说,同等的职位对应的工资是固定且同值(或仅有少量的工龄差额量)的,员工的薪酬变化只能通过职位的逐级晋升而提升。在相同的职位上,员工的工作业绩对其薪酬影响不大,这样的薪酬体系不利于激励员工在工作中作出突出贡献。从我国经济发展的趋势来看,宽带薪酬将成为许多企业薪酬制度的首选。

2. 自助式福利

自助餐带给现代企业一些启示,即让员工自取所需。基于这样的思考,在西方诞生了一种被称作"自助式福利"的方案。它起源于20世纪80年代的美国,蓬勃发展于20世纪90年代,如今已得到相当广泛的运用。

2.1 自助式福利制度的基本精神

所谓自助式福利(Cafeteria Benefits),又称为"弹性福利"(Flexible Benefits)或"柔性福利",是指员工可以从企业提供的各种福利项目菜单中自由选择其所需要的福利,一般由企业根据每个员工的薪酬层次设立相应金额的福利账户,每一时期拨入一定金额,列出各种可能的福利选项供员工选择,直至福利金额用完为止。这种福利制度,正如自助餐一样,可以让员工自由挑选所喜欢的物品。

"自助式福利"最基本的精神在于增加企业福利制度的"弹性"(Flexibility),和员工在福利安排上的自主性(Your Benefits,Your Call),在公司和员工充分沟通的基础上确定福利方案,使得企业以及员工同时得到利益,真正让福利成为福利。

2.2 自助式福利的特点

员工选择自己适用的福利项目,个人需求得到充分满足;提高了福利发放的有效性,总效用最大化,同时降低了福利成本开支;能有效激励员工为完成一定的福利点数而努力工作,提高绩效。但同时,也应当看到自助式福利有一定的不足:规模经济性较低;对于不了解福利项目内容及含义的员工来说,自选福利项目比较盲目;一系列的沟通、需求分析、调查、物品的采购等,给公司的人力资源部门带来了新的工作任务,加大了管理工作的复杂性。但这些相对于其正面效应来说,还是得大于失。

总之,自助式福利方案始终突出了将企业利益与个人利益协调发展并使之最大化的共赢思想,运用系统的观念,使企业对人力的投资与激励更具竞争力①。

☞ **复习思考题**

1. 请分别举例说明薪酬的各个组成部分。

2. 请说明基本工资体系的建立过程和方法。如果你的公司员工收入与其他公司从事相同工作的员工收入不一致,你将如何处理这种不一致?

3. 有人认为"奖金激励只具有短期效用",你赞成吗? 为什么? 如果你是一个公司的总裁,你将对高层管理人员、中层管理人员和生产员工分别实施哪种奖金激励方案?

4. 对于员工和公司来说,最有价值的员工福利分别是什么? 为什么? 公司应如何控制福利成本,提高员工福利的实际价值?

☞ **进一步阅读的材料**

1. 张宁. 员工福利计划新趋势,职业,2008(01)

2. 邓湘南,解朝杰,蔡小于. 企业薪酬战略与竞争战略的匹配研究,企业活力,2009(01)

3. 郑炜. 基于能力的薪酬体系,人力资源,2009(01)

4. 张正堂. 薪酬管理,北京大学出版社,2007

5. 苏钧. 员工工作分析、薪酬设计与绩效考核实务全书,经济科学出版社,2007

6. 巴里·格哈特,萨拉·L·瑞纳什. 薪酬管理:理论、证据与战略意义,上海财经大学出版社,2005

7. James H Dulebohn, Janice C Molloy, Shaun M Pichler, Brian Murray. Employee Benefits: Literature Review and Emerging Issues, Human Resource Management Review, 2009, 19(2):86-103

8. James H Dulebohn, Stephen E Werling. Compensation Research Past, Present, and Future, Human Resource Management Review,2007,17(2):191-207

9. Barbara L Rau, Dale Feinauer. The Role of Internal Agents in Starting Salary Negotiations, Human Resource Management Review,2006,16(1):47-66

① 左雯珏,谈企业激励制度的自助式福利新方向,商业时代,2006(13)

第七章　绩效评估

◆ 学习要点 ◆
（1）绩效评估的目的、作用、原则和类型；（2）绩效评估的方法、程序及纠偏对策。要求重点掌握绩效评估的不同方法的选用、评估结果的应用及偏差的解决方法。

第一节　绩效评估的基本原理与作用

绩效是指组织或个人在实际工作上的具体表现，它体现组织或个人在工作中所表现的行为、能力、态度和结果等诸多方面。绩效评估（Performance Evaluation）是指用来测定员工有效工作程度的过程，而绩效管理（Performance Management）是指通过管理使员工绩效和企业的战略目标趋向于一致。

1. 绩效评估的作用和目的

绩效评估是人力资源管理的重要内容，人力资源管理活动的任何方面都离不开绩效评估。绩效评估既是检验人力资源管理各种活动有效性的手段，又是改进人力资源管理系统的依据。绩效评估在组织的多方面发挥着重要的作用，可以归纳为以下。

1.1 开发性的目的

培训的前提是准确地了解各类人员的素质和能力，了解其知识和能力结构，优势和劣势，为此必须对员工进行评估。通过绩效评估可以发现员工知识、技能方面存在的不足，据此可以为其提供必要的专门的培训，开发潜能。另外，通过评估还可以判断培训的效果。

1.2 衡量性的目的

绩效评估是确定劳动报酬的依据，并且绝大多数的薪酬决策都依赖于绩效评估。通过绩效评估可以衡量一个人的工作态度和劳动技能是否与其所居的职位相称，通过绩效评估有助于区分有才能的员工以便将他们调动到与其能力相当的岗位上去,也有助于发现那些不称职的员工并采取相应的处理措施。另外,绩效评估通常会对个体产生两种影响,即从短期来讲,它会影响当期工资、奖金的发放,从长期来讲,则将影响对个体的职位升迁。

1.3 行为指南的目的

绩效评估有助于员工客观地了解自己的工作表现,从而保持、或改进工作方式,同时绩效评估也是管理部门向被评估员工发出的应该怎样进行行为调整的信号。也就是说绩效评估是人们据以调整工作行为的参照标准,如果没有这样一种评估,人们就不知道其工作表现究竟处在什么样的水平上,也不知道工作绩效与报酬之间究竟存在什么样的联系,因而也就不知道该怎样调整工作行为。

1.4 通过绩效评估可以帮助判断员工的行为、态度、技能和工作成果是否与组织的战略目标一致

这一点可以说是绩效评估和绩效管理的最重要的目标。

总之,绩效评估无论对员工个人还是对企业来说,都具有不可替代的作用。通过对运行结果的评估,可以对评估体系是否客观公正地反映了员工绩效做出适当的评价,并据此对评估体系作必要的改革。正确的绩效评估,可以避免过多的主观因素介入,同时又能保证管理体系的公平性,这有助于建立一个有效的激励机制,从而保证组织战略目标的实现。

在组织中,以何种对象作为组织或个人的评价依据是绩效评估重要内容之一。在实际管理实践中,由于组织的目的、任务、工作形式各不相同,所处的环境各异,因此组织评估所采用的依据也是多种多样的。有的侧重于客观依据,如:工作的完成成绩、员工的行为等;有的侧重于主观依据,如:态度、能力等;有的侧重于定量指标,如:市场占有率、员工生产率等;有的侧重于定性指标,如:员工满意度、努力程度等。但是,绩效评估的根本目的是为了激励组织或个人以更有效的工作方式和方法来提高组织绩效。因此,绩效评估的重点应着眼于"人"、"工作"以及"人"与"工作"的结合上。

2. 绩效评估的分类及特点

绩效评估不仅涉及评估的具体依据,而且涉及由谁来评估、评估的时间选择、评估的形式以及方法等问题。为了从总体上初步了解绩效评估,我们对其进行简单分类。

2.1 绩效评估的分类

根据绩效评估的性质、主体、形式、标准、时间等,可以将绩效评估划为不同

的类型：

（一）按绩效评估的性质可以分为定性和定量两种评估形式。由评估人在充分观察和征询意见的基础上对员工绩效所作的较为笼统的评价方式就是定性评估；由评估人按照标准化、系统化的指标体系来进行考评的方式就是定量评估。定性评估的优点是简单易行，缺点是主观性较强，容易受心理问题的影响。定量评估的优点是形式上较为客观、较少随意性，缺点是并不是工作的所有方面都能完全定量化，这影响了定量评估的广泛适用性。一般来说，定性与定量相结合的方式较为普遍。

（二）按评估主持人划分，可划分为：（1）上级对下属的评估，一般来说，直接的主管对其下属的工作表现较为了解。（2）自我评估，即事先制订好一系列的标准，然后由被评估人对照有关的标准对自己的工作作出评价。（3）专家小组评估，选择有经验的专家、老工人、管理人员组成评估小组实施评估。（4）相互评估，即被评估人相互评价的方式。（5）下级对上级的评估，等等。

（三）按评估的时间划分，可分为：（1）定期评估，每间隔某一确定的时间就进行一次评估，如按月或按年进行的考勤考绩就属于定期评估。（2）不定期评估，如某些为选拔人才而进行的评估、培训前后进行的评估就属于不定期评估。（3）长期评估，如对管理干部在其任期的业绩的评估。（4）日常评估，如每天、每周进行的例行评估，就属于日常评估。

（四）按评估的形式划分，可以分为：（1）口头评估与书面评估。（2）直接评估和间接评估，以考评人与被评估人是否面谈为划分标准。（3）个别评估与集体评估，即对个别人的评估和对团队或部门工作绩效的评估。

（五）按评估方法分有指标法、相互比较法等。具体内容将在下一节中予以介绍。

除以上 5 种分类外，还可以以评估的具体功能或目的进行区分，如例行评估、晋升评估、转正评估、调动评估、职称评估等。

2.2 绩效评估的特点

由于绩效评估涉及各种因素，如：评定者和被评定者之间的关系；评估选用的方式和方法；组织环境、组织文化和组织战略等的影响，因而呈现出几个较为复杂的特点：

（1）评估内容的多重性。一般绩效评估涉及工作效率、完成工作的数量和质量、工作行为所产生的经济效益、社会效益等多方面的内容。一般个体员工的工作行为都局限在有限的场所内，其行为的社会影响即社会效益并不明显；而从事营销、售后服务等活动的人员，因为其工作行为不是限定在固定的场所内，其工作行为必然对外部社会产生一定的社会效益,并且社会效益的好坏最终还会对企业的目标产生有利或者不利的影响。所以说,绩效评估具有复杂性、多重性等特点。

(2)评估方式的多变性。绩效评估的前提是在特定的环境条件下,在确定的时间段里对员工的评估。人们的工作行为随着环境条件的变化、时间的流逝而发生变化,而其绩效评估也会随之而发生相应的改变。不考虑具体环境、具体的时段,而用笼统的、划一的标准来衡量人们的工作显然是不公正的,也是不科学的。绩效的多变性要求充分考虑工作任务实现的难易程度、工作地理环境及人际关系变化等因素。一个和谐有序的、符合人的生理和心理特点的工作场所,一个怡人的、充满温馨的人际环境会有助于个体更有效率的工作得以实现。

(3)表现形式的多样性。从事不同类型工作的员工,其绩效的表现形式是不一样的,或者说各有侧重,因此,在绩效评估时,要考虑不同类型工作的特点,要对绩效评估的具体内容有所侧重。比如说员工在从事生产性和管理性工作时,其个体绩效的差异就很明显,因而对从事直接生产的一线工人来说,绩效的评估可以根据产品的质量、数量来测定;而对从事管理工作的员工采用量化方法必须辅之以定性的方法(如上级和下级的主观评判)来进行绩效评估。

2.3 绩效评估的原则

有效的绩效评估,必须符合如下所述的原则:

(1)公开性原则。公开性原则是有效的绩效评估制度的重要特征。绩效评估制度的公开性原则可以增强普通员工对企业管理体制的信任感和对企业的归属感,它有助于避免员工因为对绩效评估的不理解而产生对企业管理的敌对感。总之,一个信息流通不畅的评估体系只会被越来越多的员工视为异己而采取敌对的态度,使评估难以达到预期的目的。

(2)及时反馈原则。在人力资源管理体系中,及时反馈绩效评估的结果可以促使激励机制顺利运行,从而及时达到企业目的;而缺少反馈的绩效评估必然使得绩效评估行为指南的目的无法顺利、及时地达到,激励机制也就无法顺利地运行起来。

(3)准确性原则。准确性是绩效评估制度的起码要求。因为绩效责任感与职务分析有紧密的联系,因此准确的评估必须以恰如其分的工作要求及标准为前提,这就要求制订评估标准之初首先必须对各类工作本身的特点及相互间的差异进行深入地分析和研究,即在绩效评估过程中应把职务分析、工作标准与工作要求以及工作要素等因素联系起来。职务分析、工作要求(或绩效标准)和工作绩效评价之间有如图7-1所示的关系。

其中,每类工作的要求,应注意工作环境、为完成工作所提供的外部支持以及工作本身内容的变化等因素,这样才能有效地、科学地反映员工所付出的努力及完成的绩效。

(4)敏感性原则,又称区分性原则。它是指评估体系通过区分员工工作效率的高低来评估员工的能力。如果评估结果不能有效区分绩效不同的员工,评估体系即是具有标准化、非主观随意性的形式。因为不能正确的评估员工的工作成果,一方面员工的工作积极性必然会受到挫伤,而另一方面懒惰怠工的员工反而会受到纵容,结果使绩效评估的衡量性和行为指南的目的难以有效的实现。

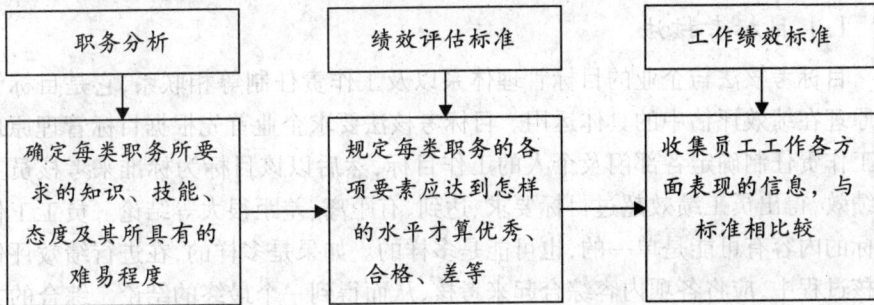

职务分析 → 确定每类职务所要求的知识、技能、态度及其所具有的难易程度

绩效评估标准 → 规定每类职务的各项要素应达到怎样的水平才算优秀、合格、差等

工作绩效标准 → 收集员工工作各方面表现的信息,与标准相比较

图7-1 职务分析、工作要求(或绩效标准)和工作绩效评价的关系

(5)一致性原则。绩效评估的一致性原则是指评估体系和评估程序的设计应有效地避免主观随意性。即由不同的评估人按照同样的评估标准和评估程序来对同一员工的绩效进行评估,其评估的结果大致上应该相近。同时,一致性原则亦指对相同(或相近)岗位上的不同员工应运用一致相同的评估标准,应避免因人而异。

(6)可行性原则。可行性原则一方面是指评估标准、评估程序、评估结果以及评估人必须能得到大多数被考评员工的认可;另一方面指评估的成本必须控制在可接受的范围内。企业的绩效评估活动总是有一定的经费限额,不可能离开这个限制条件去追求尽善尽美的评估方式。如果超过限额,绩效评估活动就会缺乏员工的支持和理解,考评的目的就很难实现。

(7)评估方式多样化原则。因为评估方法有优点也有缺点,不同方式的结合有助于消除单一方法可能导致的系统性误差。因而在条件许可的情况下,应尽可能选用2至3种不同评估方法相结合的方式来进行评估。

绩效评估除了必须遵循上述原则以外,绩效评估还必须同人事管理的其他环节如培训、升迁、薪酬决策等挂钩,做到有针对性的评估,这样才能保证评估的实用性和成本的合理性。

<h2>第二节　绩效评估的方法</h2>

<h3>1. 常用的评估方法</h3>

绩效评估的方法多种多样,不同的考核方法其考核的侧重面有所不同,得出的评估结果也会有所差别。因此,评估方法的选择应视评估对象、评估目的具体拟定。一般而言,评估方法力求目的明确、方法简单、便于控制、易于执行。

<h3>1.1 目标考核法</h3>

目标考核法与企业的目标管理体系以及工作责任制等相联系,它是目标管理原理在绩效评估中的具体运用。目标考核法要求企业首先根据目标管理原理和工作责任制确定各部门及个人的工作目标,然后以该目标为标准来考核员工的绩效,得出员工绩效超过目标要求、达到、有距离、差距很大等结论。员工工作目标的内容有可能是单一的,也可能是多样的。如果是多样的,在进行绩效评估考核过程中,应将各项内容综合起来考核,从而得到一个最终的结论。综合的方法可以是较主观的定性方式,也可以是各项得分加权平均的定量性质的方法。因为工作内容的各个方面并不具有同等可量化的特性,因而适中的工作标准或工作目标的制订实际上有很大的困难。不适中的工作目标一方面限制了劳动积极性的充分发挥,另一方面会导致考核结果失真。

<h3>1.2 成绩记录法</h3>

该方法是一种新开发的方法,比较适合从事于科研教学工作的人员,如:教师、工程技术人员等。这种方法一般先由被考评者把自己与工作职责相关的成绩写在一张成绩记录表上,然后由其上级主管验证成绩的真实有效性及准确性,其次再由外部专家来评估这些资料,最终来决定其工作绩效的大小。但是,该方法费时费力,且成本高。

<h3>1.3 等级法</h3>

等级法是一种传统的评估方法,它要求将反映绩效的诸方面内容归纳为对工作的了解,工作的产量、质量,与他人的合作程度、对顾客的热诚、对公司的忠诚、学习能力,安全意识、按照指令行事的能力等若干条目,而且将每一项内容都划分为优、良、中、差 4 个不同的等级。运用等级法进行绩效评估时,应对员工绩效的各个方面有一个相对的评价,各项评价的总和即是对员工绩效的总评价。

等级法适用范围比较广泛。然而,如何将员工绩效各方面综合起来评价,如何评价员工工作内容的相对重要性,这在实际的运用中经常存有较大的争议,尤其是所考评的员工工作内容相互间有较大差别时。

1.4 书面报告法

书面报告法是运用书面报告方法,由评估人对员工的优点、缺点和能力开发的可能性进行描述,同时提出评估结论和对评估人的建议。这种评估方法要求评估人必须具有公正、坦率、细致的态度,同时对被评估人的工作比较了解。书面报告的针对性十分强,它直接针对不同人在不同工作岗位上的工作表现,另外,这种评估方法的主观性很强,其评估结果的公正性严重地依赖于评估人本身的素质和品质。

1.5 等差尺度法

等差尺度法由绩效考核项目和对项目的评语及评分这两部分组成。评估人可根据员工在每一考核项目上的表现在计分尺上选择与其相称的评语和评分,最后将各项得分相加,总分便是最后的绩效评价。图 7-2 是各种类型的等差尺度,其中有些类型只有评分没有评语,其本质仍然是一样的。

工作成果的某一方面如完成工作的质量等

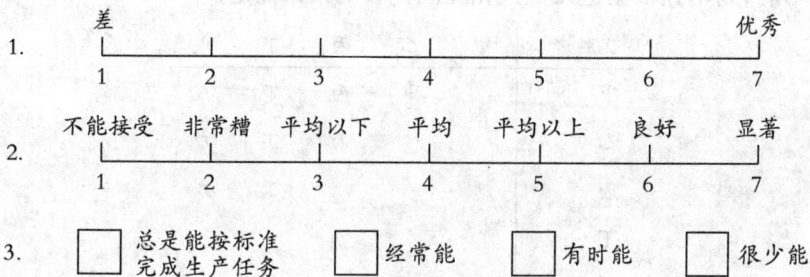

图 7-2　等差尺度

1.6 量表考核法

量表考核法是一种比较科学的量化考核方法,是通过标准化的分层级指标等级量表对被评估人进行全面评价的定量考核方法。实际运用中的量表形式多种多样,但其基本结构主要由两大部分构成,一部分是用以规定考核内容的指标体系,另一部分是用以表示各种指标相对重要程度的权数体系。在考核中,考评人员主要按照预先设计好的量表来对被评估人进行全面评价。如图 7-3 所示,图中 G 为考核目的,A、B 为考核指标项目,α、β 等为对应项目在总绩效中的权数。

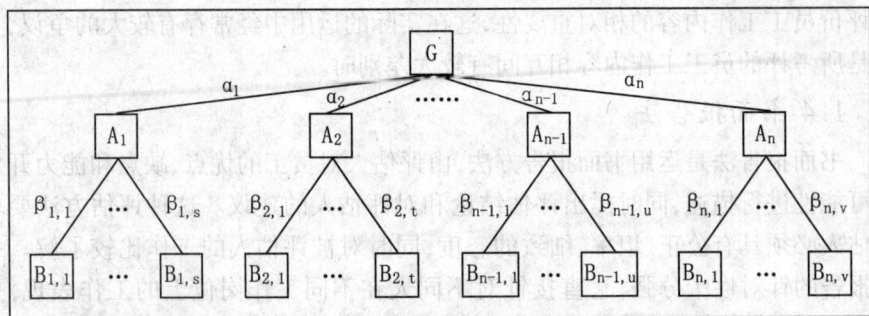

图7-3 考核量表的一般结构

1.7 配对比较排序法

配对比较排序法的程序如下:首先,假定某部门有5名员工(甲、乙、丙、丁、戊);评估人将甲与乙、丙、丁、戊分别相比较,得出甲与其他几个人相比优于或次于的结论,记录下来(如图7-4所示),接着将乙与丙、丁、戊相比较的结果也记录下来,如此类推。最后以与别人相比较优于的次数最多的人为第一,其次则为第二,以此类推,得到一个排序。当存在着有几个人优于其他人绩效的次数相同的情形时,则单独根据这几个人相互间比较的结果而定。

优胜者	甲	乙	丙	丁	戊
甲		甲	丙	丁	戊
乙			丙	丁	戊
丙				丁	戊
丁					丁
戊					

图7-4 配对比较排序法

图中:丁比其他人都要优秀,而戊优于除丁外其他所有人,丙只比甲和乙要强,而甲比乙强,乙在图中未出现过表明次于其他所有人,这样,有丁优于戊,戊优于丙,丙优于甲,甲优于乙的排序。

当企业员工数量较少时,使用配对比较排序法就非常方便简洁,但如果企业员工数量较多或员工人数不断增加时,比较的次数就会急剧的增加,致使评估实际上不可行。并且当员工数量太多时,评估人很难对所有人的表现有充分的了解,双方相比较的优劣往往有很大的偶然性,这必然大大地降低绩效评估的有效性。

1.8 总体排序法

这种方法适用于从事同类或相似工作或是同一部门员工绩效的评价,它要求评估人在充分考察的基础上挑选出综合绩效最佳和最次的两个,然后在剩下的人中挑出最佳和最次的两个,依此类推,直到出现一个对全部被评估人的最优、次优……次差、最差的排序。在总体排序法中没有对员工的绩效各方面的优点和不足进行分析,优、差的评价就很笼统,就不能用作确定培训内容的依据。

通常总体排序法和配对比较排序法的评估可以由多个评估人同时进行,最后按类似投票的评估程序来确定绩效优劣的排序。多个排序人参与的优点有助消除主观随意性,然而评估结果也有可能导致投票悖论的出现,此时需要对被评估人的绩效进行更深入的分析并运用适当的方法作调整。

1.9 强制分布法

强制分布法实质上是一种相互比较的方法,其基本思想是,在所有员工中,真正出类拔萃的和表现很难令人满意的相对来说都只占小部分,其余的则介于其间,并且很难将他们的绩效更精确的细分。因此,对最优秀和绩效最差的员工强制规定一个固定的百分比,如各5%。强制分布法是一种简单、易行的方法,可以避免因评估者过于宽容而普遍给予较高评价、过于严厉而普遍给予很差的评价、或给所有人中等评价情况的出现。不少公司都采用这种强制分布法进行绩效评估,但这种方法也有其缺陷。

案例:美国公司,从通用汽车到惠普,所使用的强制排序系统(又称强制分布)一直是人们争论的焦点。强制排序系统是指将所有员工两两比较,然后将评价结果按照某种钟形曲线进行分布。

这些公司如何给员工分配等级呢? 通常是将所有员工分成:特优(占员工的5%),优秀(占20%),良(占30%),满意(占20%),需要提高或问题员工(共占15%)等6个等级,不同的公司具体分级不同。福特公司2008年有10%的员工被评为A级,80%的员工评为B级,10%的员工评为C级(最低级别),2009年打算将评为C级的员工控制在5%。通用电气将员工分为以下几个级别:高(占10%);中(占80%);差(占10%)。惠普使用了一个1:5的评价量表,15%的员工评为5级(最高级),5%的员工评为1级,余下80%的员工评价结果在2~3~4级间变动。微软公司则按照1~5的等级顺序,由低到高给员工排序,大部分员工的评价结果在2.5~4.5之间。

这样的评价系统已有几十年的历史。由于经济增长减速对绩效薪酬的持续关注,在被《财富》杂志评为全球500强的企业中,有1/4的企业建立了强制分布系统或实施更为严格的绩效评估系统。例如,2008年秋天,惠普公司宣布要有5%的员工被评为最低级别,而不是往年所要求的0~5%的模糊数据。

这种强制分布的绩效评估方法往往引起部分员工的不满。在过去的15个月中,微软、Conoco、福特等公司的员工起诉本公司的绩效评价强制分布歧视有关员工。起诉的员工群体也不一样:起诉福特的是老龄化工人,起诉微软的是妇女和非裔美国人,起诉Conoco的是普通美国公民。

员工反对强制分布系统的原因之一是他们怀疑该系统的准确性,担心公司把排序作为解雇员工合理化的借口。今年,Sun微系统公司打算应用强制分布系统,目的是想找出绩效排列中排在末尾10%的员工,公司将给他们90天时间用以提高绩效、在公司内部寻找其他工作、或者与公司解除劳动合同。

1.10 要素评语法

要素评语法主要用于对员工行为的评估。具体做法是,由企业管理部门(必要时还可以邀请行为学家参与)通过仔细观察和分析,将工作中的行为分解为若干方面,并且用不带感情色彩的、标准化的语言对员工在工作中的具体行为表现加以描述,也就是说工作的每一方面都有多个行为描述的句子和其对应,将对各种工作不同方面行为的描述综合起来就组成了一个语句列表。在具体的评估过程中,只要根据员工工作的各方面挑选出与被评估人行为表现最相符的那些句子,就可以得到一个关于员工工作行为再现的语句集合,这些描述也就可以确定该员工的工作绩效了。

要素评语法中语句列表的设计是对员工各方面工作行为的具体描述,具有很高的要求,且最后的语句集合如何解释还必须得到设计者的帮助,结果的反馈和交流也难以充分实现。

1.11 关键事件法

关键事件(Critical Incident)是指主管收集到的代表员工有效表现或非效率表现的行为的事件日志或典型事例。如:5月1日——磊耐心听取了某顾客的投诉,回答了该顾客的问题,收回废旧产品,退还相应款项。他表现得非常耐心、细致。

关键事件要求把观察的注意力放在方式方法上。因为,情景决定行为,情景决定方式方法,成功失败的案例为员工的下一步培训提供良好的素材。另一方面,这种评估方式也适合绩效评估面谈。如果正确使用会避免许多评估误差和形成关于员工绩效怎么被改进的看法。

但是,该方法要求主管花足够的时间观察每个下属,记录每个员工的事件。

事件记录得越精确,就可以越精确得评估员工。

2. 评估方法比较

等级法、书面报告法、等差尺度法、量表考核法都是以侧重于员工的个人特征,如沟通能力、知识及技能等为特征性指标作为依据的评估方法,因此,属于特征导向型考评方法。

配对比较排序法、总体排序法、强制分布法都是以员工行为是否符合组织要求而进行的主管评价方法,因此,都属于行为导向型主观考评法。

要素评语法、关键事件法都是根据一定的客观标准对员工行为进行评价的方法,因此,属于行为导向型客观考评法。

目标考核法、成绩记录法是依据员工的工作成果对员工进行绩效考评的方法,属于结果导向型考评方法。

绩效评估的方法很多,在实际应用中有些方法可以综合应用。由于组织类型不同,岗位的任务不同、组织文化以及领导风格的差异,选择最优的评估方法是比较困难的事情。但是,各种评估方法有其自身的特点,在适用范围上有其各自的优缺点。因此,掌握好各种绩效评估方法的区别对选用方法有所裨益。

表 7-1 列示绩效考评的效标的区别。

表 7-1 绩效考评的效标的区别

类 型	考评主要内容	特 点	适应类型
特征导向型	员工在工作中表现出来的特征	难把握,操作性与效度较差	工作潜力、工作精神、人际沟通能力
行为导向型	员工的工作行为,重点在工作过程	标准较容易确定,操作性较强	管理性工作、事务性工作
结果导向型	员工的工作效果,重点在产出和贡献,不关心行为和过程	标准容易制订,考评易操作,具有短期性和表现性等缺点	具体生产操作的员工较适应,对事务性工作人员考评不太适合

3. 绩效评估方法的选择

由于有多种评估方法,组织在选择一个能有效地达到其目的的方法组合时,就面临着抉择的困难。在作出决策之前,人力资源管理者应该努力保证以下两个基本条件得到满足:即(1)评估方法与被评估工作具有匹配性;(2)明确那些可能有助于发现问题或是阻碍评估程序顺利进行的组织方面的因素。

(1)与工作自身特征的一致性。绩效评估的方法通常要么基于成果,要么基于行为特征,要么二者皆重。基于行为特征的绩效评估通常容易受到主观因素的影响,而基于成果的评估,其适用范围往往有限。

(2)对组织进行反思。许多组织方面的问题会影响到体系的有效运作。组织中的人际环境以及对评估人的培训活动是两个关键的影响因素。例如,通用电气公司发现良好的组织人际氛围会令评估活动更容易进行,当评估程序安排得诚恳、开放时,人们对被评估的不安感会大大地降低。更进一步,被评估人的积极参与,有效的、开诚布公的、积极主动的信息交流有助于使评估更加顺利地达到预期目的。良好的培训对任何评估活动来说都是重要的,不管使用什么样的评估方法,都应该使评估人得到必要的培训,以使他们能正确地运用。培训是不可替代的,它有助于排除主观因素(尤其是心理倾向)的影响,提高评估结果的信度和效度,有研究表明,评估人只接受 4 个小时的培训,就可以大大地降低评估结果可能出现的误差。

4. 绩效考评新方法介绍

鉴于绩效评估工作的重要性,近年来许多新的评估方法不断被创造和使用,本节主要介绍 3 种。

4.1 360 度评估法

360 度评估法是目前国外比较流行的一种新兴的绩效评估方法,它能使企业获得更多有关员工的有价值的绩效信息资料。根据国外有关专家的最近调查表明:目前有 8% 的企业应用 360 度评估法进行绩效评估,而另外有 69% 的企业计划在 3 年内将其应用于员工绩效评估。

360 度评估法的全称是 360 度反馈评价(360—Degree Feedback Assessment),它又称多评价者评估(Multi – Later Assessment)、多源反馈系统(Multi – Source – Feedback,MSF)或全方位评价(Full Circle Appraisal)。它是于 20 世纪 80 年代由 Edwards 和 Ewen 在对企业的研究中发展而成。它主要是指针对特定的个人,以包含被评价者在内的多位评价者来进行评定。被评价者分别通过自我(0 度)、同事(90 度)、下属(180 度)、客户(270 度)和上级(360 度)等多评价源对工作绩效和关系绩效进行全方位、细致而全面性评价。它的基本项目及操作方法如表 7 – 2 所示。

表7-2 360度评价法的基本项目和操作方法

评定因素	评定标准	评价标准	评价者	评定依据及其他
工作成绩	质量	工作合格率、优良率、优秀率等为依据	B 或 E	平时检查资料与顾客评价资料
	数量	少于或等于或超过标准工作量	B 或 E	平时资料(管理者考核前公布)
	指导员工	指导新员工人数、效果、帮助同事情况	ABC 或 E	可以分几栏,不同考核者分别评定
	服务创新	提出合理化建议情况、提供个性化服务情况	ABDE	员工先自我陈述,收集顾客意见资料,在员工考核小组上评定
工作态度	纪律	出勤率情况	B 或 E	平时资料
	协调精神	配合同事或不同部门工作情况	ABCD 或 EF	员工先自我陈述,不同评定者采用不同的权重
	责任感	主动寻找及处理管理和工作疏漏、善于落实	ABD 或 E	员工先自我陈述,管理公开简评
	服务意识	随时准备为顾客服务、积极了解顾客个性需求	ABCD 或 E	同上
	工作积极性	主动承担任务、为客人提供帮助	ABCD 或 E	同上
能力	知识	学历、专业考核等级水平	B 或 E	人事部出具资料
	技能	表达能力、工作速度、技巧	BCE	结合平时活动资料
	解决问题的能力	独立承担任务情况、灵活解决难题情况	ABCD 或 E	员工先自我陈述,管理者公开简评
	自我开发能力	勤奋	ABD 或 E	同上
		体力	AB 或 D 或 E	相关资料
		不断进步	ABD 或 E	员工先自我陈述及相关资料

注:A 表示员工自我评价;B 表示直接上级评价;C 表示顾客评价(收集的顾客评价资料为依据);D 表示同事评价;E 表示员工考核小组评价(由主要员工组成的考核小组);F 表示其他班组同事反映的资料。

4.2 平衡记分卡(The Balanced Scorecard,BSC)

平衡记分卡是 20 世纪 90 年代初,哈佛商学院的 Rober Kaplan 和诺朗诺顿研究所所长 David Norton 研发的一种全新的绩效评估和绩效管理方法,主要用于评估组织层面的绩效。

根据 Gartner Group 调查表明:在《财富》杂志公布的世界前 1 000 位公司中,有 70% 的公司采用了平衡记分卡系统;Bain & Company 调查也指出,50% 以上的北美企业已采用它作为企业内绩效评估的方法。并且平衡记分卡所揭示的非财务的考核方法在这些公司中被广泛运用于员工奖金计划的设计与实施。《哈佛商业评论》更是把平衡记分卡称为 75 年来最具影响力的战略管理工具。

平衡记分卡的核心思想是通过财务、客户、内部流程及学习和发展 4 个方面的指标之间的相互驱动的因果关系展现组织的战略轨迹,实现绩效考核——绩效改进以及战略实施——战略修正的战略目标过程。

实际上,该方法打破了传统的只注重财务指标的业绩管理方法。在平衡记分卡中,传统的财务会计模式只能衡量过去发生的事情(落后的结果因素),但无法评估组织前瞻性的投资(领先的驱动因素)。在工业时代,注重财务指标的管理方法还是有效的。但在信息社会,传统的业绩管理方法并不全面,组织必须通过在客户、供应商、员工、组织流程、技术和革新等方面的投资,获得持续发展的动力。

平衡记分卡中的目标和评估指标来源于组织战略,它把组织的使命和战略转化为有形的目标和衡量指标。BSC 中客户方面,管理者们确认了组织将要参与竞争的客户和市场部分,并将目标转换成一组指标,如市场份额、客户留住率、客户获得率、顾客满意度、顾客获利水平等。BSC 中的内部经营过程方面,为吸引和留住目标市场上的客户,满足股东对财务回报的要求,管理者需关注对客户满意度和实现组织财务目标影响最大的那些内部过程,并为此设立衡量指标。在这一方面,BSC 重视的不是单纯的现有经营过程的改善,而是以确认客户和股东的要求为起点、满足客户和股东要求为终点的全新的内部经营过程。BSC 中学习和成长方面,确认组织为了实现长期的业绩而必须进行的对未来的投资,包括对雇员的能力、组织的信息系统等方面的衡量。组织在上述各方面的成功必须转化为财务上的最终成功。产品质量、完成订单时间、生产率、新产品开发和客户满意度方面的改进只有转化为销售额的增加、经营费用的减少和资产周转率的提高,才能为组织带来利益。因此,BSC 的财务方面列出了组织的财务目标,并衡量战略的实施和执行是否在为最终的经营成果的改善作出贡献。BSC 中的目标和衡量指标是相互联系的,这种联系不仅包括因果关系,而且包括结果的衡量和引起结果的过程的衡量相结合,最终反映组织战略。

该方法有以下几个优点:

(1) 克服财务评估方法的短期行为;

(2) 使整个组织行动一致,服务于战略目标;

（3）能有效地将组织的战略转化为组织各层的绩效指标和行动；

（4）有助于各级员工对组织目标和战略的沟通和理解；

（5）利于组织和员工的学习成长和核心能力的培养；

（6）实现组织长远发展；

（7）通过实施 BSC,提高组织整体管理水平。

但是它也有部分缺点：

（1）BSC 的优秀增加了使用它的难度。引用一位使用 BSC 失败的人力资源专员的话,那些"没有明确的组织战略;高层管理者缺乏分解和沟通战略的能力和意愿;中高层管理者缺乏指标创新的能力和意愿"的组织不适合使用 BSC。

（2）BSC 的工作量极大。除对于战略的深刻理解外,需要消耗大量精力和时间把它分解到部门,并找出恰当的指标。而落实到最后,指标可能会多达15～20 个,在考核与数据收集时,也是一个不小的负担。

（3）不适用于个人。并不是说 BSC 不能分解到个人层面,而是相比较于成本和收益,没有必要把它分解到个人层面。对于个人而言,要求绩效考核易于理解,易于操作,易于管理。而 BSC 并不具备这些特点。

4.3 关键业绩指标(Key Performance Indication,KPI)

关键业绩指标是通过对组织内部某一流程的输入端、输出端的关键参数进行设置、取样、计算、分析,衡量流程绩效的一种目标式量化管理指标,是把企业的战略目标分解为可运作的远景目标的工具,是企业绩效管理系统的基础。KPI 是现代企业中受到普遍重视的业绩考评方法,可以使各部门主管明确部门的主要责任,并以此为基础,明确部门人员的业绩衡量指标,使业绩考评建立在量化的基础之上。建立明确的切实可行的 KPI 体系是做好绩效管理的关键。

KPI 符合一个重要的管理原理——"二八原理"。在一个企业的价值创造过程中,存在着"20/80"的规律,即 20% 的骨干人员创造企业 80% 的价值;而且在每一位员工身上"二八原理"同样适用,即认为,结果是行为产生的,80% 的工作任务是由 20% 的关键行为完成的。因此,必须抓住 20% 的关键行为,对之进行分析和衡量,这样就能抓住业绩评价的重心。关键行为指标(Key Behavior Indication,KBI)是考察各部门及各级员工在一定时间、一定空间和一定职责范围内关键工作行为履行状况的量化指标,是对各部门和各级员工工作行为管理的集中体现。部门 KBI 得分不仅取决于所属全体员工 KBI 得分的简单叠加,也取决于部门本身的组织结构和管理模式。科学、合理的组织结构和管理模式有助于所属全体员工 KBI 得分相同的情况下部门 KBI 成绩的大幅度提升。

KBI 是企业绩效管理的新思路,它使企业的行为管理和文化管理真正步入量化和标准化管理的时代,使绩效管理的作用更加彰显、功能更加完备。随着中国企业绩效管理实践的不断深入和绩效管理总体水平的不断提升,KBI 管理必将展现出越来越广阔的实际应用前景!

第三节 绩效评估的程序和评估结果的应用

1. 绩效评估的程序

绩效评估包括准备阶段、实施阶段和反馈阶段。

1.1 准备阶段

准备阶段是绩效评估的起始阶段,它包含建立考核机构、制订考核方案、决定考核方法、编制考核文件、确定考评人员以及进行思想动员等预备性的工作。这一阶段又可以进一步细分为如下若干步骤:

(1)明确评估的目的,确定绩效考核的目标要求,并以此确定考核的内容及被评估人的范围;

(2)进行考核预算,预测可能出现的风险和不确定性并提出对策;

(3)建立统一的绩效评估的标准体系;

(4)分析工作结果,必要时对选定的人员进行培训;

(5)制订必要的考核表格,选择最合适的绩效评估方法;

1.2 实施阶段

绩效评估的实施阶段包括收集有关被评估人工作绩效的信息和对照考核标准,填制表格,分析计算,并最后得出绩效评估的结论。

1.3 反馈阶段

评估小组得出评估的结论后将其公布,听取被评估人及其他有关人员对评估结果的意见,接受相关人员的复议要求并最终作出裁决。另外,在这一阶段,方法和过程的公正性和有效性是十分必要的,这有助于在今后的评估活动中对不足之处加以改善,从而达到绩效评估的目的和要求。

2. 绩效评估的应用

在具体人力资源活动中,它至少有以下几个应用(见图 7-5):拟定升迁、解雇以及绩效加薪的管理决策;为员工和组织的培训与发展需要提供必要的资料;鼓励组织或个人的绩效的改善;有助于甄选程序的有效性;有助于人力资源规划。

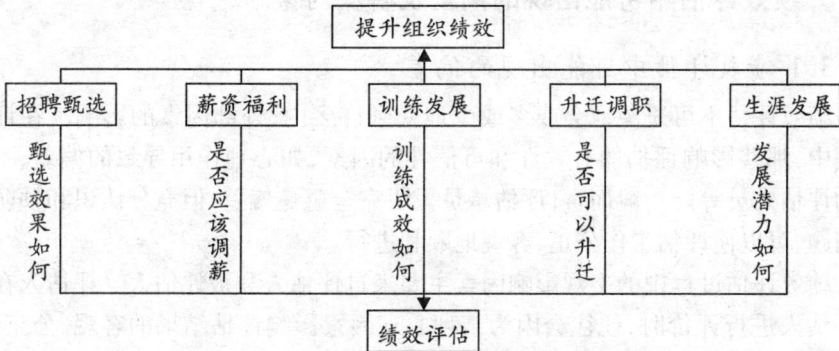

图7-5　绩效评估的应用

　　人力资源管理诊断模型(见图7-6)突出了其对绩效评估具有重要影响的相关因素。其中,因素之一是任务。绩效评估的方法随评估的任务不同而不同。因素中的外部环境如新劳动合同法将直接对员工的薪酬等产生影响,这将间接影响绩效评估方法的选用。评估方法的选用还要受到员工态度和偏好及领导风格的重要影响。通过该模型,我们可以有效分析企业在绩效评估适合企业的方法。

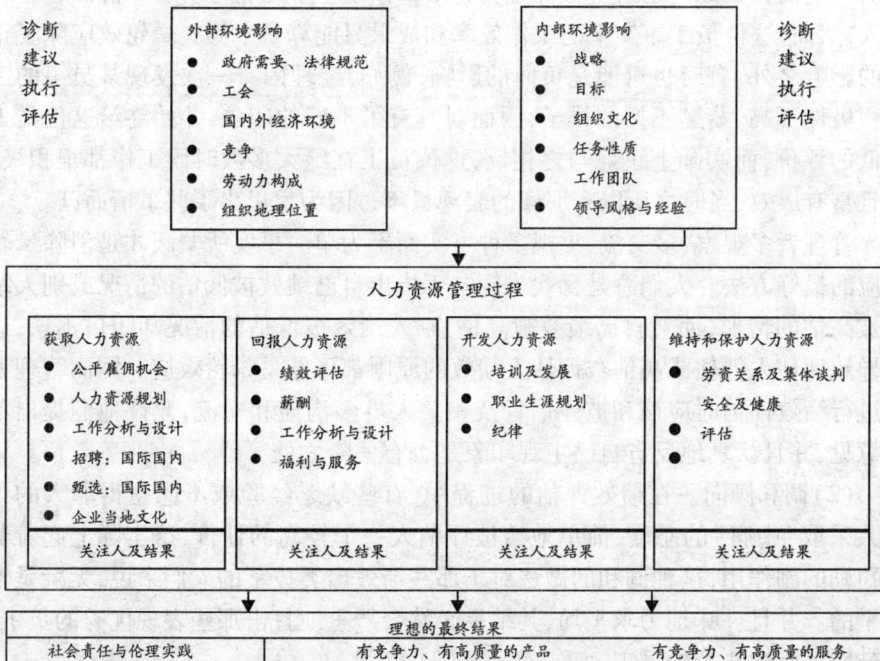

图7-6　人力资源管理诊断模型

3.绩效评估中可能出现的偏差及解决对策

3.1 绩效评估中可能出现的偏差

绩效评估不可避免地会或多或少地受到许多内、外部因素的影响。在评估过程中,那些影响评估的有效性和可信性的因素,如心理作用导致的偏差、不合格的评估人员等。一般而言,评估总是无法完全避免偏差,但充分认识和预防这些问题,可以使评估工作公正、客观地顺利进行。

绩效评估过程中的主观影响因素主要来自评估人和被评估人。评估人在对被评估人进行评价时,往往会因为某种心理因素影响评估结果的客观、公正性;而被评估人也可能因为各种心理或利益原因出现对自己业绩评价过高或过低的情况。影响评估客观性、公正性的若干心理问题具体表现在以下几个方面:

(1)晕轮效应,有时也称作霍尔效应。人们在考察员工的业绩时,被评估人个别事实或特征的好坏直接影响最终评估结果,因为评估人过于看重某些特别的或突出的特征,往往忽略了被评估人其他方面的表现和品质,这就是所谓的晕轮效应。例如,某员工每天总是很早赶到办公室,并且总是忙忙碌碌,因此管理人员对这位员工的"勤勤恳恳"很有好感,年末对这位员工的绩效评价都超过其他人,然而,这位员工事实上的工作效率和成果只能算是中等。晕轮效应除了正面的影响之外,有时也可能是负面的影响,例如,经理因有一次发现某员工的工作积极性不高、萎靡不振的样子,因而对其有了不好的印象,并始终给这位员工较低的评价,而实际上正好与之相反,这位员工在绝大多数时候工作都很积极,而且富有成效,当时之所以有那样的表现只不过因为家里出了些事情而已。

管理者多观察、多交流、重视多种事实而不为单一事实所蒙蔽才是消除晕轮效应的最好方法。人们总是喜欢或倾向于指出自己绩效被低估的情况或别人绩效被高估的情形,而对自己绩效被高估、别人绩效被低估的情况却闭口不谈,这样导致评估人低估或高估被评估人绩效的原因都可能是晕轮效应。因而管理者在进行绩效评估时应该和被评估者及相关人员多沟通和交流,允许他们提出不同意见,并且认真地反省自己主观印象是否有偏颇之处。

(2)调和倾向。在绩效评估的过程中,有些缺乏经验或不愿意得罪人的评估人采取"中庸"的态度,简单地给被评估人一个较高的评价,这实际上起着奖懒罚勤的副作用,这种调和的做法对于那些绩效出类拔萃的人们来说,无疑是不公平的。并且一味地力求平均,其结果必然会严重地打击那些表现优秀的员工,而鼓励了好逸恶劳的员工。

(3)个人好恶。每个人都有个人好恶的弱点,即使单纯个人的好恶已经造成了不公平的结果,也很难使持个人好恶情绪的人有所察觉。特别要指出的是,绝大多数人在评价别人时,都会受到个人好恶感的影响,并不是只有个别人才有这样的问题。并且不可避免的是,管理者不可能对所有的人都怀有同样的亲近感或憎恶感,这种感觉上的差异如果引入到评估活动中而未及时察觉,将使评估难以达到客观公正的目的。所有的评估人都应该努力反省自己的每一个判断是否造成了不公的结论。在评估过程中采用基于客观事实(记录、数据等)的考评方法,多个评估人组成评估小组进行考核的方式有助于减少个人好恶所导致的评估结果误差。

(4)近因效应和首因效应。近因效应就是指人们常常比较容易记得最近发生的事,淡忘较早发生的事,从而造成在评价别人的工作时,新近获得的印象对评价结果产生了过分的影响,最终的评估结果实际上(或很大程度上)仅取决于被考核员工评估期一小段时间内的表现,并不能反映整个评估期间内员工的绩效表现。首因效应则主要是指被评估人在评估人心中留下的"第一印象",这个最初印象往往使评估人形成定势,即使其本人事实上同这个"第一印象"有很大差距,也很难在短时间内扭转评估人的"偏见"。

(5)暗示效应。人们在日常生活中,总是不断地通过语言、表情、动作向别人发出各种信号,这些信号中有很多信息不为发出人所察觉。心理学研究表明,暗示是人所具有的一种特殊的生理现象和心理现象,它可能是有意的,也可能是无意的,但事实上却对接收者不断地产生着影响,其对事对物的判断也因此而受到影响。在评估过程中,企业领导人或其他人有意无意地暗示,都会使评估人有意无意地受到某种观点的影响,从而远离了客观公正的立场。

(6)定型作用。定型作用就是我们平常说的"偏见"以及"老顽固"等,它是影响绩效评估较难克服的毛病之一,是指人们因过去的经验、教育等因素而在工作中形成的固有的价值观和行为模式。多数情况下,产生偏见的原因通常有年龄、性别、种族以及资历、传统观念、人际关系、与高层管理人员的交情等。例如,一个思想保守的管理干部一直看不惯其所属部门中那些性格外向、服饰新潮的青年男性员工,结果在评估时,给这些员工的评价肯定会低于其实际的工作表现。专门的培训和心理辅导,可以使评估人更关注自身观念中可能导致的不公正结果的个人偏见,从而及时加以纠正定型作用带来的影响。

(7)参照点效应。人们在实际评价过程中,内心总会以某些人或某些人的工作表现为标准,并且以这一标准来评价员工工作绩效的好坏,这个标准就是心理学上常说的评估参照点。不过,这个内在的标准也会因人而异,如果以较差的表现为基准,大多数人的绩效都可以说是好的,而如果以优秀的表现来衡量其他人的表现的话,那么大多数人的绩效就只能是差了。也就是说不同的绩效评估参照点会影响到不同评估人评估结果的一致性,也会影响到结果的有效性。

以上是若干会影响评估效果的心理现象。应鼓励评估人积极的诘身自问,并组织必要的培训和心理辅导从而避免它产生的不良影响。

3.2 偏差的解决对策

由于绩效评估本身将影响到员工的切身利益,所以使用的评估方法以及如何传递评估结果这样的问题都可能对员工产生积极或消极的影响,尤其是对工作态度的影响。要想避免上述偏差造成的影响,组织可以在以下几个方面采取措施:

(1)确保评估人了解在绩效评估过程中容易出现的问题,对评估人如何避免有关心理偏差进行培训。由于每个评估人都不可能趋于完全理性,很多偏差在未经培训的人中都会出现。因此企业有必要对评估人进行有关心理偏差的培训。首先,应该是进行一般心理知识的培训,使得评估人尽量避免产生众多人经常所犯的错误。其次,进行有针对性的培训。在培训中,先为评估人提供一部分实际案例,然后要求他们进行绩效评估。最后,把不同评估人的考核结果放在一起,根据正确的结果,把可能存在的问题或错误加以分析,逐一讲解。

(2)营造良好的平等沟通氛围,做好绩效面谈工作,建立健全绩效反馈机制。绩效沟通不仅能分析、确认被考评者的优点和缺点,帮助被考评者善用强项与正视弱点,而且能发现考评所出现的问题,完善绩效考核。良好的绩效沟通能帮助评估人和被考评者之间建立信赖关系,提高绩效考核的作用。通过绩效面谈,帮助员工分析为什么会产生这样的绩效,应该如何避免出现低绩效。同时,绩效面谈也能完善绩效反馈机制,谋求解决分歧的方案。

(3)注意其他因素对绩效评估的影响。从实用的角度来看,其他因素可能对绩效评估产生更大的影响。这些因素可能包括:考评的结果多大程度上与工期联系在一起、时间约束的强弱、对绩效评估的重视程度、职务分析的详细程度等。

第四节　问题与探讨

绩效评估作为组织管理和人力资源管理的重要组成部分,必然受到组织环境及组织文化等因素的影响。在绩效评估各个环节的管理活动中,如何分析绩效评估和其他人力资源管理活动之间的关系,以及分析环境变化下如何进行绩效评估,现在并没有引起足够的重视。此外,绩效评估是实践性很强的内容。目前我国许多企业在绩效考评工作中仍然存在一些问题。

1. 绩效指标的确定缺乏科学性

使用什么指标来确定员工的绩效是一个比较重要而又较难解决的问题。许多公司都不仅从工作完成情况,即质量、数量和效率方面去衡量员工的绩效,而且从工作态度、思想觉悟等一系列因素考虑,这种思路是对的。但是,对于科学确定绩效考评的指标体系以及如何使考评的指标具有可操作性,许多企业考虑得并不周到。有些公司绩效指标过于单一化,不能全面地评价工作业绩;有些公司对指标的描述比较主观,缺乏客观的行为性描述。

2. 考评的实施者选择不当

考评能否有效地进行,很大程度上取决于考评的实施者。考评的关键是对被考评者工作绩效、工作态度等方面信息的获取。不同的人员对被考评者的了解是不同的,例如,上级主管比较清楚被考评者的工作完成情况,而同级同事则比较了解被考评者的工作表现。选择不同的人员担任考评者,对于考评结果的影响很大。目前有一些企业在进行绩效考评时,大多由上级主管人员来完成。这种考评方式由于其信息反馈面较窄,难以保证考评的客观性和公正性。

3. 忽视考评的结果

绩效考评的目的性非常明确,首先是为绩效管理提供依据,如制订调迁、升降、委任、奖惩等人事决策,其次也是为了依据考评结果来制订和实施培训计划,达到人力资源素质的长期性提高。但是,许多企业并没有认识到绩效考评的重要性,没有意识到绩效考评的目的,仅仅是为了考评而进行考评,在花费了大量人力、物力和时间进行考评后,没有具体的措施,考评结果不了了之。因此,许多员工只是把绩效考评作为每年年终必走的形式,考评结果的好坏都与自己无关,这就失去了绩效考评的意义。员工在完成了工作任务之后,得不到应有的奖惩,那么,那些工作积极的员工会产生消极心理,而那些本来就工作懈怠的员工就会有机可乘,这对于整个企业的长期发展是很不利的。

4. 缺乏标准化的绩效考评政策

这主要包括两个方面,一是对考评人员的作用和任务缺乏标准化的政策;二是对考评频率缺乏标准化的政策。考评人员在绩效考评过程中扮演着重要的角色,关系到整个考评的成败,因此规范考评人员的选用、职责是必不可少的。同时考评的频率也关系到考评是否合理,能否反映真实的情况。多数企业一年进行一次考评,其实考评频率的设置与考评的内容有关,例如,对于任务绩效的指标,可能需要较短的考评周期。每个企业应根据自身的情况,确定考评频率,并将它作为一项明文规定,避免绩效考评流产。

5. 绩效考评与其前后工作脱节

前面提到了绩效考评是绩效管理的一个环节,但在实际操作中,绩效考评并没有与绩效计划和绩效反馈联系起来。由于许多公司没有将绩效考评放在绩效管理的体系中考虑,孤立地看待考评,因此不能够重视考评前期与后期的相关工作。在绩效管理的第一个环节,主管人员与员工需要根据组织的目标,进行目标细分,从而对员工的预期目标达成协议,确定应达成的绩效标准。在考评结束后,主管人员需要与员工进行绩效面谈,将考评结果告知员工,共同制订工作改进的计划。只有将绩效考评与前后的环节联系起来,绩效考评才能做到有理有据,才能得到有效执行。

☞ 复习思考题

1. 你认为绩效评估应当以"工作"为主还是以"人"为主?

2. 评估过程中所出现的各种指标如何确定其权重?

3. 请对本章所列的各种绩效评估方法的优缺点,特别是适用范围作出评价。

4. 你认为在正确进行员工绩效评估时,应该坚持的最重要的原则是什么? 如何避免绩效评估工作中可能出现的各种偏差?

☞ 进一步阅读的材料

1. 张欣. "严冬下"的绩效管理新主张,人力资源,2009(02)

2. 周万峰. 浅谈"中国式"绩效管理理论,消费导刊,2009(01)

3. 韦恩 F·肖卡(Wayne F. Cascio)著,王重鸣译. 人力资源管理,机械工业出版社,2006

4. 龚建平. 浅析绩效考核的误区,内蒙古科技与经济,2003(5):46-47

5. Human Resource Management Review, 2008,18(4):259-270

6. Diana L Deadrick, Donald G Gardner. Maximal and Typical Measures of Job Performance: An Analysis of Performance Variability Over Time, Human Resource Management Review,2008,18(3):133-145

7. Gerald R Ferris, Timothy P Munyon, Kevin Basik, M Ronald Buckley. The Performance Evaluation Context: Social, Emotional, Cognitive, Political, and Relationship Components, Human Resource Management Review,2008,18(3):146-163

8. Steven D Maurer, Shaomin Li. Understanding Expatriate Manager Performance: Effects of Governance Environments on Work Relationships in Relation – based Economies, Human Resource Management Review, 2006, 16(1):29 – 46

9. Stanley M Gully, Jean M Phillips. A Multilevel Application of Learning and Performance Orientations to Individual, Group, and Organizational Outcomes, Research in Personnel and Human Resources Management, 2005, 24:1 – 51

第八章 人力资源维护

◆**学习要点**◆

(1)人力资源维护的概念、内涵及其作用;(2)劳动关系的概念、内容、处理方法和改善劳动关系的途径;(3)劳动保护和劳动安全的范围、意义及组织对员工所承担的责任;(4)工会演变、作用及其与组织的关系。

第一节 人力资源维护的基本概念和主要内容

人力资源的维护是人力资源管理的一个重要方面,是企业发展、壮大过程中非常重要的一环;它涉及企业中劳动关系的协调、人力资源安全和保护等内容,其目的是为了更好、更久地发挥人力资源的作用,因为维护得好坏直接关系到人力资源利用效率和效益的高低。

人力资源维护是指用人单位为预防人力资源的损耗,保障人才资源更好地发挥作用,实现用人单位和员工的双赢而事先采取的保障措施。人力资源在使用过程中产生的损耗需要及时地给予补给、保养,才能使人力资源损耗得到正常的维护。人力资源维护主要涉及以下几个方面。

1.劳动关系

劳动关系是在现实劳动的过程中发生的关系,与劳动者有着直接的联系,是劳动者与劳动力使用者在实现劳动的过程中所结成的一种社会经济利益关系,其权利和义务的实现,是由国家强制力来保障的。劳动关系的概念有广义和狭义之分。广义的劳动关系是指任何劳动者与任何性质的用人单位之间因从事劳动而结成的社会关系;狭义的劳动关系是指依据国家劳动法律法规,规定和确认当事人双方(劳动者和用人单位)的权利和义务的一种劳动法律关系。我国从1995年1月1日开始实施的《中华人民共和国劳动法》(以下简称"劳动法")对劳动关系作了明确的界定。"劳动法"中的劳动关系不是泛指一切劳动者在社会劳动中形成的所有劳动关系,而仅指劳动者与用人单位之间在劳动过程中发生的关系。在西方国家,劳动关系又常被称为"劳资关系"。因此,具体的劳动关系又被称为劳资关系、雇佣关系、甚至产业关系等。

2. 劳动合同

劳动合同是劳动关系的具体体现,又称劳动协议或劳动契约,西方国家又称雇佣合同、雇佣协议或雇佣契约,它是指劳动者与用人单位确立劳动关系、明确双方权利和义务的协议。要理解劳动合同必须把握好以下几个方面:劳动合同是劳动关系双方主体之间的劳动协议;劳动合同是双方当事人之间关于劳动权利和义务的约定;劳动合同一经签订,便具有法律效力。

3. 劳动争议

劳动争议就是我们常说的劳动纠纷,一般是指劳动关系主体双方之间因执行劳动法律、法规或履行劳动合同、集体合同持有不同的主张和要求而产生的争议。有着广义和狭义之分。广义的劳动争议包括因执行劳动法或履行劳动合同、集体合同的规定以及因制订或变更劳动条件而引起的争议。狭义的劳动争议仅指因执行劳动法或履行劳动合同、集体合同的规定而引起的争议。

4. 劳动保护

广义的劳动保护,是指对劳动者的一切权利,即对他的政治权利、经济权利和其他权利都加以保护。狭义的劳动保护,也被称为安全生产工作,是指为了在生产过程中,保护职工的安全与健康,改善劳动条件,在防止工伤事故和职业病等方面所进行的组织管理工作和采取的一系列技术措施,以及工作时间、休息时间的安排、女工特殊的劳动保护等内容。我们通常所说的劳动保护主要是狭义的劳动保护。

5. 社会保障

社会保障是国家和社会根据立法,积极动员社会各方面资源,对劳动者和社会成员因年老、失业、工伤、生育、伤残、疾病而丧失劳动能力或丧失就业机会,或因自然灾害和意外事故等原因面临生活困难时,给予一定的物质帮助和社会服务,从而保证其基本生活权利,维系社会的和谐稳定,同时根据经济和社会发展状况,逐步增进公共福利水平,提高国民生活质量。社会保障作为一种国家制度或社会政策,一般包括社会保险、社会福利、社会救济、社会优抚和安置及社会服务等几方面的内容。其中社会保险是社会保障体系的核心内容。

6. 弥补和减少人力资源损耗

人力资源的损耗通常分为两种：一种是有形的，一种是无形的。有形损耗是指员工的疾病、衰老等自然现象；无形损耗是指人力资源知识、技能的老化，思想观念的落伍，甚至是道德品质的沦丧等。现代企业中，由于生活节奏的加快、员工经常或长期处于工作过度、应激状态，有形损耗中各种各样的职业性疾病越来越多地发生在员工身上。而知识经济时代的到来，使得知识和信息更新速度大大加快，由此导致企业员工的知识和技能极易老化、过时。随着我国成为 WTO 的一员，一些全新的经营理念有待员工去接收，同时员工的道德品质与精神文明也需要不断的培养以适应社会发展的需要。有形损耗和无形损耗有如一对孪生姐妹，相互联系、相互影响，有形损耗能加速无形损耗，无形损耗则会加剧有形损耗。在一定情况下，两者还会相互转化，无论哪种损耗，一旦出现且得不到及时有效的解决，就会引发另一种损耗的出现，造成恶性循环，破坏人力资源的有效维护。

人力资源的维护和保障总是与员工权益联系在一起。它不同于一般的资源维护，有其固有的生理、心理的特性，可以通过适当的维护来弥补，即对人力资源在生理和心理上的损耗进行保护和恢复，从而保证生产所需人力资源的正常供给。如对作业疲劳的认识，随着科技进步人们逐步认识到了疲劳的本质，进而可以通过一定的手段来消除疲劳、恢复体力。因此，人力资源的维护和保障与劳动关系、社会保障等有关员工权益的内容都有关系。具体讲来，包括以下内容：(1)劳动关系与员工权益(劳动合同、劳动争议与冲突的处理等)；(2)劳动保护与劳动安全；(3)社会保障；(4)工会及其与组织的关系等。

正如前文所讲，人力资源维护是现代人力资源开发与管理中的一个重要环节。人力资源的维护和保障不仅关系到企业员工队伍的稳定，而且会影响到企业的生存和发展。同时，人力资源维护涉及企业中劳动关系的协调，人力资源安全和保护等内容，对更好、更持续地发挥人力资源的作用、人力资源利用效率和效益的高低都发挥着重要的作用。此外，人力资源维护还对我国建设创新型国家、实现伟大的民族复兴和构建和谐社会有着重大的意义。

第二节 劳动关系的处理方法及对策

人力资源的维护有着很强的实践性，在具体的实践中才能得以充分的体现。

从其所包括的内容可以看出,人力资源的维护主要是处理和协调人力资源管理中员工与组织、员工与员工等方面的一些问题,其目的是保护员工的权益,提高企业的竞争力,促进企业的良性发展。

1.劳动关系

劳动关系是生产关系的重要组成部分,是社会生产和社会生活中人与人之间的最重要联系之一。随着我国改革开放程度的不断深入,企业逐渐由单一国有制向国有控股、私营、中外合资和外商独资等企业所有制形式转化。企业所有制的多元化使企业中劳动关系更加重要也更加复杂。劳动争议逐渐增加,对劳资双方和社会稳定造成了不良影响。因此,调整和处理好劳动关系,是企业人力资源管理的重要内容。

就企业劳动关系的外在形式而言,大多数企业的劳动关系都要涉及管理者、劳动者和工会三个方面。企业管理者依法进行生产经营管理活动。劳动者作为劳动力所有者,人身完全自由,通过付出劳动换取自己赖以生存和发展的物质资料。工会是代表劳动者的一种组织,维护劳动者的合法权益。"劳动法"规定,劳动者依法拥有参加和组织工会的权利。

就企业劳动关系的本质而言,企业劳动关系的主体是企业管理者和劳动者。企业管理者在实现资产保值增值的过程中,作为劳动力的需求主体、用工主体,构成企业劳动关系的一方,在劳动过程中处于支配者的地位;劳动者在让渡自己劳动力的过程中,作为劳动力的供给主体、劳动主体,构成企业劳动关系的另一方,在劳动过程中处于被支配的地位。由此可见,劳动关系的存在必须以企业管理者和劳动者两方主体的存在为前提条件,两者缺一不可。

就劳动关系的具体内容而言,是指主体双方依法享有的权利和承担的义务,即劳动者与用人单位之间在劳动时间、劳动报酬、安全卫生、劳动纪律、福利保险、教育培训、劳动环境等方面形成的关系。

由于企业管理者与劳动者主体双方在利益方面的不同表现形式,决定了各类企业不同的劳动关系类型。目前,企业劳动关系主要有以下三种类型。

1.1 互惠互利的企业劳动关系

这类劳动关系一般是以企业管理者或雇主为中心建立起来的,其理论基础是劳资利益一体论。企业管理者与劳动者双方的利益可以通过企业内部的管理和激励机制来达成一致,主张对劳动者实行激励的办法,要求管理者和员工之间建立一种相互合作、相互信任、相互理解的工作局面,避免产生不必要的摩擦和冲突;其基本精神是强调企业目标和组织机构的同向性、一致性原则。

1.2 平等协商的企业劳动关系

它强调,企业管理者与劳动者作为劳动关系的主体和法律关系的主体,双方在人格和法律上是平等的,双方相互享有权利与义务;在处理双方利益关系的时候,遵循平等协商的原则。平等协商的劳动关系是基于近代劳动立法中的契约精神,以劳资双方权利平等和地位平等为基础建立起来的。它重视企业中的民主,将企业管理者和劳动者看作两大独立的主体,同等对待,而不是把劳动者当成企业的附属物,主张两大主体之间的劳动合作。在企业生产经营管理过程中,主张劳动者与企业管理者或雇主一样,也是参与决策的主要力量,且这种参与应该贯穿企业经营管理的全过程。平等协商的企业劳动关系还认为这种合作是在企业管理者与劳动者利益差别基础上的合作。通过合作,规范双方的权利与义务;通过平等协商谈判,保障双方的合法权益,以实现双方的共同目标。

1.3 劳资冲突的企业劳动关系

在这一种类型的关系中,管理者被赋予权威性,强调劳动者服从,工会运动往往被企业管理者予以抵制和取消。劳资冲突的企业劳动关系将企业管理者与劳动者以利益为基础对立起来,强调两大主体彼此的利益不同,双方都只顾及自身的利益。二战以前的西方资本主义国家大都属于这一类型,在这种类型的企业里,劳资关系严重对立,矛盾和冲突不断,严重损害了双方的利益。其中,代表劳动者利益的工会发挥着比较重要的作用,从代表工人进行集体谈判到组织工人参加罢工,甚至采取其他社会行动等,以维护和争取工人自己的利益和权利。由于这一类型的劳动关系历史悠久,所以也称为"传统型"的企业劳动关系。

现代企业管理的重要任务是提高劳动生产率,降低成本,增加效益,实现企业和劳动者的双赢。而这其中,发挥人力资源的效用最重要的是处理好人与人之间的关系,即劳动关系。如前所述,企业劳动关系既是一种经济关系,又是一种社会关系,其本质是劳动关系主体各方合作、冲突、力量、权利相互交织的产物与表现形式。在企业管理中,劳动关系有时会错综复杂,我们在处理劳动关系时可以遵循一定的原则:(1)以法律法规为准绳的原则;(2)兼顾各方利益的原则;(3)以预防为主的劳动冲突处理原则;(4)以协商为主的解决劳动争议原则;(5)以合作为主的劳动关系建设和维护原则。

2. 劳动合同

劳动合同目的在于保护用人单位和劳动者双方的合法权益。旧的"劳动合同法"对我国改革开放几十年劳资关系的稳定起了很大的作用。可是,随着经济的发展和社会的进步,旧"劳动合同法"难以满足经济形式发展的新变化。2007
年6月29日,我国第十届全国人民代表大会常务委员会第二十八次会议通过了
新的"劳动合同法"。较之旧"劳动合同法",有着很大的变化,更加规范和明确
了劳资双方的义务和权利。

新"劳动合同法"将"民办非企业单位等组织"纳入"用人单位"主体中,扩大
了适用范围。同时规定用人单位在制订、修改或者决定有关劳动报酬、工作时
间、休息休假、劳动安全卫生、保险福利、职工培训、劳动纪律以及劳动定额管理
等直接涉及劳动者切身利益的规章制度或者重大事项时,应当经职工代表大会
或者全体职工讨论,提出方案和意见,与工会或者职工代表平等协商确定。强化
了劳动者在其所在的企业中参与各类决策的权利。

2.1 劳动合同的订立

针对近年来出现的一些用人单位为逃避对劳动者的义务,不订立书面劳动
合同,甚至不承认与劳动者的事实劳动关系等问题,新"劳动合同法"完善了有
关规定,规定用人单位自用工之日起即与劳动者建立劳动关系;加重了用人单位
违法不订立书面劳动合同的法律责任。如第八十二条规定"用人单位自用工之
日起超过一个月不满一年未与劳动者订立书面劳动合同的,应当向劳动者每月
支付二倍的工资 ……"。

2.2 劳动合同的期限

劳动合同期限通常分为有固定期限、无固定期限和以完成一定的工作为期
限几种。固定合同和以完成一定工作为期限的合同是指合同订立者双方事先约
定好的有固定终止日期的劳动合同,其有效性随着合同的终止而终止。无固定
期限的劳动合同,是指不约定终止日期的劳动合同。用人单位和劳动者只要遵
照平等自愿、协商一致的原则,都可以签订无固定期限的劳动合同。

近些年来,劳动合同短期化趋势明显,经常一年一签,有的甚至一年多签,使
得劳动者工作缺乏稳定和安全感。对此,新"劳动合同法"第十四条规定:"劳动
者在该用人单位连续工作满十年的;或连续订立二次固定期限劳动合同,或除劳
动者提出订立固定期限劳动合同外,应当订立无固定期限劳动合同;用人单位自
用工之日起满一年不与劳动者订立书面劳动合同的,视为用人单位与劳动者已
订立无固定期限劳动合同。"对违反本法的用人单位,第八十二条规定:"不与劳
动者订立无固定期限劳动合同的,自应当订立无固定期限劳动合同之日起向劳
动者每月支付二倍的工资。"此外,针对一些用人单位收受财物担保的现象,第
九条和第八十四条都命令禁止,并对违规的用人单位给予罚款和承担赔偿责任。

新"劳动合同法"同时也规定,"职工在试用期内达不到录用条件,用人单位可以随时解除劳动合同,并且不用支付经济补偿金"。

2.3 劳动报酬

在劳动合同中,劳动报酬支付必须遵守国家的法律规定。工资必须以货币形式支付,能够体现效益与公平原则;还要明确工资的支付周期、支付时间、支付数额以及不得低于当地的最低工资标准等。此外,此类条款还应包括奖金、津贴等。如有必要,应当明确加班工资的计算方法、支付办法、职工下岗期间的工资待遇等。新"劳动合同法"主要对试用期员工报酬作了严格的限定,第二十条规定:"劳动者在试用期的工资不得低于本单位相同岗位最低档工资或者劳动合同约定工资的百分之八十,并不得低于用人单位所在地的最低工资标准。"对违反本法的用人单位,第八十三条规定:"由用人单位以劳动者试用期满月工资为标准,按已经履行的超过法定试用期的期间向劳动者支付赔偿金。"

2.4 劳动合同的履行和变更

按照规定,劳动合同一旦订立后,若无不可抗拒因素等特殊情况,双方当事人必须认真履行,任何一方不得擅自变更合同的内容和条款。但是,在履行合同的过程中,由于一些主观和客观条件的变化,合同订立双方也可以依法变更合同的内容和条款。一般说来,劳动合同的变更包括两种类型:法定变更和协议变更。法定变更是指在法律规定的原因出现时,经当事人一方提出,可以变更劳动合同;协议变更是指双方当事人在符合法律的规定的前提下,经协商一致,达成协议,对劳动合同进行变更。

针对目前一些用人单位或企业通过更换法人,从而达到经济性裁员或变更劳动合同的目的等现象。新"劳动合同法"第三十三、三十四条规定:"用人单位变更名称、法定代表人、主要负责人或者投资人、发生合并或者分立等情况,原劳动合同继续有效,不影响履行,劳动合同由承继其权利和义务的用人单位继续履行。"

2.5 劳动合同的解除和终止

劳动合同的解除是指双方当事人提前终止劳动合同的履行,结束双方尚未履行完成的权利和义务。多数国家对于劳动合同的解除都依法作了一些限制或规定了其程序。劳动合同的终止是指因劳动合同期限届满或者劳动合同履行中发生不可抗力等特定情况,合同当事人双方的权利义务自行终结。

就劳动者而言,新"劳动合同法"第三十七条规定:"劳动者在试用期内提前三日通知用人单位,可以解除劳动合同。"不同于旧劳动法中的劳动者可以随时通知用人单位解除劳动合同。新"劳动合同法"第三十八条还规定:"用人单位未依法为劳动者缴纳社会保险费的,劳动者可以解除劳动合同。"对于用人单位,也要遵循一定的规范和程序。新"劳动合同法"第四十条规定:"有下列情形之一的(包括工伤、不能胜任工作的情况),用人单位提前三十日以书面形式通知劳动者本人或者额外支付劳动者一个月工资后,可以解除劳动合同"。

有关劳动合同解除的程序,一般包括前期准备、正式解除和善后处理3个环节(见图8-1)。

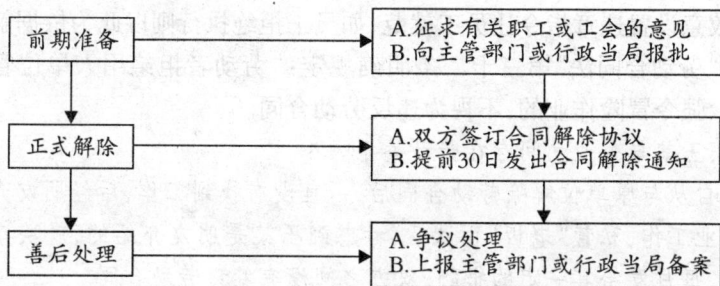

图示:

前期准备 → A.征求有关职工或工会的意见 B.向主管部门或行政当局报批

正式解除 → A.双方签订合同解除协议 B.提前30日发出合同解除通知

善后处理 → A.争议处理 B.上报主管部门或行政当局备案

图8-1 劳动合同解除的程序

新"劳动合同法"第五十条规定:"用人单位应当在解除或者终止劳动合同时出具解除或者终止劳动合同的证明,并在十五日内为劳动者办理档案和社会保险关系转移手续。"明确了用人单位在解除合同的同时需要向劳动者提供离职证明和社保转移单。

有下列情况之一出现,劳动合同即可终止。(1)合同期限已满。定期劳动合同在合同约定的期限届满后,合同即宣告自然终止。除非双方当事人依法续签或依法延期;(2)合同目的已经达成。劳动合同所约定的条款全部履行完毕,或以特定工作或项目为期的劳动合同在约定时间内如期工作完成,劳动合同即行自然终止;(3)合同中所约定的终止条件出现。若劳动合同在签订时约定了终止的条件,而执行中又出现了合同双方所约定情况,劳动合同就此终止;(4)合同签订双方中的一方死亡。劳动合同签订的双方中任何一方的死亡,合同即行终止;当然,合同也可由继承人或转让第三方继续执行,这得视具体情况而定;(5)劳动者退休。劳动者因达到退休年龄或丧失劳动能力而办理退休手续后,合同即行终止;(6)用人单位不复存在。用人单位因依法宣告破产、解散、关闭或兼并后,原有用人单位不复存在,其合同也告终止。

2.6 违约责任

违反劳动合同的责任,指合同签订双方违反劳动合同中所约定的理应承担的责任。新"劳动合同法"针对一些用人单位限制劳动者的择业自由和劳动力的合理流动问题,完善了有关违约金规定。其第二十二、二十三、二十四和二十五条规定:"培训服务期约定中可以约定违约金;规定在竞业限制约定中可以约定违约金;除以上两种情形外,用人单位不得与劳动者约定由劳动者承担违约金。"此外,双方当事人可以根据具体情况,在符合国家法律的前提下,自行约定其他具体的违反劳动合同的责任。

　　针对有些用人单位或企业中,劳动者拒绝执行错误或违法指令而遭到企业开除,理由是劳动者违反了劳动合同;或者某些用人单位或企业想要开除某员工,而会故意设置违章指令让员工就范,如员工拒绝执行则以此为依据解除劳动合同。新"劳动合同法"第三十二条明确规定:"劳动者拒绝用人单位管理人员违章指挥、强令冒险作业的,不视为违反劳动合同。"

　　案例: 王某与企业之间存在劳动关系吗?

　　王某自从与原单位解除劳动合同后,一直没有找到工作,后经朋友介绍到一家私营企业工作,私营"老板"面试后,考虑到王某是朋友介绍的,就决定让他来企业上班,每月发给其一定的报酬,双方之间没有签订劳动合同。

　　转眼王某在私营企业工作了3年多,2008年11月初,王某到企业所在地的区社会保险事业管理中心查询个人社会保险账户,结果发现该企业一直未为其办理社会保险登记和缴纳社会保险费等。于是,王某去找"老板"要求企业为其缴纳社会保险费,"老板"不予理睬,王某几经交涉未果,只能到劳动仲裁委员会申请劳动仲裁,要求企业为其补缴历年的社会保险费。仲裁委员会依法予以受理。劳动仲裁委在开庭审理时,王某提出自己在企业已工作3年多,当初确实是通过熟人介绍进入该企业,进去以后企业未与其签订劳动合同,期间王某一直从事产品售后服务、修理工作。同时,王某向仲裁委员会提交了其工资凭证、服务证、考勤记录及上门为用户修理产品时单位出具的介绍信等有关证据。另外,王某在购房向银行贷款时,企业出具的证明王某系本企业职工等证据。

　　而企业在庭审答辩时认为,王某不是企业的员工,当初是看在朋友的面子上让他有口饭吃,他本人也承诺只要有口饭吃就好了,现在反过来提要求。其实双方之间没有任何关系,更没有劳动关系只是朋友关系,不存在为其缴纳社会保险费的问题。同时,企业向仲裁委提交了所有职工工资单名册,在名册上没有王某的名字,因此,企业对张某提出的要求不予赞同。

3. 劳动争议

　　劳动争议是劳动关系不协调的表现之一。在生产劳动过程中,由于劳动关系主体之间的利益要求和动机取向有所不同,以及受各种各样因素的影响,劳动争议现象客观存在。如果劳动争议一旦发生,不仅会影响企业的正常生产秩序,而且会影响社会稳定,由此必须依法进行及时处理。就我国劳动关系而言,劳动争议具有如下特性:(1)互存性,即劳动争议主体之间必须存在劳动关系;(2)唯一性,即劳动争议主体一方为用人单位,另一方必须为劳动者;(3)时间性,即劳动争议必须是在劳动关系存续期间发生的;(4)关联性,即劳动争议的内容必须与劳动权利义务相关联。

　　在劳动实践中,劳动争议的发生在所难免,关键是要合理及时地予以处理,不留隐患,保障企业和社会的和谐。由此,在处理劳动争议时必须要遵循一定的基本原则:(1)合法性原则。劳动争议处理机构在处理劳动争议时的所有步骤和决定都要遵从法律规定,以事实为依据,以法律为准绳;(2)公平性原则。公平也是对合法性原则的贯彻和实施,劳动争议处理机构在处理劳动争议时必须保证劳动争议双方当事人处于平等的法律地位,不偏袒任何一方,完全体现处理的公平合理;(3)及时性原则。劳动争议处理机构要本着将劳动争议消灭在萌芽状态的原则,及时予以处理。因此,在处理劳动争议的过程中,要坚持先行调解的原则,调解不成时再提交仲裁委员会裁决或诉诸法律判决。同样,劳动争议处理机构的调解、仲裁委员会的裁决和法院的判决都要体现上述的合法性、公平性和及时性原则,其目的是保护当事人的合法权益,防止矛盾激化。

　　劳动争议发生后,劳动争议的双方当事人应该尽量和解,避免矛盾激化。可是,有时用人单位和劳动者双方当事人经过协商、中间人调解依然无法达成一致,为了保障当事人双方的权益,不得不诉诸法律途径解决。归结起来,解决劳动争议的途径和方法大致有以下4种:

　　(1)协商解决。劳动争议发生后,当事人双方首先应就争议事项进行商量,消除争议,解决矛盾。尽管协商解决并不是解决劳动争议的必经程序,但是这种方式得到国家和法律的认可,在很大程度上减少了当事人双方的物质和精神损失,不失为一种较好的解决方法。可是,在当事人不愿协商或者协商不成时,可以并有权申请调解、仲裁或诉诸法院。

　　(2)单位调解。劳动争议发生后,当事人中的任何一方都可以向本单位劳动争议调解委员会申请调解。如果调解成功,当事人双方应达成协议,并应自觉履行(此协议不具有法律约束力);如果当事人自申请之日起30日内未达成协议,则视为调解不成。于是,当事人可以在规定的60至90天期限内,向劳动争议仲裁委员会申请仲裁。此外,当事人不愿调解或调解达成协议后不予以执行或认为不合理的,也可以直接向仲裁委员会申请仲裁。

　　(3)劳动仲裁。劳动争议发生后,协商和调解都不能解决,且当事人向劳动争议仲裁委员会提出申请的,仲裁委员会应当予以受理。一般情况下,劳动争议由所在行政区域内的劳动争议仲裁委员会受理。当发生争议的单位与劳动者(职工)不在同一劳动争议仲裁委员会管辖地区时,则由劳动者当事人工资关系所在地的劳动争议仲裁委员会受理。劳动争议仲裁委员会进行裁决后,若当事人双方没有异议,裁决书即发生法律效力,当事人双方对发生法律效力裁决书应当依照规定的期限履行;如果当事人任何一方对裁决不服,则应在收到裁决书15日内向当地人民法院起诉,逾期不起诉的,视为认可裁决决定,裁决书即同样发生法律效力。

(4)法院判决。劳动争议发生后,当事人对上述三种解决方式不满意或不服时,可以向人民法院起诉,按法律规定解决。法院将按照民事诉讼法的有关程序进行解决。首先对双方当事人进行民事调解,如果双方当事人就劳动争议达成协议,法院将制定民事调解书,调解书一经送达当事人立即生效,与判决书具有同等法律效力。如果调解不成,法院将在规定的时间内做出书面判决。原告和被告中任何一方若对判决不服,可在自收到判决书起15日内向上一级人民法院提起上诉。

4.员工抱怨和冲突

长期以来,深受传统计划经济体制的影响,我国管理理论界对员工的抱怨和冲突的研究相对滞后。随着我国社会主义市场经济的进一步深入和发展,社会中一些不和谐因素随之出现,人与人之间的关系也在经历着迅猛的变革。如何正确地处理当前我国社会转型时期所出现一系列企业员工的矛盾和冲突问题,提高企业组织绩效,构建和谐社会,成为摆在我们面前的一个重要研究课题。

案例:小周是上海一家银行设备销售公司的员工。至今已经在这家公司工作近5年,一直负责华东地区银行客户的维护和售后服务工作。由于工作认真负责、技术过硬,深受公司领导和客户的喜欢。2008年4月初,小周向公司领导提交了辞职报告,利用"五一"放假,在未等公司领导批复的情况下,回到老家,并不再打算回原单位上班。"五一"过后,公司多次电话催促其回上海,可小周就是不回,坚决要求辞职,理由有:(1)他以前已向公司提交过辞职申请,公司一直没有给予答复;(2)过去近5年内,公司领导多次向其承诺加薪、解决住宿等问题都没有兑现。公司则提出辞职申请正在讨论中;以前对他的承诺在公司业务发展后会逐步实现,不会食言。同时,公司表达了想要留住小周继续工作的愿望,并委婉地批评了这种一走了之的态度,致使公司一时无法找到合适的人选来替代他的位置。

4.1 员工抱怨

抱怨是一种正常的心理情绪,当员工认为他受到了不公正的待遇,就会产生抱怨情绪,这种情绪有助于缓解心中的不快。抱怨不是很严重的事件,不必对此产生恐慌,但管理者也不可对此视而不见,放任自流,需要认真对待。最初,员工的抱怨一般仅仅停留在口头上,这时管理者若是没有体察到这种抱怨和予以及时处理,抱怨的情绪会继续蔓延下去,最终可能会导致冲突,甚至管理的混乱。员工可能会对生活中的许多事情产生抱怨,但就员工对用人单位的抱怨而言,大体上可以分为以下4类:(1)薪酬问题。这是员工抱怨最多的问题,因为薪酬不仅体现劳动者的价值,更直接关系着员工的生存和生活质量。现实中,同行同业的薪酬差异、福利、保险、分红、奖金等与薪酬有关的经济利益关系都有可能成为员工抱怨的话题;(2)工作环境。其范围非常很广,可以是社会大环境,也可以是企业或公司的小环境。工作环境的不理想或不尽如人意可能成为员工抱怨的对象;(3)同事关系。一般分为两种情况:一种属于个人或个体抱怨,是由员工的个性所产生,如:性格内向、不善交往等会导致同事关系紧张,造成抱怨;另一种是指工作交往密切的员工之间或部门内部员工之间的集体抱怨,具有传染性,要尽量防止和避免;(4)部门关系。企业内部各横向职能部门之间由于利益冲突和职权不清或工作衔接不畅也会导致员工抱怨。实践中,部门有时存在互不买账、互相推诿的现象,这会致使下属员工产生抱怨。

员工抱怨产生后,作为管理者最主要职责的是认真对待和及时处理好这种抱怨,而不能任其自生自灭或蔓延。有效地处理员工抱怨可以遵循或参考如下原则或步骤:(1)乐于和善于倾听员工抱怨。当员工认为自己受到不公正待遇时,会采取一些方式来发泄心中的怨气,这时大多数抱怨只是停留在口头上,需要他人的倾听和劝慰。管理者,此时应该认真的倾听员工的抱怨,对其进行心理疏导,帮助一起解决工作所遇到的难题。(2)尽量追查抱怨的起因。任何抱怨都有它的起因,管理者在追查员工抱怨起因时,要从多方了解和收集信息,了解抱怨产生的真正缘起,做到实事求是、客观公正。(3)进行真诚和平等的沟通。大多数情况下,员工抱怨是对一些不合理或不公平现象的情感宣泄,管理者不仅要认真倾听员工的抱怨,而且要与之进行真诚的沟通,及时予以解决问题。实践表明,80%以上的抱怨是可以通过平等沟通的方式解决的。(4)及时果断地予以处理。对于员工的抱怨,如前文所述,不能任其蔓延。管理者应本着公平、公正的原则,及时采取果断的处理措施。

4.2 员工冲突

冲突可以说是无处不有。在企业或单位中,员工的冲突不仅存在,而且是多种多样。比如有个体冲突、组织冲突、横向冲突和纵向冲突等。传统的观点认为冲突不是一件好事,应该及时消灭;而现代的观点将员工冲突分为有效冲突和有害冲突两种①。

有效冲突的形式是大家集思广益,各抒己见,在大家讨论和发表各自意见时,可能会存在冲突,但是这种冲突越多,也就越利于产生客观可行的方案。通过大家的讨论和争辩,最终达成求同存异,大家的冲突趋于平缓,增强了企业的和谐和凝聚力。有害冲突是企业中具有损害性的或阻碍目标实现的冲突。这种冲突百害而无一利,它不仅加大了企业内耗,而且会使企业逐步丧失其原有的市场竞争力。

根据美国著名行为科学家杜布林所提出的系统分析模型(见图8－2)②,将员工冲突共分为三大要素:即输入、干涉变量和输出。输入部分是指冲突的根源;干涉变量是指处理冲突的手段或方式;输出部分是指冲突的结果。

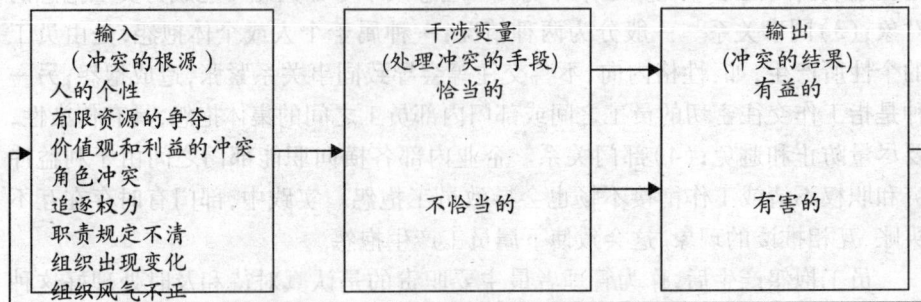

图8－2　杜布林冲突的系统分析模型

依据这一模型,可以将冲突的根源归结为以下几种:人的个性、有限资源的争夺、价值观和利益的冲突、角色冲突、追逐权力、职责规定不清、组织出现变化、组织风气不正等。

员工冲突发生后,管理者有必要采取果断的方法和手段予以及时解决。通过长期实践,人们发现下列方法可以用于解决员工冲突问题。如:协商法、上级仲裁法、拖延法、和平共处法、转移目标法及教育法等。

案例:新老员工冲突如何解决?

深圳某公司市场部副经理吴某与经理蔡某之间矛盾非常尖锐,可吴某提出离职时,一直给其"穿小鞋、使绊子"的蔡某却又千方百计要挽留自己的副手!

① 中调网:员工冲突管理的有效方法,2006－02－08
② 杜布林冲突的系统分析模型,见 www.wiki.mbalib.com/wiki/

原来,蔡某是公司的创业元老,已经在公司工作近 8 年。由于公司所从事软件行业的性质,不到 40 岁的蔡某已难以胜任这一行业日新月异的市场变化。为此,公司在 2 年前招聘了副经理吴某协助他的工作。在 2 年多时间里,吴某出色地完成了许多重要的工作,使得公司的市场占有率大幅提升。为了保全自己的地位与权威,蔡某经常会与副职抢功,偶然还会给他"小鞋"穿。年轻气盛的吴某不甘服软,二人的"明争暗斗"成了公司内部的"公开秘密"。公司高层对此是"睁一只眼,闭一只眼"。只有总裁私下劝诫过吴某几次,讲他还年轻,忍让一下自己的上司,人家毕竟是元老。

最后,随着矛盾的积累,吴某终于不顾蔡某与总裁的挽留,毅然离开了公司。对此,公司人力资源部陷入了两难之境。偏袒老员工就无法维护新员工的职业发展和正常的基本利益;向着新员工又会得罪老员工。毕竟老员工为企业打拼过,他们忠诚度高,熟悉企业内部情况、流程等,也是企业不可或缺的一笔财富。

第三节　劳动保护和劳动安全

劳动保护和劳动安全是进行人力资源维护极为重要的环节。人力资源在使用和再使用过程中都需要防护、补给、保养,这都与劳动保护和劳动安全密切相关。早在 1974 年,联合国国际劳工局召开的第 59 届国际劳工大会通过决议,号召各国和各地区的政府及企业家,改善职工劳动场所及其邻近环境的物质条件,确保职工在劳动过程中的安全;运用人体工程学的原理,协调劳动环境、劳动条件和劳动效率之间的相互关系,从而使机器设备及其操作程序适合劳动者的生理和心理特点;通过改善劳动条件和劳动组织,防止由于劳动过程的高速和单调而产生的精神紧张和情绪烦躁;尊重劳动者的人格和权利,使其参与有关改善劳动条件的决策等等。这表明了劳动保护和劳动安全的重要性,也是"以人为本"的现代人力资源管理的核心范畴。

1. 劳动保护

劳动保护的好坏关系到人力资源的再使用。根据我国宪法的有关规定和安全生产方针,各级政府机关、经济部门、企业单位和管理人员,都必须采取各种组织措施和技术措施,为劳动者提供良好的劳动环境和劳动条件,尽量防止由于生产过程中存在危险因素和致病因素而使劳动者受到人身伤害,以保障劳动者的权益,并避免人力、物力和财力的不应有的损失。劳动保护的具体内容,一般包括安全技术、工业卫生、劳动保护制度、女工的特殊保护等几个方面。

1.1 安全技术

安全技术是为了消除生产中引起伤亡事故的潜在因素,保证劳动者在生产中的安全,在技术上采取的各种措施的总和。它主要是解决如何防止和消除突发事故对于职工安全的威胁问题。不同行业的企业所要经常注意的安全技术问题是不相同的。它又包含机器设备的安全、电气设备的安全、动力锅炉的安全、厂房建筑物的安全等几个方面。

1.2 工业卫生

工业卫生是在生产中,为了改善劳动条件,避免有害有毒物质危害职工健康,防止发生职业中毒和职业病,而采取的技术组织措施的总和。它主要是解决对于职工健康的威胁问题。人在从事生产活动过程中,由于其生产工业过程、劳动过程或作业场所存在一定的毒害,对劳动者的身体健康会产生一定的影响,甚至导致职业疾病。

1.3 劳动保护制度

工人的安全和健康也与劳保制度有关。健全的劳动保护制度可以在很大程度上保障劳动者的生命和身体安全。概括地说,劳动保护制度由两方面的内容组成:生产行政管理的制度,如安全生产责任制度、安全教育制度、安全生产的监督检查制度、工伤事故的调查分析处理制度、劳动安全卫生制度以及特殊保护制度等;生产技术管理的制度,如设备维护检查修理制度和安全操作规章等。

1.4 女工保护

为保护女职工的身体健康,法律规定禁止安排女职工从事矿山井下作业;不得安排女职工在经期从事高处、高温、低温、冷水作业和国家规定的第三级体力劳动强度的劳动;不得安排女职工在怀孕期间从事国家规定的第三级体力劳动强度的劳动;对怀孕7个月以上的女职工,不得安排其延长工作时间和夜班劳动;不得安排女职工在哺乳未满1周岁的婴儿期间从事国家规定的第三级体力劳动强度的劳动和哺乳期禁忌从事的其他劳动,不得安排其延长工作时间和夜班劳动等。

2. 劳动安全

劳动安全问题事关重大。预防不当会影响到劳动者的工作积极性,也会给企业带来一定的损失,甚至还会给劳动者本人及亲属带来无尽的痛苦。众多的安全事故折射出企业或组织劳动安全的隐患。自2000年开始,随着工业化、城市化进程加快和社会生产规模急剧扩大,我国开始进入新一轮事故高发期,事故数和死亡人数连年增加,2002年达到107万起和139 393人的历史最高点。经过各级政府部门的努力和相关政策法规的出台,2003—2006年事故发生的起数和死亡人数均有所下降。2006年全国发生各类事故仍有627 158起,死亡112 822人①。就矿山安全事故而言,2006年矿山共发生死亡事故2 456起,死亡3 818人。可见,安全事故损失惨重,做好员工劳动安全工作意义十分重大。

劳动安全问题的成因存在着主、客观方面的原因。此外还包括制度、法律等许多其他原因。具体分析起来,可以分为以下三点:(1)安全生产主体责任不明确。我国处于社会转型的重要时期,现代企业制度尚未完全建立,很多企业的职责不明确,相关的法律法规也没有出台或亟待完善。(2)安全监管乏力。地方不能贯彻执行中央政府出台的政策,致使中央政府安全监管的执行力、公信力到地方有逐级弱化。就安全监管队伍自身看,面对艰苦繁重的任务,产生了畏难情绪。(3)安全生产的深层次问题待解决。当前,我国经济增长方式依然是以粗放型为主,企业的大规模扩张给安全生产带来压力。国民经济的持续发展掩盖了许多深层次的问题。

总的说来,现阶段我国的安全生产问题依然突出。对待这一问题,我们一方面要有做好安全生产工作的信心;另一方面也要认清工业化进程中安全生产的长期性、艰巨性和复杂性。必须坚决防止和纠正盲目乐观、麻痹松懈等情绪,保持清醒头脑,慎言成绩,不轻言好转;必须警钟长鸣、警示高悬、居安思危、言危求进,进一步增强紧迫感、危机感和责任感。

近些年来,劳动安全问题引起了党中央、国务院的高度关注。在总结国内外安全生产演变规律和经验教训的基础上,初步形成了以"安全发展"为核心的安全生产理论,用以指导我国的安全生产工作实践。具体主要从以下几个方面着手:(1)强化安全意识教育;(2)健全安全生产责任制;(3)提高安全操作规章的科学性;(4)注重安全隐患的防范;(5)建立规范的安全生产法治秩序;(6)依靠群众,形成广泛参与的监督机制等。

案例:设备问题引发的劳动纠纷

2006年2月20日,广元市元坝区昭化镇石盘村村民夏某到绵阳开元市南河开发区工地做临时工。当晚,因该公司安全设施不好,夏某在用斗车推运混凝土料时,不慎连人带车从7楼摔至5楼,当场摔伤,经广元市劳动鉴定委员会鉴定

---

① 李毅中,我国安全生产的形势和任务,info. cec – ceda. org. cn/zcfg/pages/20070628_8674_4_. html 2007 – 6 – 28

为残疾六等。

公司在为夏某支付了 3 486.80 元的医疗费后,便以夏某是农民临时工,上班时间太短,仅仅一天,并且未签订合同为由,拒绝支付其伤残补助费、残疾生活补助费、餐具费、营养费、误工费、续医费等费用。后虽夏某多次到公司要求,公司都置之不理。在无奈之下,夏某向法院提起诉讼,要求公司依法予以赔偿。

法院在受理此案后,认真地调查了案情,认为此次工伤事故完全系建筑公司所采取的安全设施和防护不当所致,公司应当对夏某的伤残承担赔偿责任,其拒付赔偿的理由不能成立。法院一审判决该公司一次性赔偿夏某各种费用共计41 583.20 元。

第四节　组织对员工承担的社会保障责任

1. 社会保障

社会保障是现代国家最重要的社会经济制度之一。建立健全与经济发展水平相适应的社会保障体系,是经济社会协调发展的必然要求,是社会稳定和国家长治久安的重要保证。社会保障还是一个很重要的经济和社会问题。其主要作用和目的是保障社会成员免遭年老、疾病、失业、生育、死亡、灾害等原因的影响,帮助降低生活和工作中可能遇到的风险,保障其基本生活,增强他们的生活安全感。

社会保障作为一种国家制度或社会政策,一般包括社会保险、社会福利、社会救济、社会优抚和安置及社会服务等几方面的内容。其中社会保险是社会保障体系的核心内容。

现阶段,我国正处于社会主义初级阶段,人民的收入水平和生活水平依然很低,很难独立应对各种风险。由此建立和完善社会保障制度,对稳定改革发展大局,保证国家的长治久安,构建和谐社会都有着极为重要的意义。第一,社会保障可以有效地防范和应对社会风险。由于社会资源分配结构的不完善、市场经济、个人能力差异等诸多因素的存在,社会成员不可避免地会遇到各种生存与发展方面的风险。所以,社会有必要通过社会保障体制,确保每一个社会成员有一个合理的基本生活水平,有效地应对社会风险。第二,社会保障可以有效地增强社会的团结与合作。人总是社会的人,只有在社会合作中,才能得到生存和发展。每一个社会成员对社会负有一定的责任,同样社会对于每一位社会成员也有着不可推卸的责任和义务,特别是对于处在困境中的社会成员,有义务使之共享由社会发展所带来的益处。社会保障有助于减少社会成员、社会群体之间的隔阂,最大限度地消除社会的离心因素,增强人们对社会的普遍认同,形成社会群体、社会成员之间相互信任的风气,进而提升社会的相互合作与相互依赖的程度,增强社会的整合性。第三,社会保障可以有效地激发社会活力。社会成员潜能开发得如何,将直接影响到整个社会持续性发展的动力,同时也事关这个社会发展的整体质量。马克思和恩格斯认为,社会发展最为重要的目标,是要使每一位社会成员获得自由而全面的发展。而社会成员通过必要的义务教育和职业训练,可以获得最为基本的发展能力;通过社会保障,可以消除社会成员的种种后顾之忧。第四,社会保障可以有效地保证社会成员未来生存与发展的基本水准。社会保障不仅具有当前的意义,而且具有长时效的意义。从某种意义上讲,社会保障是一种预先的制度准备与安排。它不仅可以有效地解决处境不利的社会成员当前的困难,而且可以有效地增强社会成员解决未来困难的能力。所以,社会保障对于保持与促进长远的社会和谐,具有不可忽视的重大作用。

2. 组织对员工的社会责任

企业或组织是社会的重要组成部分,它的生存与发展离不开社会的支持。同样,企业对社会也应承担一定的社会责任。所谓企业社会责任,基本含义就是企业对社会、对员工所应承担的责任与义务。其本质是对企业经济行为进行道德约束,强调在生产过程中关注人的价值,以及对环境、社会的保护与贡献[①]。企业社会责任中,员工利益是最直接和最主要的内容。企业在赚取利润的同时,应承担起在劳动时间、最低工资、劳动福利及社会保险等方面保障员工权益的相应责任。

作为世界上最大的发展中国家,中国人口众多,基础薄弱,经济发展起点低,地区、城乡之间发展极为不平衡,建设和完善社会保障体系的任务十分艰巨和繁重。改革开放前,中国长期实行与计划经济体制相统一的社会保障政策,最大限度地向人民提供各种社会保障。改革开放后,伴随着社会主义市场经济体制的建立和完善,中国对计划经济时期的社会保障制度进行了一系列改革,逐步建立起与市场经济体制相适应,由中央政府和地方政府分级负责,由国家、企业和个人共同承担的社会保障体系。如前所述,社会保障作为一种国家制度或社会政

① 赵琼,广东企业社会责任问题调查,企业,担负起你的社会责任,www.dajingmao.com /sub/view.asp? id=1167,2004-09-18

策,内容广泛,包括社会保险、社会福利、社会救济、社会优抚和安置及社会服务等几方面的内容。但却以社会保险为其核心。现代企业是现代人生活、学习和工作的主要场所。一个人对企业的贡献也就是对国家的贡献。同理,企业也要像国家一样给予所属的员工一定的福利和保障,对员工负有社会责任。具体需要承担的责任表现在以下几个方面:

(1)养老保险,即劳动者因年老丧失劳动能力,在养老期间的生活费和医疗药品的给付,以及生活方面的照顾。根据退休职工工龄长短,按月发给一定数额的退休费。(2)医疗保险,即劳动者在患病医疗期间的收入补助和医疗护理方面的保障措施。(3)工伤保险,即劳动者因工(公)负伤,暂时或永久丧失劳动能力后的工资收入补偿、医疗护理、伤残康复以及生活照顾措施。其中起居饮食需要人服侍的,还要根据情况发给护理费。因工死亡的,发给丧葬费,并对其生前供养的直系亲属按月发给抚恤费,直到受供养者失去供养条件为止。(4)生育保险,即劳动者在生育期间的收入补助和医疗护理方面的保障措施。女职工生育、产假期间工资照发。(5)失业保险,即劳动者在失业期间的生活费、医疗费的给付以及转业培训、职业介绍等措施。为保障企业职工在失业期间的基本生活需要,对于破产的企业的职工,企业法定整顿期间被精简的职工,企业终止、解除劳动合同的工人和企业辞退的职工按有关规定在一定期限内可领取一定数量的失业救济金。此外,中国企业还在社会福利、优抚安置、社会救助和住房保障等方面担当一定的社会责任。

第五节　工会的作用以及组织与工会关系的处理

1.工会的历史与作用

工会是工人阶级的群众组织,是在无产阶级和资产阶级的斗争过程中产生和发展起来的。工会最早产生于18世纪中叶的英国,到19世纪中叶,英国及其他西方国家相继建立了工会组织,并取得了合法地位。二战后,随着工会运动的高涨,工人组织率平均达到了40%左右,成为世界性的普遍社会现象。就工会的组织形式而言,在资本主义国家早期,工会大多为职业工会,凡从事同一职业的熟练工人都组织在同一职业工会内。

长期以来,西方工会一直进行争取工会权益的斗争。特别在二战后,经过工人们的长期斗争获得的组织权和集体谈判等权利进一步得到了法律上的保障。

例如二战后的意大利宪法规定了劳动者有权通过自己的政党和工会参与管理国家。日本通过劳工立法，宣布工会活动自由。美国工会获得的集体谈判权利得到法律上的承认。北欧国家和英国等宣布建立"福利国家"，工人的生活处境得到了改善。

西方国家工会还开展了争取参与企业和社会事务管理权的斗争，这是西方工人运动事业进入新阶段的重要标志。工人参与是现代化大生产发展的需要和工人阶级长期斗争的结果。西方国家工人及工会组织创造了许多行之有效的工人参与形式。其中德国工人争取参与企业管理的斗争和由此实行的"共决"（参与）制度具有代表性。其他西方国家也实行了一系列工人参与制度，如法、意等国实行的企业委员会制；瑞典、日本、美国等国实行的工人直接参与车间和班组管理制度，以及部分西方国家实行的"三方机制"等，即工人通过工会组织与政府、雇主代表举行谈判并签订社会协议，参与协调劳动和社会问题。在西方国家，工人及其工会组织的参与是有限度的，不可能根本改变现行制度和工人的处境。但是工人参与有利于调节劳资关系和社会矛盾，对维护社会稳定都具有一定的作用①。

在我国，工会具有特殊性，是伴随着帝国主义的入侵而产生，随着"洋务运动"和民族工业的发展而壮大。工会就是在这样复杂的环境中所产生，并同我国民族、民主革命进程紧密相连。中国工会自诞生的第一天起就肩负着重大的历史使命，在中国共产党的领导下，进行了反帝反封建的民族解放和民主革命斗争，为新中国的建立发挥了重大作用。

新中国成立后，中国工会在履行维护职工合法权益基本职能的同时，作为国家领导阶级 —— 工人阶级的群众组织，在国家的政治、经济和社会生活中发挥着越来越重要的作用。工会代表大会第五次会议、全国九届人大二十次会议通过的《关于修改〈中华人民共和国工会法〉的决定》，对我国工会的职责和作用作了明确界定："维护职工合法权益是工会的基本职责。中国工会在维护工会的合法权益和民主权利的同时，还积极动员和组织职工参加建设和改革，完成经济和社会发展任务；代表和组织职工参与国家和社会事务管理，参与企业、事业和机关的民主管理；教育职工不断提高思想道德素质和科学文化素质，建设有理想、有道德、有文化、有纪律的职工队伍。"可见，我国工会至少有着维护职工合法权益、教育、行使民主权利、进行职工文化建设、参与国家和社会管理等职能。

---

① 世界工运百年回顾（四），工人日报，http:// gonghui. pudong. gov. cn/ web/ new_page/ doc. asp? id = 4656

2. 工会与组织的关系

在西方资本主义国家发展初期,劳资关系非常紧张,工人们开展了各种形式的抗争,并产生了各种类型的工人组织。面对这种劳资矛盾的状况,政府采取了不干预的立场,任由劳资双方自行处理劳资关系问题。这种自由放任政策,进一步加剧了资强劳弱的劳资关系格局。18世纪末,英、法两国为了维护资产阶级利益,甚至颁布了《结社法》和《夏勃里埃法》,禁止工人结社、罢工和示威。但工人运动依然风涌云起,并未因雇主和政府的镇压而停止。在多次的抗争中,工人抗争的形式由分散的、个体的斗争转为更加规范的工会组织斗争。面对工人和工会力量的不断壮大,一些企业采取谈判的形式谋求解决劳资矛盾;也有一些雇主开始改变策略,对工人做出一些让步,力图以一种较为温和的方式来处理激烈对抗的劳资关系①。

在劳资关系日益紧张的情况下,欧美各国政府逐渐改变了资本主义发展初期"自由放任"的劳资关系政策,转而采取积极的干预政策。力求通过政府干预,避免激烈的对抗斗争,以协调劳资关系,稳定国家政局。1802年英国通过了第一个现代意义上的劳动法——《学徒健康和道德法》。1871年英国颁布了世界上第一个工会法,1875年又颁布了《企业主和工人法》,后者允许工人团体与企业主签订契约和合同。19世纪末20世纪初,西方各国的工厂立法、劳动保护立法、劳动保险立法、工会法、劳动争议处理法等法律纷纷出台,相应的劳动行政管理机构也开始出现。至1904年,新西兰出现了较规范的集体合同法。从此,集体谈判制度也开始得到西方各国国家法律的承认和保护。

20世纪20年代末到至30年代初,西方国家爆发了空前的经济大危机,大量企业破产,大批工人失业,劳资关系再度紧张,社会危机一触即发。以美国为代表的西方国家采纳了凯恩斯所提出的国家宏观干预经济政策,由国家直接出面干预失业,通过政府的大规模投资提供就业机会,通过加强劳动部门的就业管理职能,对劳动力市场进行宏观干预。社会保障制度的建立和发展,成为协调劳资关系中最重要的制度保证,也成为弱势人群的社会安全网,对缓和劳资冲突、促进劳资关系和谐稳定发挥了重要作用。

二战以后,为了维持国内产业发展,缓解社会的不安定因素,西方国家政府采用各种措施保障劳动关系和谐稳定。随着国家垄断资本主义的发展,西方国

---

① 王晶,西方国家劳动关系调整的启示(转载),首都经济贸易大学劳动经济学院,http://hi.baidu.com/yu_156888/blog/item/305202d1a421d03b9b5027ac.html,2007 - 07 - 06

家政府进一步加强了对劳动关系的直接干预力度,并形成了一套规范化、制度化的法律体系和调整机制,使劳动关系的和谐建立在民主法治基础上。可是,西方国家的社会固有矛盾并没有解决。社会的对立阶级仍然是资产阶级和工人阶级,工人受剥削和压迫的地位并没有得以改变,只是变成了一种更加"温和"的形式。特别是随着资本跨国投资的不断增长和信息技术的飞速发展,劳资关系又发生了一些新的变化。资本在世界范围的自由流动和利益联合,使其所有者一方面可以享受福利国家的生活环境,另一方面可以分享发展中国家低廉的劳动力成本所带来的高额利润。资本家成为全球化最大的受益者,而相当多的工人则陷于贫困之中。劳工权益保障超越了国界,成为一个世界性的社会问题。在这一背景下,各国劳动关系都发生了重大的变化,也打破了西方国家二战以后形成的劳资关系相对平衡的态势。

在我国,工会是职工自愿结合的工人阶级的群众组织,它代表职工的利益,依法维护职工的合法权益;同时,维护工人阶级领导的、以工农联盟为基础的人民民主专政的社会主义国家政权,协助人民政府开展工作,在政府行使国家行政权力过程,发挥民主参与和社会监督作用。工会在企业、事业单位中,支持行政依法行使管理权力,组织职工参加民主管理和民主监督,与行政方面建立协商制度,保障职工的合法权益,调动职工的积极性,促进企业、事业的发展。

有别于西方资本主义国家的是我国工会与企业不是对立的,是相互支持和相互尊重的。这种关系,是由我国社会性质和我国工会性质所决定的①。《企业工会工作条例》规定:企业工会接受同级党组织和上级工会双重领导,以同级党组织领导为主。企业工会与企业行政具有平等的法律地位,相互尊重、相互支持、平等合作,共谋企业发展。企业工会与企业可以通过联席会、民主议事会、民主协商会、劳资恳谈会等形式,建立协商沟通制度。

改革开放后,在发展社会主义市场经济的过程中,我国工会在维护职工政治权利的同时,维护职工的劳动权利和物质文化利益,把参与协调劳动关系,调节社会矛盾作为一项重要工作,努力促进经济发展和社会的长期稳定。在企业、事业单位中,坚持民主集中制,坚持依法行使管理权力,组织职工参加民主管理和民主监督,在行政方面建立协商制度,保障职工的合法权益,调动职工的积极性,促进企业、事业单位的发展。此外,中国工会努力巩固和发展工农联盟,坚持爱国统一战线,加强包括台湾同胞、港澳同胞和海外侨胞在内的全国各族人民的大

---

① 工会与企业的关系如何处理,中国人大网,http://www.npc.gov.cn/zgrdw/common/zw.jsp label = WXZLK&id = 294426 & pdmc =1135,2002 - 04 - 28

团结,促进祖国的统一、繁荣和富强;在国际事务中坚持独立自主、广泛联系的方针,在独立、平等、互相尊重、互不干涉内部事务的原则基础上,广泛发展同各国工会组织的友好关系,同全世界工人和工会一起,为世界的和平、发展、工人权益和社会进步而努力。

第六节 问题与探讨 —— 我国工会作用的变化

1. 西方国家劳动关系调整演变对我们的启示

随着社会生产力的发展与工人运动的进一步深入,尤其是知识经济的推动和全球化浪潮的冲击,西方发达国家的经济运行机制、经济结构、产权关系、企业制度、社会阶层结构都发生了深刻的变化,这些变化对劳资关系有着重大影响,使二战后的劳资关系由对立走向缓和,进而出现劳资合作的倾向。与过去相比,当今西方发达国家的劳资关系出现了诸多新的变化,对我国劳动关系的调整有着一定的借鉴意义①。

从西方国家劳资关系的发展历程我们可以看出,在劳资关系问题解决得比较好的时期,都是社会和谐、政局稳定、国力强盛时期。在我国当前社会主义市场经济条件下,大多数人都处于劳动关系体系之中,劳资关系的矛盾也日益凸现出来。因此,很好的解决两者的矛盾,对和谐的社会的构建、社会经济的可持续发展、社会公平正义和长治久安的实现都有着重大的意义。

西方市场经济国家经历了从自由放任到国家干预,从冲突对抗到谈判对话,从个人交涉到组织交涉,从你死我活、势不两立到相互妥协、共生共赢,从资方管理到共同管理,从相关国内法律单独规制到相关国内、国际法律共同规制的历史演变进程。同西方国家相比,我国劳动者作为国家主人翁的立国原则始终没有改变,这使得我们避免了资本主义发展初期由于劳动关系的深刻对立而产生的一系列社会问题。随着市场经济的深入发展,在劳动关系领域的社会治理走的就是一条以人为本的现代民主法治道路,建立与市场经济体制相适应的,以法律为基础的现代民主秩序。通过"劳动法"、"劳动合同法"和"社会保障法"等相关法律制度的建设和完善,将劳动关系的利益主体纳入现代民主法制的轨道,从而

---

① 王晶,西方国家劳动关系调整的启示(转载),首都经济贸易大学劳动经济学院,http://hi.baidu.com/yu_156888/blog/item/305202d1a421d03b9b5027ac.html,2007-07-06

使劳资关系的和谐稳定具有民主法治机制保障。

20世纪30年代以后，以美国为首的西方资本主义国家开始了对市场经济的政府干预，对缓解经济危机、缓和社会矛盾起到了重要作用。在市场经济条件下，政府干预是要独立于市场之外，以公平公正为原则，以法律和行政规制等手段，建立一套调节经济运行、协调各方利益关系、弥补市场缺陷的宏观调控体系。对于转型期的发展中国家来说，政府应正确定位自己的角色，扮演好"裁判员"。在制订游戏规则时，应以保护劳工利益作为政策的出发点，从整个社会长远发展的角度认识劳动关系和保护劳动者合法权益的重要性，并建立起劳动关系领域的各种社会治理制度。

将企业社会责任理念的推广作为激励企业自主改善劳动关系，建立劳动关系和谐机制。在经济全球化的背景下，劳动关系已突破国家界限成为国际竞争中的一个重要砝码，一些发达国家提出在国际贸易规则中设立"社会条款"，把贸易和劳工标准联系起来，近年来，企业社会责任运动在西方国家的迅速发展，更是将劳动关系问题摆到我们面前，对此我们应有客观清醒的认识。从微观上说，强化企业社会责任能实现劳资关系的双赢，促进劳动关系的和谐发展；从宏观上看，企业社会责任的实现与我国社会主义市场经济的最终目标相一致，有利于宏观经济的稳定持续发展和和谐社会的构建。

2. 工会在我国的变化

从社会主义改造完成到改革开放前很长的一段时间里，企业的所有制形式只有国有和集体两种，企业的职工是企业的人，企业的工会组织是企业管理者之一，工会领导在很大程度上来自于企业领导班子，参与企业民主决策，完全不同于西方资本主义社会，工会与企业处于对立地位。由此，我国工会的主要任务是组织和活跃员工生活、协助企业管理层安排和发放员工福利。

改革开放30年来，伴随经济社会的深刻变化，职工队伍不断壮大，职工内部结构、思想观念、就业方式、利益诉求等出现了新变化。特别是国企改制后，各种企业经营或所有形式大量出现，私营企业、外资企业、股份制企业占据半壁河山。计划经济时代的工资、福利的支配运作方式都遭到严重动摇，劳动关系要按市场经济机制运作，劳资关系矛盾日益凸现和尖锐。过去我们称之为"黄色"工会才有的劳资协商、劳资谈判也就应运而生。工会作为劳资双方的桥梁与纽带，在协商谈判活动中的重要作用也开始凸现，企业工会开始逐步实现应有职能的回归。

过去的几十年里，我国工会在我国社会主义市场经济体制建立和完善过程中发挥了重大的作用。如积极参与了"破产法"、"就业促进法"、"社会保险法"

等一系列法律法规的立法和制定;推动了工会、政府联席会议制度和劳动关系三方协调机制建设;促进了劳动合同、集体合同制度的建立和实施;完善了企业、事业单位民主管理制度;加强了工会劳动法律监督和劳动争议调解工作。切实维护和保障了企业、事业单位职工及农民工的合法权益①。

现阶段,我国正处于社会主义市场经济体制的重要转型时期,随着改革开放继续深入,经济平稳较快发展,社会结构深刻变化,经济关系、劳动关系更加复杂多变,也对建设中国特色社会主义工会提出了新的任务。伴随着农民工成为工人阶级新成员,农民工的维权问题也成为社会关注热点。在目前全国 2.09 亿工会会员中,农民工会员人数为 6 600 万人。如何保障农民工就业、工资收入、医疗和养老保险等都将成为工会关注的重点。

怎样组建和扩大包括外企在内的非公有制企业工会是一个重大的研究课题。2006 年 7 月 29 日,沃尔玛晋江店工会在全国率先成立,为外企等非公有制企业工会在我国的建立提供了经验和借鉴。但就全国来看,外资企业特别是世界 500 强等跨国公司建会率不高。其中还有一批长期拒不建会的企业存在。因此,如何扩大工会的覆盖面,切实保障员工利益是一个亟待解决的问题。

扩大乡镇基层工会组织将是未来工会发展的重要方向。目前,全国 97.8% 的乡镇(街道)已建立工会组织,在一些经济发达地区,80% 的村(社区)建立了工会组织。如何借助这些基层工会组织推动新一轮农村改革将会备受关注②。

正如中华全国总工会主席王兆国同志所指出③,我们正处在一个深刻变革的时代,为适应新形势的要求,未来工会工作的主要任务是:推动科学发展,以创建"工人先锋号"为载体,广泛开展职工建功立业活动,大力实施职工素质建设工程,更加充分地发挥工人阶级主力军作用;促进社会和谐,以创建劳动关系和谐企业为手段,大力发展和谐劳动关系,维护职工队伍和社会稳定;推动共建共享,以劳动就业、收入分配、社会保障和劳动安全卫生为重点,健全完善维权机制,不断增强维权实效;加强民主管理和基层民主建设,以职代会为基本制度,扩大有序参与,维护职工民主政治权利;激发组织活力,以加强基层工会建设为着力点,提高领导机关服务基层、服务职工的水平,增强工会组织吸引力、凝聚力。

---

① 徐振寰,中国工会在构建和谐劳动关系中的作用,工人日报,2006 - 12 - 06

② 中国工会十五大热点展望:探索新时期工会新使命,新华社中国政府门户网站,www. gov. cn,2008 - 10 - 16

③ 王兆国作工会十五大报告提出未来五年主要任务,人民网,www. people. com. cn,2008 - 10 - 17

☞ **复习思考题**

1. 请你结合本章内容,阐述人力资源维护的重要意义。

2. 人力资源维护对一个企业的作用具体体现在哪些方面?

3. 结合中国当前的实际,试谈中国人力资源维护方面有哪些不足? 如何改进?

☞ **进一步阅读的材料**

1. 刘军胜. 劳动关系八大热点,企业管理,2009(02)

2. 桂燕,邓波. 中国不同类型企业的劳动关系特点分析,消费导刊,2009(01)

3. 曹永刚. 合作式劳动关系将真正拉开序幕——南京大学商学院院长赵曙明教授访谈录,人力资源,2009(01)

4. Carol Gill. Union Impact on the Effective Adoption of High Performance Work Practices, Human Resource Management Review, 2009,19(1):39 – 50

5. W Lee Hansen. Developing New Proficiencies for Human Resource and Industrial Relations Professionals, Human Resource Management Review, 2002,12(4):513 – 538

6. Paula B Voos. An IR Perspective on Collective Bargaining, Human Resource Management Review, 2001,11(4):487 – 503

7. John T Delaney, John Godard. An Industrial Relations Perspective on the High – performance Paradigm, Human Resource Management Review,2001,11(4):395 – 429

第四编

人力资源的开发

第九章 员工培训

◆学习要点◆

(1)员工培训如何帮助企业获得竞争优势;(2)新员工培训的层次和内容;(3)如何进行培训需求分析;(4)培训计划的内容和制定程序;(5)各种培训方法的特点及适用条件;(6)培训效果评估的方法与模型。

第一节 培训概述

员工培训是指企业有计划、有系统地实施有助于提高员工个人素质、工作能力及工作绩效的活动,以实现企业目标和满足员工个人发展需要的过程。其中,工作能力包括与工作相关的知识、技能、观点、动机、态度和行为。培训也是人力资源开发的重要方面。

培训的目的可以概括为两个方面。一是作为组织人力资本投资的一种重要形式,通过这一活动获得预期的回报。使员工获得新知识、提高能力水平、形成良好的工作行为,进而提高工作绩效和组织绩效,使企业获得竞争优势,更好地生存与发展。二是通过培训使员工提高专业能力,有助于员工个人的职业生涯发展,是企业承担社会责任的一个重要方面。

1.培训的作用

员工培训的作用模型如图9－1所示,可以看出:员工绩效受到员工行为的影响,员工行为由员工动机引发,而员工动机的产生主要由员工的知识、技能和态度决定。因此,员工培训的主要内容包括:丰富员工的知识、提高员工的技能、端正员工的态度。需要注意的是,在知识、技能、态度三者中,影响员工动机最强烈的因素是态度,所以,培训中端正员工的态度尤为重要。

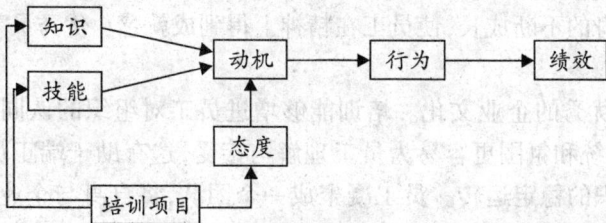

图9－1　员工培训的作用模型

资料来源:胡君辰,郑绍濂,人力资源开发与管理(第2版),复旦大学出版社

许多企业早已意识到,员工的素质和能力与企业竞争力有着密切的联系。然而,自从人类迈入知识经济时代,信息的日益更新、高科技的飞速发展、新技术的不断涌现对员工知识、技能的要求越来越高;同时,企业内组织结构的变化也需要赋予员工更大的责任。培训可以为解决这些问题提供帮助。完善的培训不仅可以提升员工的素质和能力,使员工受益、增强企业的凝聚力,而且能够调动员工的积极性和创造性,促进企业绩效的改善,使企业受益。

培训的作用具体体现在以下几个方面:

(1)提升员工的整体素质。培训帮助新员工融入新的工作环境、尽快进入角色,也让老员工适应日益变化的环境,跟上时代的步伐。培训可提高员工的职业能力,协调"人"与"事"的矛盾,促进员工间能力差距的平衡,帮助提升员工队伍的整体素质,有助于企业发展目标的实现。

(2)增强企业的竞争优势。一方面,有效的培训不仅提升了员工的素质和能力,而且改善了他们的工作动机和态度,这些都能够促进员工工作质量和劳动生产率的提高,员工绩效、组织绩效也得到提高。美国经济学家舒尔茨曾提到:"只要企业开始有效利用人力资源,并挖掘迄今未发挥的潜力去实现企业的目标,则职工个人生产率提高50%并不罕见。"[1]许多企业的成功经验反复证明了

①　转引自　杨生斌,培训与开发,西安交通大学出版社,2006

这一点。另一方面,在以知识经济资源为重要依托的现代社会,企业竞争主要依靠的是知识密集型的人力资本,培训能够使员工的知识水平、技术能力、研发能力及人际关系处理能力都得到强化,从而使员工成为某一领域名副其实的专业人才。员工培训正是创造人力资本的重要途径。

(3)实现员工的自我成长。每个员工都希望自身价值得到体现,在组织中能够得到持续的发展,如果这种期望得不到满足,员工会觉得生活乏味、工作没有动力。培训使员工不断习得新的知识和技能,能够接受更具挑战性的工作和任务,实现自身的不断成长,使员工在精神上得到成就感。优秀员工的流失率也能够大大降低。

(4)建立优秀的企业文化。培训能够增进员工对组织的认同感和归属感,企业的优良传统和氛围更容易为员工理解与接受,这有助于端正员工的观念和行为,促进组织的稳定运转。员工凝聚成一个团队,将自身与企业融为一体,共同生存和发展,形成向上的团队精神和优秀的企业文化。

案例:施乐公司是世界上最大的现代化办公设备制造商、复印机的发明者。曾有一段时期,被称为"复印机之王"的施乐公司,其市场份额从18.5%下降到了10%。CEO凯恩斯先生意识到,要想重新获取竞争优势,不得不大力改善产品和服务质量。这就意味着必须改变公司员工的行为。因此,公司开设了一系列的培训课程,目的是指导、促使员工完成质量改进方案中新的工作任务。

在培训过程中,管理部门向员工说明为什么要进行这样大规模的培训,明确质量的定义以及每一位员工的任务,告诉员工怎样成为一个角色榜样,如何提高技能和团队合作的效率等。在培训基础上,鼓励员工在工作中实践培训的各项内容,部门经理提供反馈和咨询来帮助员工调整这些技能。

这样大规模的培训花掉了1.25亿美元和400万个工时。然而,培训的效果却远远超出了它的支出。因为员工在培训后以团队的形式工作,识别并纠正了妨碍优质生产和服务的质量问题。培训后,消费者的满意度增加了40%,同时对质量的投诉降低了60%。这使得施乐公司重新夺回了美国的复印机市场"王位"。

2. 员工培训的类型

(1)按培训对象的不同,员工培训可分为新员工定位、操作人员培训、科技人员培训和管理人员培训。

新员工定位也被称为新员工入职培训,指为新员工提供有关公司和工作的基本背景情况的培训。包括对公司概况的介绍、说明公司的主要政策及程序、公司的部门设置情况、部门职能和岗位职责以及带领新员工参观重要部门等。对新员工进行培训是为了帮助他们了解、熟悉新的工作环境,尽快融入企业中来。新员工培训也可以增强新员工对公司的认同感,减少新员工的流失。

操作人员培训是对企业内一线员工进行的培训。由于各企业操作人员的工种不同,所需的知识和技能也不同。因此需要根据岗位情况对操作人员进行特定知识和技能的培训,使他们的操作技能得到提高,掌握正确做事情的原则和方法,提高工作效率。此外,还可以进行全面质量控制、团队建设、企业文化、人际关系技能、压力管理、时间管理、个人电脑实务和自我管理等项目的培训。

科技人员培训是组织公司内的科技人员进行专业领域知识的学习,使他们能够开发出适合市场需求的新产品,或进行工艺改革和技术创新,完成各项科研任务,主动为企业的战略目标作贡献。

管理人员培训是指对企业内管理人员或可能成为管理人员的非管理人员进行的培训。此类培训让未受过正规管理学习的管理人员掌握必要的管理技能并帮助他们树立良好的心态。除职能部门特定的培训项目外,培训内容还包括:团队建设、时间管理、决策技能、信息沟通、员工激励、多元化管理和谈判技巧等。

(2)根据培训与工作的关系,员工培训可分为:在职培训、脱产培训和半脱产培训。

在职培训是指员工在实际工作中得到培训。这种培训方式比较经济,不需要特殊场所、设备或人员。同时,培训对象不脱离岗位,因此不会影响日常生产和工作。

脱产培训是指员工脱离工作岗位,专门接受培训。由于没有工作压力、时间充裕,员工精力集中,在规范的指导下知识技能水平提高较快。但这种培训方式需要专门的设备和场所以及教师,成本较高。

半脱产培训则介于在职培训与脱产培训之间,它能够较好地兼顾费用和质量,但需要员工自我管理能力较强,能够协调好工作与学习的关系。

(3)按培训部门的组建模式划分,有学院模式、客户模式、矩阵模式和虚拟培训组织模式等[①]。

在学院模式中,企业自己开办研究院或培训学院,它的客户群不仅包括内部员工,还可包括外部客户。每项培训活动都由主管和专家来共同领导。专家负责开发、管理和修订培训项目。

客户模式是指通过社会专门培训机构进行培训。公司的培训部门负责明确

---

① ［美］雷蒙德·A·诺伊,雇员培训与开发,中国人民大学出版社,2001

公司内部的培训需求,确定参加培训的人员,使培训机构的培训项目与公司的特定需求相一致。

采用矩阵模式时,培训者具有培训专家和职能专家两方面的职责。对于培训的方法、内容和效果,既要向培训部门经理又要向特定职能部门的经理汇报。

虚拟培训组织(**VTO**)模式是以远程网络、信息共享等技术为主要工具。实施虚拟培训主要有两种形式:一种是过程虚拟化,主要体现为员工自主培训、网络培训、合作培训等形式;另一种是职能虚拟化,即培训外包,就是指原来属于企业培训部门的工作委托给一些专业的机构去运作。这些机构将委托的员工视为内部顾客,以这些顾客为核心进行培训,并通过网络来开展。并不是所有的企业和培训对象都能够实施虚拟培训,虚拟培训和虚拟经营类似,有其特殊性。

4 种模式的优缺点如表 9 - 1 所示。

表9-1　4种培训组织模式的优缺点

培训类型	优　点	缺　点
学院模式	·培训主管是培训领域的专家 ·培训计划由人事专家制定 ·培训内容和进度主要根据培训师的专业水平和空闲时间而定 ·各环节都有专家进行指导	·培训部门可能忽略组织的需求 ·培训工作过于专业 ·需不断对受训者进行调查,确保培训服务能够满足员工需求
客户模式	·能够弥补学院模式的不足,较好地满足组织内某些职能部门的培训需要	·培训前培训者必须花费大量时间来研究各个部门的业务职能 ·许多专项培训课程是由客户开发的,培训者很难保证每项培训的有效性
矩阵模式	·有助于将培训与经营需要联系起来 ·培训者与特定职能部门的接触可以获得其他专门知识,同时也能够保持自身专业知识的更新与完善	·由于培训者要向两个主管汇报工作,可能导致多头管理现象,培训者会陷入多指令的矛盾冲突中
虚拟培训组织模式	·员工对学习负主要责任 ·在工作中进行最有效的学习 ·经理与员工的关系对将培训成果转换成工作绩效的提高起着重要的作用	·培训者的数量不确定,每次培训活动都必须实时安排 ·对培训者的要求较高,寻找合适的培训者较困难

3. 培训的几个原则

3.1 战略性原则

员工培训是人力资源管理活动的一个环节,而人力资源管理活动又属于企业管理活动的一部分,因此,员工培训不仅应该符合人力资源管理活动的战略目标,也要同企业的总体战略目标相一致。同时,作为一种带有管理性质的活动,对于员工培训的设计也要从战略角度来考虑,用战略眼光组织员工培训,系统地安排培训活动的各个环节,并适时地根据企业的发展状况进行调整,设计出合理的培训方案。

3.2 层次性原则

不同的工作任务,对员工知识水平和技能的要求不同。在企业内部,各层次员工的个体素质也不尽相同。因此,应采取符合组织结构特点的层次性培训,各层次的培训重点要与该层次人员的实际情况相协调。在全员培训之外,还应重点针对那些对组织兴衰有重大影响力的中高层管理人员、技术骨干进行培训。

3.3 连续性原则

员工培训具有周期短、针对性较强的特点,许多培训需求是由企业经营状况的特定变化而产生的。现代企业面临着更新速率日益加快的市场环境,这就要求员工不断接受新的知识,不断进行学习。此外,培训各个阶段也具有连续性,要注意培训活动各个阶段的衔接协调,同时也应该让员工知道各个阶段的联系、明确每个阶段的学习目标。

3.4 实践性原则

有针对性的培训应该从企业实际工作需要出发,针对员工个人的年龄、知识程度、能力结构和思维方式设计具有可操作性的培训内容,可采用案例、讨论等教学方式,这样才能收到实效。除了结合实际情况制订出短期、中期、长期的培训计划外,还应该为员工提供实践机会,做到学用一致,通过"干中学"提升。此外,可构建学习型组织,它能促进员工的学习能力,帮助员工将培训成果转化、融合到组织实际环境中,并提高员工的创新能力。

3.5 激励性原则

培训工作中严格考核和择优奖励是必要的环节。严格考核保证了培训质量,也是检验培训效果的手段,通过考核挑选出优秀的员工,进行奖励。择优奖励是正向激励的一种方式,它是调动员工积极性的有力杠杆,促使员工为实现个人目标而努力。当员工在工作过程中得到承认或被赋予某些责任后,认同感、使命感、成就感会增加,学习积极性会大大提高,创造能力也由此得到激发。事实上,培训本身也是一种激励手段,在培训中,员工不仅能感受到组织对自身的重视,也提高了对自我价值的认识。

3.6 反馈性原则

员工在培训中可以学习各种知识和技能,改善自己的行为方式;企业则可以在培训员工之后获得销售额的上升及顾客满意度的提高。因此,反馈的目的在于跟踪企业和员工从培训中获得的收益,检验培训工作对目标的实现程度,判断培训给公司带来的经济效益和社会效益。通过对培训效果进行评估和反馈,能够反映培训对组织的贡献,帮助管理者调整培训的相关计划,实现对培训过程的质量控制。同时,可以让员工交流培训心得,使培训资源得到推广和共享。

3.7 伦理性原则

培训是一种人与人之间的行为,因此,企业与员工应始终保持诚实和尊重。企业不能强制不愿意参加培训的员工参与相关培训活动,也不能以年龄、性别、种族、身体状况为由设置接受培训的障碍。另一方面,企业的培训要建立在有效的基础上,应精确、适当地对培训项目进行描述,教学过程中也要避免无效率的教学方式。

第二节 培训需求分析

培训需求分析是判断组织是否需要培训及确定培训内容的一种活动,它关系到培训的方向,是确立培训目标、制定培训方案、实施培训计划和评判培训效果的基础,对培训的质量起着决定性的作用。

在企业内部,组织的发展战略与员工实际绩效之间始终会存在着差距,为了减小理想状态与现实情况的差距缺口,企业内会产生培训需求。

培训需求分析就是通过收集组织、员工及现有绩效的相关信息,确定组织理想状况和实际情况间的差距,从而进一步找出组织及其员工在知识、技术和能力方面的差距,确定出现绩效问题的原因,为培训活动提供依据。

进行培训需求分析有两个关键点:一是要找出差距存在的症结,二是要区分哪些问题可以通过培训得到解决,哪些无法通过培训解决。使那些可以改进的具体行为和表现通过培训得到改善。培训需求分析可以从3个层面展开,即组织分析、职务分析和人员分析。图9-2较充分地描述了培训需求分析的3个层面。

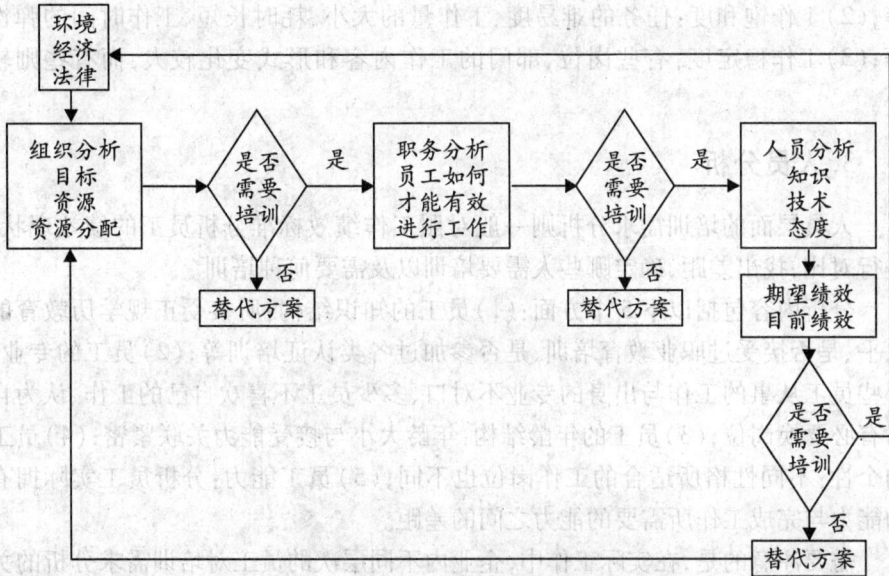

图 9 - 2 培训需求分析模式

资料来源:Wayne F Cascio, Managing Human Resources(3rd ed), New York:McGraw – Hill, 1992 转引自 石金涛,培训与开发,中国人民大学出版社,2003

1.组织分析

组织层面的培训需求分析是通过对组织的战略目标、内外环境、具备的资源与特质等因素的分析,找出组织中存在的问题与问题产生的根源,以此决定组织中需要哪些培训内容。

分析内容包括以下4个方面:(1)组织目标分析:根据组织的长期目标、短期目标、经营计划等判断组织的知识和技术需求;(2)组织资源分析:对组织的人力、物力、财力及时间等资源进行分析;(3)组织特征分析:主要是对组织的系统结构、文化、信息传播情况的了解;(4)组织环境分析:重点是对外部环境进行分析,如行业现状、国家法律政策等。

2.职务分析

工作层面的培训需求分析是结合岗位说明书或根据实际情况具体分析与绩效问题相关工作的详细内容、标准和完成工作所应具备的条件,同实际情况对比找出差距,确定培训需求。

分析内容包括以下3个方面:(1)工作复杂度:创造性工作还是执行性工作

等;(2)工作饱和度:任务的难易度、工作量的大小、耗时长短、工作时间的弹性等;(3)工作稳定度:有些岗位、部门的工作内容和形式变化较大,而有些则较小。

3.人员分析

人员层面的培训需求分析则一般对照工作绩效标准分析员工的绩效现状,进行对比,找出差距,确定哪些人需要培训以及需要何种培训。

分析内容包括以下5个方面:(1)员工的知识结构:所接受正规学历教育的水平、是否接受过职业教育培训、是否参加过各类认证培训等;(2)员工的专业:哪些员工从事的工作与出身的专业不对口、多少员工不喜欢自己的工作、认为自己有必要换岗位;(3)员工的年龄结构:年龄大小与接受能力关联紧密;(4)员工的个性:不同性格所适合的工作岗位也不同;(5)员工能力:分析员工实际拥有的能力与完成工作所需要的能力之间的差距。

需要注意的是,在实际工作中,企业内不同层次的员工对培训需求分析的关注点并不完全相同,如表9-2所示。一般高层管理者更为企业的发展前景着想,而中层管理者更关心本部门业务目标的实现。此外,在现实中组织、工作、人员三方面的需求不完全一致,往往呈交叉现象,应选择三方的共同需求区域作为组织的培训目标。

表9-2 高层管理者、中层管理者及培训者在培训需求分析中的关注点

人员类型 / 分析层面	高层管理者	中层管理者	培训者
组织层面	培训对实现我们的经营目标重要吗?培训将会怎样支持我们战略目标的实现?	我愿意花钱进行培训吗?要花多少钱?	我有资金来购买培训产品和服务吗?经理们会不会支持培训?
工作层面	哪些职能部门和经营单位需要培训?	哪些人需要接受培训?	
人员层面	公司拥有具备一定知识、技术、能力的员工吗?	在哪些工作领域内进行培训可大幅度地改变产品质量或客户服务水平?	哪些任务需要培训?该任务需要具备哪些知识、技能或其他特点?

资料来源:[美]雷蒙德·A·诺伊,雇员培训与开发,中国人民大学出版社,2001

第三节 培训计划的制订

1. 培训计划的类型

1.1 培训计划的横向结构

按时间跨度横向划分,培训计划可分为:整体培训计划、培训管理计划和部门培训计划。

整体培训计划包括对企业培训总体目标、企业培训资源、企业培训形式等内容的分析,它帮助管理者明确组织培训活动所面临的内外环境,提出问题的整体解决方案,规定培训活动的总体发展方向。

培训管理计划是培训主管为保障整体培训计划的落实所制订一系列相关计划,是对整体培训计划的进一步细分,也是企业内各部门制订部门内培训计划的依据。通过制订培训管理计划,可以将企业整体培训计划和部门培训计划联系起来。

部门培训计划是企业内最基础的培训计划,它是各部门具体培训工作的实施规划,保障整体培训计划和培训管理计划的贯彻落实,内容包括培训需求分析、培训目标、培训对象、培训时间地点、培训内容及可能问题等具体事项。

1.2 培训计划的纵向结构

按时间跨度纵向划分,培训计划可分为:长期培训计划、中期培训计划和短期培训计划。

长期培训计划是以企业战略目标和企业未来发展状况为出发点制订的培训计划。它一般以 1~3 年为限,时间过长则无法预测影响培训的相关因素,时间过短就失去了现实意义。制订长期培训计划需要了解组织未来的发展方向、组织结构和员工现状、企业发展过程中员工的需求以及企业内可利用的资源与外部环境等。

中期培训计划扮演着承上启下的角色,它是对长期培训计划的细化,同时为短期培训计划的制订提供依据。企业内的年度培训计划即属于中期培训计划,它概括说明了组织年度内的培训对象、培训方式、培训内容、培训经费预算等问题。中期培训计划应该与组织的长期培训计划保持目标一致。

短期培训计划是针对短期内不同的培训活动或培训课程制订的具体计划。它的目标是确立训练目的,为培训计划提供基本的结构和时间安排表,受训者通过短期培训计划可以有效地完成短期内的所有培训活动。制订短期培训计划必须考虑可操作性和培训效果,因此计划实施前的准备工作非常重要。

2.培训计划的制订程序

培训计划的制订关系着培训项目的实施及培训效果的好坏,科学的培训计划制订程序能够保障培训活动的有效性。一般的培训计划制订程序如图9-3所示。

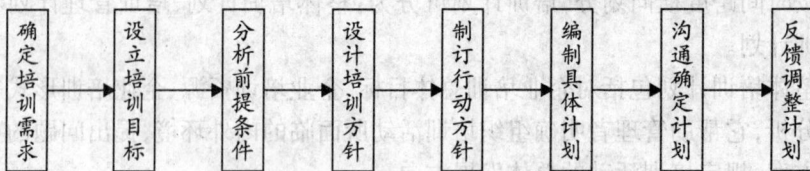

图9-3　培训计划的制订程序

(1)考察企业面临的外部环境,结合企业发展的战略目标和实际现状,确定培训的需求。

(2)根据培训活动的总体发展方向,设立培训活动的战略目标并确定时间期限。

(3)依据企业的外部环境和内部条件,分析开展培训工作的前提条件。

(4)确定培训计划的组成要素,设计出几套培训计划方案,并挑选出最合适的方案。

(5)以所选择的培训方案为基础,制订培训工作的行动方针。

(6)编制培训工作的具体实施计划。

(7)与各部门就培训计划进行沟通并确认。

(8)进行培训效果、效益分析,定期反馈,对计划进行调整和修正。

3.培训计划的内容

可以运用"5W1H"原理对培训计划的内容加以分析。

3.1 培训的目的(Why)

培训的目的是培训活动的纲领,可以保证培训的有效性,增强培训活动的针对性,应该将它与组织的发展目标及员工的个人发展目标联系起来,并用简明的语言表述。

3.2 培训的参与者(Who)

培训活动的参与者除了受训者,还包括培训师和培训项目的负责人。

不同的培训需求决定了受训者的不同,通过需求分析,可以发现哪些员工缺乏工作所需的相关知识和技能,以此确定受训者的范围。另外,还应确定哪些人是主要培训对象,哪些人是次要培训对象,以及培训对象的数量为多少合适。培训对象的选择关系到培训成本的控制和培训效果的好坏。

培训师的来源有两个途径:一方面是内部来源,即组织内的领导、具备某项专长的员工等;另一方面是外部来源,即熟悉专业理论的培训人员或教授,他们在理论上可以提供一些更新的观点。确定培训师时,应首先考虑内部资源,没有合适人选时再选择外部资源。

企业一般都会设立负责培训的专职部门,部门人员对培训活动进行有组织、有系统的持续管理。具体到某一培训项目时,一定要指定项目负责人,便于及时解决各种问题,协调人事关系,有利于培训活动的顺利开展,保证培训工作的质量和效率。

3.3 培训的内容(What)

培训的内容一般包括专业知识、专项技能、组织文化教育、员工工作态度培训等,具体选择哪一方面作为培训内容可根据受训者的实际能力和性格特征等情况确定。

3.4 培训的时间(When)

培训时间是否正确合理,关系到组织目标和岗位目标能否顺利实现,也影响着企业的劳动生产率。培训时间太提前,员工在需要时可能已经忘记了培训内容;培训时间太滞后,员工不能及时接受相关知识的培训,则会影响组织正常的生产经营活动。

3.5 培训场所(Where)

培训场所可依据培训内容和培训方式进行选择,一般分为内部培训场地和外部专业培训机构。前者主要在企业内,利用现有的场地条件进行培训,这种方式便于组织,节约费用,但形式较为单一,并且易受外界环境的影响。后者则是与专业培训机构合作,租用对方的专业场地,这种方式使受训者在良好的外界环境中专心地接受培训,可供选择的培训技巧也非常多,但花费较多,组织起来也更为复杂。

3.6 如何进行培训(How)

即要说明培训的方法和考评方法。

培训方法关系到培训效果的好坏。不同的培训项目,根据其培训内容和培训方式的不同,所采取的培训方法、培训技巧也存在着差异。

培训的效果如何,需要进行考试和评估才能确定。考评方法有笔试、面试和操作等方式,可以在培训后马上进行即时考评,也可以在培训后的工作中进行应用考评。具体形式应结合培训项目本身和企业、员工的具体情况而定。

此外,还需要对培训项目需要的经费进行预算,培训计划中涉及的工作如何分配也应作说明。

第四节 培训方法的选用

在传统的培训方式中,培训师与受训者以面对面的直接沟通为主,这类培训方法一般不需要借助电子信息技术来传递信息,包括讲授、研讨、视听、角色扮演、商业游戏、处理文件训练、仿真学习、案例研究、师徒培训、工作轮换等方法。很多企业都非常重视传统培训方法,在培训活动中被广泛应用。

1.演示类培训方法

1.1 讲授法

在讲授法中,培训师通过语言和文字书写的方式将知识、技能等培训内容传授给受训者。它是最古老的培训方法之一,应用也最为普遍。对于刚起步的企业和需要不断更新知识的学习型组织,讲授法能使受训者在短时间内接收到大量的信息,因而备受欢迎。这种方法具有单向沟通性,因而要求受训者必须具有很强的学习动机,培训师应具备扎实的专业功底和个人魅力。采用这种培训方法时,一般会附加问答、讨论和案例研究等形式,或将其作为行为模拟和技术培训的辅助手段。

1.2 视听法

视听法是利用视听材料对受训者进行培训。在视听过程中,受训者的视觉、听觉受到刺激,比枯燥的讲授更能留下深刻的印象。视听法通常与讲授法结合使用,在讲授过程中播放与实际生活相关的视听材料,效果更好。美国西南航空公司就自己制作了一部9分钟的音乐电视,通过这部短片向员工讲解了公司整体运作的工作流程,同时传达了企业文化。

1.3 行为示范法

行为示范法是指先向受训者示范完成一项任务所必需的一组关键行为,然后给他们实践这些关键行为的机会。培训的目的就是让受训者观察一个模式,记住这个模式中的操作方式,然后亲自对这一模式进行操作,并最终在工作中进行应用。

2.讨论式培训方法

2.1 研讨法

研讨法也称讨论法、会议法,培训负责人组织受训者进行讨论,维持讨论秩序并避免偏题,最终总结出解决问题的方法。研讨法是培训者和受训者之间以及受训者相互间的双向沟通过程,它要求参与讨论的双方都愿意与人交流、能实事求是地分享观点并愿意改变自己,只有双方积极地参与讨论、及时反馈、澄清疑问,才能使沟通有效。成功地组织研讨需要为开放式的交流创造一个安静的环境,充分的资源和时间也是必不可少的,同时,培训者需要受过良好的训练,进行过较多的实践,具备良好的态度和动机。

2.2 案例研究法

案例研究法最早为美国哈佛大学商学院所推出,它是针对某个特定问题,向受训者提供一个包含大量背景材料的案例,案例中描述了组织运营过程中的实际情况,并提出可能存在的问题,受训者组成小组进行讨论分析、交流意见,最后提出解决问题的方法,并在组间进行交流。案例研究的目的是通过这些过程的学习提高受训者分析、解决实际问题以及综合评估的能力,使他们在特定环境中能回忆起在案例中接触过的知识和技能。受训者参与度决定了案例分析的有效性,受训者必须愿意而且能够分析案例,并进行沟通。

3.模拟式培训方法

3.1 角色扮演法

角色扮演就是提供一组情景,让受训者担任某个角色并出场表演,通过表演去体验他人的情感以及在特定的环境中会有什么反应和行为,表演结束后进行情况汇报,受训者和培训师可以联系情感体验来讨论表现出的行为。使用这一方法时,培训师需要帮助受训者排除心理障碍、减轻心理压力,使他们认识到角色扮演的重要意义。这种方法一般用于管理人才开发。

3.2 商业游戏法

商业游戏法采用市场竞争模拟、经营决策模拟、对抗赛等游戏形式,依照商业竞争规则,由两个或多个参与者相互竞争或合作来解决实际问题,达到目标。使用这一方法时,可将受训者分为若干个小组,每个小组代表一个决策团体,各小组人员在计算机软件模拟的企业环境中研讨问题并确定解决办法。组织者应该注意增强游戏的真实性,使模拟环境与现实更接近,同时也应该提醒各小组成员把握游戏的伦理原则和道德原则。

3.3 仿真学习法

仿真学习法是让受训者在模拟的工作情形或环境中进行决策,可反映出受训者在真实的工作岗位上工作可能会发生的真实情况。这种方法主要用于操作技能培训,它需要培训部门提供相似的设备、机器和器材,并开发真实机器的复制品或计算机模拟软件,同时需要对受训者进行操作前的理论知识培训。当真实机器太复杂或有危险度时,此方法尤为适用。

3.4 处理文件训练法

处理文件训练法也称一揽子公文处理法,它是为受训者设计特定的情景和角色,并提供各类公文材料,这些文件材料没有什么条理,受训者需要在规定的时间内研究这些文件,区分其重要性,合理安排时间进行分析并形成报告。这一培训方法着重培养受训者的计划、组织、分析、判断、决策、书面沟通等能力,一般针对中高层管理人员,使用时需要结合其他的培训方法。

4. 实地培训法

4.1 师徒培训法

传统的师徒培训没有固定的方法和程序,仅仅是师傅给徒弟讲解一些基本要点,然后示范,徒弟通过观察和模仿形成自己的技能和经验,因而成效缓慢。后来师徒培训发展成为了在职培训的一种方式,培训负责人根据职位要求制订学习计划,指定"师傅"对"徒弟"负责,对受训者分阶段进行在职培训和课堂培训。现在这种师徒培训方式不仅适用于技术行业,对工作结构性差的工作也同样适合,实际培训过程中还可与讲授、讨论、录像、计算机模拟等方法结合使用。

4.2 工作轮换法

工作轮换也称轮岗,培训负责人根据工作要求安排受训者在不同部门各工作一段时间,以丰富受训者的工作经验。这种方法最早出现在日本,目的是为了培养企业主的继承人。现在很多企业将这种方法用于新进员工、新进青年管理人员或有潜力的未来管理人员。安排工作轮换时,要结合受训者的个人能力、兴趣爱好、工作态度等因素选择合适的工作,不对工作轮换时间作机械规定,时间长短由受训者的学习能力和学习效果决定。

4.3 教练法

教练法是由管理人员与专业教练对受训者进行的一对一培训。专业教练着重于激发人的潜能，通过教练技术使受训者理清自己的心态和情绪，让他们能够洞悉自己，并及时调整心态、树立目标，以最佳的状态投入到工作中去。在企业中，希望工作更有效率、向往成功的员工，希望改变生活状态但仍未找到方向的员工，长期生活在工作压力下的员工，都适用教练法的培训。

4.4 行动学习法

行动学习法产生于欧洲，一般由若干名受训者组成一个团队或群体，培训者为他们提供一个实际工作中出现的问题，团队或群体中的受训者合作解决这一问题并制订一个行动计划，并进一步负责实施这一计划。行动学习是一个计划、实施、总结、反思，制订下一步行动计划的循环学习过程，它的应用非常广泛，适合解决企业中复杂的实际问题，一般为企业内训使用。团队成员一般为 6～30 人，可以是同部门人员，也可以跨部门进行，还可以将客户和分销商组织进来。

4.5 参观访问法

组织员工参观访问就是让他们亲自到工作现场，身临其境地对实际事务进行观察和接触，从生动具体的实践环境中获取成功的信息和做法，并开阔视野。这种方式对培养受训者的观察能力有一定的作用，可结合现场讲授。一些高校也经常组织在校大学生到工厂、公司进行实地参观，深化和发展课堂教育。

各种培训方法的优缺点如表 9 - 3 所示。

此外，员工还可以通过函授或外部培训班等方式进行自我提升，企业也可以开展内部小型读书会促进员工间的交流和沟通。

表 9 - 3　各种培训方法的优缺点

培训方法	优　　点	缺　　点
讲授法	·成本低，针对性较强 ·时间安排紧凑，受训者能在较短时间内接收大量有用信息 ·可同时对大批受训者进行培训	·单向交流，受训者很少能获得主动提问的机会，容易丧失学习兴趣，感到疲惫、乏味 ·受训者缺少讨论、参与、反馈的机会，阻碍了培训成果的转化
视听法	·视听材料可反复使用 ·材料内容形象生动，易于理解 ·教学内容连贯性好，不会受培训师兴趣爱好的影响 ·可将受训者反应录制下来，作为业绩评估的依据	·视听设备和教材花费较多 ·合适的视听材料不易选择 ·受训者容易受视听材料和场所的限制

续表 9-3

行为示范法	·示范的关键行为是受训者在以后的实际工作环境中会遇到 ·受训者可以在很短时间内学会一种技能或技巧,并且可以很快地应用到实际工作中	·受训者可能只是机械地模仿所学的关键行为,实际工作中不会灵活地根据具体环境进行调整,创新改进也更少
研讨法	·双向交流,受训者可参与到讨论中,并实时反馈 ·受训者能够获得更加平等和受尊重的参与环境	·需要充分的时间才能够组织一次充分有意义的研讨 ·受训者要有正确的态度,但发动他们参与并不是很容易的事情
案例研究法	·省力、快捷,现成案例拿来即用	·案例内容和背景与受训者所处环境不完全一致,受训者考虑问题可能较为片面
角色扮演法	·参与性强,受训者与培训师交流充分,提高了参与积极性 ·特定的模拟环境和主体有利于增强培训效果 ·通过观察其他受训者的行为,可以交流学习技能 ·模拟后的总结评价能够使受训者认识到自身存在的问题 ·不但提高了受训者的业务能力,也锻炼了反应能力和心理素质	·对于怯场的受训者,需要培训师有足够的时间和耐心对他进行单独指导 ·有的受训者态度不端正,把角色扮演当作情景游戏,影响学习效果 ·模拟环境不能代表现实工作环境的多变性,特别是情景中的问题不具有普遍性
商业游戏法	·游戏逼真,且富有趣味性和竞争性,能调动受训者的积极性和主动性 ·受训者将所学知识与复杂的情景相联系,理解、记忆深刻得多,知识也容易迁移 ·受训者在游戏中可充分发挥自己的想象力,可改变自我认知、态度和行为 ·受训者在游戏中不断沟通,信任感增强,团队凝聚力增强	·与企业的实际情况、社会的历史文化背景分离,影响受训者对现实的理解 ·游戏的设计和操作过程费时耗力,花费大 ·受训者可能因为是游戏而随意决策,缺少责任心 ·游戏的限制条件阻碍了受训者的创新能力
处理文件训练法	·可以对受训者短时间内的综合分析能力进行较好的区分 ·可能会使受训者忽略对外部环境的重视和考虑	·不能反映出受训者在实际工作中的决策能力

续表 9 – 3

仿真学习法	·避免了风险和实际损失 ·可增强受训者的信心和适应力	·费用高 ·技术需要不断更新 ·模拟机器和设备的同一性不好控制,与环境的适应性不好把握 ·模拟设备的空洞性可能会影响受训者以后的实际操作
师徒培训法	·可利用企业现有设备和力量,节约资源 ·受训者在学习的同时,工资会随着技术水平的提高而增加 ·理论联系实际,不仅提高了技能,而且丰富了理论	·培训效果受师傅个人素质制约,师傅的经验不一定完全可靠 ·不能满足大规模现代化生产的需要 ·时间持续太久
工作轮换法	·丰富受训者的工作经历 ·增进受训者对企业内各部门的了解和熟悉,并进行沟通 ·识别受训者的优势和劣势,使其更好地发挥专长	·每个岗位停留的时间太短,学习泛而不精 ·工作水平有限,影响所在部门的工作效率,而工作的临时性也可能导致受训者态度不认真 ·同级员工可能会有不满情绪
教练法	·能帮助受训者树立正确的价值观,而无论受训者从事何种工作,健康的心理和精神状态都是非常重要的	·态度悲观或不积极的受训者,培训效果可能不理想 ·对教练要求较高,可能不易寻找
行动学习法	·可以培养受训者的团队精神及协调配合能力 ·培训中的问题具有现实性,这会提高受训者参与的积极性	·团队人员过多时可能会导致较多的意见分歧 ·可能导致小群体的产生,受训者正式上岗后企业内可能会产生非正式组织
参观访问法	·具有很强的实践色彩,印象直观、鲜明 ·理论联系实际,眼界开阔,激发了想象力、求知欲	·若计划不周全,容易流于形式、走过场 ·第一手的真实资料不容易观察到,参观、访问对象会将成绩展示出来,对问题则采取屏蔽措施

第五节 培训效果的评估

1. 培训效果和培训效果评估

1.1 培训效果

培训效果是指企业和受训者在培训活动中获得的收益。通过培训活动,受训者可以学习多种新的知识、技能和行为方式,企业可以获得销售额的增加和顾客满意度的提高。培训效果包括两个方面的含义,即培训活动对培训目标的实现程度,以及培训活动给公司带来的经济效益和社会效益。

1.2 培训效果评估

培训效果评估是指系统地搜集有关培训活动的数据和信息,依据培训的目的和要求,运用科学的评估指标和评估方法,检查和判断培训效果的过程。

培训效果评估能够反映培训工作对组织的贡献,从而能够体现培训在组织中的重要作用。它既是对整个培训活动成效的评价与总结,也为下一项培训活动需求的确定提供了信息。培训效果评估可以反映出受训者知识、技能的提高和行为表现的改善是否直接来自培训活动,也间接地说明了培训活动的有效性。评估能为培训负责人提供反馈信息,帮助培训部门发现新的培训需求、调整培训计划,而企业管理者也可以通过评估结果获取重要的决策信息。

2. 培训效果评估的程序

培训效果评估的整个过程主要包括:决定是否进行评估、制订评估计划、收集评估活动需要的数据信息并进行整理和分析、撰写评估报告四部分。

2.1 做出评估决定

在进行培训效果评估之前,培训部门负责人要对评估的可行性进行分析,并明确评估目的。评估的可行性分析就是确定评估是否有价值、是否有必要进行。评估的基本目的是让管理者知道培训项目是否有利于提高组织绩效,能否进一步改进,是继续还是中止等问题。要结合管理者的需要,了解培训活动的目的,才能使评估活动更有意义。

2.2 制订评估计划

与培训计划的内容相类似,评估规划的内容可通过"5W1H"原则进行分析,应该包括以下几个方面:培训效果评估的目的(Why);明确评估者和评估对象

（Who）；评估时间的选择（When）；评估场所、地点的选择（Where）；评估项目、评估层次（What）；评估方法、评估方案和工具（How）。

2.3 收集数据并进行整理和分析

评估计划完成后，就应该开始着手操作具体的评估工作了。其中最重要的是收集评估所需的数据和信息。数据收集的方法主要有：访谈法、问卷调查法、观察法、测验和模拟、档案记录分析等。

2.4 撰写评估报告

评估报告是向那些没有参与评估的人提供评估结论、做出解释，包括管理人员、部门领导等。这些人员对培训的关注点是不一样的，因此在撰写评估报告时不能仅凭少数人的观点，以致严重影响评估结果的价值。培训效果评估报告的内容包括：培训项目的背景、培训概况的介绍、培训评估实施过程的概述、培训评估信息的陈述和表示、培训评估信息的分析过程、评估结果及与培训目标的比较、对培训项目的参考意见、原始资料等。

3. 培训效果评估模型

组织可以从多个角度对培训效果进行评估，国外学者提出了 10 种有关培训效果评估的框架体系（表 9-4），这儿主要介绍国内外最常用的柯克帕特里克和菲利普斯两种培训效果评估模型。

表 9-4 各种培训效果评估模型

学 者	时间	评估指标
柯布（Korb）	1956	知识与态度、运用程度、绩效记录和主管评语、生产效率、工作满意度和士气
柯克帕特里克（Kirkpatrick）	1959	反应、学习、工作行为、结果
沃尔等人（CIRO）	1970	情境、投入、反应、产出
高尔文（CIPP）	1983	情境、投入、过程、产品
布林克霍夫（Brinkerhoff）	1987	目标设定、项目策划、项目实施、即时的产出、中间产出或结果使用、产生的影响和价值
布什内尔（Bushnell）	1990	输入、过程、输出、结果
克里格尔（Clegg）	1993	学习结果的分类框架：将学习结果分为认知、技能和情感三类，提出了测量每一类结果的指标
考夫曼（Kauferman）	1994	反应、获取、应用、组织产出、社会结果

续表 9 - 4

| 霍尔顿(Holton) | 1996 | 五类变量以及它们之间的关系：次级影响、动机要素、环境要素、结果、能力要素 |
| 菲利普斯(Phillips) | 1996 | 反应和行动改进计划、学习、学习成果在工作中的应用、经营业绩、投资回报 |

资料来源：Randy L Desimone, Jon M Werner, Human Resource Development, Harcourt College Publishers, 2002

3.1 柯克帕特里克的四层次框架体系

柯克帕特里克培训效果评估包括四个层次(表 9 - 5)。四个层次的评估是层层递进的关系。没有前一层次评估资料的积累很难获得后一层次的评估资料。

表 9 - 5　柯克帕特里克的四层次框架体系

层　次	描　　述	衡　量
1.反应	受训者对培训项目的哪些方面感到满意	问卷
2.学习	受训者从培训项目中学到了什么	纸笔测验 绩效测验 模拟测验
3.行为	通过培训,受训者的行为是否发生了变化	主管的绩效评估 同事的绩效评估 顾客的绩效评估 下属的绩效评估
4.结果	行为的变化是否对组织产生了积极的影响	事故率 品质 生产率 流失率 士气 成本 收益

资料来源：Kirkpatrick D, Evaluating Training Programs, Berrett - Koehler Publishers,1994

第一层次是反应评估。它是测定受训者对培训项目的印象如何,即受训者对培训项目的喜爱程度。如果受训者对所学内容不满意或不感兴趣就不会认真学习,培训效果也会下降。反应层次的评估类似于测量顾客满意度,评估内容包括培训科目、培训师、培训方法、教学材料、硬件设施、场地环境等方面。评估的主要方法是问卷调查。

第二层次是学习评估。它着眼于受训者对所学内容的掌握程度,测试受训者对知识、技能、工作态度等培训内容的理解程度。评估者可以利用的评估方法有:笔试测验、讨论、讲授、实地操作和工作模拟等方式。学习层次的评估可以给受训者施加压力,使他们更加努力、认真地学习;同时培训师的责任心也会加强,更细致地准备课程内容和授课。

第三层次是行为评估。即根据受训者培训后在实际工作岗位中行为的变化来判断培训过程中所学知识、技能是否有效。行为的改变往往发生在培训结束后的一段时间内,因此在培训结束几个月后,由上级、同事、下属或顾客参与对受训者行为的测评。评估方式主要有:自评表、观察、面谈等。行为层次的评估可以直接反映培训活动的效果,使受训者看到自己的进步,渴望得到进一步的改进和提升,高层领导和直线主管也会更支持培训。但这种评估涉及多方面人员的参与,表格、问卷的设计重要性较高,人员配合、协调受很多因素制约,需要花费很多的时间和精力,此外还要考虑影响因素的剔除,操作起来比较复杂。

第四层次是结果评估。结果评估上升到组织高度,即判断培训项目对企业的经营成果是否具有直接贡献。这种成果可以表现为利润率的上升、成本的降低、质量的提高、顾客关系的改善、事故率减少、离职率降低、氛围的融洽等。通过对这些指标进行分析,企业就能了解培训为组织带来的收益,结果评估一般在培训活动结束半年至一年后进行。

3.2 菲利普斯五层次 ROI 模型

菲利普斯认为柯克帕特里克的四层次框架体系不够完善,应再增加一个层次评估,其重点是将培训带来的货币利润与培训成本进行比较,只有这样,整个评估过程才是完整的,这就是五层次 ROI 框架,ROI 是"Return On Investment"的首字母缩写,指投资回报率。

第一层次是反应和既定活动的评估。主要测量受训者对培训项目的满意度以及培训项目计划实施的情况。这一层的评估通常是在培训结束后采用问卷调查进行测量。几乎所有组织都会评估这一层次。

第二层次是学习评估。检验受训者在培训过程中所学的内容,评估受训者知识技能和观念的变化。一般采用的评估方式有:测试、技能练习、角色扮演、情景模拟、多人评估等。学习检查有利于确保受训者掌握学习内容并知道如何使用它们。

第三层次是工作中的应用评估。在这个阶段会使用许多跟踪方法测量受训者新技能的使用频率等来判断他们是否将学到的东西应用研究到了工作实践中。

第四层次是业务结果的评估。测量受训者应用培训知识后对组织产生的影响,包括产量、质量、成本、废品率、时间、人员流动、顾客满意度等各种结果指标。

第五层次是计算 ROI。在这一层次中,将培训产生的结果进行货币价值的转换,计算培训产生的经济效益,以及培训所花费的成本,进行成本效益分析。ROI 投资回报分析通常被用于固定资产的投资分析,但它同样能将培训项目带来的收益与投资培训所花费的成本联系起来,评估培训活动中的投资回报。

培训活动的投资回报率:

$$ROI = \frac{培训的收益}{培训的成本}$$

从公式中可以看出,进行投资回报分析最重要的前提是确定培训的成本和收益。

图 9-4 是运用 ROI 方法实施培训效果评估的全过程,从收集数据开始至计算企业培训的 ROI 结束。

以培训的 ROI 来衡量培训活动的成效,为企业人力资源部门制订培训计划、进行相关的培训决策提供了明确的比较基础。当然,还可以利用经济分析法、效用分析法等方法对有意识活动进行成本收益分析,企业要根据不同的情况选择合适的方法才能得到真实、客观的评估结果。

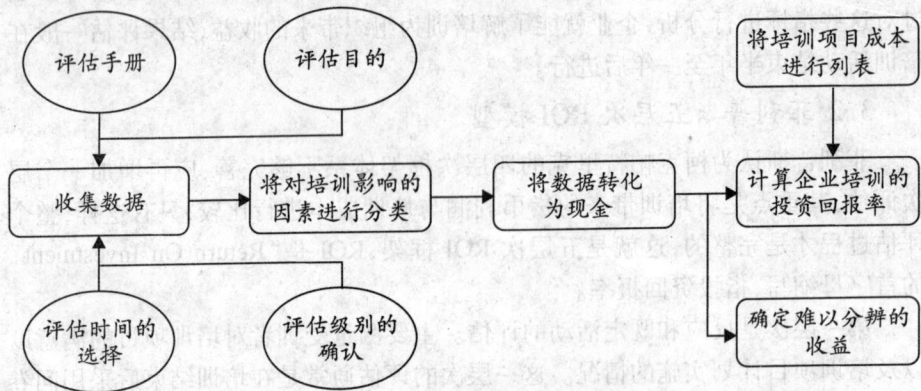

图 9-4　投资回报率运作模型

资料来源:菲利普斯,培训评估与衡量方法手册,南开大学出版社,2001

第六节　新员工培训

刚刚进入企业的新员工,对企业环境、组织文化、规章制度、共事人员等都不熟悉,需要接受岗前培训,同时,熟悉、适应组织氛围和环境,明确自身角色定位,这一阶段就是新员工工作定位及职务培训,也被称为新员工导向培训。

1. 新员工工作定位及职务培训

新员工参加工作后,最先一段时间可能要花在定位上,定位是对新员工进行的针对企业、工作和工作组的指导性调整。刚刚进入企业的员工,无论过去是否具备工作经验,都会对自己能否适应新的环境和文化、能否胜任新的工作、能否在上下级与同事之间处好关系、个人未来发展前景如何等问题产生不同程度的忧虑。对新员工进行定位就是要让他们了解企业的历史、文化、战略发展目标、组织结构和管理方式,了解工作流程与制度规范,明确工作的职责、程序、标准,同时增进员工间的相互沟通与了解,帮助新员工更快地适应环境、融入团队、进入角色。成功的新员工培训可以减少新员工的疑虑,为新员工迅速适应企业环境并与其他团队成员展开良性互动打下坚实的基础。新员工的培训一般分为两个层次

1.1 公司层次的培训

一般情况下,公司的新员工培训会首先考虑企业和员工的需要。企业所关注的经营目标是利润、高质量的产品和服务;员工感兴趣的则是薪酬、福利、工作环境和条件等方面。因此,要使新员工培训取得成功,应注意平衡企业与员工在需求目标上的差距,协调二者之间的关系。表9-6列举了公司层次新员工培训应包含的主要内容。

表9-6 公司层次新员工培训的内容

1. 公司概况	5. 安全和事故预防
(1)欢迎辞	(1)事故记录卡
(2)公司创建、发展历史、目标、优势和问题	(2)健康、医疗义诊
(3)公司的传统、规范和标准	(3)事故报告及程序
(4)产品和服务种类、销售和服务对象	(4)火灾预防和控制
(5)组织结构、分支机构及各机构的关系	(5)体检要求
(6)主要管理层的情况	(6)生产流程中有关特殊危险用品的使用规则
2. 公司的主要政策及实施状况	6. 员工和公司的关系

续表 9-6

3. 报酬	(1)职务分配及工作内容
(1)付酬范围、工资率、付酬方式	(2)试用期和在职期间的行为规范、工作纪律要求
(2)加班费、假期报酬、轮班工资	(3)员工的权利和职责
(3)减薪:强制性的和非强制性的数量范围	(4)管理人员和领导人员的权利与职责
(4)预付工资	(5)员工与组织领导的关系处理
(5)信用贷款优惠	(6)合同履行和政策
(6)工作开支报销	(7)员工工作绩效评估的管理方法
4. 福利	(8)矛盾冲突的申诉程序
(1)保险、医疗	(9)终止雇佣关系,如辞职、解雇、退休等
(2)工伤	(10)沟通:包括沟通渠道、合理化建议的提出及实施渠道
(3)特殊工作补偿	7. 物质条件
(4)各类休假,如法定假期、宗教假期、生日等	(1)生活条件,如食品供应及自助餐厅等
(5)事假,如生病、丧亲、生育、紧急事件等	(2)生产供应和设备条件
(6)退休计划	8. 公司运作的成本因素
(7)在职培训机会	(1)劳动成本
(8)后勤顾问服务	(2)装备成本
(9)餐饮及其他为员工服务的项目	(3)缺勤、迟到、事故成本
	(4)管理与销售成本

资料来源:戴昌钧,许为民,人力资源管理,南开大学出版社,2001

1.2 部门层次的培训

部门的岗位培训内容取决于部门的实际需要和新员工的素质条件。表9-7列出了部门层次的新员工培训应包含的主要内容。同时,部门层次的培训还应向新员工发放文件袋,文件袋的内容通常包括:公司最新的组织结构图、公司区域图、本公司或本工作的重要概念和术语、各种规章制度手册、工作目标及说明、绩效评估表、相关表格副本、各部门及人员联系方式、公司刊物和报纸等。要鼓励新员工阅读这些材料,同时收到文件袋时应签字确认,以保护公司的正当权益。

表9-7　部门岗位培训内容

1. 部门职能	3. 政系、程序和规章制度
(1)目标和目前的主要任务	(1)岗位、部门的特殊规定
(2)组织结构	(2)紧急事故处理
(3)运行内容及运作方式	(3)安全防护和事故预防
(4)与其他职能部门员工的关系	(4)事故报告
(5)部门内部的工作联系	(5)卫生防治标准
2. 岗位职责	(6)生产装备及零部件供应
(1)对职务描述的有关文件以及期望的工作成果做详细解释	(7)检查和评估员工工作绩效
(2)说明该岗位职务的重要性与本部门公司其他工作的联系	4. 熟悉部门的工作环境
(3)说明在工作中可能发生的事件,讨论解决的方法	(1)厕所和淋浴室
(4)应该达到的工作绩效标准和绩效评估的基础	(2)火警箱和灭火器
(5)每天的工作时数,上下班时间,午餐及工作休息时间	(3)紧急出入口
(6)工作指派及加班要求	(4)部门领导办公室
(7)必需的工作记录和报告	(5)供应和维护办公室
(8)使用设备的维护和保养	(6)卫生和保安办公室
(9)可获得的组织帮助以及何时和怎样请求帮助	(7)吸烟区域
	5. 部门员工介绍

资料来源:戴昌钧,许为民,人力资源管理,南开大学出版社,2001

2. 新员工培训的一般程序

(1)根据企业经营目标、企业文化和人力资源战略确定新员工培训的目的,并进一步制订新员工培训的具体计划。制订计划时应考虑:新员工培训的内容和形式、培训的时间跨度及课程的具体安排、培训主题及部门工作目标、人力资源部门和用人部门在培训中的分工与合作、培训评估的审查清单、新员工文件袋。

(2)人力资源部门与用人部门合作实施新员工培训活动。包括公司层次的培训活动和部门层次的培训活动。

(3)新员工培训结束后,应该定期对新员工的实际工作情况进行跟踪,帮助他们处理棘手的问题。最开始可一周两次以上,以后逐渐减少至每周一次。人力资源部每年都应对新员工培训进行效果评估,采取问卷调查、访谈、讨论等方式,发现新员工培训工作的不足及潜在的需求,并对以后的工作进行调整。这个环节应认真落实,不能仅流于形式。

(4)有关领导与新员工进行一对一沟通,了解新员工的个人困难、职业规划、对企业的期望等。在小企业内,应该由企业的总经理、副总经理等主要负责人与新员工进行面谈;而对于大企业,可由新员工的直线领导与新员工进行沟通。

3.新员工培训需要注意的问题

在进行新员工培训时,需要注意以下4个方面的问题:

(1)高层管理者应该参与到新员工培训活动中来。新员工主要关心他们的工作和上级,当对这些因素的忧虑减少时,企业的信息就能更有效地传递。因此,新员工培训是相关管理者及培训人员的共同责任。成功的定位方案都由高级管理者参与制定和实施。

(2)不同的新员工所具有的技能和经验是有差异的,有经验的新员工可能需要的培训会少一些,但仍然应该对他们进行基础性的岗位培训。无论新员工是否有经验,都应该让他们尽可能地熟悉和了解部门、岗位的具体情况。

(3)人在一定时间内能掌握的信息是有限的,因此有的企业认为,如果能将整个培训过程延长一段时间,学习效果会更好。例如,韦伯工业公司(Web Industries)的计划是,在长达4周的时间里提供每次1小时,总计20小时的课程[1]。

(4)新员工不可能都是当地籍贯的,对于外地新员工,当他们对当地风俗习惯不了解、不能适应新生活时候,应该帮助他们调整烦躁的情绪,在企业的小环境中创造一些这部分员工熟悉、习惯的条件,包括食品、普通话工作环境等,以体现企业对他们的关怀。

第七节 培训方法的新发展

1.新兴的培训需求分析方法

随着竞争环境的迅速变化,现代企业往往会面临一系列新的挑战,一些新的

[1] Leslie Brokaw, The Enlightened Employee Handbook, Inc13,1991:55-57

培训需求分析方法也由此产生。其中比较著名的一种方法就是基于胜任力的培训需求分析方法。

通常为人们所接受的胜任力定义,是指绩优者所具备的知识、技能、能力和特质。这一概念最早出现在 1973 年哈佛大学麦克兰(McClelland)教授发表的《测量胜任力而非智力》这篇文章中,他认为,用学术上的智力测验等来预测工作绩效或以后生活中的成功时,预测度比较低,并且存在着严重的偏差。这样,他提出了胜任力的概念,认为应该找出造成普通绩效者和优秀绩效者之间差异的最显著特征。假如能够识别出构成最优秀员工胜任力的知识、技能、能力和特质,有针对性地对普通绩效者进行培训,使他们也具备与绩优者相同的胜任力,那么一定会提高他们的绩效。

基于胜任力的培训需求分析一般包含以下步骤:

(1)明确胜任某一岗位所需要的具体的或抽象的能力;(2)确定各项胜任力的标准,制订的标准应具有一定的管理意义;(3)判断胜任力标准的关键要素;(4)制订胜任力评估计划;(5)选择合适的评估技术和记录系统,对企业员工进行胜任力测量,并对测量过程进行管理;(6)对收集到的信息和数据进行分析,并与标准进行对比,并修正评估手段,不断对测量评估环节进行调整;(7)处理评估结果,形成评估报告。

企业应根据胜任力模型判断员工实际胜任力与理想胜任力的差距,确定培训需求,并进一步对员工潜在胜任力深入开发,使企业的培训工作更具有针对性。这个过程并不容易,需要组织内部有积极的氛围、进行全员思考并不断修正,才能最终形成适合企业自身的胜任力模型。

2. 新兴的培训方法

随着科学技术的飞速发展,计算机、电子通讯技术、多媒体和因特网等现代通信技术也被运用到了培训活动中。利用这些技术,企业可以同时对分布在各地的员工进行培训,培训费用大大降低,同时培训部门的管理工作也更为便捷;受训人员也可以根据实际情况选择培训时间和培训地点以及培训方式,按照自己的需要随时获得有关专家的建议,还可以与同事、培训师实时沟通和交流。

2.1 计算机辅助培训

计算机是最先应用于培训的新技术之一,计算机辅助培训是随着个人电脑的兴起而发展起来的。单纯的计算机辅助教训只是使用计算机的阅读、打字功能,或是借助教学软件进行培训。有的企业根据自身的特殊情况自行设计教学软件,有的企业则是对现有软件进行部分修改。这种培训方式成本低廉,使用简便。

智能化计算机辅助培训可以根据受训者的学习状况灵活地给出定性评估。例如通过受训者的反应模式和所犯错误,系统可以自动判断受训者的水平是初级、中级还是高级。而单纯的计算机辅助培训则无法做到这一点,受训者只能根据对自己的了解判断选择何种培训水平。随着科学技术水平的不断提高,智能化的计算机辅助培训系统将成为一种常用的培训手段。

2.2 网络培训

网络培训分为因特网培训和内部网培训两种形式。

因特网培训通过各种通信线路和技术将全球范围内的计算机网络连接成一个整体,包含了极其丰富的信息资源。培训者和受训者可以通过因特网进行一般性的沟通和交流、查阅需要的资料,培训者可以在网上进行培训需求分析、管理培训报名的情况、对受训者进行管理和测验,受训者也可以在网上下载相关培训项目,此外一些新型程序的诞生使实时、互动的多媒体信息交流成为现实,受训者可以接受伴随声音、画面的互动培训。

内部网培训也称为局域网培训,它是以公司内部网络为平台开展培训的。通过局域网,培训者与受训者进行沟通、分析培训需求、完成其他行政管理工作,受训者也能够很方便地获得培训资料和文档,向培训者反馈学习进度和意见。随着实时多媒体技术的发展,内部网培训已经实现了伴随声音、图像和3D效果的全面互动。1995年安永会计师事务所的计算机辅助培训内容由100多张光盘组成,现在则用内部网来传播和更新计算机辅助培训的内容。

2.3 多媒体远程培训

多媒体远程培训结合使用多种媒体手段,利用现代化的技术将声音图像传递到各地培训点,如电视远程教学和远程会议。电视远程教学就是通过有线电视和卫星将教学课程传送到各培训点,不同地点的人们以看电视的方式完成整个课程的学习。而远程会议则能够让身处不同地区的人们同时参与一个会议。IBM、AT&T等公司都使用了这种技术。虽然在课程设计和材料准备上需要投入大量成本,但它同时也节约了大笔人力成本、差旅费和设备成本,还使远离总部的员工也能方便地接受培训。

多媒体远程培训也经常和计算机辅助培训及网络培训联系起来,即在课堂上通过可视会议系统进行授课,课堂外通过课程网、电子邮件进行沟通,还可以给受训者配备计算机学习软件或光盘进行课后复习。

2.4 拓展训练

在国内,近年来经常会听到"拓展训练"这样一个名词,这一概念最初泛指整个体验式培训,但由于未与国际通行概念接轨,这个词慢慢被曲解为户外体验式培训的代名词。户外体验式培训(Outdoor Experiential Training)是指个人或组织在户外自然环境中通过参加身体的或精神的活动,来达到发展领导力和团队建设的目的①。这一培训模式通常将受训者置于预先设计的危险和巨大压力的情境中,受训者要发挥潜能,超越自我,并与他人合作共同完成规定的任务。课程主要包括水上项目(如游泳、潜水、划艇等)、野外项目(如露营、野外定向、登山攀岩、户外生存等)和场地项目(如天梯、断桥、绳网等),可以训练受训者的心理承受力、环境适应力、应变力、创造力、团队精神、勇气、意志以及平常心。目前国内许多培训机构都开设了这一培训项目。

☞ 复习思考题

1. 试分别从国家宏观层次和企业微观层次讨论培训在人力资源发展中的战略作用。

2. 如何确定培训的需要和培训的目标? 如何进行培训评估? 这些程序对于提高培训效率,作用和功能是什么?

3. 讨论本章介绍的几种培训方法,并分析这些方法的适用性以及运用这些方法的条件。

4. 请描述你经历过的一次培训实例。运用本章所学知识分析该培训的有效性,并给出具有可操作性的建议。

☞ 进一步阅读的材料

1. 谭俊峰. 管理培训,路在何方,人力资源,2009(04)

2. 刘波,孙进. 基于知识层次的企业培训,企业管理,2009(02)

3. 郝艳华. 我国企业有效开展员工培训的创新思考,企业技术开发,2006(2)

4. Gilad Chen, Richard J Klimoski. Training and Development of Human Resources at Work: Is the State of Our Science Strong, Human Resource Management Review, 2007,17(2):180 - 190

5. Elaine M Raybourn. Applying Simulation Experience Design Methods to Creating Serious Game - based Adaptive Training Systems, Interacting with Computers,2007,19(2):206 - 214

6. Francisco Pablo Holgado Tello, Salvador Chacón Moscoso, Isabel Barbero García, Susana Sanduvete Chaves. Training Satisfaction Rating Scale: Development of a Measurement Model Using Polychoric Correlations, European Journal of Psychological Assessment, 2006,22(4):268 - 279

---

① Wagner, R. J, Baldwin, T T, Roland, C C, Outdoor Training: Evolution or Fad? Training and Development Journal, 1991,45(3):50 - 57

第十章 员工职业生涯管理

◆学习要点◆

(1)与职业生涯发展相关的概念;(2)职业生涯及其管理的基本理论;(3)员工自我职业生涯管理及组织对员工职业生涯的管理。重点要求掌握员工职业生涯发展和企业发展的内在联系。

第一节 职业生涯及其管理的基本概念

1.职业生涯

职业生涯(Career)是贯穿于个人整个生命周期的、与工作相关的经历的组合。一方面,个人受技能、知识、能力、态度、价值观、个性和生活环境等的影响而做出特定的工作选择;另一方面,组织为个人提供工作及相关信息,以及个人可以在将来谋求其他工作的机会和条件也影响着个人职业选择和职业生涯发展。

职业生涯是一种复杂的现象,由行为和态度两方面组成。在现实生活中,一个人选择一种职业后也许会终身从事,也许会转换几种职业,不论怎样,一旦进入职业角色,他的职业生涯就开始了,并且随时间的流逝而延续。这是一个长期的、动态的过程,职业生涯不仅表示工作时间的长短,而且包含着职业发展、变更的经历和过程。

2.职业生涯规划

职业生涯规划(Career Planning)是指将员工个人的职业发展目标与组织的人力资源需求相联系的一套制度安排和实践。它包括两个层面的内容,一是对个人而言,即指个人根据自己的兴趣、爱好、专业等方面的情况,对自己未来的工作和职业所作的选择或者安排。二是对组织而言,特指组织对员工职业生涯的规划。从职业规划的发展历史看,早期的职业发展主要针对的是员工个人,随着企业间竞争的加剧,竞争逐渐由财力和物力资源的竞争向人力资源的竞争转变,有组织的职业开发活动和发展规划成为主流,并成为战略性人力资源管理的重要内容。加里·德斯勒认为[①],筛选、培训、绩效评价等人力资源管理活动在企业中扮演着两种角色,从传统意义上讲,这些活动的作用在于为企业物色合适的工作人员,另外一个角色则是为确保员工的长期兴趣受到企业的保护,强调鼓励员工不断成长,使他们能够发挥出全部潜力。将传统的人事或人事管理称为人力资源管理的目的就是为了反映这种角色。企业之所以进行职业生涯规划,一个基本的假设就是,企业有义务最大限度地利用员工的能力,并为其提供一个不断成长及挖掘个人最大潜力和建立成功职业的机会。企业所有的人力资源管理和开发活动的出发点都是基于满足企业需要,同时满足员工个人的需要。一方面,企业从具有创新和献身精神的员工所带来的绩效贡献中获利;另一方面,员工则从工作内容以及更具有挑战性的职业中获得个人成长。正是基于这个原因,员工职业生涯问题已逐渐引起企业的极大关注,并成为企业重要的竞争手段。

3. 职业生涯管理

职业生涯管理(Career Management)是建立在有组织的员工职业生涯规划和发展基础之上的,通过对职业生涯的管理,协调员工个人需求和企业组织需求。一方面,能够正确识别员工的能力和技能,引导员工的职业发展,加强和提高企业进行人力资源管理和开发活动的准确性,增强员工在商场、职场和官场的适应能力和竞争能力。另一方面,有效的员工职业生涯开发活动又能通过员工的努力提高企业的获利能力和水平,最终的结果能达到组织和员工的双赢。这是一种以人为中心的人本主义管理方法。

职业生涯管理是近些年来在发达国家兴起的、颇受人们关注的人力资源管理领域的一项新内容,它体现了一种全新的人力资源管理理念和模式,代表着当前人力资源管理领域中一个崭新的发展方向。职业生涯管理由于具有诸多战略性、全局性的意义和优点,自 20 世纪 60 年代产生以来,在美国和西欧一些发达国家得到不断发展和传播,无论从理论上还是实践上都引起了人们高度的关注,且取得了骄人的成果。"它不再仅仅是帮助个人成长的单一手段,而逐渐成为有远见的组织机构的关键性战略资产";"时至今日,它已越来越被视为帮助组织机构应对经常出现的新问题的实用商业手段";"人们已经普遍认识到,企业的全面成功与这一领域的成就是息息相关的"[②]。

案例:在通用电气公司,职业生涯停滞时期的员工(由于组织缺乏提升机会

---

① 加里·德斯勒,人力资源管理(第6版),北京:中国人民大学出版社,1999
② 托马斯·G·格特里奇,有组织的职业生涯开发,南开大学出版社,2001

或者个人缺乏能力或晋升期望)有时被分配到特别工作组或研究小组。这些员工从技术和管理的角度讲没被提升,但至少分配到新工作,有了新的前途,日常工作发生了变化,员工能通过这些新的岗位重新找到自己的工作定位。

4.职业生涯指导

职业生涯指导(Career Guidance)是指依据一套有系统的辅导计划,通过辅导人员的协助,引导个人探究、评判并整合运用与下列有关的知识、经验而开展的职业选择、就业准备、工作安置与就业后的适应等活动①。这些知识、经验包括:对自我的了解;对职业世界及其他有关的影响因素(如工作者的态度、训练等)的了解;对休闲活动对个人生活的影响与重要性的了解;对职业生涯规划和职业生涯决定中必须考虑的各种因素的了解;对在工作与休闲中达到成功或自我实现所必须具备的各种条件的了解。

第二节　职业生涯及其管理的若干理论

1.人职匹配理论

人与工作岗位的匹配是职业生涯成长的基础。被称为职业指导之父的美国波士顿大学教授帕森斯(Pansons),早在20世纪初创立了特质因素理论(Trait Factor Theory),他认为,在选择职业的过程中,涉及三个主要的因素:对工作性质和环境的了解,对自我爱好和能力的认识,以及他们两者之间的协调与匹配。

帕森斯强调,在做出职业选择之前首先要评估个人的能力,因为个人选择职业的关键,就在于个人的特质与特定的行业的要求条件是否相配,这在当时是颇有见地的;其次是要进行职业调查,即强调要进行职务分析,包括研究工作特点,参观工作的场所,与工人和管理人员亲身交谈,这些都是非常重要的;最后要以个人和职业的互相配合作为职业选择的最终目标。帕森斯认为:只有这样,员工才能适应工作,并且使个人和企业共同成长。

1959年美国霍普金斯大学心理学教授、著名的职业指导专家约翰·霍兰德(John L·Holland)在帕森斯理论的基础上创新地提出了人格与职业类型相匹配的理论。他根据自己对职业性向测试(Vocational Preference Test,VPT)的研

---

① 冯观富,教育心理辅导精解(上册),台湾:心理出版社,1993

究,发现了 6 种基本的人格类型或性向,即现实型(Realistic Type)、研究型(Investigative Type)、艺术型(Artistic Type)、社会型(Social Type)、企业家型(Enterprising Type)、传统型(Conventional Type)①。他强调每一种特定人格类型的人,会对相应职业类型中的工作或学习感兴趣,而现实中的确存在与上述人格类型相对应的 6 种职业环境类型。人们在职业选择中总是积极寻找那些适合他们的职业环境,在其中他们能够充分施展自己的技能和能力,表达他们的态度和价值观,并且能够完成那些令人愉快的使命和任务。换句话说,当人格类型与职业环境协调一致时,就会产生更高的工作满意度和更高的工作绩效。

1.1 现实型

个性特点:喜欢有规则的具体劳动,具备机械操作能力或体力,适合与机器、工具、动植物等具体事物打交道。

环境特点:要求有明确的、具体的体力任务和操作技能,人际要求不高。

职业特点:熟练的手工和技术工作,运用手工工具或机器进行工作。

1.2 研究型

个性特点:聪明、理性、好奇、精确、批评,具备从事观察、评价、推理等方面活动的能力,讲究科学性。

环境特点:要求具备思考和创造能力,社交要求不高。

职业特点:科学研究和实验工作,研究自然界、人类社会的构成和变化。

1.3 艺术型

个性特点:具有艺术性、独创性的表达和知觉能力,理想化、有创意、不重视实际的个性特点,不喜欢硬性任务,情绪性强。

环境特点:通过语言、动作、色彩和形状来表达审美原则,单独工作。

职业特点:从事艺术创作。

1.4 社会型

个性特点:具有合作、友善、助人、负责、圆滑、善社交、善言谈、洞察力强的个性特征,喜欢从事与人打交道的活动,关心社会问题,有教导别人的能力。

环境特点:解释和修正人类行为,具备高水平的沟通技能,热情助人。

职业特点:通过命令、教育、培训咨询等方式帮助人、教育人、服务人。

1.5 企业家型

个性特点:具有冒险、野心、独断、乐观、自信、精力充沛、善于社交等个性特

---

① 加里·德斯勒,人力资源管理(第 6 版),北京:中国人民大学出版社,1999

征,喜欢从事领导及企业性质的工作。

环境特点:善作言行反应,有说服他人和管理的能力,完成监督性角色。

职业特点:劝说他人、指派他人去做事情的工作。

1.6 传统型

个性特点:注重细节,讲究精确,具有顺从、谨慎、保守、实绩、稳重、有效率等个性特征,具备记录和归档能力。

环境特点:要求系统、常规性,具体体力要求低,人际技能低。

职业特点:一般指各种办公室、事务性工作。

以上对人格性向的划分并不是绝对的,在现实中,大多数人都具有多种性向。霍兰德指出,这些性向越相似,则一个人在选择职业时所面临的内在冲突和犹豫就会越少。为了进一步说明这种情况,他建议将这6种性向分别放在一个正六角形的每一个角上,每一个角代表一个职业性向,在图形上以连线表示,连线距离越短,两种类型的相关系数越大,图 10-1 中的某两种性向越接近,则它们的相容性就越高。如果某人的两种性向是紧挨着的话,那么他或她将会很容易选定一种职业。如果此人的性向是相互对立的话,那么在选择职业时就会面临两难的境地。

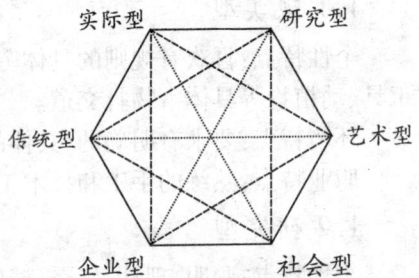

图 10-1 职业性向图

案例:日本丰田公司致力于对于岗位一线工人采用工作轮岗的方式来培养和训练多功能作业员,这样既提高了工人的全面操作能力,又使一些生产骨干的经验得以传授。员工还能在此过程中发现自己的优势在哪里,从而进行准确定位,找到真正适合自己的岗位。一旦员工确立了自己的工作类型,工作起来将会更具积极性和主动性,效率将会有很大提高。

丰田对各级管理人员也采取5年调换一次工作的方式进行重点培养。每年进行一次组织变更,一般以本单位相关部门为调换目标,调换幅度在5%左右。短期来看,转岗需要有熟悉操作的适应过程,可能导致生产效率的降低,但对企业长久发展来看,则利远大于弊。经常性有序的换岗能使员工对企业有全局化的视野,从不同的岗位角色考虑问题,还能给员工带来适度的压力,促使员工不断学习,使企业始终保持一种生机勃勃的氛围。

2. 职业生涯发展阶段理论

职业生涯发展阶段理论主要起源于 20 世纪 50 年代。舒伯(Super)在进行了长期的研究后,于 1953 年根据自己"生涯发展形态研究"的结果,参照布勒(Bueller)的分类,系统地提出了有关职业生涯阶段理论,该理论成为工业发达国家较为常用的一种理论。他是自帕森斯之后又一位里程碑式的大师。他认为,每个人都有一个职业周期,要经过几个发展阶段。大体分为五个。

2.1 成长阶段(Growth Stage)(0~14 岁)

(1)主要任务:

幻想期:4~10 岁,以"需要"为主要考虑因素,在这个时期幻想中的角色扮演很重要;

兴趣期:11~12 岁,以"喜好"为主要考虑因素,形成自我观念;

能力期:13~14 岁,以"能力"为依据,了解工作的目的和意义。

(2)发展重点:

受家庭教育和保护;适应学校生活和社会生活;逐渐认识自己;发展自我形象,发展对工作及世界的正确态度,并了解工作的意义。

2.2 探索阶段(Exploration Stage)(15~24 岁)

(1)主要任务:

试探期:15~17 岁,考虑需要、兴趣、能力和机会,做暂时的决定,并在幻想、讨论、学业及工作中加以尝试;

过渡期:18~21 岁,进入就业市场或专业训练,更重视现实,并力图实现自我观念,将一般性的选择转为特定的选择;

试验并稍作承诺期:22~24 岁,生涯初步确定并试验其成为长期职业生活的可能性,若不适合则可能再经历上述各时期以确定方向。

(2)发展重点:

初步、简单的职业选择;进行多种职业的抉择;克服工作压力;努力寻找合适工作;学会面对挫折。

2.3 建立阶段(Establishment Stage)(25~44 岁)

(1)主要任务:

试验-承诺稳定期:25~30 岁,个体寻求安定,也可能因生活或工作上若干变动而尚未感到满意;

建立期:31~44 岁,个体致力于工作上的稳固,大部分人处于最具创意时期,由于资深往往业绩优良。

(2)发展重点:

安定、稳固并力求上进和升迁;婚姻选择、养儿育女。

2.4 维持阶段(Maintenance Stage)(45~65岁)

(1)主要任务:

通过在职进修或在职培训以保持技能;增加退休的财源。

(2)发展重点:

维持既有成就和地位;计划退休。

2.5 衰退阶段(Decline Stage)(65岁以上)

(1)主要任务:

使工作配合生理技能;处理资产以维持独立。

(2)发展重点:

适应退休生活;发展新角色。

舒伯在以后的研究中还提出,在人的一生生涯发展中每个阶段同样要面对成长、探索、建立、维持、衰退的问题,因而形成一个循环。从1976到1979年,舒伯在英国进行了为期4年的跨文化研究,之后他提出了一个更为广阔的新观念——生活广度、生活空间的生涯发展观(Life – span, Life – space career development)。这个生涯发展观,除了原有的发展阶段理论之外,较为特殊的是舒伯加入了角色理论,并将生涯发展阶段与角色彼此间交互影响的状况,描绘出一个多重角色生涯发展的综合图形。舒伯将这个生活广度、生活空间的生涯发展图形命名为"一生生涯的彩虹图"(Life – career rainbow)。

(1)横贯一生的彩虹——生活广度

在一生生涯的彩虹图中,横向层面代表的是横跨一生的生活广度。彩虹的外层显示人生主要的发展阶段和大致估算的年龄:成长期(约相当于儿童期),探索期(约相当于青春期),建立期(约相当于成人前期),维持期(约相当于中年期)以及衰退期(约相当于老年期)。在这5个主要的人生发展阶段内,各个阶段还有小的阶段,舒伯特别强调各个时期年龄划分有相当大的弹性,应依据个体不同的情况而定。

(2)纵贯上下的彩虹——生活空间

在一生生涯的彩虹图中,纵向层面代表的是纵贯上下的生活空间,是由一组职位和角色组成。舒伯认为人在一生当中必须扮演9种主要的角色,依序是:儿童、学生、休闲者、公民、工作者、夫妻、家长、父母和退休者。

3. 职业锚理论

美国社会心理学博士埃德加·施恩（Edgar H. Schein）在职业生涯规划领域具有"教父"级地位,他从20世纪60年代起对麻省理工学院斯隆研究院毕业生进行了一项长达几十年的跟踪研究并在此基础上创立了职业锚（Career Anchor）理论。

所谓职业锚是指当一个人不得不做出选择时,无论如何都不会放弃的那种至关重要的职业基础、职业倾向或价值观。一个人的职业选择和规划实际上就是一个持续不断的探索过程。在这一过程中,每个人都在根据自己的天资、能力、动机、需要、态度和价值观等逐渐地形成较为清晰地与职业有关的概念和思路。随着一个人阅历和工作经验的丰富,对自己的了解就越多,在此基础上就会逐渐形成一个明确的或占主导地位的职业锚。因此,职业锚的确立是一个较长的过程,要想预测它是非常困难的。施恩的早期著作《职业动力论》首次对职业锚理论进行了系统论述,提出了五种职业锚。

3.1 管理型职业锚

具有这种职业倾向的人往往表现出很强的管理他人的动机和信息,担任较高的管理职位是他们的终极目标。施恩的研究发现,这些人之所以具有这种动机和信息,是因为他们认为自己具备3种重要的能力:一是分析能力,即在信息不充分、不确定的情况下发现、分析和解决问题的能力;二是人际沟通能力,即在各个层次上影响、监督、领导、操纵及控制他人的能力;三是情感能力,即在情感和人际危机面前只会受到激励而不会受其困扰的能力,以及在较高的责任压力下不会变得无所作为的能力。

3.2 技术型职业锚

具有这种职业倾向的人一般总是倾向于从事那些能够保证自己在既定的技术领域下不断发展的职业,一般不太愿意从事管理他人的工作。

3.3 创造性职业锚

施恩的研究发现,麻省理工学院的毕业生之所以后来能够成为成功的企业家,一个重要的原因就在于他们具有一种创新的欲望,即自己能够创造出一种完全属于自己的东西——如一件署有他们名字的产品或工艺、一家他们自己的公司或一批反映他们成就的个人财富等。

3.4 自主与独立型职业锚

具有这种职业倾向的人在选择职业时一般具有一种自己决定自己命运的需

要,他们不愿意在一种依赖他人管理或控制的环境中工作,这些人中很多具有技术性的职业倾向,但他们的目标并不是到一个大企业去实现自己的抱负,而往往是选择独立工作的形式,如大学教授、咨询专家或作为一个小型企业的合伙人。

3.5　安全型职业锚

具有这种职业倾向的人比较看重长期的职业稳定和工作保障,比如政府公务员等。

要正确了解职业锚还必须掌握其4个特点:

(1)职业锚是以个人的工作经验为基础,产生于早期职业生涯阶段,其形成需要经历搜索的过程,一个人可能要经过几次的职业转换,才能开发出自己的职业锚,才能找到自己正确的职业发展轨道。

(2)职业锚是能力、动机、价值观的相互作用与整合。经过整合,达到自我满足和补偿效果,个人也会寻找到自己长期稳定的职业锚。

(3)职业锚不是预测出来的,它只有在工作环境与个人工作经验的相互作用下产生,它带有一定实际工作的偶然性。

(4)职业锚不是一成不变的,虽然它是个人稳定的职业贡献区和发展区,但稳定只是相对的,随着个人职业生涯中期、后期的工作变化及任务,个人可能确定新的职业锚,重新规划自己的职业生涯。

20世纪90年代以后,在应用反馈及深入研究的基础上,施恩又将职业锚类型修订为八种,新增了服务型,挑战型和生活型职业锚。

服务型是指这类职业倾向的人愿意奉献自己,为他人服务,希望其也能够体现个人价值观,比较关注工作带来的价值,而不在意是否能发挥自己的才能和能力。这类人有较强的与人合作、服务人类等精神,相应的职业有社会工作者、护士等。

具有挑战型职业倾向的人有征服人与事的意向,对成功的定义是解决难以解决的问题,克服非常困难的障碍,不在意工作的专业领域。喜欢富有挑战性的工作,如高级咨询顾问等。

具有生活型职业倾向的人强调工作必须与整体生活相结合,总是寻找合适个人、家庭需要的职业方式,关注组织文化是否尊重个人和家庭的需要。他们需要灵活的工作时间安排,希望从事弹性工作制、非全职工作等。

迄今为止,施恩的这八种职业锚类型已经成为国内外开展职业咨询工作重要的辅助工具。

国外一项研究通过对"流动"家庭(指平均每两年迁徙一次的家庭)和"稳定"家庭(指在当前的社区中已经生活了8年及以上的家庭)的对比得出,流动家庭和稳定家庭在一些主要方面,如工作内容、工作时间、工作报酬、工作发展潜力等,出现大的差别,但仍有员工对地理上的迁移加以抵制。这一现象从一定程度上反映出这些员工具有安全型职业倾向。

第三节 员工职业生涯的自我管理

20世纪80年代以来,全球许多企业都发生了兼并和重组,随着企业的这种改变,员工与组织间的临时雇佣关系也日益增长,这必然导致组织不能有效地对员工进行职业指导,而要由员工自己负责职业生涯的发展。也就是说员工自己的职业生涯将由员工本人管理,并且员工本人将成为自我职业成功的主要责任人。但是很少有员工准备(并愿意)接过这一责任,当组织难以满足员工的职业期望时,员工就会选择离开组织,这样职业生涯的自我管理便成为员工必须考虑的一个重要问题。

1.员工进行自我职业生涯管理时应考虑的因素

1.1 选择职业的领域和雇主

这主要包括以下几个需考虑的因素:

(1)职业目标有短期、中期、长期之分,短期目标通常在一年以内,中期目标一般为3~5年,长期目标通常为5~10年。只有具有远大的、明确的目标才能管理好自己的职业生涯,因此,首先,必须清楚自己的职业目标是什么,并注意职业目标应随时间及实际情况而变。另外,职业目标的选择,一方面应该是实际可行的,通过自己的努力可以达到的;另一方面,职业发展的目标应该是具有挑战性和激励性的,既立足于目前的现状,又高于个体目前的现状,能够激励自己不断发展提高。如5年内成为区域主管,或2年内调到市场部门。适当的职业目标是个人职业成功的最主要因素。

(2)根据长期的职业目标制订职业计划,观察潜在的雇主和职位。也就是说当选择某项岗位时,首先要考虑这项工作对我的最终目标有多大帮助。例如,如果员工期望自己到2015年能成为跨国企业的高级管理人员,那么就应该考虑目前所从事的工作对实现这一目标有多大帮助。也就是说当前的工作是否有利于形成全球性定位的思维方式,能否提高自身公共演讲水平、识别和使用人才的能力,能否提高学习管理多重文化的程度等等。

(3)根据长期职业目标接受短期折中方案。员工可以按照自己的职业计划,暂时接受一些工资低但可以提供宝贵培训机会或职业接触机会的工作。

（4）员工在接受高度专业化或者比较隔离的工作安排时应该仔细考虑，因为这类工作可能会与自己的职业目标相悖或者有可能限制或阻碍今后的职业生涯发展。

1.2 清楚自己的现状

（1）对自我的评估。自我评估（self – assessment）指员工通过各种信息来确定自己的职业兴趣、价值观、性格倾向和行为倾向，只有从事适合的工作才能发挥自己所长。

自我评估的方法主要包括：自我反思法和测试法。自我反思法可以通过对"自己喜欢的工作有哪几种、自己的专长是什么、现有工作对自己的意义是什么"等问题来不断反思。测试法一般采用心理测试或调查问题来进行。如上一节提到的霍兰德的职业性向测试。

（2）对职业环境的评估。这一环节也可称为职业发展机会评估。首先对自己现有工作中存在的职业发展机会要有清醒的认识，例如，是否存在你需要的那种培训机会，潜在的晋升机会或平级调动有哪些？其次在认真而如实地评价自己业绩的同时要清醒客观地估计领导对你业绩的评价。三是当你和组织之间的相互需要程度下降的时候，应该能够认识到这一状况。这不是承认失败而是正确地把握现状。此时，组织不能为你提供更多的发展机会，同时你对组织的贡献也开始下降。这种情况有五种征兆：对所做的工作不感兴趣；提升受阻；组织管理不善，正在丢失市场份额；认为付出没有得到相应的报酬；无法实现梦想等。图 10 -2 进一步说明了员工在职业生涯自我管理时在企业内外部环境中各种相关角色的作用。

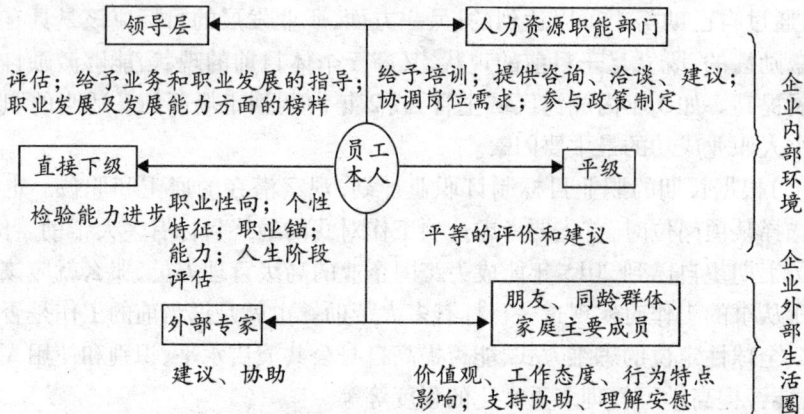

图 10 -2 员工自我职业生涯管理时相关角色的作用

1.3　离职

当员工已发现适合自己长期职业生涯规划的工作机会时,应该选择对自己最有利的时候离职。一般要避免在有争议的情况下离开现在的组织;同时要注意,除非找到另一份工作,否则不要辞掉现在的工作。

1.4　原岗位的再发展

有很多员工因为对现状不满而希望离职,但在短期内又无法找到更适合自己的工作,即使找到的也仍将从事和过去类似的工作,这样,他们仍会陷入和过去一样的窘况中,这样的员工可以寻求已经熟悉的岗位再发展,但最好的方法是通过改善工作,将原有的工作系统化、条理化,以重新培养对工作的兴趣。

案例:原岗位再发展的实例

原博福——益博生(天津)有限公司有一位秘书认为自己99%的时间都用来解决完全不成系统的事务性工作。并且认为自己的工作没有得到公司的首肯,于是总是抱怨了自己工作的琐碎,并写信向总经理提出申诉,认为总经理对他的评价较低是由于总经理和他之间没有建立起有效的沟通导致的。实际上总经理对他所从事的工作并不了解,仔细分析这封信的内容后,总经理认为该秘书工作认真负责,任劳任怨,但需要提高工作意识和改进工作方法,于是指导他对原有较简单的工作程序加以丰富、补充,并鼓励他在日常的工作中摸索工作规律。在总经理的鼓励下,这位秘书根据本人的摸索制订了内容详细、极具操作性的工作程序图,使其工作更加系统化,更具实效。公司还将该工作程序作为培训教材,得到了其他同事的一致认可和好评,更重要的是他本人也受到极大鼓舞。

这一案例说明,职务上的升迁并不是实现自己职业生涯发展的唯一途径,通过工作内容和方法的创新,同样可以获得职业生涯的发展。

由于企业的兼并和重组,当今员工的流动性加快,企业与员工短期的雇佣关系也日益出现。也就是说企业与员工可以先签订一个短期的雇佣合同,合同期满后双方再根据自己的需要,通过重新谈判将合同延期或终止。企业要想在职工流动时不处于被动状态,必须精心做好职务设计和人员配备工作,在员工出现流动时,尽快地进行有效替代。

组织应该如何对待员工的职业生涯自我管理,惠普公司的做法也许能给我们一些启示。

案例:惠普为了提高员工的自我评估能力及其在职业生涯发展途径中的实际应用,在科罗拉多(Colorado)一个分部开发了一个为期三个月的个人职业生涯培训。

自我评估是员工的一种自我激励机制,目的是帮助员工发现在组织中适合其发展的各种机会。它包括以下6个具体内容:

(1)通过问卷调查、面谈及小组讨论了解学员以往的工作经历和今后的工作计划,为以后绩效评估提供数据分析。(2)发现员工个人的兴趣爱好,例如,偏爱的职业、学术领域、人的类型等。要求他们和相同类型但在不同职位工作的已成功人士进行比较,根据自己的兴趣特长找到努力方向。(3)惠普要求员工从经济、审美、政治和宗教角度对自己的价值观强度作出评价。(4)为了检验上述几个步骤中所获得信息的准确性,要求每个学员记录其在某个工作日以及某个非工作日的全部活动。(5)要求每一个学员至少征求两个以上的熟人对自己主要特点的看法。(6)用文字、照片、图形等各种方式描绘自己的特征。

自我评价完成以后,部门经理应以员工的个人情况及他们在组织中的现有职务做成档案材料。这一材料对于高级管理层制订整个企业的人力资源计划和人力资源结构的调整,明确人员的技能要求以及实施这一计划具有重要的价值。部门经理不仅可以把员工的职业发展目标转换成将来工作绩效的一个评估标准,而且当组织对人力资源的未来需求与员工个人的职业目标一致时,可以帮助员工设计在本组织内实现这一目标的具体安排,如培训、不同岗位的锻炼机会等。惠普通过上述步骤不断积累资料数据。学员也从这些归纳数据中进一步获得职业生涯自我管理的有用信息。

2.员工个人职业生涯发展的一个典型案例介绍

马丁出生在波士顿,毕业于麻省理工学院。后来在斯隆研究院学习了2年,主要学习了生产、营销和财务等课程。但是直到他完成麻省理工学院硕士课程以后,他仍不能明确说出自己的职业追求。

初涉职场:起初,马丁希望自己在一家办事有效、处事正确的公司里工作,并预期到自己可能要经过几次择业才能找到真正适合自己的公司。他的第一份工作选择了一家大型消费品和工业品制造商,通过公司3个月的培训后,成为公司一个航空空间部门的项目管理员,专门负责检查项目的财务数据,并协助项目经理处理其他杂事。在这里他认为其才干远远没有得到应有发挥,因而决定进行一定时期的自我教育,并广泛接触其他部门以了解商业职能的运作。

邂逅经验:马丁坚信企业界高深莫测,要有一种高水平的工作能力。2年之后,他受邀加入朋友父亲办的小型书籍装订厂。但是,书籍装订厂和他过去所在的企业一样仍无法满足马丁的成长需要。于是他又一次踏上了寻找未来发展方向的道路。

再度寻求：在一家大型药品公司，马丁找到了一份成本预算初级分析员的工作，并且还幸运地遇到了一个很好的上司，在2年后升为高级分析员。在这期间他做过资本研究、成本分析等工作，并成为一个新厂开发工作组的联络员。马丁认为，这是一次有效的工作经历。然而，尽管获得了晋升以及赞扬，但他再次丧失了工作挑战，之后他决定转投到管理咨询方面。

事业遭挫：不久马丁应聘到一家公司担任管理顾问，这项工作为马丁提供了以往在各种工作中所缺乏的高层管理前景，并据此了解到一个企业的所有职能是如何协调运作的。但1年后，马丁意识到进入这家管理保守的企业是个失误，为这家事务所服务了2年后，马丁被解雇了。这次事业上的挫折使马丁强烈感到了在财务上独立的重要性。

找到自我：数月后，马丁在一家大型制造公司担任设备计划经理，因为他工作出色，很快被提拔为计划经理，负责全部的计划工作。起初马丁感到公司的管理氛围极其陈旧保守，但是工作很有趣，经过一段时间的骚动不安后他坚持了下来。后来公司聘请了一位年轻而充满活力的行政副总裁，整个公司的管理运营大为改观，不久这位副总发现了马丁的才干，委托他担任部门总会计师，但马丁拒绝了此项委任。

终获成功：后来，马丁晋升为整个集团经营的营销主任，并且接受这项工作保持至今，乐此不疲。在执行一项发展计划的时候，马丁被委任该部门代理总经理，对此项工作，他受益匪浅，并根据这个成功的经验，他进一步努力，并在公司的某个部门取得了一个总经理的职位，此后他又两次被提升，现在已经成为一个产品集团的总经理和一名公司高级职员。

通过以上描述，可以得出马丁在寻找工作的过程中，一心向往的是充满挑战性的工作，以获得才干的全面发挥，从而追求一种开阔的管理前景。为此他甘愿几度流动，直至找到真正能给他职业生涯发展机会的公司为止，并最终获得了成功。在这一过程中，他不断思考、不断学习、不断规划自己的发展之路，并坚韧不拔地付出努力，这正是每个员工在职业生涯自我管理过程中都应该学习与借鉴的。

第四节 职业生涯规划目标和员工职业生涯途径管理

1. 职业生涯规划目标

职业生涯规划是协调、匹配员工职业发展需要和企业人力资源发展需要的重要方面。在本章第一节中简单介绍了职业生涯规划的概念,本节将着重从企业角度论述如何指导员工开展职业生涯规划,为员工提供企业环境及企业发展的信息,如企业发展前景、战略规划、人员需求、选拔提升人员的政策、组织员工参加潜能测评及职业生涯研讨会等。

在职业生涯规划中,确立职业生涯的方向与目标是职业生涯规划的一项首要任务,职业生涯的方向与目标是紧密相关的。方向是通向目标的方位,通常指要从事的职业类型。目标则指要达到的境地和标准,如从事高等教育是职业方向,那么讲师、副教授、教授则是同一职业方向上的不同阶段目标。以从事人力资源的开发与管理这一方向为例,职业生涯规划目标的具体内容概括在表 10-1 中。

表 10-1 职业生涯规划目标

目 标 内 容	目 标 描 述
工作内容目标	希望从事人力资源管理和研究
职务目标	希望担任人力资源管理开发部经理
经济收入目标	希望收入不低于 6 万元
工作能力目标	对人力资源的开发与管理达到驾驭自如的程度,具备创新能力
工作成果目标	使本企业人力资源的开发与管理成为本行业中的标杆

由于员工面临多变的环境以及客观机遇的限制,或者由于对自己职业生涯前景的认识不足,因而建立职业生涯方向和目标不是件容易的事情。一般情况下,在职业生涯初期最多只能制订 3 年左右的职业生涯目标。而确立最终职业生涯目标一般在职业生涯中期,即在确立"职业锚"、找到最佳贡献区以后。企业在职业生涯开发与管理中的一项重要任务就是帮助员工确立职业生涯目标。

2. 职业途径的类型

职业途径是企业为员工提供指导,并帮助员工制订实现其职业生涯规划的具体方法,这更利于企业对员工职业生涯的管理并为员工个人职业生涯规划和发展活动提供强有力的支持。

一般实现员工职业生涯目标的职业途径可分为传统的、横向的、网状的和多阶梯发展四种类型:

员工在组织内逐步向上发展的过程就是传统的职业途径,这种传统职业途径方式由于现代企业中等级层次减少,已经难以现实地反映员工的发展方向。横向途径是在员工职位未提升的情况下增加员工满意感的方式,是指通过横向调动发挥员工的潜力。综合横向和纵向的员工职务发展模式就是网状职业途径。多阶梯职业途径是为了解决受过技术培训员工、并且不需要通过企业正常升迁程序调到管理岗位的一种职业发展方法。在这里重点介绍多阶梯职业途径。

在很多技术好的工程师、项目领导者、科学家在技术领域他们是出色的一员,属于技术专家型的人物,当他们个人的技术生涯发展到一定程度往往会面临领导和组织的管理任务,然而他们更希望在自己的专业技术领域继续得到发展。因而在职业发展中往往会面临一种进退两难的境况。另一方面对于企业来讲,也面临类似的问题,为了使技术人员的职业生涯有进一步的发展,他们将专业技术拔尖的员工提升到领导岗位,但结果却是他们的管理业绩并不理想,也就是说企业提升最优秀的技术人员到领导岗位,实际价值反而下降了。多阶梯职业途径就是解决这一难题的基本方案。

多阶梯职业途径就是建立管理职业与技术专家职业平行的职业轨迹。在多阶梯职业途径向上运动过程中,管理职业将带来更多的决定权和责任,技术阶梯则被给予更多的资源进行开发和研究,使他们各自更具有自主权和独立性。IBM,AT&T 等国际上一些著名的大企业很早之前就开始使用多阶梯职业途径。

图 10-3 即表示多阶梯职业途径的基本内容。图中,中间是管理发展的路径,左边的路径强调研究的专业性和独立性,而右边则与特定的技术项目相关,并附带有管理责任。在对 107 家大型企业的调查中,发现多阶梯职业途径经常用于工程、R&D 及信息系统员工中,有 2/3 的企业感觉达到了预期的结果。

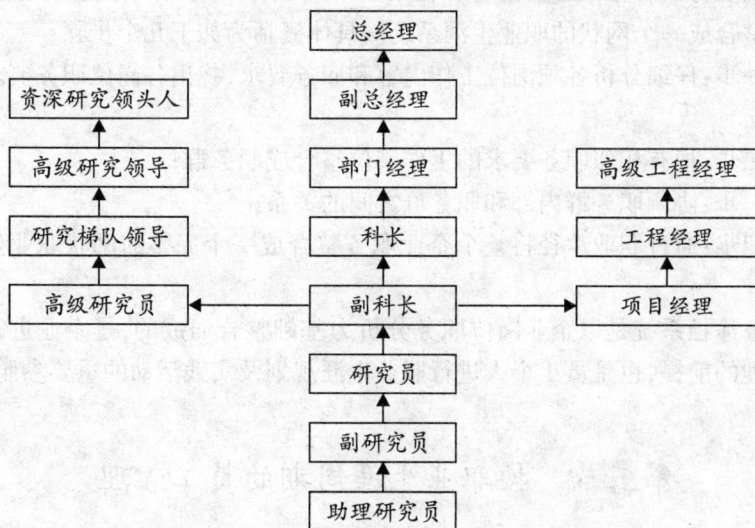

图 10-3　多阶梯职业途径

3. 职业途径管理的步骤

企业的高层管理人员必须结合企业的业务性质、竞争者的雇佣政策、现时和未来的组织结构等因素来制订和实施职业生涯规划和职业途径,并且这也是实现人力资源开发和企业发展结合的重要战略因素。与此同时,企业在指导职业途径管理时,必须对其主要特征有所认识,我们把它们概括为如下几点:

(1)员工不论是横向调动还是纵向提升,其所表示的只是员工实际发展的可能性,而不是常规性的职位提升,也不是强制性的某个专业化领域的特殊安排。这说明职业途径是企业人力资源发展中的一个战略环节;

(2)职业途径企业高层管理者需要对企业的工作内容、重点岗位、组织模式和管理的变化做出反应和新的尝试;

(3)职业途径的灵活性是指对那些能创造新的工作方法和优秀业绩的员工,包括下级、管理人员和其他人员给予职业生涯发展的更多机会;

(4)职业途径不应仅局限于学历、年龄和经验这些传统条件,而应着重考虑不同的工作岗位所需要的技能、知识和其他要求条件,并指明怎样才能获得这些技能和知识。

企业在实际操作中要根据人力资源的数据资料实施职业途径管理。因为人力资源的数据资料对每一工作岗位明确提出了工作内容和任职要求。在这些资料的基础上将具有相似工作内容和任职要求的工作归纳为职务群,并把这些职业途径整合成一个网状的职业生涯系统。具体概括为如下几个步骤:

第一步:仔细分析各项岗位工作内容和职务要求,找出各岗位职务要求的异同;

第二步:把有相似职务要求的工作岗位整合成职务群;

第三步:协调职务群内部和职务群之间的关系;

第四步:通过职业途径将整个企业职务整合成一个完整的网状职业生涯系统。

职务途径系统是以企业岗位职务分析为基础整合而成的,是企业进行职业生涯管理的前提,也是员工个人进行职业生涯规划及实践活动的重要参照点。

第五节　按职业生涯周期的员工管理

本节主要从员工职业生涯发展周期的角度探讨相应的管理方法。

1. 处于职业生涯早期的员工管理

大多数人员流动发生在加入组织的早期,所以加速这种社会化过程将有助于降低流动性,从而降低企业总的流动率。职业生涯早期的员工在进入某个特定组织的过程中,员工的"社会化"至关重要。所谓"社会化"是指新员工了解组织的有关政策、规章制度、熟悉组织的文化传统、价值观,熟悉上司、同事以及新员工与新组织间相互适应的过程。

向新员工展示组织发展前景和员工工作发展的前景,对新员工进行上岗培训是加速职业生涯早期员工社会化的最有效方法,其次就是给新员工配备阅历丰富,深谙组织中的权利和政策,并愿意与新员工分享这些知识的职业顾问,员工可以通过职业顾问了解和熟悉有关企业的基本情况(如权力结构,行为方式等)、同事给予的评价及客观的反馈,职业顾问以朋友的身份帮助员工处理工作中出现的有关问题等。企业通过对职业生涯早期员工的管理,一方面可以给新员工减轻新环境所产生的压力,帮助新员工降低对组织的过高期望,最重要的是,增加新员工在企业中的生存发展机会。

建立对职业生涯早期员工的管理的指导关系必须有长期的定位计划,必须有高级经理的支持,仔细挑选顾问和被指导者,明确顾问和被指导者的责任,建立持久而频繁的接触。顾问不一定局限于上司,资深的老员工、团队领导甚至整个团队都可以作为新员工的顾问。良好的指导关系能增加员工的薪水和晋升的机会。

早期工作分配是今后职业生涯发展的一个重要的阶梯,如果富有挑战性并取得良好业绩,那么将会提高其整个职业生涯中的竞争力和工作业绩。也就是说员工早期职业生涯中,第一份工作对以后职业成功与否影响很大。

不仅第一份工作重要,第一位上司也同样关键。他必须以一种能被对方接受的、令人尊重的方式扮演老师、教练、示范者、反馈者和保护者的角色,并且在工作中值得信赖,不嫉妒新员工的雄心、活力和各种发展机会,能在贯彻组织的意图和传播组织的价值观方面起到示范作用。

另一个影响的因素就是最初期望。企业应当鼓励员工制订较高的目标,因为高期望往往会导致高业绩。

2. 处于职业生涯中期的员工管理

员工在职业生涯中期往往能取得事业上的成功。但因为每个人所处的环境、家庭状况不同,从而导致人与人之间的差异也比较大,常常出现以下几种情况:(1)能够清醒的认识自己的职务目标有多少已经实现,多少将能够实现;(2)开始寻找新的生活目标;(3)工作关系发生变化,自身的工作能力加强;(4)家庭关系发生变化;(5)工作衰退感日益强烈;(6)随年龄的增长,意识到自己的身体开始有衰老的感觉;(7)工作流动性下降,对工作安全的关注加强。

以上情况导致的问题通常被称作"中年危机",也是职业生涯中期员工考虑最多的问题。其实质就是处于中层管理位置的中年员工在以后的 10 年中获得晋升的可能性会明显变小,往往只能处于原地踏步的状况。如果一个人做同一项工作已经 10 年或更久,那么他必须面对工作的改变、提升、降职或失业的可能性等问题。

通常职位的提升是职业成功的传统定义,但当前越来越多的大企业鼓励员工不要去追求这种"快速提升的跑道",并力图说服员工相信停滞时期是生活的一个方面,而不是衡量个人失败的尺度,职业生涯的成功很大程度上取决于事业横向的综合,希望员工能认识到通过横向调动也会获得相应的回报和乐趣。

20 世纪 90 年代以来,很多企业缺少既懂领导、懂技术知识和计算机技能、又有过人力资源管理经验的经理,再加上企业结构重整,大型和中型企业的中层管理人员不断减少,从而使他们的工作显得更为重要,所以那些不愿横向调动的人仍有提升的机会。

随着科技和知识的飞速发展,每个人都必须重新审视自己的价值观和生活目标,更新自己专业领域的知识或学习和掌握一些其他领域的技能,以便在经济停滞或萧条时期避免被裁员的命运,或易于在被裁员后另谋出路。

培训处于职业生涯中期的员工去指导年轻员工是解决中年危机的一种有效方法,因为通过培训,中年员工能保持活力,跟上时代的发展;而年轻员工则能受益于中年员工的经验,从而使中、轻年员工双方受益。企业需要技术上和专业上的连续性,通过中年员工指导,对于保持这种连续性无疑具有重要作用。

要防止或解决中年员工的工作衰退现象,一方面企业可以让员工参加各种研讨会、研究会、大学继续教育及其他形式的技能知识更新,另一方面可以给予员工挑战性的工作,进行阶段性的工作调整,经常与员工进行中肯的交流,给予与业绩相对应的报酬及参与领导决策等。

事实上,中年员工职务提升的停滞现象对一部分人来讲的确是一种危机,但也有其有利的一面。虽然大多数人表面上接受并适应了他们的职业停滞,重新调整生活和职业目标,以满足除工作外个人成长和被承认的需要,但也有一部分中层管理人员因工作有更多的竞争使自己的管理能力提高了,甚至有一部分在大企业中不愿坐等提升的管理人员走出企业成为创业者,开始自己的事业。

人在中年时期一般可以不再重新评价个人的目标和生活,但若能在这一时期根据自己的具体情况重新建立新的或修改原有的职业生涯规划则会更有利于自己的生活。

3. 对老年员工的管理

随着医学技术的发展和人们生活水平的提高,20 世纪人类的平均寿命延长了 27 年,也就是说老年员工的实际生理年龄会变得更为年轻,他们在企业中依然是一支具有生命力的重要力量。因而企业应摒弃传统观念来组织和管理好企业的老年员工。

处于职业生涯晚期的员工管理容易出现几种错误认识,我们列举如下并指出这些认识的错误之处:

(1)相对于年轻员工,职业生涯晚期的员工缺乏生产力。虽然职业生涯晚期员工的记忆和思维的速度随年龄增大而下降,但是工作所需要的基本技能依然能完整地保留。美国的一项个人调查研究表明,无论从事专业性工作还是非专业性工作,低于 70 岁的工作人员的工作业绩与年龄是不相关的,而对于年龄大于 70 岁的则不能得到肯定或否定的结论。

(2)一项工作任务由职业生涯晚期的员工完成需要花费更多的成本。统计研究表明,通常个人的思维能力,包括语言能力、数字的反应能力和推理能力,一直可以维持到 70 多岁。

(3)职业生涯晚期的员工因为年老体衰,缺勤率高。而美国的调查结果却正好与这一看法相反,18 ~ 44 岁员工的缺勤率平均每年为 3.4 天,而年龄大于 44 岁的员工缺勤率每年只有 2.6 天。

(4)职业生涯晚期的员工缺乏对新工作的适应性。一项改换工作行业的调查比例显示,小于 50 岁的比例为 55%,而 55 ~ 60 岁却有 63%,大于 60 岁的竟高达 78%。也就是说实际上许多老年员工在原有行业很难被重新雇佣。

除了上述对职业生涯晚期的员工的错误认识外,还有许多其他的认识误区。但是许多事实表明,实际情况并非如此。因为并不是所有的老年员工都不能跟上新事物发展的步伐,也绝不是所有的老人都墨守成规。特别是当前面对社会人口老龄化的基本趋势,能否有效管理老年员工对组织具有重要的战略意义。

第六节　易变性职业生涯理论

组织内按等级序列升迁的竞争空前激烈,同时由于科技进步产生了新的、无法预测的各种工作选择①。员工更频繁地在组织的不同部门间流动,甚至不同组织和不同专业间流动。这些变化使得终身依附一个组织的固定职业数量不断削减。人们的职业生涯不像过去是按比较固定的线路和方向发展,而是随着时间、根据环境随时进行调整变化。美国学者 Douglas T Hall 早在 1976 年把这称为易变性职业生涯(Protean Career)并致力于该领域的研究。

易变性职业生涯与传统职业生涯在职业成功的标准、心理契约、职业流动模式、职业生涯管理责任方面都有了完全不同的改变。他在《组织中的职业生涯》一书中描述了这样的易变性职业生涯取向:个人,而不是组织对职业生涯负责;个人的核心价值驾驭职业生涯的决定;主要成功的标准是主观的(心理的成功)。当易变性职业生涯不断盛行,组织的职业生涯已经死亡②。传统的组织职业生涯理论已不适用新的职业模式,因此国外关于易变性职业生涯的研究不断涌现。

在传统意义上,职业生涯可以描述为与一位雇主保持长期的雇佣关系,内部升迁在一个公司或组织的经过良好定义的连续职务序列阶梯上发展。例如,在企业可以担任主办、主管、经理、总经理等几种职务;也可以是专业技术序列,如助理工程师、工程师、高级工程师等。易变性职业生涯指由于个人兴趣、能力、价值观及工作环境的变化,企业或组织经营环境和内部政策的变化,使得员工改变自己的职业。在传统的职业生涯时代,雇主安排员工的职业发展,而现在易变性职业生涯观念认为员工本人要对自己职业生涯管理负主要责任③。

传统的职业生涯目标是加薪和晋升,它不仅受员工自身努力的影响,还受到公司所提供职位的影响。而易变性职业生涯的目标是心理成就感,在很大程度上由员工自己掌握和控制。它是一种自我的主观感觉,而不仅指公司对员工的认可。心理成就感在新一代(20 世纪 80 年代至 90 年代出生的人)的劳动力中尤为盛行,他们往往对地位不看重,但希望工作富有灵活性,并渴望从工作中获得乐趣。

易变性职业生涯和传统的职业生涯的另一个重要区别是员工必须具有动态的学习能力,而不仅仅依靠吃老本。现代变化多端的商业经营环境要求企业必须能对客户的服务需求和产品需求做出更敏捷反应。因此企业对员工的知识类

---

① D. C. Borchard, New Choices: Career Planning in a Changing World, in Career Tomorrow, ed. Cornish

② Douglas T Hall, Protean Careers of the 21st Century, Academy of Management Executive, 1996,10(4)

③ 龙君伟,论易变性职业生涯,中国人才,2002(8)

型要求已经与以前不同。在传统的职业生涯中,员工"知道怎样做"(即具备提供产品和服务的适当技能)至关重要,而现在对员工的知识和技能要求则更高了,员工不仅要"知道怎么做",而且重要的是要"知道为什么"、"知道为谁"。"知道为什么"指员工应该了解公司的业务和文化,从而能形成和运用有关知识和技能,以促进公司的发展。"知道为谁"指员工为了达到公司的战略目标而需要建立的各种人际关系,如同销售商、供应商、董事会成员、顾客和行业专家建立良好的人际关系。而这些单靠正式的课堂培训是不够的,需要的是人际互助和在职体验,需要员工的自我学习和自我感悟。传统的职业生涯方式是一种线性的等级结构,许多大公司的职业生涯都是"高耸"型。带有科层制的职务结构,较高的等级往往意味较大的权力、责任和较高的薪金。传统的职业生涯方式还包括专家型的职业生涯方式。终生从事某一专业领域(如法律、医疗、管理),这种职业生涯的方式在以后还会继续存在。易变性职业生涯方式的主要特征是"无界性(boundless)",跨专业的职业生涯和短暂性的职业生涯将更为流行。员工从事多个工作岗位或专业领域将更为流行。员工可能会不断地寻找新的工作机会和新的职业机会。同时雇主的经营状况也无法为员工提供稳定的有保障的职业。现在有许多公司在雇佣临时性的劳工。

在易变性职业生涯阶段,由于商业运作方式和为客户提供产品和服务方式的变化,使得员工知识和技能老化的速度加快,同时不断有掌握新知识、新技能的年轻劳动力出现在劳动力市场,公司都倾向聘用有潜力的劳动者。传统职业生涯时代的好时光已经一去不复返了[①]。

☞ **复习思考题**

(1)"人职匹配理论","职业生涯发展阶段理论"以及"职业锚理论"主要内容是什么?各有什么特点?请用实际例子说明这些理论的正确性及不足。

(2)马丁找到适合自己职业发展的公司这个案例给你怎样的启示?请结合自己性格特征、能力特长和就业环境设计个人今后的职业生涯发展规划,并指出实现这一规划的方法和途径。

(3)什么是多阶梯职业途径?多阶梯职业途径在企业中有什么作用?企业在考虑员工职业生涯发展时还可以有哪些创新的做法,请设计具体的方法和相关规定及政策。

☞ **进一步阅读的材料**

1. 韩建军,田泽. 无边界职业生涯管理新趋势及理论思考,人才开发,2009(02)

---

① 龙君伟,论易变性职业生涯,中国人才,2002(8)

2. 赵志明. 从"群体归属感"看企业员工职业生涯危机,人力资源,2009(01)

3. 太和顾问. "我时代"的职业生涯规划,中国新时代,2008(01)

4. 孙妍. 职业生涯管理价值链,经济与管理,2008(01)

5. 张梅. 为员工铺设成长通道,企业管理,2006 年(8)

6. Daniel C Feldman. The Antecedents and Consequences of Early Career Indecision Among Young Adults, Human Resource Management Review, 2003,13(3):499 - 531

7. Andrew J Templer , Tupper F Cawsey. Rethinking Career Development in an Era of Portfolio Careers, Career Development International,1999,4(2):70 - 76

8. Yehuda Baruch. Organizational Career Planning and Management Techniques and Activities in Use in High - tech Organizations, Career Development International,1996,1(1): 40 - 49

9. Dougias T Hall. Protean Careers of the 21st Century, Academy of Management Executive,1996,10(4)

第五编

现代人力资源管理发展中的若干专题

第十一章　国际企业人力资源管理

◆ 学习要点 ◆

(1)不同的政治经济及文化环境下对管理人员的选拔、招聘培训方法;(2)跨国公司对管理人员的绩效评价与工资待遇等问题的管理;(3)跨国公司的劳工管理。重点要求掌握不同国家的民族文化环境对跨国公司人力资源管理的影响。

第一节　国际企业人力资源管理概述

随着世界经济的一体化和跨国区域经济的不断深化,企业经营国际化已成为势不可挡的热潮。企业在全球范围内利用资源,将自己所拥有的资本、技术、管理技巧、市场联系、研究与开发等方面与东道国当地所拥有的人力资源、自然资源乃至市场规模等优势结合起来,利用跨文化优势,展开跨国经营,在全球范围内实现优势互补,成为企业国际化经营的主要形式。在跨国经营中产生的国际企业,由于处于不同的文化背景、地域环境中,必然将遇到前所未有的机遇与挑战。有效地进行跨文化管理,是国际企业跨地域成功运营的保证。

跨国公司国际人员管理是国际化组织中人员管理的实践。摩根(Morgan)在其关于国际企业人力资源开发的论文中提出一个国际企业人力资源管理包含

的 3 个维度①:

(1)人力资源管理活动。包括获取、分配与利用,这三大类可以扩展为一般人力资源管理的六方面:人力资源规划、员工招募、绩效管理、培训与开发、薪酬计划与福利、劳资关系。(2)与国际企业人力资源管理相关的 3 种国家类型。所在国,也称东道国,是指建立国际子公司或分公司的国家;母国是指公司总部所在的国家;其他国,也称第三国,是指提供劳动力或者资金来源的其他国家。(3)跨国公司的 3 种员工类型。所在国员工(Host – Country Nationals,HCNs),是指东道国的本土员工;母国员工(Parent – Country Nationals,PCNs),指来自总部所在的国的员工;其他国员工(Third – Country Nationals,TCNs),指来自除了母国以及东道国之外的任何其他国家的员工。

摩根将国际企业人力资源管理定义为:处在人力资源活动、员工类型和企业经营所在国类型这 3 个维度之中的互动组合。

从广义上讲,国际企业人力资源管理所从事的是与国内人力资源管理相同的活动。但相比之下,前者的管理更加复杂,由于跨国公司的经营活动遍布全球各地,国际企业人力资源管理要考虑在不同国家招募和管理不同国籍的员工,而不同的国家都有自己的文化和亚文化。其中每个人都受到特定的文化规范、惯例的影响,不同文化熏陶使不同地区的人们有不同的价值观念、认知取向,从而支配其不同的行为方式。因此,跨国经营的国际企业要重视不同文化背景的影响。

第二节 国际企业人力资源管理的文化环境

1. 文化的理解

对于文化至今仍没有一个统一的认识,有人说,民族文化是某一特定的人类社会,一代又一代延续下来的独特的思维方式、观念、感情、信仰与行为。英国人类学家泰勒(E. B. Tyler)在其名著《原始文化》一书中,最早提出文化的定义:文化是一个社会的成员所获得的知识、信仰、艺术、法律、道德、习俗及其他能力的

---

① P. Morgan, International Human Resource Management: Fact of Fiction, Personnel Administrator,1986(9)

综合体。之后,维特·巴诺(V·Barnouw)提出一个综合性概念①:文化是一群人的生活方式,即所有的习得行为和类型化的模式,这些模式行为是通过语言和模仿,一代一代传承下来的。爱德华·霍尔(Edward T·Hall)认为②,文化可分为三个层次。

1.1 正规系统层次

正规系统层次是人们判断是非的基本价值观,等级观念、宗教规定即属此层次。这种一致性和对变化的抗拒性使社会生活比较稳定,其特征是有一套无人争辩的原则。因此,它引起的摩擦往往不易改变。

1.2 非正规系统层次

非正规系统层次是指通过观察别人,学习范例而获得的态度、习惯等。这一层次引起的文化摩擦可以通过较长时间的文化交流克服,当一个人观察别人在干什么、什么可以接受时,就知道了他应该做什么、如何做。适当的礼节规则、对待空间和距离的不同态度即属此层次。

1.3 技术系统层次

技术系统层次的学习是从教师向学生的单向技术转移。该层次最能用言语表示,学习技术规则或技术规则都与个人感情的关系极少。当技术与正规系统或非正规系统的关系越少时,技术的变化就容易被接受,反之亦然。

总之,不同的技术规范所造成的文化差异、文化摩擦的程度和文化类型是不同的。下一节我们从不同方面具体地分析文化差异对跨国公司人力资源管理的影响。

2. 文化差异的具体表现

2.1 语言

语言是人类沟通的重要手段,是人们行为中最基本的一个方面,它反映了每种文化的特征、思维过程、价值取向,是不同文化间存在差异的最明显标记。

据统计,世界各国语言分属 11 个语系,共 3 000 余种,世界各国的语言文字非常复杂,许多国家使用多种语言。如加拿大(英语、法语)、瑞士(德语、法语、意大利语和列托—罗马语)、芬兰(芬兰语、瑞典语)、印度(印地语为国语、英语

---

① 转引自　严文华,跨文化企业管理心理学,东北财经大学出版社,2000
② 转引自　Richard Holden, Managing People's Values and Perceptions in Multi – Cultural Organizations, Employee Relations,2001,23(6):614 – 626

为官方用语)、新加坡(马来语为国语,马来语、英语、华语、泰米尔语均为官方用语)。

在跨国公司内部,如何沟通不同的语言是相当重要的问题。当然,在国际经济联系与交往已相当普遍的今天,投资者尽可不必精通东道国语言。但是,这并不等于不必了解当地语言。实际上,使用某一语言的社会集团对自己的母语都具有强烈感情,若要了解或争取某一社会集团的支持,如果能使用该集团的母语,不仅能进行满意的思想交流,而且会送去亲切感。

除了正式语言(书面语言与口头语言)以外,在现实中,人们之间的沟通往往还会通过无声语言或形体语言进行。无声语言是指那些非文字或口头的暗示。在国际交往中,跨国公司管理人员应了解不同文化背景的无声语言。无声语言还应包括体态语言。体态语言包含内容很多,如手势、跺脚、摇头等。

语言交流及体态语言中一个很重要的文化因素就是身体距离。在不同文化背景下的人有不同的距离语言。例如,在美国,正式会话时彼此的距离一般在0.5~1米。

2.2 价值观念与行为准则[①]

在具体的社会实践中,人们自身所特有的价值观念与行为准则对整个社会经济活动有着深刻的影响,并且与国际企业人力资源管理有着密切的关系。

(1)工作动机与价值观。各国不同的文化环境与经济环境差异会导致人们产生不同的工作动机和价值观。例如美国人欣赏创新精神与成就,在一般情况下,对于过于困难或较容易的事情并无多少激情。而欧洲人特别注重权力和地位,因此他们的经营管理方式就比美国的要正式得多。或许日本人的成就感与追求成就的动机就是他们的驱动力,所以日本人对提升、金钱和奋斗表现出浓厚的兴趣。

然而在一些发展中国家,人们工作动机的决定因素却有其独到之处。比如,在赞比亚,大致上有工作本身的性质,个人成长发展的机会,物质待遇与工作条件(即工资、福利、工作安全保障、好的工作环境),同别人的关系,组织对自己是否公平等六种影响人们工作动机的决定因素。

(2)时间观。不同的文化背景下会产生不同的时间概念。在美国,人们不管工作、约会、上课、吃饭、看戏、开会都很讲究准时,他们非常赞赏和讲究准时。如他们为了表示重视所提之事就会对所提之事迅速答复;而在日本,有时却故意

---

① 事实上,价值观、合作观及对待风险的态度等是动态变化的,特别是代际之间,这从我国改革开放以来的变化可以看出。戴昌钧,许为民,人力资源管理,南开大学出版社,2001

延迟答复,其目的有时是在于迫使对方让步。在美国,相互交往时通常会给予对方一个最迟的答复时限,而这在中东则会被认为是一种粗野的行为。

现代化进程逐渐加快了生活节奏,时间观在很大程度上受经济发展水平的影响。发达国家与发展中国家人们的时间观差异就明显的显示出来。发达国家人人都感到时间紧迫,尤其是对于追求高成就的人,他们视时间为金钱、为生命。而发展中国家特别是其中落后国家生活节奏缓慢,人们对准时、对时间效率的态度较差,人们将时间看是一种自然条件的循环。并且在同一国家的不同地区也会存在类似的时间观差异。因而对跨国公司来说,对待时间上要采取灵活的态度。

(3)合作观。社会常规会对个人与其所属组织之间的关系产生很大影响,合作是企业开展经营活动的重要条件之一,不同的文化在社会运行中对如何合作存在很大差异。个人主义和集体主义就是人们在社会运行中由不同的文化产生的两种价值观念,实际上它反映了某个社会中盛行的个人与集体之间的关系。在集体主义价值观念占主导的社会里,个人往往从道德、思想的角度处理其与组织集体的关系,而在个人主义价值观占主导的地方,个人大多以博弈的方式与组织集体打交道。日本就是集体主义价值观念盛行的社会,社会通常要求人们更多地从感情上和其他方面依靠组织集体,而组织集体也会相应地对他们负起广泛的责任。当然,一个组织内部的合作程度,除了社会常规之外,还取决于其他许多因素,如人员的教育程度、工作经历、组织本身的历史和企业自身规模大小。

(4)变革观与风险观。变革与风险是并存的,在许多情况,要改变传统的东西就可能遭到当地的抵制,并且抵制的程度跟东道国固守传统的程度而异。一般传统文化越悠久的国家越趋向保守,越年轻的国家则越少偏见。跨国公司在实际的运营过程中通常要将新技术、新产品、新管理方式等带进东道国,这必然会与东道国的传统观念发生冲突,因此如何使新观念与传统文化态度和价值观相容,如何使东道国更快更好的接受变革和创新,这是跨国经营人员必须要认识到的。

人们在变革的过程中实际上也存在紧密的不确定性和潜在风险性,也就是说,人们接受变革的过程也是人们承受风险的过程。不同的国家有不同的风险意识文化,避免不确定性的意识则被认为是文化的一个重要方面。

2.3 教育

教育是延续历史文化的一种重要手段,是社会文化中不可分割的组成部分。实际上它也是人们的一个学习过程,是人们传授与接受知识和信息的过程。通常人们接受教育的形式包括正式教育和非正式教育两种形式,正式教育指在学校所受到的正规训练,非正式教育包括在家庭或社会所受到的教育。通过教育这一特定的过程将会使人们产生不同的文化价值观念。

跨国公司如果要想对在不同国家的企业进行有效的管理,首先必须对该国家或社会的教育水平有一个全面的了解,如果这个国家或地区的教育水平高,则可以在当地招聘企业所需的管理与操作工人;但如果当地的教育水平低,跨国公司就必要根据当地工人的实际能力和生活习惯进行强化培训,这样才能获得符合企业管理要求,具备较高技术水平的员工。跨国公司对员工进行再培训的时间和费用取决于该国家的教育水平、类型及职工的沟通能力,而教育体系的质量决定着职工培训的程度类型,影响着分权管理的程度,以及可以采用的沟通体系。

2.4 宗教与民族主义

从宏观层次看,语言、社会结构、经济制度以及其他大量的社会文化成分等都受宗教的影响;从微观层次看,宗教影响或决定着一个社会中团体与个人的行为。因此,宗教是文化的重要组成部分,只有了解宗教,才能更好地透视那些展示在文化表象上的内心世界或思想行为。

关于宗教,跨国公司在管理中要特别注意的因素主要有:(1)宗教禁忌。例如犹太教和伊斯兰教禁食猪肉,印度教禁食牛肉;(2)宗教规定的精神和道德规范。多数宗教都要求人们有公心、少贪婪、不冲动,从而使这些成为有关文化中的行为准则。其中伊斯兰哲学对整个社会,包括社会生活和个人行为各个方面的影响力度最大。如《古兰经》和伊斯兰法律规范着生活的各个方面,从个人饮食到社会正义,而基督教的新教鼓励勤奋工作,鼓励工作成就,从而利于企业经营;(3)宗教对妇女在社会中经济地位的影响。例如,有些岗位可能限制妇女工作,或者男女同工不同酬等。

此外,在不同的国家,宗教发挥的作用不一样,跨国公司应该注意宗教在其所在社会的重要程度及各宗教之间的宽容程度。在以宗教信仰为基础的社会,人们不会容忍任何人在宗教上所犯的错误;而在宗教发挥作用较小的社会,人们对宗教上所犯的错误往往比较宽容。在同一个跨国公司里,信仰不同宗教的员工会在宗教问题上具有潜在的矛盾,因而跨国公司应尽可能减少产生矛盾的机会,避免宗教矛盾。

另一个影响跨国公司的问题就是民族主义,跨国公司的经理人员一般由来自不同国家的员工组成,而这些员工在进行决策时,有不少经理人员,尤其是东道国的经理人员往往倾向于首先考虑到自己本民族的利益,总是使公司的活动尽可能地有利于自己的国家。这种民族主义通常被称为"非宗教的宗教",它是忠诚于本民族的政治与经济利益或抱负、社会与文化传统的一种思想意识,是对民族认同的一种重要信念。然而这种民族主义倾向常使有关的决策偏离跨国公司的全球战略目标。因而跨国公司不愿在中、高层管理岗位上雇用东道国人,一个重要的原因就是为了防止东道国人的民族主义倾向对公司组织的不利影响。

除了上面的描述外,跨国公司还面临着一个民族优越感问题。这主要是指跨国公司的一些中、高层管理人员认为自己的民族文化价值体系比其他文化价值体系优越,在管理经营中坚持以自我为中心的观点,这样他的行为将可能被人们怨恨而遭到抵制,这样他就无法有效地管理人力资源。

2.5 风俗习惯

风俗习惯是人们在社会生活中自发形成并共同遵守的一种习惯性的行为模式或行为规范。世界上不同国家的风俗习惯千差万别,甚至在同一国家里,不同地区也会有极不相同的习俗,它包括饭食习俗、服饰化妆习俗、送礼习俗、节日习俗以及经商习俗等人们生活的各个方面,因而它在跨国公司进行经营管理的过程中也会产生不同的影响。

2.6 法律制度

世界上每个国家在劳工方面都有相关的法律规定。相对于跨国公司来讲,几乎所有的东道国,尤其是发展中家,都十分重视外国公司雇佣本国的公民,因为这样可以为本国人创造更多的就业机会。即使是发达国家,对外来移民就业问题也有详细的法律规定,如美国法律规定本国公司要想雇佣外国人是十分困难的,除非被雇佣者具有特殊的才能和素质。

此外,有些东道国政府为了迫使外国公司雇用东道国人,还对外国公司中外国人的数量(或比例)进行一定的限制。这种限制通常还会促使外国公司增加对当地人的培训,把当地人提拔到公司较为重要的管理岗位上。由于不同行业的跨国公司有不同的战略发展目标,东道国对跨国公司国际职员配备的限制政策通常是对其发展战略的一种制约性规定。

3. 文化差异对人力资源管理的影响

根据霍夫施塔特(Geert Hofstede)等人在跨国公司不同国家子公司的实证调查基础上提炼了衡量文化价值观的 5 个维度。这 5 个维度对于理解在不同国

家进行商业经营活动,特别是人力资源管理有着重要的影响①。它们是:

（1）个人主义和集体主义。个人主义价值观将每个人视为独一无二的,人们的价值取向主要依据个人的成就、地位及其他相应特征;而集体主义则将个人所属的群体,如家庭、团队和组织优先于个人进行评价。前者,在行为上往往倾向于个人对自己负责,追求个人的理想,情感上不依赖于组织和群体;而后者则将个人身份建立在群体的基础上,倾向于群体决策,由群体保护个人来换取个人对群体的忠诚。

（2）权力距离。指人们看待权力不平等关系的程度。"权力距离"较为明显的文化更强调领导的权威,承认领导的决策权和地位,应该依赖和相信领导。在权力距离较高的国家,人们比较看重头衔和职位。相反,在权力距离较低的文化中,却很少强调领导和员工的这种不对等地位,员工参与重大决策是组织通常采用的一种方法。

（3）不确定性规避。不确定性规避的文化往往追求建立那些不可预期结果的制度体制。在这种文化中,倾向于躲避风险,例如,在工作中不喜欢承担不熟悉的工作。对不确定性和风险的态度本质上是对容忍含糊性程度的价值取向。如日本和葡萄牙就属于高风险规避的国家,人们倾向于预测、控制甚至影响未来发生的事件;而那些风险偏爱者则更愿意听之任之。既然进行控制能够降低事情的不确定性,那么管理控制系统就会被更多地应用于那些高风险规避文化的组织之中。

（4）男性主义倾向。这主要指不同文化环境对于男性和女性角色差异的看法。研究成果表明②:一般男性强调成就激励和自力更生,而女性强调教养和责任感。在男性主义倾向比较严重的国家,往往有着非常严格的性别角色定位;而男性主义倾向较弱的国家则较少区别这类角色。显然在男性主义比较严重的国家,在工作分配和职务安排时应注意男女性别的差异。

（5）长期导向与短期导向。它通常指的是文化思维在多大程度上体现未来,在多大程度上体现了现在。具有长期导向倾向的文化一般具有如下的价值观念:看重储蓄,对社会关系和等级关系敏感,愿意为将来投资等。这些价值观显然会影响经营决策,包括人力资源管理。

---

① Geert Hofstede, Cultural Dimension in People Management In "Globalizing Management", New York: Wiley, 1993

② Geert Hofestede, Culture's Consequences: International Difference in Work Related Values, London: Sage, 1980

文化环境的复杂性决定了跨国公司人力资源管理的复杂性,这种复杂性使公司总部本身往往不能全面对人力资源实行集中管理。例如,高级管理人员人选一般由跨国公司总部负责,一般员工的工资管理、工人培训等方面的决策和管理权则分散给各地的子公司负责。总之,上述文化差异中的一个或多个因素都会影响到组织行为的选择,从而影响人力资源管理活动。

第三节　国际企业管理人员招聘与选拔

1.国际企业人员来源及配备国籍政策

1.1　国际企业人员来源

一般跨国公司海外子公司的职员主要由母国人员、其他国人员和东道国人员构成,其中管理人员多来自母国,工人主要来自当地(参照图12—1)①。

最可能的人选:总经理:母国人员;财务经理:母国人员;业务经理:母国、其他国或东道国人员;人事经理:东道国人员;其他经理、工长:其他国或东道国人员;工人:东道国人员

图 12 - 1　跨国公司海外管理人员的来源

1.2　国际企业人员配备的国籍政策

跨国公司对员工国籍的政策可分为民族中心政策、多中心政策、地区中心政策和全球中心政策4种,这4种不同策略定向的政策各有自己的优点和弊端。

1.2.1 民族中心政策(Ethnocentric)

跨国公司如果采取民族中心政策,则该公司一般都会将各地子公司的重要职位由母国派出人员担任。跨国公司采取民族中心政策将会有如下几个方面的优点:

(1)母国管理人员能与总部人员进行有效沟通并保持良好的关系,能够根

① 戴昌钧,许为民,人力资源管理,南开大学出版社,2001

据母国的目标、战略和管理方式较好地按公司意图办事;(2)跨国公司外派的母国管理人员一般都具备良好的技术和管理经验,这有利于提高公司的效益;(3)有利于协调跨国公司各部分的行动,加强对子公司的控制;(4)有利于总部培养人才;(5)有利于跨国公司知识产权的保护;(6)在一个多民族或多宗教的东道国,由母国派员担任经理或关键领导职务可以防止企业内部产生民族宗教矛盾而给企业带来政治风险或遭到抵制;(7)通过外派一些有能力的管理人员去海外工作,一方面可以解决母公司管理人员过剩问题,另一方面也有利于员工职业生涯的发展;(8)民族中心政策适用于海外子公司只准备经营较短时间的情况。

同时,选用母国国民任海外子公司管理人员存在许多缺点:第一,较难以适应外国语言以及社会文化、政治和法律环境;第二,选拔、培训以及维持母国管理人员及其家属的费用较高;第三,受到东道国政府的压力,尤其是一些发展中国家,往往会提出经营当地化要求,要由当地人担任子公司的高级职务;第四,限制了当地有才干的管理人员的提升,不利于调动他们的积极性,也不利于充分开发和利用当地的人力资源。例如,在华日本公司乐天和东芝高层管理人员都是从日本公司本部指派,他们都采取了民族中心为本位的人力资源管理模式。然而由于中日文化差异、理念差异以及职业上的差异等原因,这两家公司的中层以下的本土管理人员流动性都极高,基本上很少有中层以下的管理者在公司连续工作两年以上的。

1.2.2 多中心政策(Polycentric)

多中心政策是指跨国公司的母公司雇用母国人进行管理,而把国外子公司交给东道国本地人管理。实施多中心政策利用东道国国民担任管理职务主要有如下几个方面优点:

首先,从东道国本地雇用管理人员不需进行相应的适应性培训,同时因为他们精通当地语言,熟悉当地文化和习惯以及经济体制和有关的政策法规,有利于发现和利用东道国潜在的商业机会;其次,雇用东道国当地人做管理人员有助于同顾客、员工、政府机构及工会等公共组织建立良好的关系;最后,雇用东道国当地人做管理人员,避免了管理人员的频繁调换,有助于保持企业经营政策的连续性,可以降低聘用管理人员的费用。

多中心政策的弊端:(1)当跨国公司雇用东道国当地人做管理人员时,由于语言障碍和文化差异等原因,总公司可能会与子公司产生隔阂,并导致难以控制子公司;(2)当地人不熟悉总公司的经营政策和方式,不利于与总部保持良好的沟通与交流;(3)跨国公司雇用东道国当地人做管理人员会使东道国和母国人员都失去了取得国际跨文化经营经验的机会,这会影响东道国和母国经理人员的职业生涯发展。

案例: 基于成本考虑的本土化模式

有些跨国企业如联合利华在高管人员设置上遵循中国子公司本地的人力资源管理模式,公司主要雇用或选拔中国本地人作为高级管理人员(见表 12-1),60% 的公司高管人员是中国人,但为了更好地贯彻公司的发展战略和管理模式,子公司的总裁由母国管理者承担,所以中国区的总裁还是由欧洲的本土人员来担任。此外,GE 公司也是采用相同的管理模式。这些跨国公司之所以采取了本土化的高管人员设置模式,使企业的管理本土化程度比较高,大部分是出于成本的考虑。

表 12-1　联合利华公司高管人员结构表(2006 年)

高管 人员	中国区 总　裁	销售 总监	人力资源 总　　监	市场部 总　监	供应链	研发 总监	生产 总监
国别	欧洲	中国 (大陆)	中国 (大陆)	中国 (台湾)	法国	欧洲	中国 (香港)

1.2.3 全球中心政策(Geocentric)

全球中心政策是在整个组织中选择最佳人员来担任关键职位而不考虑其国别。这种方法的主要优点有①:

第一,跨国公司能够组建一支国际高层管理人员队伍,无论总部还是子公司都会获得高素质员工;第二,由于不受民族中心和多中心政策的限制,能够因地制宜选择管理模式;第三,公司总部和子公司被看做是一个经济实体,目标统一,有利于保持母公司与子公司之间利益相一致。

全球中心政策与其他人员配备方法相比也有其缺陷:

(1)东道国通常通过法律等形式限制外国管理人员的来源,以此来增加本地人的就业机会;(2)全球中心策略实施过程中由于培训和重新安置成本的增加,企业成本较高;(3)企业管理人员的配偶就业问题难以解决;(4)全球中心高度集中的人员管理政策不利于开发和利用当地的管理资源;(5)全球中心策略实施减少了子公司管理的独立性和自主性,容易引起子公司的抵制。

案例: 出于战略考虑的全球中心模式

可口可乐公司出于战略考虑在中国采取了全球中心策略,公司各部门的高级管理人员基本上来自世界各地(见表 12-2)。

---

① 赵曙明,彼得·J·道林,丹尼斯·E·韦尔奇,跨国公司人力资源管理,北京:中国人民大学出版社,2001

可口可乐公司的全球中心模式是将人力资源管理的重点放在协调全球目标与当地反应能力上,在世界范围内招聘和选拔员工,将文化差异转化为企业经营的机会,使用不同国家的高管人员来提高企业的创造力和灵活性,满足当地对高管人员的需求,同时在全球范围内培养和配备人才,并为有潜质的管理人员提供成长的机会。爱立信公司也是采取全球化的人才设置策略。

表 12 - 2   可口可乐公司高管人员结构表(2006 年)

高管人员	中国区总裁	北区总裁	南区总裁	市场总监	人力资源总监	财务总监	信息总监	供应链总监	生产总监	法律	原材料采购
国别	英国	新加坡	英国	澳大利亚	中国(香港)	菲律宾	中国(大陆)	英国	中国(香港)	新加坡	中国(大陆)

1.2.4 地区中心政策(Regiocentric)①

希南(Heenan)和珀尔马特将此定义为多国基础上的功能合理化组合。具体组合随公司商务和产品战略性质而变化。方法是把公司的经营按地理区域划分,人员在区域间流动。在为国外子公司配备职员时,不考虑员工的国籍,只是要求子公司的管理人员来自东道国所在的区域。这一政策可被看做是全球中心策略的第一步。

采用地区中心政策的目的之一,是促进地区子公司调动到公司总部的高层管理人员与任命到地区总部的母国人员之间的互动。当然,地区中心政策也有一些缺陷,它可能形成不同区域组成的"联邦",从而限制了组织的全球性。另一方面,员工的职业生涯发展,往往只能晋升到地区总部,很少能升到母国总部。

案例:基于地区合作的地区中心模式

没有完全本土化。2000 年 3 月,法国的达能集团收购了乐百氏公司的54.2% 的股份。新收购的乐百氏公司在中国设置的高管职位遵循原来的母国模式——按照地区配备,从整个东亚地区来设置。由来自中国香港地区、中国台湾地区、马来西亚、新加坡、印度的人员组成,中国子公司的高管人员也可以在整个东亚地区任职。各子公司的经理人员在本地区流动,以加强地区内部各子公司的合作,而且有利于逐渐向全球中心的人力资源管理模式过渡(见表 12 - 3)。

---

① 赵曙明,彼得·J·道林,丹尼斯·E·韦尔奇,跨国公司人力资源管理,北京:中国人民大学出版社,2001

表 12－3　乐百氏公司高管人员结构表（2006 年）

高管人员	中国区总裁	销售总监	财务总监	供应链	市场部总监	人力资源总监	采购总监	研发总监
国别	印度	中国（台湾）	中国（香港）	中国（大陆）	新加坡	中国（台湾）	马来西亚	新加坡

　　以上四种理论上的政策模式都不能为跨国公司人员管理的复杂性提供完整的答案。在现实世界中，多数跨国公司采取的是一种混合政策：雇用东道国人作为国外子公司的职员（关键的高层管理职务可能由母国人担任）。在总部主要雇用母国经理人员，而在存在地区性组织的情况下则根据具体情况，分别由母国人、东道国人或其他国人担任不同的地区性职务。

　　另外，随着世界市场和跨国公司规模的扩大，跨国公司的营业额和资产在国外的比例越来越高，其高层管理人员也越来越国际化。现在许多跨国公司在招聘总公司经理人员时，更多考虑的是他们的经营管理能力和创新精神，而不是他们的国籍。比如，1990 年美国道化学公司 22 名高级经理中，有 10 个不是美国本土出生，17 个有国外经历。

2. 国际企业选拔国际管理人员的标准

　　对跨国公司而言，真正的国际管理人员应当有充分的适应性和灵活性，不论来自哪个国家，也不管具有什么民族和文化背景，都应当被公司的文化完全同化，从而不具有任何民族文化偏见；而且，不管全世界的什么地方需要，他们都能胜任。以下具体介绍国际管理人员选拔标准。

2.1　业务能力

　　业务能力是指国外管理人员的业务素质，以及与业务相关的知识水平。国外管理人员要有一定的专业背景，能够解决各种专业问题。管理人员不仅要把握该国现有的经济、政治、法律知识，而且对其历史也要有一定的了解。

　　在国外任职，业务能力可能更为重要，因为他们在远离总部的异国，较难随时就有关的技术、专业问题与其他权威人士和专家商讨。在这种情况下，为避免失去稍纵即逝的宝贵商业机会，国外管理人员不时需要根据当地的具体情况，独立作出决策，以便用最有利的方式为跨国公司全球战略目标服务。为了在当地子公司中树立威信，获得国外同事的尊重与认可，他们也必须在业务上过硬。

2.2　管理能力

　　企业所选择的国外管理人员需要具有全面的管理能力。包括制订既经济又高效的计划能力、以合理成本组织所有生产要素的能力,唤起和鼓舞人们信心的能力,激励士气的能力,有效的交际能力,控制所有生产要素的能力。需要指出的是,他们还必须具备在不同的社会文化环境中从事综合管理的能力。此外,他们还应有一定的在公司系统中的工作经历。除了管理人员个人的管理水平以外,跨国公司总部还要考虑管理人员对本企业整体文化的了解与认同程度。这一点相当重要,国外管理人员应该能够按照本公司的企业文化结合东道国的文化特点,协调总部与子公司之间的生产与经营活动,树立跨国公司的总体形象,扩大影响。日本跨国公司派往国外的管理人员,一般都在公司中工作了十年以上(以培训为目的调动除外),因而都是非常熟悉公司的经营哲学和公司文化,从而保证了与母公司配合默契。

2.3 适应能力

这是指国外管理人员适应多种文化、经济和政治环境的能力,具有解决存在于不同文化体制下的业务问题的灵活性。这种能力又可以分为客观能力与主观能力。

所谓客观能力,是指管理人员是否可以使用当地语言,以及对当地的社会与文化了解的程度。语言是企业管理人员之间沟通的重要工具。跨国公司总部在外派管理人员时应考察该管理人员使用东道国当地语言的能力,或者当地子公司管理人员使用母公司所在国语言的能力。文化影响是外派管理人员适应能力的另一种主要因素,这就需要考察所派管理人员对所要去的国家或地区的文化了解的程度。不过,语言与文化是客观存在的,管理人员可以通过学习,进一步了解或改善自己的知识,为更好地适应工作需要做好准备。

主观能力是指管理人员在新环境面前所表现出来的心理行为特性。它包括性格、对人的理解、情绪稳定、坦率而无偏见、善于分析、宽容、耐心、能与不同背景的人融洽相处、足智多谋、具有外交手腕、身心健康等。

另外,必须注意的一个问题是关于在国外环境下生活的家庭问题。因为一般外派管理人员年龄在 30～45 岁,因此大多数都已经结婚,而且有了正处于学龄阶段的孩子。这样,要在国外工作,这些员工除自己应有较强的文化适应性外,他们的家属也必须能适应东道国生活环境。管理人员及其家属在工作之外,必须同当地居民打交道。语言障碍、购物方式、生活习惯、学校及教育制度、医疗保健、娱乐设施及交通便利程度等的不同都要求他们进行相应的自我调整。这种自我调整能力是决定管理人员国外工作表现的重要因素之一。当管理人员因工作调动而旅居国外时,受打击最大的是他们的妻子。首先,她们可能失去原来比较满意的工作;其次,她们参加社会交往并被多种社会群体所接受(归属感)

的需要及被他人认可(自尊)的需要得不到满足,原来丰富多彩的生活现在变得单调、乏味。当丈夫上班或出差时,她们不得不一个人留在家里,料理家务,照看小孩,在孤独和寂寞中消磨时光。此外,子女的教育问题也经常成为海外管理人员的一个十分棘手的问题。在法国和日本,员工不到国外任职的主要原因之一,就是担心他们的子女的教育受影响。所有这些家庭问题的复杂程度都是决定海外管理人员工作是否成功的重要因素。美国的海斯(Hayes)在他的研究中强调了一个能适应国外环境并支持驻外管理人员工作的家庭的重要性,没有家庭的支持会导致驻外管理人员经营不善,效益低下。

2.4 动机

所谓动机,即人们从事某一种工作的原动力。有的管理人员内心并不愿到国外工作;还有的管理人员心里也许只是为了到国外作短期旅游,并不愿在国外长期工作;或者仅是为了捞得一个"曾经在国外任职"这样一个有利于职务提升的资本,对国外工作及获得国外工作经验本身并不感兴趣。具有这些态度和动机的员工很难保证把他们的全部精力都放在国外工作上,因而都不适合到国外任职。跨国公司在挑选外派管理人员时,应选拔那些动机正确的候选人。

上述标准只是作为跨国公司国际管理人员应具备的基本素质标准,在不同行业、不同国家及企业发展的不同阶段上,跨国公司对其管理人员的要求是不同的。比如,在贸易公司、金融机构等服务行业,跨国公司可能更强调管理人员的文化适应性及人文技能。而在制造业,尤其是高新技术制造业,跨国公司则更强调管理人员的技术专长。在海外经营的初期,跨国公司强调管理人员的企业家精神,在成长阶段强调管理人员在推销方面的才干,而在企业的成熟阶段则更重视管理人员控制成本、提高产品竞争能力的素质。

3. 国际管理人员选拔方法

3.1 分析

多数跨国公司强调在选拔任职人员时,先进行职位分析及组织和文化特征的分析。

海外职位分析,即明确列出对急需配备人员的海外职位所应有的工作要求,然后据以制订担任该职务者所应有的行为规范和行为准则,进而明确提出需要何种类型人才。

组织分析,此种分析主要指明企业的组织特征。如领导方式、监督管理、奖励制度以及组织文化,这些都是影响人员行为的重要因素。

文化特征分析,分析海外企业所处的跨文化背景,指明哪些因素将影响人员的行为,并提出如何解决的方案。

在进行上述分析后,就要安排职位的候选人,即确定海外主管的候选人,应着重按其智能、气质、兴趣、预期报酬和企业目标来分析是否适宜于驻外任务,是否有利于公司。先在不同人才来源中进行预选,运用一系列的程序进行筛选。确定候选人工作是跨国公司在公司内外发掘、物色对象的过程。

目前,由于跨国公司的经营范围非常广泛,需要各种各样的专门人才,而且随着跨国公司内外部经营环境的变化,对人员的需求也处于不断的变动之中,为此,跨国公司一般都有人才登记制度,建立数量庞大的人才库。所以,跨国公司可以从本公司的人才库中选拔海外管理人员。此外,跨国公司可以在全球范围吸收有才能的管理人员,这些人员可以来自东道国、母国或者其他国。还有,高等院校也是海外管理人才的来源。一般,从母国商学院毕业的外国留学生,具备一定的专业知识,并了解母国流行的管理模式、经营思想和文化习惯,又熟悉其本国的社会文化环境,因此,是跨国公司招聘国际职员的理想人选。

3.2 选拔工作

在确定候选人员之后,接下来是选拔工作。选拔包括收集和分析候选人的专门资料,对他们的能力和生理素质,实现预期工作目标的可能性及其对海外就任的意愿进行评估和预测,经常采用的选拔方法有以下 3 种:

(1)能力和心理测试。这是一种非常成熟的方法。但对高层职位的选拔,这种方法不甚适用,其原因在于缺乏明确的标准。心理测试以及人际关系能力测试的价值究竟如何人们也有所怀疑。但是这一方法对于选拔中层管理干部还是有一定效果,许多跨国公司仍在使用。

(2)面谈。跨国公司管理人员的最佳选拔方法就是高层经理同候选人作深入交谈,面谈内容涉及动机、健康状况、语言能力、家庭因素、适应能力、机智与首创精神、事业心和财务状况等 8 个方面,人事经理根据上述谈话内容再进行分析总结,然后剔除那些不适合在海外任职的候选人。

(3)评议中心。评议中心方法的内容包括个人演练与群体演练,所谓个人演练内容包括模拟驻外经理的管理工作,进行谈话或某种表演;所谓群体演练就是模拟制造商业性竞争活动等。这类情景演练必须反映出某东道国的文化与社会背景。目前许多较大的跨国公司都采取评议中心这一方法,并且评议中心这一方法也是在选拔国际化经营人才方法中最有发展前途的方法。关于选拔海外管理人员的程序和方法,罗萨利·L·通克提出的程序框架可供参考,见图

12－2。

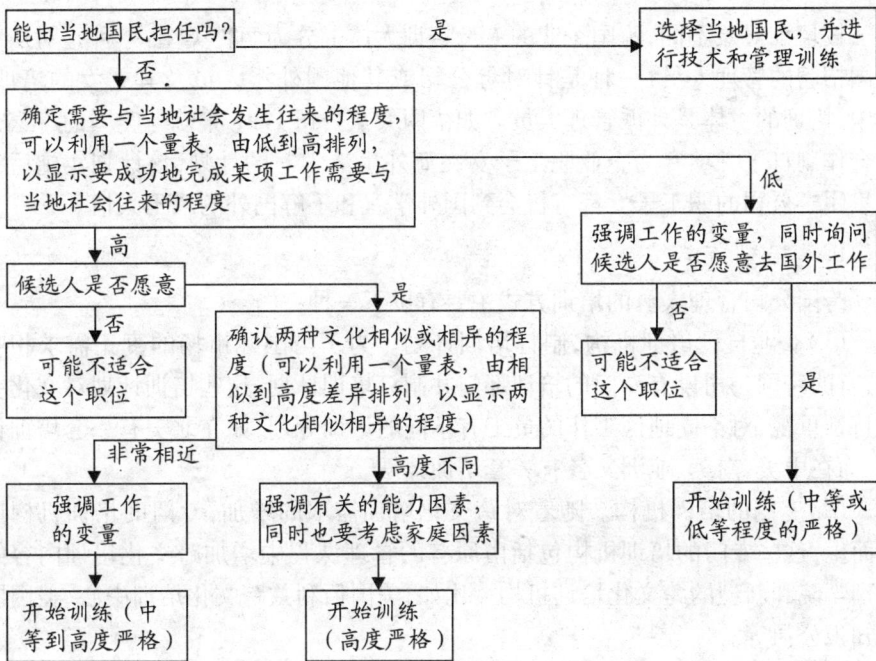

图 12－2　选择驻外经理人员过程图

资料来源：罗萨利·L·通克，选择和训练分配海外工作人员，哥伦比亚商业，1981

转引自　杨德新，跨国经营与跨国公司，中国统计出版社，1996

第四节　国际企业管理人员的培训与发展

1. 国际企业管理人员的培训

在跨国公司选拔、招聘的那些即将担任国际管理职务的候选人即使素质良好、知识面广、经验丰富，也很难马上就适应各种不同的工作职务及环境条件。因为无论母国员工、东道国员工，还是其他国国际管理人员，既具备公司的产品、技术和业务专长，了解公司的管理风格和经营哲学，又能适应东道国的社会文化环境的员工是不多的，因此，为了使这些员工能尽快地适应工作环境，保证他们完成任务的质量，公司还必须对这些候选人进行针对性的培训，主要是进行跨文化培训。

1.1 培训对象

按培训对象不同,跨国企业的人员培训大体上分为两种类型:一种是对从东道国招聘的管理人员;一种是针对母公司或其他国外派人员及其子女的培训。其中,培训的主体是外派管理人员。如德国大众公司1991年就与美国的一家公司合作制订了一项专为企业职工子女在海外生活学习的计划,该计划实施后大众集团子公司的职工子女都有机会到国外学习和了解国外的风土人情。

1.2 培训方式

跨国公司管理人员的培训方式主要有以下三种:

(1)企业自设培训机构,制订培训计划。为了与国际市场的真正需求相吻合,有的跨国公司设有专门的培训部门并制订培训计划,这些培训计划对文化差异特别重视,对不同地区工作的员工有不同的培训计划,如在北美有一套培训计划,而在中美、南美、亚洲又各有一套培训计划。

(2)专门的培训机构。随着对跨文化培训需求的增加,专门的培训机构应运而生,这些专门的培训机构包括由原有的管理课程中增加跨文化培训内容的管理学院和新型的跨文化培训机构。比如,美国佰利兹跨文化培训中心、美国国际知识公司等。

(3)职前国外训练。不少跨国公司为了适应对外扩展的需要,将年轻员工派到东道国用实习的方式培养驻外业务骨干。

案例:韩国三星集团为了迎接产业国际化趋势,1993年拨专款培养驻外业务骨干,以训练一批驻外"地区性业务专家"。该财团为了扩大自己产品在世界市场的销售量,从1991年开始的5年中,拨款1亿美元,每年派出400名"独身业务员"到世界各地。他们不是为了做生意,而是学习当地语言,熟悉当地的政治、信仰、生活习惯和文化。到1995年已派2 000名这样的业务员。实践表明,他们的商业意识和办事能力大大超过没有受到该类培训的人员。

1.3 培训内容

根据培训人员的对象不同,培训的侧重点也不同。对于驻外人员来说,培训内容包括跨文化沟通与变化、认识文化及其对行为的影响、异国文化冲击,讨论如何改善组织内部的关系和提高多文化背景下的经营效果。另外,还要学习跨国性责任管理、多文化业绩评估、跨国企业经理的角色变化以及在多文化背景下对生产管理、冲突管理和领导行为的不同观念。对于东道国人员的培训主要侧重于生产技术和管理技术的培训。

1.4 培训过程

跨文化导向培训应该有灵活性,看重个人的实际体验,充分结合母国和东道国的实际情况进行,并注意调动员工的积极性参与培训过程。许多国际企业对跨文化培训已经相当规范,编制了完备的培训方针指南,实现了制度化。一般情况下,跨文化培训可以分成 5 个阶段:

第一阶段:做好培训需要的各项准备工作;第二阶段:一般文化与地区导向学习,在本国经历文化差异的冲击,设法取得对异国文化的感受,学会、领悟并运用本公司的人事方针与措施;第三阶段:学习东道国的语言;第四阶段:特色文化导向学习,了解学习东道国文化和国情,尤应注重获悉东道国的社会禁忌与制度、风俗习惯。第五阶段:职务导向学习,必须掌握当地居民和官方对跨国公司经办的项目的禁忌或限制。要了解东道国当地的经营环境,注意信息的收集,了解对方的客户与关键人物,了解工作计划程序与合同管理,熟悉当地工作人员的雇佣方式、物资采购、劳资关系等方面信息。

美国 Ａ·威特对上述过程进行了总结,提出了以学员个人的体验为基础的跨文化导向学习组合,这种方法富有创造性而且行之有效,其基本思想和内容参见图 12－3。

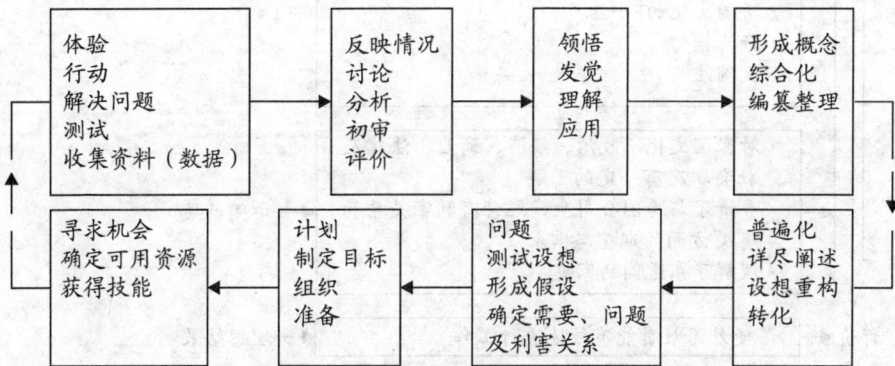

图 12-3　A·威特的经验学习组合方式

2.国际企业管理人员的发展

为保证跨国公司全球竞争战略的实现,越来越多的跨国公司开始制订与母公司总体增长战略相适应的管理人员发展规划。国际管理人员的发展规划是一种管理人才的长期培养计划,也是跨国公司一项重大的有战略性意义的人力资源策略,这是一项较新的人事管理活动。

以下是韦恩·卡肖在他的《管理人力资源》一书中提的发展跨国人力资源

的模式(见图12 -4)。

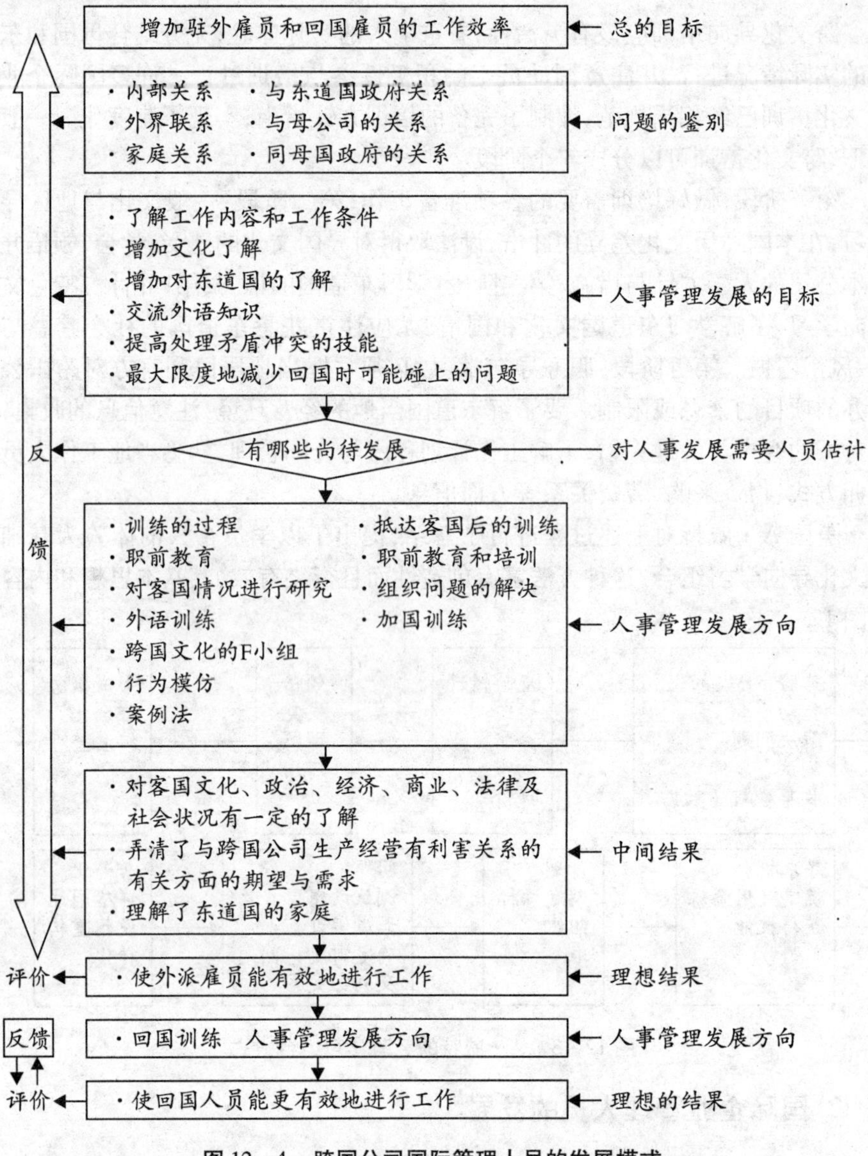

| 增加驻外雇员和回国雇员的工作效率 | ← 总的目标 |

| ·内部关系　·与东道国政府关系
·外界联系　·与母公司的关系
·家庭关系　·同母国政府的关系 | ← 问题的鉴别 |

| ·了解工作内容和工作条件
·增加文化了解
·增加对东道国的了解
·交流外语知识
·提高处理矛盾冲突的技能
·最大限度地减少回国时可能碰上的问题 | ← 人事管理发展的目标 |

| 有哪些尚待发展 | ← 对人事发展需要人员估计 |

反

馈

| ·训练的过程　　·抵达客国后的训练
·职前教育　　　·职前教育和培训
·对客国情况进行研究　·组织问题的解决
·外语训练　　　·加国训练
·跨国文化的F小组
·行为模仿
·案例法 | ← 人事管理发展方向 |

| ·对客国文化、政治、经济、商业、法律及
　社会状况有一定的了解
·弄清了与跨国公司生产经营有利害关系的
　有关方面的期望与需求
·理解了东道国的家庭 | ← 中间结果 |

评价 | ·使外派雇员能有效地进行工作 | ← 理想结果 |

反馈 | ·回国训练　人事管理发展方向 | ← 人事管理发展方向 |

评价 | ·使回国人员能更有效地进行工作 | ← 理想的结果 |

图12-4　跨国公司国际管理人员的发展模式

资料来源:韦恩·卡肖,人,生活的资源——人力资源管理,煤炭工业出版社,1989

第五节　国际企业管理人员的绩效评价与薪酬待遇

跨国公司的海外管理人员的评价与工资待遇政策,因管理队伍所处不同国家的特点以及人员的国际流动的复杂性,因而其绩效评价及工资待遇政策制定应以企业发展战略为导向,同时,在很大程度上也取决于公司的经营效益。

1. 国际企业管理人员绩效评价

对现有经理人员绩效进行评价是跨国公司人员管理的重要环节,它有助于制订更有效的人员选拔和招聘标准,它能使员工明确他们的行为标准,即什么样的行为才是公司所期望的、是与公司总体发展战略相一致的有效行为,并为经理人员培训方案和战略性发展计划的制订提供依据。

评价标准是评价子公司经理人员的关键,即以什么为依据评价经理人员的工作成绩及其对公司的贡献。子公司的利润,投资收益率或称投资报酬率(ROI)是传统上企业评价其经理人员的依据,但对跨国公司而言,这种传统的评价方法并不总是有效的评价方法。

因为第一,对国外子公司而言,子公司的投资报酬率并不完全取决于子公司经理人员管理的成功与否,并且有许多因素如东道国对外国企业的政策和方针的变化、公司的战略调整等,都在经理人员的控制能力之外,因而“应当区分对子公司经理人员的评价与子公司本身的评价”。

第二,子公司的经营状况在一定程度上尚能反映决策人员及高层管理人员的表现,但要将它用来评价中层及基层经理人员的工作绩效却并不科学。

第三,当跨国公司以子公司的经营成果作为考核子公司管理人员的依据时,除了考查公司的短期财务指标外,还应参考他们在维护公司信誉、搞好同东道国政府的关系及培养人才等方面是否有利于公司长远的发展。

从美国汽车行业的情况可以得到子公司以短期利润指标作为评价子公司经理人员标准的弊端。例如,当美国汽车行业的地盘不断被西欧和日本跨国公司侵占时,底特律的多数批评家指责美国的汽车制造商“多年来不把日本竞争者的威胁放在眼里”。事实上,美国的汽车制造商并非没有意识到他们的市场份额正不断地被西欧和日本跨国公司夺去,也并非“不把日本竞争者的威胁放在眼里”。他们认识到设计小型节油汽车在战略上的重要性,并采取了一系列措施,只是以企业盈亏作为考核及奖惩标准的评价政策把子公司的行为引向了相反方向。

第四,转让价格等管理手段的使用使子公司的账面利润通常不能真实的反映子公司的经营成果。此外,在评价子公司的经营成果时,货币标准的选择也影响对子公司经营成果的考察,以母国货币表示的结果却常因汇率的波动而扭曲。

总之,对国际企业经理人员的战略评价是一项十分复杂的工作。要比较客观地评价子公司的经理人员,必须充分考虑各种制约因素的影响,尤其是以下几个方面:

(1)区分子公司的评价与子公司经理人员的评价,充分考虑"不可控变量"(即子公司经理人员无法改变的因素)的影响。(2)在评价子公司的经营状况时,除利润、市场份额、生产成本等数量上的状况外,还应考察子公司的其他战略行为。一个竞争性的全球战略强调的是全球成就,而不是一个国家或地区市场上的局部收益。因此,虽然一家子公司是一个战略业务单位(SBU),是一个独立利润中心,但也不能将该子公司的经理作为这个独立利润中心的完全的负责人来予以评价。(3)考虑设立一套经过会计调整的,从而受汇率波动、现金流动、资产管理和转让价格等管理手段影响较小的,能比较真实的反映子公司经营成果的账户,并依此作为评价子公司的财务依据。(4)由于不同子公司的战略地位及经营目标也不同,加上货币转换过程中可能出现的扭曲,不能以不同子公司的财务指标的对比作为评价子公司经营成果的依据,而应根据公司的战略计划对不同子公司制订不同的经营目标,然后根据计划目标的完成情况评价子公司中高级经理人员,而基层经理人员的表现应由他们的上级负责评价。

2. 国际企业管理人员的薪酬待遇

国际企业制订正确有效的工资待遇政策,一方面可以提高管理人员的工作质量和工作效率、降低公司经营成本,对企业现有职员起到行为导向的作用;另一方面还可以吸引全球各地的优秀人才。

国际企业制订正确有效的工资待遇政策应该注意以下几点:

(1)制订有效的工资政策不仅能保留合格的员工,而且能提高人们从事海外服务工作的吸引力;(2)能够使员工在各个子公司间和子公司与母公司之间的调动顺利进行;(3)能够在各子公司建立稳定的工资制度;(4)确立与公司竞争者相当的工资制度。

相对而言,海外人员的报酬比较高(参照表12-4)。

2.1 海外任职人员的薪酬结构

与国内职员的报酬相比,海外任职人员的报酬从形式到内容都要复杂,在计算标准和计算方式上也有差别。海外任职人员的报酬由以下几个部分组成。

（1）底薪。是指与员工所任职务相联系的基本报酬，它是确定奖励薪金、津贴及其他报酬的基础。底薪的确定一般有两种方法：一种是采用本国标准，即与员工母国同类职务的薪金水平相联系，依他们的国籍不同而完全不一致，但容易产生不公平感。另一种是与本公司系统内各级职务的薪金水平相联系，同级同酬。这种做法能够较好地实现了公正，但当跨国公司所在国之间经济发展水平差距较大时，又很容易造成与当地工资水平相差悬殊的矛盾。而奖金和津贴等补充形式使这一问题得到了较好的解决。

表 12-4　驻外人员报酬

一家美国公司派往英国的驻外管理人员一年费用，假定为 $100 000 元薪金和四口之家	
直接补偿金	$100 000
底薪	15 000
海外服务津贴	21 000
商品与服务差价	39 000
伦敦房租	5 000
迁移成本	2 000
重安置成本	25 000
去伦敦飞机票	
可移动家庭物品	
其他成本	
公司汽车	15 000
教育（两个孩子）	20 000
每年全家旅游	4 000
英国个人所得锐	56 000
总共	302 000

注意：经常发生的附加成本仅包括员工和家庭的语言和跨文化培训费和派遣前在美国卖房子和汽车的成本。

*此表考虑基于理论美国个人所得税和房租的员工的付费

资料来源：The Wall Street Journal (11 Dec,1989)，Reprinted by Permissan

转引自 戴昌钧,人力资源管理(第 2 版),南开大学出版社,2008,3

（2）津贴。这是对员工在海外工作支付的补偿,通常由以下几部分组成。

住房津贴。跨国公司员工在国外工作必须租房,由此造成的费用一般由跨国公司给予补贴。发放住房津贴的目的是使驻外人员能够保持在母国式的生活水平,或者在某些情况下是为了使他们得到与同类外国员工或同事相同的居住条件。

生活费用津贴。在国外任职的员工及其家属初到一个国家,由于语言和环境方面的原因,生活成本相对较高。为了保持他们原来的生活习惯、生活方式及消费偏好,支付的费用也相对较高。因此,生活费用津贴主要用于弥补东道国食品、用具、交通、娱乐、服务和个人服务、医疗等项费用与本国的差额。

税负调节津贴。税负调节津贴是在广泛实行个人所得税制度的东道国才有的一种特殊津贴,其目的主要是为了弥补海外任职人员的总税负与他们原来在其母国的纳税增加额。在一些发达国家,这一津贴是仅次于底薪和奖金的一大笔报酬。各国对此规定各不相同。

在计算国际企业的管理人员税负调节津贴时,一般是先根据员工在母国从事类似工作所能取得的报酬收入与母国的收入税税率,计算出员工的理论税负,再计算出员工现在在国外工作所得全部收入的总税负(包括母国和东道国的);最后从总税负中减去理论税负,两者之差就是跨国公司支付给员工的税负调节津贴。

搬迁和调适津贴。指跨国公司通常支付给派出人员全家搬迁的费用,包括差旅费、财物到达之前的住宿费等。此外,条件较好的跨国公司还会向派出人员及其家属支付一定的调适费,如语言学习费等。

子女教育津贴。海外任职人员由于工作关系,其子女一般只能在东道国接受教育,由此可能造成他们支付比国内更高的学费。此外还可能由于语言、教育体制等原因不得不回到母国或到其他国去接受教育。在这些情况下,跨国公司往往付给员工一定的子女教育津贴。

艰苦条件特种津贴。由于工作需要,跨国公司可能需要派遣部分管理人员去政治、经济和医疗条件比较差的地方工作,由此可能给这些管理人员带来人身及生命安全威胁。艰苦条件特种津贴就是跨国公司给予其员工带奖励性的优惠津贴。

(3)奖金。海外任职人员所获得的奖金通常有两类:一类是与业绩相联系的奖金;另一类是不与业绩联系,只与底薪联系的奖金。奖金一般由以下几部分组成。

海外工作奖:用于奖励派出人员到海外工作,一般是底薪的 10% ~ 25%;探亲奖:此项奖金主要用于支付派出人员及其家属中途回母国休假探亲的费用;满期工作奖:此项奖金在职工按合同工作期满时发放,以鼓励他们在整个合同期间都在海外工作。

2.2 海外任职人员薪酬的支付

企业海外职员报酬的支付要比企业对国内职员报酬的支付复杂得多,从以下2个方面可以体现出来。

(1)币种的选择。派驻海外任职人员的货币报酬,除了与报酬的结构、内容和标准有关外,币种的选择也直接影响到其实际收入水平。币种的选择通常出于3个方面的考虑:一是货币比价,选择币值坚挺的货币计酬对海外任职人员有利。二是东道国的外汇管制,若驻外人员工作所在国对外汇实行管制,外汇不能自由地汇出,将给他们自由支配薪酬带来困难。三是东道国的个人收入所得税政策,这是因为有些东道国只对外籍人员从当地取得的收入征纳个人所得税,而有些国家则不征收个人所得税。

(2)综合性的支付方式。这是一种最常见的支付方式,就是将海外任职人员的报酬按一定比例用两种或两种以上货币分别支付,以减少汇率波动导致的收入损失,也避开在征税和外汇管制方面的不利影响。一般情况下,跨国公司把海外任职人员的报酬分两部分支付:一部分以东道国货币支付,其数额大致等于员工原来在母国国内用于消费的收入,加上其他各项津贴和员工在东道国应交纳税款;另一部分以母国货币支付,借记在指定的账户上代员工储蓄起来,这部分通常是按底薪的一定比例计算。

2.3 非货币形式的报酬

除货币形式的报酬外,各种非货币形式的报酬在鼓励有才干的员工到海外任职,影响他们的行为、决策方面也有十分重要的作用。主要包括以下几个方面:

职务提升以及令人羡慕的工作岗位的同级调动;获得事业发展机会;上级的器重与认可;顾客或下属的肯定评价与尊重;有学习新知识、技术及培养新能力的机会;有出色地完成艰巨工作任务的自我心理满足感等。

跨国公司的报酬政策对于吸引全球各地的优秀人才、组织国际管理队伍及影响其管理人员的行为方面有着决定性的作用。但制订合理的、有效的报酬政策又是一项十分复杂的工作,那些真正能做到这一点的跨国公司就获得了很大的竞争优势。

第六节　国际企业驻外劳工管理

对国外子公司的劳工管理是跨国公司人力资源管理中的一个重要的内容。一般来说,国外子公司的劳工在数量上占有很大比例。对驻外劳工进行有效管理,可以保证企业经营管理的正确方向,实现企业预期的战略目标。

1.劳动力市场的差异管理

认识到国外劳动力的市场与国内的劳动力市场有很大的区别,有利于对跨国公司劳工管理。因为发展中国家的劳动力市场与发达国家的劳动力市场的特点各不相同。

(1)生产方式不同。一般来说,发达国家劳动力成本较高,往往采取资本密集型或技术密集型的生产方式。而在发展中国家,由于人口众多,失业率较大,工资较低,往往采用劳动密集型的生产方式。发达国家的跨国公司如果忽视这一点,只根据自己本国以往的经验考虑所需员工的数量,就会错误估计海外公司所应使用的劳动力。同样,如果盲目地凭经验来判断,主观地在一些已经达到相当工业化规模的发展中国家开拓劳动密集型企业,也会犯同样的错误。因此,跨国公司对海外劳工的管理应该针对不同国家的实际情况采取不同措施。

(2)劳动力的国际流动管理。由于全球化进程的加速,发展中国家面临的失业问题使大量的熟练与非熟练劳动力向发达国家、石油生产国以及亚洲新兴工业化国家流动。由于非法移民问题的存在,关于劳动力国际流动的确切数量无法统计,但不完全统计显示,这一数据是相当大的。研究表明,约旦、也门共和国、巴基斯坦和埃及这些国家国外劳工寄回家的汇款值超过他们国家出口商品的价值。

(3)劳动力稳定性管理。由于工作性质及员工就职目的不同,跨国公司劳工流动性往往都比较大。一般情况下,许多进入跨国公司的子公司职员的最初目的是为了锻炼自己的外语能力,增加在跨国公司工作的经历,以便有机会到母公司进一步学习,增加以后就职的筹码。而一旦发现这一目标难以实现便会跳槽。劳动力不稳定的另一个原因是由于政治与法律制度的不同。例如,新西兰政府规定,来自裴济与汤加的工人只能在新西兰短期工作,比如3至6个月。跨国公司在新西兰的子公司便无法保持大量基本员工的稳定性。此外,一些海外员工将家属留在国内也是一个重要的原因。一旦这些人在国外工作一段时间,在经济上积蓄了一定的钱财以后，便返回家乡。例如，20世纪70年代，大量的西班牙工人从法国返回西班牙，造成法国劳动力的紧张。在20世纪80年代末期，美国也因此损失一大批韩国科技人员。当然，还有一些国家和政府出于保证自己国民的就业机会，严格限制跨国公司对海外工人的培训，这也是一个重要的原因。

2. 国际企业在劳工招募、培训及报酬方面的一些特殊问题

关于企业招聘、培训及薪酬等一般原理和方法，我们已在有关章节中作了介绍，此处重点说明跨国公司管理中需要注意的特殊问题。

2.1 劳工招募

国际企业劳工来源通常是内部选拔和外部招聘两种。内部选拔主要来源于子公司已有员工和联属企业员工两种。通常情况下，各类劳工来源国籍有3种，即母国、东道国和第三国。但是，一般劳工绝大部分都来自东道国。

劳工内部选拔成本相对较低、企业对他们能力与表现知根知底。大多数情况下，企业与工会之间存在的协议要求公司将空缺位置优先留给在职雇员。但外部招聘也是非常必须的。外部招聘的途径和方法与国内企业相同，有以下几种：(1)报纸广告；(2)电视广告；(3)电台广告；(4)培训学校；(5)工会；(6)职业介绍机构。

2.2 新招聘员工的培训

国际企业的员工培训特殊之处主要有以下两点：(1)对于关键的技能员工，跨国公司经常会派遣至母公司进行培训。其好处是，不仅可以使东道国员工掌握母公司特殊的工艺、生产流程和质量要求，同时也可以使他们熟悉并习惯于母公司的组织文化、行为方式及管理风格。(2)在职培训中，如果采用师傅带徒弟的形式(一般适合于管工、电工、机床制造维修等工种)，而师傅与徒弟来自不同的国家，特别要注意处理好师徒关系中的文化冲突问题。

2.3 劳工报酬

国际企业海外子公司制订劳工报酬策略和政策时，通常需要考虑以下8个因素：(1)子公司的劳工成本；(2)东道国法律和当局政策；(3)邻国或情况相似国家的工资水平；(4)如果劳工来自不同国家，需注意工资差异的均衡性，避免出现"歧视"的指控；(5)注意公司对员工的社会责任，避免被指控外国公司在剥削本国工人；(6)与当地企业报酬水平不同可能带来的政治与经济问题；(7)如果东道国工会力量较强，要重视来自工会的意见；(8)与国内企业相同，要注意

吸引和留住优秀员工所需要的工资与福利水平,以提高工人能动性与满足劳动生产率的要求。

☞ 复习思考题

1. 国际企业在国际化经营中人力资源管理的主要特点是什么?与纯本土经营企业的区别是什么?

2. 体现民族文化差异性的主要因素有哪些?分析这种差异对人力资源管理的影响,试用案例说明。

3. 试搜集若干实际例子,分析国际企业管理人员和劳工在招聘、培训、绩效评估薪酬福利等方面的具体做法以及这些做法的利弊。

☞ 进一步阅读的材料

1. 张捷,赵曙明. 中国企业跨国并购中的雇佣关系冲突及其对策,现代经济探讨,2009(01)

2. 王艳华. 我国企业跨国经营的优劣势分析,经济师,2009(01)

3. 方国毅,王侃. 跨国企业的人才管理,企业家,2001(21)

4. Baiyin Yang, Yingchun Wang, Anne Wang Drewry. Does it Matter Where to Conduct Training? Accounting for Cultural Factors, Human Resource Management Review, In Press, Corrected Proof, Available online,2009 - 03 - 24

5. Fernhaber Stephanie A, McDougall - Covin, Patricia P. Venture Capitalists as Catalysts to New Venture Internationalization: The Impact of Their Knowledge and Reputation Resources. Entrepreneurship: Theory & Practice, 2009,33(1):277 - 295

6. Richard Holden. Managing People's Values and Perceptions in Multi - cultural Organizations, Employee Relations,2001,23(6):614 - 626

7. James Kelly. The Role of the Personnel/HR Function in Multinational Companies, Employee relations, 2001,23(6):536 - 557

第十二章　组织核心员工管理

◆ **学习要点** ◆

(1)核心员工的界定及其在组织中的作用;(2)核心员工的特点及管理原则;(3)核心员工的使用与开发及激励;(4)针对核心员工流失的知识管理对策。

案例: A 公司是某生产医疗设备公司北方地区的总经销。在过去的一年,销售业绩翻了一番。A 公司不但获得不错的返点奖励,而且得到厂商更为优惠的销售政策,为此该公司老板李总制订新的计划,准备今年销售再次翻番。不仅如此,李总还计划将自己的竞争对手彻底地赶出这个市场,让 A 公司品牌牢固占据该市场第一位。就在此时,李总手下的几位中层经理接二连三提出辞呈,而且业绩最好的北京地区的王经理首先提出辞职。一直以来,李总都非常重视王经理,将他由一个普通的业务员提拔到今天这样一个重要的位置。而且年终的红包也属他的最鼓,并且还有意将他培养成为自己的左右手。现在他为什么突然辞职呢?尽管苦口婆心地挽留,但王经理去意已决,最后答应再坚持一周,完成交接工作。

接下来的几天,李总又遭遇了更为头痛的事情。本想让比较熟悉北京市场业务的培训部张经理接替王经理的位置,但是万万没有想到,在王经理提出辞呈的第 3 天他也突然提出了辞呈,理由是自己要去充电学习,并且去意坚决。对于张经理的辞职,李总曾试探是否做一下薪金调整,却被一口回绝。李总承认张经理是非常不错的,去年业绩翻番与他的有效的培训是分不开的。是奖金给的太少还是平常重视不够?李总一直也没有找到头绪。此后,负责河北、山西的销售经理以及几位销售代表也分别提出辞职。更有一直销售业绩不错的安徽销售业务代表小黄竟然公开找他谈话,对他的政策以及为人公开指出批评,然后扔下辞呈转身离去。

这些经理为什么会辞职呢? 对他们这样的企业核心员工应该怎样进行管理呢?

随着知识经济的迅猛发展,人力资源管理在企业管理中的地位和作用日益增强,其中企业的核心员工已成为企业在激烈的市场竞争中得以持续性发展的决定性因素。面对激烈的人才竞争,相当多的企业在人力资源管理方面出现了对核心员工管理没有针对性、薪酬系统不合理、没有完善的激励方案、没有完备的绩效管理制度、对核心员工流失可能为企业带来的风险缺乏控制等一系列问题,导致核心员工流失率过高、企业竞争出现劣势。本章将围绕企业核心员工管理这一课题,对核心员工的概念、特征、核心员工的重要性、目前核心员工管理中存在的问题、核心员工流失原因等进行比较系统地分析。同时,针对核心员工流失原因,提出了留住核心员工的相应对策。

第一节　核心员工的界定及其在组织中的作用

1. 核心员工的界定

对于核心员工的界定,目前还没有形成统一的认识,不同学者从各自的角度给出了不同的定义与解释,主要有以下几种:

(1)从价值创造的角度界定核心员工。所谓核心员工,必须是核心价值岗位(即关键岗位)上的人员,比如对企业的目标和经济效益影响很大的岗位,同时,核心员工必须是理解企业的核心价值观念的人才。核心员工包括有创新能力的技术创新者,有杰出管理才能的管理人员,有丰富销售经验的销售经理,有较高专业技能和技术的财务总监等。

核心员工就是某一阶段对企业核心竞争力起着关键作用的员工集合,他们或掌握关键核心资源,或拥有独特的专业技术,或拥有对企业发展有着关键作用的人际脉络。

核心员工是指能够帮助企业实现公司战略目标和保持、提高公司的竞争优势,或能够直接帮助主管提高管理业务能力、经营能力和抵御企业管理风险能力的员工。

(2)从资源稀缺的角度进行界定。核心员工是最看重的、最难以寻找的、不可缺少的、最难以替代的、保证公司经营策略成功的关键人物。主要包括以下几种:最忠实的员工,优秀的工作人员,最有经验的员工,最适应公司文化的人,难得的技术专家,善于化解冲突的人,可能会跳槽到公司的对手那里的人,可能为公司带来客户和收入的人,拥有秘诀或有价值的知识的人。

核心员工是企业的精英与骨干,占据组织核心位置,是企业中的稀缺资源,他们对企业的发展有着举足轻重的作用,可以为企业创造出巨大的财富。一旦离职,短期内难以招到替代者,将严重影响和损害原有部门的功能和连续性。

除了上述两种观点以外,还有以所在岗位进行界定。核心员工就是在重要岗位上任职的员工。其基本内涵已概括在上述两类中。

由以上观点可以看出,对于核心员工的概念,基于不同的视角,学术界至今尚无公认的定义,相近的提法还有核心成员、骨干员工、知识员工等,论述的角度不同,其概念的内涵也不尽相同。但是各种观点仍存在着共同点,我们可以从中得到核心员工的一般性定义,即:核心员工是指掌握企业的核心技术,从事企业核心业务,控制企业关键资源,理解与实践企业核心价值观,保证公司经营策略成功的关键员工。其工作岗位要求经过较长时间的教育和培训,必须有较高的专业技术和技能,或者具有本行业内丰富的从业经验及经营管理才能;他们的位置难以替代或不可复制,是公司的稀缺资源。

应该指出的是核心员工的名单不是一成不变的,随着企业的发展和市场的变化会有调整和变动。

2. 核心员工的构成分析

2.1 从员工在组织结构中所处的职位将核心员工分类

(1)共同创业者。当一个小企业经历了无数困难生存下来并逐步壮大后,与最高管理者共同创业的合作人或高级管理者就属于这类核心员工。

(2)优秀的中高层管理人员(如股份制企业中的 CEO、CFO 等高层管理人员;开发、生产、营销、人力资源等重要部门经理或项目负责人)。

(3)新员工。许多有才能的新员工在进入企业很短的时间内就走上了企业的核心职位。即使不是这样,对人力资源管理比较规范的大企业而言,一般也有将有能力的新员工培养成核心员工的长期计划。

(4)掌握企业核心技术的高级研究与开发人员(高级研发人员,具有创造发明高级技能人力资本的技术、工艺及制度设计人员)。

2.2 从员工是创造价值的主要来源把核心员工分类

(1)具有专业诀窍的核心员工。如掌握企业核心技术的高级研究与开发人员(高级研发人员,具有创造发明高级技能人力资本的技术、工艺及制度设计人员)。这类员工从事的技术诀窍往往是企业的关键环节,其工作绩效的优劣影响着企业经营的正常运转。

(2)具有广泛外部关系的核心员工。这类员工是企业与外部组织相联系的纽带,他们直接与客户、供应商接触,企业通过他们来获取所需信息并输出产品。

(3)具有人格魅力的核心员工。这部分员工与前两者相此,可能既不拥有专业诀窍,又不掌握客户资源,但他们的行为往往会在较大程度上左右整个企业的员工。

(4)具有创新精神的核心员工。这类员工所具有的强烈创新精神,无论对于企业的有形资产还是无形资产都有极大的潜在价值。

(5)具有管理技能的核心员工。这一类核心员工主要是能够帮助企业抵御经营管理风险,节约管理成本,其工作绩效与企业的发展休戚相关。

虽然某些人员对大多数企业而言都是核心员工,如优秀的中高级管理人才。但应当看到,对于不同的企业,其核心员工的内涵还是不同的。对于像微软这样的高科技企业,优秀的程序开发人员是毋庸置疑的核心员工;对于证券公司和银行而言,其核心员工是出色的分析师;而沃顿商学院人力资源中心主任波特·卡普里教授在调查中发现,美国 UPS 快递公司将企业中的司机视为核心员工,原因是 UPS 认为司机是公司业务运转的枢纽,司机具有在快递业务中所需要的重要技能,他们了解路线的特征,他们也主导着与客户的关系。所以说,在明确核心员工含义的基础上,结合本企业的具体情况方能真正界定出自己的核心员工,而员工本人也才能有个明确的奋斗方向。

3. 核心员工的作用

汤姆·彼得斯说:"企业或事业唯一真正的资源是人,管理就是充分开发人力资源以做好工作"。现在,很多企业的管理理念中有一条"员工第一",企业所有收益的取得离不开员工的劳动,员工的聪明才智是企业价值的体现,企业只有稳定一支骨干员工队伍,企业的管理制度、规范程序、文化理念才能以一贯之地执行到位。

3.1 核心员工为企业创造更多的高价值和高效益

在企业,总会有一些员工属于关键人物。他们对企业战略目标的实现起着不可或缺的作用,企业大部分的效益和价值依靠于这部分员工完成和带动。核心员工人数如何确定呢?根据"二八定律",企业里 80% 的工作绩效是由 20% 的关键员工创造的,20% 的关键员工又影响着 80% 的普通员工。可以认定,这 20% 的关键员工就是企业的"核心员工"。按我们的常理来说,关键的少数,次要的多数,对员工的划分同样适用于此理,关键的是 20% 的员工,他们在企业员工中所占的比例是较小的,但就是这少数的员工对企业起着关键的作用。

3.2 核心员工人力资本成为企业的主导资本

知识经济的出现,知识对财富的贡献也越来越大,使资本有形成分相对地缩小,而无形资本的比例不断地扩大,财富的总体日益无形化。

人力资本作为一种知识财富,有别于财物资本的地方在于人力资本自身具备创新、超越的能力。人力资本中蕴含着不断向上,不断超越自我,在争取"更好"的追求中体现自身价值增值的潜力。核心员工身上所蕴含的这种人力资本对一个国家而言,是国家与民族自立、自强的根本;对一个企业而言,是企业的发展与完善的最根本力量。

因此,知识经济时代,人才特别是优秀人才中所蕴含的人力资本是企业的主导资本。

3.3 核心员工是企业核心竞争力的主要载体

所谓核心竞争力是指企业内部经过整合了的知识和技能,尤其是协调各方面资源的知识和技能,具有明显的竞争优势、扩展应用能力、竞争对手难以模仿三个特征。进入 21 世纪,信息经济、知识经济和技术的迅速发展,企业间的竞争已转向知识和技能的竞争。而知识与技能的整合,体现在企业的人力资源特别是核心员工中。因此,从根本上讲,企业的核心竞争力为核心员工所掌握,并由核心员工加以创新和发展。企业的竞争更将发展为知识与技能的承载者——核心员工的竞争。

正是由于核心员工掌握着企业的核心竞争力,所以其一旦离去,企业损失将难以挽回,由于核心员工带着客户、技术资源投向竞争对手而使原企业破产的例子数不胜数。即使是大企业,其消极影响也很难一时清除。在激烈的竞争中,企业的生产系统、财务管理、质量控制、服务等方面的能力或创新比较容易被竞争对手模仿甚至超越,但企业的人力资源,以及人力资源开发与管理方面的创新是很难被模仿的。所以,企业仅仅关注资金、成本、质量是不够的,企业更应关注企业核心竞争力的基础——人力资源能力,注重培养并加强人力资源开发、利用与管理,特别是核心员工的管理。

3.4 核心员工是建设企业文化、树立企业形象的关键力量

企业文化是指在一定的历史条件下,企业的经营管理哲学。企业所处的社会和商业环境在长期的生产经营活动和变革的实践中,逐步形成的为全体员工所接受和认同的思想作风、价值观念及行为准则,企业文化体现了企业的精神和形象。员工是企业文化的最基本的载体。可以这样认为,从企业的使命感和责任感以及价值观的角度看,核心员工都起到了举足轻重的作用,他们是建设企业文化、树立企业形象的关键力量。

总之,核心员工是企业生存和发展的根本。目前,许多企业经营者在判断竞

争对手的规模和实力时,已不再首先看他们的"摊子"有多大,厂房有多高,而要看他们拥有多少优秀的管理和科技人才。美国默克公司威杰勒斯博士曾精辟地指出:"低价值的产品,随便谁、随便哪里都能制造,可若拥有了他人没有的高智能创造性人才,你就会威力无比"。核心员工所拥有的不仅是过去的成就记录,更重要的是还具有对公司的成功不断作出贡献的潜能,这意味着他们还是对公司未来发展具有极高价值的人。

第二节 核心员工的特点及管理原则

对核心员工的管理必须把握核心员工的特点,针对这些特点进行管理。

1.核心员工的特点

从以上的定义我们可以看到,核心员工在企业的关键岗位上扮演着关键的角色,通过对包括跨国公司、合资企业、民营企业以及国有企业在内的各种企业调查,我们可以发现,核心员工与一般员工有着显著的区别,是一类特色鲜明的特殊群体。

(1)核心员工占员工的少数,是企业的稀缺资源,并且难以替代。按"二八定律",他们通常只占员工数的 20% 左右,但却为企业创造着 80% 的价值。由于核心员工对企业文化的认识和认同度必须通过企业长期的投入和员工在企业中较长时间的身体力行才能逐渐形成;专用性技能也要员工在企业内通过"干中学"才能获得,这也决定了企业不大可能从外部市场直接获得核心员工,而是要经过长期培养才能形成。因而,企业对核心员工的培训、配置、激励和流动等各项管理工作显得特别重要。

(2)核心员工的综合素质较高。一般具有高学历、高资历的特征,专业技术精湛,管理水平高超,销售业绩卓越;他们从业多年,经验丰富,他们的成绩为业内所承认,通常控制着企业的关键资源,如专业技术、客户关系、商业秘密等,对于企业目标的实现至关重要,因而所有企业都为了留住他们费尽心思。

(3)核心员工追求自我价值的实现,成就欲望较强,愿意接受具有挑战性的工作,同时要求工作中有更大的自主权和决定权。核心员工更愿意从事自身感兴趣的工作,当物质需求已经不是压力的时候,根据马斯洛的需求理论,人们将提出更高的需求。所以对核心员工而言,从事挑战性的工作,主动显示自己的工作才能就成为关键。

（4）核心员工更加重视自身知识的获取与提高，他们有很强的学习意愿，渴望获得教育和培训机会来更新知识。核心员工对于所从事专业的忠诚往往超过对企业的忠诚。如果原有企业不能满足其需求，他们就会产生到更优秀的企业中去学习新的知识的愿望，就会选择流动来获得自身价值的增值，这是核心员工频繁流动的一个重要原因。

（5）核心员工一般具有独立的价值观念，有自己独立的价值评判体系和判断标准。核心员工对一个企业的文化认同，将深深影响其在一个企业中的工作态度、能力的发挥以及贡献的大小。核心员工具有较强的参与意识，他们有自己看法和观点。特别企业在推出一项新的政策和措施时，应提前和核心员工加强沟通，并征询他们的意见或认同，否则就会产生不受重视的感觉。影响核心员工对企业的文化认同度。

（6）核心员工还有一个重要特征就是其流动率高，他们是企业竞相争夺的目标，是猎头眼中诱人的猎物，因而他们有更多的工作与职位选择，他们不怕没有伯乐相识。社会价值观的变迁、劳动力的自由流动、就业渠道的拓宽，使得核心员工对企业的忠诚度逐渐转移到对自己专业的忠诚。对他们来说，企业只是发挥其专业优势的平台，他们更关心的是个人在专业领域取得的进步以及个人的价值回报。

2. 核心员工的管理原则

（1）合理规划。管理核心员工，首先要明确哪些是实现战略目标不可或缺的、最重要的核心人员；其次要对员工队伍的现实任职素质进行大盘点，比如企业现有人员是否已满足业务战略对关键员工的需求，缺口有哪些、有多大等；同时要分析外部人力市场的变化趋势及内部员工流失率情况，预测核心员工队伍未来的发展变化与业务发展的匹配情况。综合上述所有因素，则可以对核心员工进行整体、系统的战略性规划，从而为关键员工的有效管理奠定良好的基础。

（2）加强沟通。通过与核心员工进行对话、座谈、交流，了解他们的需求和期望，以发现和分析哪些因素能留住人才，哪些因素会丧失人才。通过开放式沟通，公司可以随时发现问题并及时处理，避免核心员工突然辞职的情况出现。例如，诺基亚有一个名为HR（人力投资）的项目，即每年要和员工完成两次高质量的交谈，一方面要对员工的业务表现进行评估，另一方面还要帮助员工认识自己的特长和潜力，应该达到的水平，以及岗位所需要的技能和应接受的培训。通过这些项目，员工可以清晰地感觉到，企业是希望员工获得绩效而拿到高薪酬的，并且不遗余力地帮助员工达到这个目标。

另外,平等的交流沟通、融洽的同事关系、丰富多彩的团体活动,也为员工提供了一种释放情感的情绪表达机制,满足了员工的社交需要,还可以起到知识共享,信息交流互补的作用,从而使得他们的工作积极性和创新方面的能力得到最大限度的发挥。

(3)有效激励。如何有效激发关键员工的斗志、激励他们保持最佳绩效,是激发核心员工积极性的关键。除了物质激励以外,对于核心员工更应注重非物质性激励。如发展激励(包括培训激励,职业规划、晋升激励),优秀企业文化激励(包括先进企业文化、团队精神、沟通激励),信任激励(包括参与决策与授权激励),感情激励,工作激励等。

(4)定期评估。公司需要定期地对核心员工管理的现状进行评估,评估指标可以包括:核心员工的出勤率、流失率是否突然变大,公司能否吸引到外部的优秀员工加入本公司,同业其他公司在核心员工管理上有什么新动向,市场平均薪酬是否上涨,本公司是否采取了对策等。然后根据评估情况,不断完善各项管理工作。

此外,在核心员工的管理过程中,要特别注意尊重员工的人格,尊重员工的意见,营造高质量的工作环境,营造和谐的团队氛围,提供良好的事业发展机会以及自主创新的权利和空间。

第三节　核心员工的使用与开发及激励

1.如何识别与发现核心员工

在建立核心员工队伍的过程中,不论是从外部引进还是内部提拔,首先要对核心员工做一准确界定,如果误把一般员工当作核心员工,或忽视了核心员工的存在都将给企业带来损失。对核心员工的识别是在明确了核心员工的特征之后,对招聘员工进行识别,以及对现有员工的鉴识,将真正的核心员工纳入核心员工队伍。

对于核心员工的特征,前文已有论述。员工对于企业的价值贡献、员工的稀缺性或不可替代性、员工的素质与技能、员工的学习与创新能力以及员工的需求等各方面特征均可以用于核心员工的识别。

在实际操作中,不同的企业有不同的核心员工标准,对素质的侧重点要求不同。如有的企业将诚信品质视为是首要原则。又如名企用人不仅看他是否能胜任现任工作,更重要的是要有创新精神。微软公司宁愿冒失败的危险,任用曾失败的人,也不愿要一个处处谨慎却毫无建树的人。

具体从技术层面来说,确定企业的核心员工的人数与名单还有一种工具方法,即因素评分法。"因素评分法",又称要素计点法,该方法采用的是对评价因素进行量化打分的办法确定企业核心员工。具体操作包括以下5个步骤:

(1) 做好企业职位分析工作,撰写职位说明书,同时对职位进行等级和职级划分。(2) 确定影响职位价值的关键评价因素。譬如该职位对企业的影响程度、职责大小、工作难度(包括解决问题的复杂性、创造性等)、对任职人的资格要求等。(3) 对每个评价因素赋予不同的权重,权重的大小视该因素在影响职位所有因素中所占的重要性而定,对每一因素进行分级(比如分成5级),给出每级所对应的分数。此外还要对每个等级给出具体的含义。(4) 确定每个职位在每一因素项上的得分。然后,把各项得分汇总,得出每个职位的总分。(5) 根据每个职位所得分数进行排序,然后根据公司实际确定核心员工的比例,最终可得出企业核心员工名单。

从本质上来说,因素评分法是基于岗位分析来确定企业的核心员工,即先确定企业的核心岗位(关键岗位),然后认为在企业核心岗位上的员工都是核心员工,这种方法多少显得有些武断。判断一个员工是不是核心员工,还应看他的"可替代性"。如企业中的一个高层主管,即使他占据了企业的核心岗位,但如果他没有掌握企业的核心技术、知识、信息或是资源,企业可从内部选拔或低成本地从人才市场上招聘到一个人来代替他,那么,他就不是企业的核心员工。

除此之外,绩效评估法也是识别知识员工的方法之一。绩效评估法是一种在员工绩效评估的基础上,确定工作绩效最高的一定比例的员工为企业的核心员工。如 GE 所用的活力曲线法。每年,GE 公司都要求其每一家公司为他们的高层管理人员进行分类排序,评价的标准即为"GE 领导能力的 4 个 E 和 1 个 P":有很强的精力(Energy);能够激励(Energize)别人实现共同目标;有决断力(edge),能够对是与否的问题做出坚决的回答和处理;能坚持不懈地进行实施(Execute)并实现他们的承诺;满怀激情(Passion),勇于开拓。其构思是要求每一家公司对他们的领导的团队进行区分,而且必须区分出:哪些人是最好的20%(A 类员工),哪些人是中间多数的70%(B 类员工),哪些人是最差的10%(C 类员工)。

当然,活力曲线需要奖励制度来支持,A 类员工可以得到大部分股权和利润,失去 A 类员工是一种罪过,每一次失去 A 类员工都要事后检讨并一定要找出这些损失的管理负责人。

2. 核心员工的激励管理

关于激励,我们已在有关章节中做了介绍。这儿要强调的是,对于核心员工的激励要针对他们的个体特点和需求。企业在采取激励措施时,必须深入理解他们的偏好,能够预见到核心员工对这些措施会做出怎样的反应。

总的说来,核心员工的激励方法可分为待遇型激励、事业型激励与情感型激励。待遇型激励包括股票期权激励法、福利激励法、薪酬激励法、考评激励法、补偿计划激励法等。事业型激励包括工作内容激励法、目标激励法、晋升与培训激励法、榜样激励法、领导行为激励法、所有者身份激励法、工作环境激励法等。情感型激励包括信任和尊重激励法、荣誉与情感激励法等。对这些激励方法的使用要因地制宜,因人而异,对某一家企业或某一个员工有效的激励方法,不一定对其他的企业或员工也一定有效。这儿补充几点对核心员工的特殊的激励方法。

(1)所有者身份激励。企业的核心员工们希望得到企业的股份,以分享企业的剩余利润。企业可以通过授予股票期权或将核心员工与企业的利益联系在一起。没有作出核心员工股权安排的企业可以采用另外方式进行,如授予核心员工自治权、尊重他们和认可他们的工作成绩等,建立员工参与管理、提出合理化建议的制度,提高员工主人翁参与意识等。

事实上,提高核心员工满意度的一个关键在于让其做有意义的参与。美国大西洋航空企业管理方采用"GITS"(成长与改进团队)作为提高员工主人翁精神的建设性方法。企业成员一个个都变成了活动的主人,他们检查自己所推荐的变革并确定其是否得到有效的落实。这样,就完成了从诊断角色向一个更具领导色彩的角色的转变,从而,使员工能更积极地投入并对业绩的改进负有责任。让核心员工更多地了解企业的运营状况、企业的理念,让他们对企业感到更多的骄傲以及增进他们对企业客户需求的认识和了解,能有效的培育核心员工对企业的认同。

(2)有竞争力的薪酬。薪酬尽管已不再是激励核心员工的最重要因素,但员工仍希望能够得到与其业绩相符的薪酬,因为这也是衡量自我价值的尺度之一。核心员工是同业竞争对手争夺的对象,企业应当不拘一格,为核心员工提供丰厚的薪酬和工资晋级机会。这种高薪不仅表现为比本企业的普通员工薪水高,而且应不低于人才市场上该岗位的平均水平,否则难以留住他们。

(3)目标激励。目标激励法对核心员工是格外有效的,因为核心员工的一大特点就是喜欢为自己设立明确的目标,并为实现目标而奋斗。所以,企业对核心员工的个人目标必须明确化,并使之与企业目标相结合,由于核心员工的高素质,可以将目标设定的稍高,这样会带来更强的激励作用。

(4)信任和尊重激励。企业的核心员工已不再是为生存而工作,他们与企业更多地体现为合作关系。企业应充分信任它的核心员工不需要在经理的监视下也能按时完成工作,并能很好地平衡其个人生活和工作。要尊重核心员工的价值取向和独立人格,这样可以达到一种知恩必报的效果。给予核心员工较为宽松的工作环境,在完成本职工作的前提下,让核心员工有自由支配时间的权利。

(5)福利与物质激励。增加核心员工的生活福利、保险、发放奖金、奖励住房、生活用品等。其中,自助餐形式的福利计划可能对核心员工有更强的激励作用。企业可以为每位核心员工提供同样的基本福利计划,但允许他们从附加的福利中进行选择,如每年他们可自主选择参加一次专业会议,费用由企业承担,或者更多的休假时间及向他们发放周末旅游的优惠券等。一旦核心员工在某种程度上拥有对自己福利形式的发言权,则工作满意度和对公司的忠诚度都会得到提升。物质利益对核心员工的影响不仅仅是在经济来源方面,合理的物质奖励制度可以向核心员工传递组织的认可,并形成企业与员工是同一个整体这样一种观念。

(6)沟通激励。管理者应该对核心员工建立无缝沟通机制,建设核心员工建议通道,鼓励信息双向无阻碍流动。通过开放式沟通,公司可以随时了解和关注核心员工存在的各种问题,听取改善意见,了解他们对职业发展机会、人际关系和工资等的满意度,并及时发现问题、及时处理,以不断促进员工关系,为核心员工创造良好的工作环境。

同时,通过沟通可以表达企业对核心员工的重视程度和他们在企业中所处的关键地位,让核心员工明白企业是需要他们的,从而与核心员工建立一种承诺和心理上的契约。特别是当企业在进行重大的变革时与核心员工之间的沟通是非常关键的。如果沟通不畅,可能会使核心员工感到不确定性和对其未来位置的担忧。

(7)荣誉与情感激励。对核心员工劳动态度和贡献予以荣誉奖励,如会议表彰、发给荣誉证书、光荣榜、在公司内外媒体上的宣传报道、家访慰问、观光旅游、疗养、外出培训进修、推荐获取社会荣誉、评选星级标兵,以核心员工名字命名工作法等。对核心员工工作和生活的关心,如建立核心员工生日情况表、总经理签发核心员工生日贺卡、关心核心员工的困难和慰问或赠送小礼物。

(8)领导行为激励。核心员工通常希望在他们信赖的领导手下工作。可信赖的领导应是具备技术背景又超脱于技术之外的管理者。他应当拥有敏锐的商业嗅觉,像核心员工的"教练"和"导师"一样,在企业内部倡导鼓励冒险、创新的氛围和企业文化。领导者行为通过榜样作用、暗示作用、模仿作用等心理机制激发核心员工的动机。

(9)工作环境激励。企业核心员工希望有愉快的工作环境,如轻松的着装、优良的办公设备、舒适的就餐和体育锻炼空间等。企业也可选择向他们提供免费饮料和午餐。

(10)补偿计划激励。是指在正常薪资以外对核心员工进行额外补偿的措施。其基本思想是,对员工为企业所作的贡献给予回报;对员工过去的学历、技能、经验等给予补偿;对员工及其家庭未来的生活、学习、发展等进行保障。

总之,多种激励制度与方法相辅相成,互为补充,构成对核心员工完整的激励体系,由此可以构筑企业整体激励框架。

第四节 防止核心员工流失的对策

核心员工的流失不仅会带走企业的商业、技术秘密和客户资源,而且还会增加企业人力资源的重置成本,影响工作的连续性和工作质量,也影响企业其他员工的稳定性和忠诚度。因此防止核心员工流失是企业的一项重要任务。

1. 核心员工流失的原因分析

从根本上来说,核心员工离职有外部因素和内部因素两个方面:外部有更高机会的诱惑,而内部又出现矛盾,如对公司薪酬福利不满意、与主管相处不和谐等。外部因素是"拉人",而内部因素是"推人",它往往是核心员工决定离职的根本原因。参照员工流出的感知理论反馈模型和我国的实际情况,核心员工流失的原因可以概括为以下三类。

1.1 社会因素

(1)国家鼓励人才流动的政策,在客观上为核心员工的流动提供了有利的条件。随着我国社会主义市场经济制度的建立,我国人力资源管理也逐渐社会化,企业员工由原来的"企业人"变为"社会人",既使企业可以按照自己的要求在有关法律法规要求下自主招人、留人、辞人,也使员工可以按照自己意愿在有关法律法规要求下自主择业。国家的相关政策,如加大人才市场的建设力度、取消阻碍人才流动的限制条件等,都为核心员工的流动提供了优良的环境。

(2)核心员工的稀缺性,使其成为众多企业争夺的对象。市场经济要求人力资源合理配置,而核心员工的短缺现象日趋严重,猎头公司发展迅速,更是加剧了核心员工的流动。

（3）企业间竞争的加剧，是导致核心员工流动的根本环境因素。随着跨国公司纷纷抢滩中国市场，使企业间形成了"国内竞争国际化，国际竞争国内化"的态势。而企业间的竞争，其实质就是对人才，特别是对核心员工的竞争。对核心员工的竞争必然引起核心员工的流动，且企业间的竞争越激烈，核心员工的流动率就越高。

虽然企业所处的社会环境是企业无法控制的，但企业也应该时刻把握社会发展的有关情况，有针对性地及时调整自己的人力资源政策，以防止企业核心员工的流失。

1.2 企业因素

从许多企业核心员工离职的情况来看，企业因素是导致其核心员工离职的最主要因素。

（1）员工个人长远发展受到限制。对于企业的核心员工，个人发展需要和成就需要是他们的主导需要。如果企业没有比较好的发展前景，或者他们发现个人的发展空间受到"玻璃天花板"的限制，他们就会另外去寻找可以尽情施展自己才华的天空和舞台，去实现自己的价值。这种情况在跨国公司管理人员中较为常见，其原因就是跨国公司存在限制东道国人才发展的"玻璃天花板"。国内企业缺乏对核心员工职业生涯发展规划，或有这类规划，但透明度不够，使核心员工失去在本公司得到发展的信心。

（2）主管问题。影响员工离职的"主管问题"集中表现在以下几个方面：主管的领导风格和管理风格及工作能力不能被下属的核心员工接受，缺乏威信和魅力；主管对下属的工作和困难缺乏支持和帮助，对下属缺乏必要的理解；主管任人唯亲，不能根据下属的实际能力和具体情况安排工作，使得下属对工作本身丧失信心和热情；不敢承担责任，胆小怕事，将错误推诿给下属；缺乏横向合作的良好基础，导致下属工作得不到部门其他同事的支持和帮助；对下属封锁必要的信息，视信息为自己职权的象征；主管为求心里平均，充当"老好人"，从而失去下属的信任。

（3）薪酬制度不合理。对于核心员工，虽然经济收入已不是他们考虑的重点，但经济收入却是他们地位和成就的一种表现形式，如果企业为核心员工所支付的薪酬低于同行业平均水平，或者在本企业内存在不公平或大锅饭现象，都有可能导致他们的离职。

另外，工作没有挑战性、工作环境不好、企业内人际关系复杂等原因也有可能造成核心员工流失。

1.3 个人因素

随着人们思想的解放和自身素质的提高,大多数人已不再局限于一生只依赖一个组织来实现自己成功的欲望,通过转换不同职业和岗位以寻找适合自身职业发展的人员越来越多。一般来说,导致企业核心员工流失的个人原因主要有以下几点:

(1)核心员工的流动情结。核心员工由于自身拥有较高的素质和能力,他们往往渴望在更好的环境中施展自己的才华。发达国家的经验显示,专业技术人员的等级越高,其跨地区流动率越高。如果企业的工作不具有挑战性,不能激励他们发挥潜能来获得成就感,那么,他们就有可能产生"外流"心理。而且,成就感强、自尊心强、冒险性强的核心员工,其流动意愿相应较强,而具有相反个性的核心员工的流动意愿较弱。

(2)道德风险问题的存在。在企业的人才流失原因中,也存在由于个人的道德风险引起的"跳槽"现象。例如,企业内的一些核心员工,有可能携带企业研究开发成果的核心技术秘密到其他企业另谋高就或恶意透露给竞争对手换取高额报酬;还有一些核心员工利用企业的资金设备攻克产品技术难关后,辞职另立门户与受雇企业抗衡。

(3)压力太大。核心员工的压力主要来自于两方面:一是僵硬的企业文化,二是多变的环境和激烈的市场竞争。企业核心员工要面对的不仅是 21 世纪不安定、不可测的多变的经营环境,还有市场竞争的不断加剧、利润空间的持续压缩。同时,他们还要承受来自上级主管的压力、来自同事和部属的挑战、来自公司经营策略变化等带来的压力。这些压力如果不能得到妥善处理,则很有可能诱发核心员工跳槽事件的发生。

(4)家庭原因。两地分居或子女上学等问题,也会影响核心员工重新选择工作地点而导致公司核心员工的流失。

2. 留住核心员工的对策

如何留住企业的核心员工,已经成为大多数企业所面临的一大难题,防止核心员工流失也就成了企业重要的人力资源战略之一。

(1)事业发展留人。根据核心员工的特点,事业成就感是他们最在乎的,感到缺乏个人发展空间也是核心员工离职的最重要的原因之一。用事业留人最重要的方法是为核心员工"量身订制"职业生涯发展计划。

职业生涯规划问题我们已在专门章节中做了介绍。现代企业都将职业生涯规划作为吸引及留住人才的一个重要砝码。核心员工有强烈的自我实现的价值需求,因而会比普通员工更加看重职业生涯规划。企业用职业生涯规划留住核心员工,会比用其他方法更为有效。一个规范的职业生涯规划要把企业目标与核心员工的个人目标紧密结合,并综合分析企业的发展前景、核心员工的特点,研究出切实可行的长期计划。职业生涯规划并不是一成不变的,其随着企业战略变化,核心员工个人经历、价值观的变化而改变。所以,用职业生涯规划留人,最重要的是将与核心员工的沟通贯穿始终,了解核心员工需求的变化,帮助其不断修改与调整职业生涯规划。

(2)薪酬留人。如上文所述,薪酬已不再是激励核心员工的最重要因素,但是薪酬既是企业对其过去工作的肯定和补偿,也是他们对未来努力工作得到报酬的预期,它在一定程度上代表着员工的自身价值、代表企业对员工工作和个人能力、品行的认同,是核心员工成就、地位、能力的一种象征。因此,制订富有激励性的薪酬政策也是留住企业核心员工的一种重要手段。对于核心员工的薪酬,除了注意外部竞争性和内部公平性以外,要特别注意以下事项:

适当的固定报酬和浮动报酬比例。密歇根大学商学院的戴维·厄里奇指出:"薪酬总额相同,支付方式不同,会取得不同的效果。"对于核心员工的薪酬而言,固定薪酬和浮动薪酬的比例问题十分重要。从美国的经验来看,浮动薪酬比例一般都占到了50%以上,而对于一些持有公司大量股票期权的高层经理而言,这个比例可以达80%甚至更高。从核心员工的种类来看,对于效益能明显显现,创新性要求较高的技术类和销售类核心员工而言,浮动薪酬比例应高一些,这有利于提高其积极性。而对于工作绩效不易衡量,且贡献的延续性较强的管理类核心员工则应适当提高固定薪酬的比例。

实施股票期权制度。股票期权制度期权是以企业高层经理人、技术骨干等核心员工为对象的激励制度。具体来说,股票期权制度是指以约定的价格允许企业的核心员工在一定时期后买入本公司一定数额的股票。也就是企业所有者允许核心员工在若干年后,以约定的价格拥有企业的一部分股权,如果那时企业的股价高于双方约定的价格,核心员工就可以通过行使期权,获得两者间的价差收益,这样就可以引导他们在期权期限内努力提升企业业绩,促使股票升值。

注意高薪的误区。有的企业主管认为,员工在受到高工资激励后,会努力工作,为公司创造了更多的利润,员工因此获得更高的工资,满意度更高,又以更高的积极性投入新一轮的工作,这种良性循环不仅可使公司和员工的价值都能不断得到提升,也能吸引和留住优秀人才。然而,高工资就必然导致高绩效的结论却不是完全正确的,因为人的需求是多层次、多方面的,金钱只是其一,特别是对于部分核心员工来说,金钱的激励作用在达到一定程度后便会呈递减趋势。

薪酬不是留住员工的唯一手段,但却是一个非常重要、最容易被管理者运用的方法。企业管理者必须认识到薪酬管理并不是对金钱的直接关注,而是关注如何正确使用薪酬这一金钱的激励作用。即使薪酬总额相同,若其支付的方式不同,会取得不同的激励效果。所以,如何实现薪酬效能的最大化,是一门值得探讨的管理艺术。

(3)企业文化留人。企业文化建设是现代企业管理的一个重要内容,国内外经验表明,成功企业一般具有优秀的企业文化,它可以使员工确立共同的价值观和行为准则,在企业内部产生巨大的凝聚力和向心力,从而使核心员工产生对组织的依恋感,提高忠诚度。

(4)工作环境留人。优秀的人才对工作环境都有一定的要求。安全、舒适便利、高效的工作环境,也是企业留住核心员工的一个因素。这包括:

提供高效便利的工作环境。如先进的实验、试制条件,方便的通讯设备,舒适的办公室等。

和谐的家庭式气氛。一个让员工感到非常舒适的公司,是一个能充分照顾到员工生活和工作平衡的公司,其具有家庭式的温馨气氛,比提供高薪酬但缺乏人文关怀的公司更能吸引和留住人才。员工心情愉悦,他们的工作效率就会更高,并且因此愿意留在这样的环境中工作更长的时间。同时加强员工之间及员工与企业之间的纽带,使员工感觉到自己是企业这个大家庭的一员,增强员工对公司的归属感。

(5)情感留人。为了留住核心员工,许多管理者更多的是从物质的角度,或者说从更高的薪酬的角度入手。然而,无论是提供职位还是提高薪水,组织的资源总是有限的,而"欲壑"总是难填,所以企业管理者们认识到,留人"上上策"是"感情留人,从心做起"。和企业有过同甘共苦经历、对企业产生了感情的员工一般不轻易离职。

现代企业雇佣关系,不仅仅表现在企业能够对员工提供直接或间接的货币报酬,还需要提供足够的职业安全感、归属感、因企业对个人业绩和能力的认可而产生的自豪感、受尊重感,以及由于个人能力的发挥而带来的成就感和自我实现感等。员工从组织中获得的这些情感越强烈,员工对组织的归属感越强,跳槽动机越弱。

3. 如何应对核心员工的辞职

3.1 预防为主

与一般员工相比,核心员工的离职对企业造成的负面影响更大,某种程度上还会给企业带来致命打击。如何将核心员工的离职给企业带来的消极影响降到最低,已成为企业界人士共同关心的话题。在这方面,建立有效的预警体系和适当的制衡机制是有效的解决办法。

(1)招聘把关。越来越多的公司认识到如果对重要岗位的人员选聘不当,会给企业带来巨大损失,因此科学招聘是防范核心员工离职的第一步。在招聘时不仅要考察候选人的工作技能,更要注意考察他们的奉献精神和团队合作意识以及与本企业文化的契合程度。

(2)使用轮岗制。客户在与它进行直接联系的核心员工离职时,最担心的就是"我失去了与公司联系最关键的结合点"。许多客户都相信,他们和特定企业的满意合作是以关键联络职员即核心员工为转移的,这往往与这些员工的专业技能、快速发货能力或者其他个人能力有关。当该员工离职时,客户将对企业能否继续满足其需要而心存疑问。所以,企业可以通过建立客户与企业的多个联系,而消除他们心中的疑惑。轮岗制是不错的选择,通过客户与公司中不同的员工进行不同的交流,使他们感觉到,每一位员工都是不可或缺的,满意的服务来自于这个公司而不是特定的哪个人。麦肯锡咨询公司就运用了轮岗的制度,他们定期将咨询员进行轮换。当然这可以不断地为客户提供更多、更新鲜的问题解决思路,但是更重要的是当某一个核心员工离开时,客户会直接与其他员工取得联系,而不会造成客户流失。

(3)组建团队,适当分权。不能让某一个核心员工在较长时间内拥有或控制企业的关键技术和重要权力。在技术开发中,应当更多地采用技术小组或团队的形式,严格管理资料,加强技术开发人员的相互协调;对于高层经理人员,董事会应避免授给总经理过大的权力,应通过对副总经理的任命来形成分工合作、牵制和竞争的机制。特别要完善员工的晋升提拔制度,防止一个人过多提拔自己的亲信,从而在其离职时一同离开,给企业带来巨大的人事影响;对与客户直接联系的核心员工,如销售和咨询人员,也可以采取小组组队的方式,从而形成多渠道稳定的客户关系。宝洁公司就配置了多功能小组,对其最大、最重要的客户进行拜访,这不但容易满足客户的要求,而且可以防止重要的客户资源控制在某一个人的手中。

(4)培养接班人。形成企业内部的人才培养和选拔制度,给核心人员造成压力和动力。对分公司经理的绩效考核指标中可包括一项对优秀下属的发现、培养和选拔,如果分公司经理达不到这项考核要求,他自己就得不到提拔。对销售咨询人员的考核中也可以加入这样的条款。

(5)注重知识产权及相关法律问题。如对员工职务发明和其他技术成果所有权的归属,应制订出符合法律规定的企业内部规章。在人员聘用合同和条款中,明确阐述双方的责任、权利和义务,做到有备无患,避免万一陷入法律诉讼时的被动地位。这样即使核心员工跳槽到竞争对手公司,泄露公司的商业秘密,企业也有相应的措施保护自己的利益。

3.2 尽力挽留

根据一些企业的调查,辞职的员工中,有40%是经过深思熟虑后向企业提出辞呈的;还有20%是相当盲目的,可能只是出于一种看看自己到底身价几何的态度,或者是一种盲从的心理;而剩余的40%的员工是介于两者之间的,他们虽然有离职的动机和愿望,但并不是很强烈,而且在辞职前后犹豫不决。所以,在员工提出辞呈之后,企业如果能够及时采取一些积极的措施,至少这40%的员工是可以挽留的。一般员工是这样,核心员工也不例外。

(1)迅速反应。企业在接收到核心员工的辞呈后,应当在最短的时间内作出反应,比如中止手头上一切日常工作,召集相关人员商讨对策;通过一切可能的渠道马上向该员工表达企业不希望他离开的意愿等。任何延误都将使员工辞职的信念更加坚决,从而更难以挽回。当然,迅速的反应并不只是为了赢得时间这样简单,对于核心员工而言,这样还能清楚地表现出企业对他们的重视。

(2)封锁消息。将核心员工辞职的消息严密封锁,或尽最大可能将这个消息缩小在最有限的范围内,无论对辞职员工本身还是企业来说都非常重要。对员工来说,为其日后改变主意留在企业消除了一个障碍,封锁消息实际上就是在挽留员工。而对企业来说,封锁消息就给自己赢得了回旋的余地。特别是可以避免其他员工猜想企业为了挽留离职的员工所开出的让步条件,防止员工日后竞相仿效,利用辞职来要挟企业答应他们的条件。

(3)识别离职动机。认识离职员工具体的离职动机是制订有效挽留方案的重要前提。一般来看,核心员工的辞职有这样的几个类型:

趋利型——即追求更高的工资和待遇;

职业发展型——对现有的工资待遇已经比较满足,但是在现企业中缺少足够的晋升机会和发展空间,所以要到其他企业去;

改变环境型——这类核心员工由于个性使然,不愿意长期呆在一个环境中,而喜欢从不同的环境中寻求新的感觉,但现企业没有提供这样的机会;

负气型——这类员工在性格上不太成熟,往往只是因为上级一句批评或者同事的一点"冒犯"而负气离职;

格格不入型——这类核心员工讨厌现有公司的某个上级甚至整个管理层,或者与整个企业的企业文化格格不入,不能有效的融入企业中来,为了摆脱,只有辞职一条路。

在识别核心员工离职的动机时应当使用一切可以使用的渠道和方法,包括与辞职员工面对面的交谈,力求信息的准确性。

(4)制订有效挽留方案。在准确的识别了离职核心员工的动机后,企业就应当及时决定是否需要挽留及制定相关的挽留方案。对于趋利型员工给予一定程度的加薪;职业发展型的给予一定的晋升机会,至少是一个确定的目标,如达到怎样的业绩可以得到晋升;改变环境型的则在企业内部给予他轮岗的机会,不但可以满足他的需要,还能提高其综合的能力为企业日后的发展储备人才。

在具体过程中,企业需要把握好"度"。既要满足核心员工的需要,使其能够继续为公司工作,同时也要注意个人的需要不能凌驾于组织利益之上。

(5)利用亲情的力量。在挽留方案的实施过程中,除了管理者竭尽全力的与员工进行沟通交流,积极地改善企业的一些因素以满足员工的要求以外,应当充分利用亲情的力量,动用企业中一切与离职员工密切的关系来进行游说。同时,员工的辞职通常会对他的家庭产生重要的影响,其最终的去留可能会与家庭中的某个成员有关。在这种情况下,邀请核心员工的家人一同参加为他准备的宴会,并事先做好相应的游说工作,往往会收到意想不到的效果。

3.3 重视离职面谈

在经过诸多的挽留努力后,辞职的核心员工可能仍不肯改变主意。这时,公司的管理者往往会同意他们的辞呈,但是却经常忽视了离职面谈。在离职面谈时,由于员工即将离职,不会再有太多的顾忌,这能够使他们畅所欲言,把对公司不满意的地方说出来。在这种坦诚、无所顾忌的谈话中,离职的核心员工更容易以第三者的立场来发表自己真实的感受。在谈话中得到的信息往往会对企业今后的管理改进指明方向。在离职面谈后,及时把员工的意见整理并反馈是非常必要的。应当召集相关部门的管理人员,共同讨论分析这些信息,判断对公司其他核心员工的潜在影响,最终决定是否需要立即采取措施改进这些缺点以防止其他员工离开。

3.4 留人方法的运用原则

第一是真诚原则。海尔"真诚到永远"名扬天下,对待自己的员工也要像对待顾客那样真心诚意,才能换来员工的感激之心与回报之意。真诚意味着你是真心诚意地挽留他们,意味着企业尊重员工的个性,肯定他们的贡献,意味着企业对员工的需求和重视。

第二是沟通原则。核心员工萌生去意之前,如果能及时沟通、疏导并解决问题,可以很大程度上降低员工的离职意愿。企业的领导人应该抓住每一个机会,利用多种传播方式与员工进行沟通。从战略角度上讲,通用公司认为沟通是公司发展战略的最重要的部分之一。

第三是对症下药原则。一般而言,核心员工的高层次需要是占主导地位的,但面对不同的员工需要做具体分析,只有对症下药,满足其个性化需要,才能起到最佳的挽留效果。

☞ 复习思考题

1. 如何认识核心员工在组织中的重要性?
2. 如何认识核心员工管理在人力资源管理中的地位?
3. 如何有效地对核心员工进行激励?
4. 对比分析核心员工与非核心员工在绩效考核方法上的差异性。
5. 组织如何应对核心员工的流失现象?

☞ **进一步阅读的材料**

1. 黄再胜,王玉. 公平偏好、薪酬管制与国企高管激励——种基于行为合约理论的分析,财经研究,2009(01)

2. 韩丽华. 经济下行期,拿什么留住核心员工,中外管理,2009(01)

3. 高维佳,仲伟林. 知识型员工培训策略,企业研究,2009(01)

4. 林忠,鞠蕾. 基于战略匹配的核心员工动态识别模型,企业经济,2008(12)

5. 潘留栓,冯国基. 基于知识员工异质性的差异化管理——以核心知识员工为主,科技管理研究,2008(07)

6. 吴甘霖. 创新型员工:如何成为最能创造效益的一流员工,机械工业出版社,2006

7. [美]纳尔逊. 1001种激励员工的方法,中信出版社, 2006

8. 刘泽双,薛惠锋. 创新人才开发的绩效测度,西安电子科技大学学报(社会科学版),2006

9. David G Collings, Kamel Mellahi. Strategic Talent Management: A review and Research Agenda, Human Resource Management Review, In Press, Corrected Proof, Available online, 2009-05-02

10. Thomas H Davenport. Thinking for a Living: How to Get Better Performance and Results from Knowledge Workers, Human Resource Development Quarterly, 2007,18(4):599-603

11. Bubenick Gail K. Improvement of Key Employee Retention Rates Through Attention to and Nurturance of Their Neuropsychological Preferences, Northcentral University, 2003

实务技能训练

使用说明

《人力资源管理实务技能训练》作为人力资源管理教材的实践部分,旨在通过课堂训练和课后作业让学生模拟人力资源管理实务,训练提升学生操作实务的技能。

本实践部分源于人力资源管理课程互动式教学的教案。在调研了人力资源管理领域对人才的要求,参考了国外技能训练方法,经过多次本土教学实践的检验不断完善而成。特别适合用作人力资源管理教案的补充和人力资源管理培训的素材。

本书涵盖了人力资源管理的主要实践环节,包括经验性练习,课堂实践和案例分析三大模块。这三大模块在重点培养的技能,学生准备和教学建议方面的比较见下表:

	重点培养的技能	学生准备	教学建议
经验性练习	实务操作	课后作业	优秀作业展示
课堂实践	人际互动	课堂参与	课堂互动
案例分析	思维训练	课后作业	课堂讨论

下面根据三个模块的特点和实际教学的经验提出使用建议:

经验性练习是一种实务模拟,培养的是执行力。要求学生完成某个具体任务。需要较长的时间准备,方法和结果具有开放性。建议通过布置课后个人作业或小组作业的方式训练学生技能。如"用关键事件法撰写一份教师的工作分析""根据案例背景为该公司设计一份招聘广告""撰写结构式面试清单"等。学生可以根据教材的理论或本书附件中的样本或指导完成经验性练习。建议教师挑选学生优秀作业进行展示,作为课堂讨论的载体。

课堂实践模块含有人际互动的内容,可通过角色模拟的方式在课堂上完成训练。课堂实践环节的操作时间为 15 到 45 分钟,学生不需要课前的准备。适合课堂互动式教学环节。如"模拟培训营业人员叠衬衫""福利多元化练习"等。

　　案例分析模块强调的是思维的训练。同时本书的案例分析模块也与经验性练习结合,为其提供背景的介绍。如在第九章,案例分析模块描述了在"海尔顿烘烤食品公司"送面包的在职培训。要求学生讨论该培训的有效性,改进方案的可行性,这是头脑训练;要求学生重新设计培训方案,撰写培训计划书,这是实务训练。根据案例的复杂程度,要求学生通过个人作业或小组作业来准备案例。

第一章 人力资源管理的历史与发展趋势

◆ **实践目的** ◆

※ 了解人力资源管理各种实践的变革,并理解国内企业人力资源管理的发展

※ 了解人力资源部门在组织中的地位、职责和作用

◆ **技能提高** ◆

※ 二手资料的查询及分析能力

◆ **相关知识点** ◆

※ 人力资源管理实践

※ 人力资源部门的任务

第一节 案例分析:发达国家人力资源变革

过去,人力资源管理尽管是企业行政管理中一个不可或缺的环节,但它的职能仅仅限于遵从最高管理层的意愿。伴随外部经营环境的快速变化,企业人力资源管理的角色也随之不断转换,发达国家企业人力资源管理不再单单是一个企业消耗成本的部门,相反,它逐渐成为为企业创造附加值、为组织创造卓越的重要部分。纵观发达国家企业人力资源管理 20 多年的实践来看,以下几点值得我们关注。

——实现人力资源战略与公司战略的"联盟"。人力资源管理者发现,除非他们及时更新角色意识,提升战略思维能力,否则,他们在企业高层会议桌前的"话语权"会越来越少。因此越来越多的人力资源管理者成为企业 CEO 和部门经理的事业伙伴,将人力资源战略与整个企业的发展战略捆绑在一道。此外,越来越多的人力资源管理者还站在企业发展的前沿,不断地塑造企业的流程和文化,改善组织变革的能力,以此与公司整体战略意图保持同步。

——新颖招募策略迭出。招聘经理花样翻新,招募策略迭出。棒球比赛、自行车比赛、摇滚音乐,看上去与招聘并不相干的东西,却成为招聘经理经常使用的招数,在他们心中,拉近与潜在客户的心理距离是第一位的;在人才招聘会上,

从速从快,是一个核心词,会谈、考试、决定招聘在一天内完成;不少公司为了得到优秀的人才,不在乎"好马也吃回头草";不少公司还对推荐优秀人才进公司工作的人予以重奖。

——留才策略。培养团队的感觉;创造在组织内良好的发展空间;帮助员工平衡工作与生活的关系;提供满意工作的机会;公平有效的管理;高水准的组织支持;具有竞争力的薪酬福利。

——员工多样化管理。员工构成的多样化,要求组织在改善工作绩效的管理行为、态度上有新的转变。很多企业着手开发多样化策略,举措包括开设培训、建立小组、提升管理责任、组成多样化的管理机构等,适应多样化员工管理的需要。

——薪酬福利。加大基于能力的薪酬比例,即薪酬的多少与员工技能和能力对公司成功所作出的贡献大小紧密相关。一个趋势是,越来越多的企业采取称为"可变薪酬"的方案。它是建立在绩效的量化评价基础上的:(1)以知识、技能为基础的报酬,而不是以他们正在从事的工作为基础来设定报酬水平。(2)利润分享,这一奖金计划是让员工来分享公司利润的一部分。但它不包括股息的分享。(3)收益分享,是让员工来分享有关生产率提高、质量提高、成本节省等而产生的收益部分。这些收益以红利的形式发放给组织的全体员工,它不同于利润分享和员工持股计划。(4)个人激励,红利或其他与个人业绩相挂钩的财务报酬。(5)工作小组或团队激励,红利或其他和团队业绩相挂钩的财务报酬。(6)非现金报酬,对业绩的认可奖励,包括礼物、公开赞扬、宴会等。(7)员工持股计划,允许员工购买企业股票的信用机制,赋予员工部分企业所有权。(8)灵活的、自助餐形式的福利,这一计划让员工可以对福利的形式和数量进行灵活自主的选择。(9)雇佣保障,公司通过设计保障政策来防止员工失业。(10)公开报酬信息,给予员工有关报酬政策、范围、浮动数量、奖金数量和工作或技能评价体系的信息。(11)股票期权计划。与此同时,基于年功的薪酬在发达国家呈现减少的趋势。

——HR 信息系统的投入。信息化时代,信息技术的广泛使用对界定人力资源管理的角色,有着重要的意义。许多大公司不惜工本,建立具有强大功能的人力资源管理信息系统,对复杂和多变的序列进行有效的管理,使员工的薪酬、税付、员工的离职等都信息化。

——人力资源外包。这已成为企业人力资源管理中的一个非常明显的趋势。很多企业致力于对核心能力的界定之后,将薪酬、人员管理的业务外包给专业的服务机构,不但大幅度降低经营成本,而且能获取先进技术和整合外包具有高超技能的人力资源专家,更重要的是,能够让人力资源部门以更多的时间和精力专注参与企业整体战略,凸现其在企业中的战略地位。

☞ **讨论题**

(1)联系上文内容并查找国内企业的相关实践资料,分析我国企业人力资源管理实践现状和面临的挑战及其发展趋势。

(2)通过二手资料的查找,分析讨论某一家公司具体的人力资源管理重点及背景。

资料来源:中国人力资源外包网, http://www. btophr. com/jason/025/hr/article＿hr＿view. asp? id = 12251

第二节　案例分析:上任之初所面临的挑战

某公司是一家中等规模的企业,秉承"以人为本"、"沟通,合作与团队奋斗"的企业文化。在高度竞争和多变的市场环境中,一直保持着良好的柔性和适应性。因此,这是一家拥有高利润、高增长,而且具有一定发展潜力的企业。

小李很荣幸地加盟到了这家公司并且担任人力资源部总经理职位。但是,他上任不久就发现,除了自己所在的人力资源部外,别的部门员工工作职责缺乏界定,从而导致了分工不明确,部门间的牵扯太大。有时候一项工作既可以由甲员工负责,又可以让乙员工负责;另外每个雇员的职位责权由在职者的兴趣,能力,个性,技能来确定,这些导致有些能力、资历均超过职位要求的雇员大为不快。具体工作也很少有工作描述,当新员工询问某件事情为什么要这样做,通常得到的答案是"以往就是这么做的"。

小李所属的人力资源部有五个部门,分别管理公司的工资福利,劳动关系,雇佣关系管理,培训与发展,绩效与工作适应性这几个方面。人力资源部中的雇员和公司雇员的比例大约为1:40。也就是说,一名人力资源部雇员要管理40名的公司雇员。小李的前任小江,原来是公司的秘书,她获得这个职位的原因不是因为工作出色或者经验丰富,而是因为她获得了人力资源管理方面的本科文凭。在她任职期间,人力资源部的员工仅有一半是有人力资源管理的经验,大多数是由普通员工提升上来的,因此大家都认为自己没有资历,也就很少有像别的部门那样,资深员工对新员工有"传,帮,带"的责任,很少对新员工提供帮助和指导。

所以,人力资源部门的作用没有在公司中充分发挥出来,很少能对公司的政策施加影响。公司中层对报酬水平越来越不满,当小江向总裁提出调整报酬制度时,却得不到支持,其他部门就认为人力资源的员工非常无能,起不到任何作用。

面对这样的状况,小李要怎样应对挑战呢?

☞ **讨论题**

(1)人力资源管理部门在组织中应处于什么地位? 应如何进行自我定位及角色转换?

(2)人力资源管理应在组织中发挥什么功能? 如何通过人力资源决策来保证和支持组织战略目标的实现?

(3)人力资源管理人员如何修炼内功,提高自我的素质?

(4)人力资源管理部门如何提高工作效率,并率先建设部门文化?

资料来源:张霞,人力资源管理,东南大学出版社,2004

第二章　人力资源管理的相关理论

◆ **实践目的** ◆
❊ 了解人力资源管理各种实践的理论基础及其有效发挥作用的环境条件
❊ 熟悉激励的相关理论,运用不同的激励方法进行管理实践

◆ **技能提高** ◆
❊ 运用偏好—期望理论解决实际问题
❊ 根据不同的情境,运用不同的激励方法

◆ **相关知识点** ◆
❊ 人力资源管理理论
❊ 人力资源管理实践

第一节　案例分析:日本大金工业株式会社的经营之道

1.“和”:一个人本主义的经营理念

日本大金工业株式会社是全球著名的商用空调和氟化工产品生产企业,这个在日本人尽皆知的大型企业,从 2008 年开始与其他日本企业一样进入了“冰冷的一年”。亚洲金融危机使泡沫经济破灭后的日本经济雪上加霜,许多企业丧失了往日的活力,丢掉订单,失去市场,债台高筑,员工下岗等。然而,值得大金员工自豪的是,这家公司居然顶住了压力,一不收缩撤退,二不裁减人员,企业活力依旧,甚至股票也不跌反升。“为什么会有这样的局面? 这就是我们企业文化的精髓‘人和’的理念在起作用。”社长井上先生不无自豪的大谈起他的团结之道。

翻看大金公司的《企业经营理念》小册子,令人大惑不解的是,这家公司竟然把“保住员工的铁饭碗”当作企业经营者的首要任务,而追求利润的最大化则被排在了后面! 这样的经营理念不能不让人肃然起敬,兴趣盎然。

“其实,道理很简单。一个企业在市场上销售优质的产品和服务,其用部分利润再返还给社会,这是极为正常的,而一个希望长久发展的优秀企业要想在市

场上和社会上站住脚,生存下去、发展下去,就必然需要一个人心稳定、团结一致的工人、技术人员和管理干部的队伍。我们正是从这样一个积极的意义上,才提倡企业员工的'铁饭碗'。在战后日本经济的起飞过程中,所谓'终生雇用制'这种'日本式经营'方法发挥了重要作用,事实上它是有许多优点的。虽然这一两年来由于亚洲经济危机的冲击,这个方法有点支持不下去了,但我们还是要坚持,尽管这样做会付出不小的代价,但我们仍然要这样做,因为我们企业的根本理念就是以人为本、以厂为家。"为此,公司想了许多办法,诸如每年限量招工、实行内部转岗分流、对部分员工进行再培训等。留住员工是企业的社会责任,而员工也会为企业渡过难关贡献出他们真诚的热情。正是这样一种动力和活力的良性循环,才促使大金公司一步步地战胜困难。井上先生指着"明朗人和"四个大字说,这个"明朗"正是动力和活力的表现,这个"人和"则是人们所看到的团结和敬业。

2."恕":一个学者型老板的座右铭

井上先生出身书香门第,作为大金公司的老板,他同时还是关西经营者协会的副会长,2009年又被推举为关西经济同友会的代表干事,他既是个地地道道的企业家,又有着浓厚的学者风格。井上先生很严肃地说:"我的座右铭就是一个字——'恕',己所不欲,勿施于人;设身处地,老人之老。"

在企业内部的管理上,各家有各自的规矩,很多人喜欢用"管理"这个词,不少老板为可以把员工管得严严的而津津乐道。其实,这样的企业不会充满活力,因为那里的管理者和员工总是在监督之下被动地劳动,很难想象他们能发挥出主动性和创造性。大金公司则尽可能减少千篇一律的清规戒律,主张员工的自主管理。公司的员工能够感觉到在这里工作和生活是很有意义的。也只有这样,员工才能够发挥创造性,才能有干劲,才能做出好的成绩来。

事实上,不仅是大金公司的日本经理,包括在海外的子公司的员工,正是在这种宽松的"非管理性"的管理体制下,逐渐进入了一个"自觉—自律—自由"的理性化阶段,依靠自身的自觉、自律,主动履行着遵章守纪的义务,公司也就不需要采取什么惩罚措施了。

3."缘":一个千万名员工的共同纽带

井上社长每每谈及大金公司的万名员工,总是强调说这是"因缘聚汇"。千万个性格各异的活生生的人能聚拢到一个公司门下,真是冥冥之中有一只大手在牵动着他们。每年招录新员工时,一张张生动的面孔聚到了一起。对员工来说,进入了大金公司,人生的大半时间都将花费在工作上,可以说把自己的命运都交给了公司。所以公司在员工的一生中占有不可言喻的重要地位。因此,公司有责任为员工的个人成长和家庭幸福创造条件。事实上,所有员工成长的和就是公司的发展壮大。这是渗透到大金公司每个人心里的企业文化。这就是公司不解雇员工的理由。

关注员工的利益、注重团结和长期稳定地保障员工的生活,是维持企业生存发展的根本所在,因为有了人,才有了技术,才有了企业和企业的发展。

大金公司在严峻的经济环境中稳中求进,1998 年股票上升率保持了全日本几万家公司中第 11 位的好成绩。这可以说是人们对大金公司的经营成果和将来的发展前途所给予的肯定。另外,大金公司在全球十多个国家有近 30 个子公司,全都是按照大金公司以人为本的经营理念进行经营,有的子公司的经营成绩甚至比总公司还好。这充分说明大金公司以人为本的经营理念不仅在日本,而且在全世界都是行之有效的。

☞ **讨论题**

(1)请结合人力资源的基础理论,分析日本大金工业株式会社的"和"、"恕"、"缘"如何影响其人力资源管理实践?

(2)结合中国现代企业实际,分析日本大金工业株式会社的经营之道有哪些方面值得中国现代企业借鉴?

资料来源:《人民日报》海外版,1999 – 03 – 04

第二节　案例分析：态度的突然转变

小张是一个年轻的海员,高校毕业后就参加了海军,后被分配到某海军攻击装甲连,当他得知这一命令时,才刚结婚。小张是一个聪明的年轻人,但在经历了他认为可怕的军营生活后,他发现自己还只是处于军队的低层岗位。而且由于小张以前没有在装甲连服役的历史且考虑到装甲连现有的人员配备,一时没有岗位安排给他,所以他被临时分配到领导班子那里当差,为连队领导做一些杂事。该连队领导是一个在海军服役了 8 年的十分严格的人。

小张才工作不久,就开始产生了不满情绪,他会缺勤数小时,干活偷懒,甚至顶撞领导。这使他与领导的关系恶化,结果受到了通报批评。

之后在一次对某海港的访问结束后,小张又错过了返航时间,因为这属于海军部队中的重大过失,他不得不搭乘直升飞机回到船上。这件事情以后,连队领导决定在两周内带小张到上级官员那里,讨论是否应该将他驱逐出海军。但小张表示很想离开海军,并不在乎"被驱逐"会影响到他的未来。

因为小张与连队领导间的冲突变得如此尖锐以至于这两周内他被临时调到空军组服役一段时间。空军组组员大多数是年轻人,他们都觉得自己的工作非常重要,要帮助飞行员降落并检查装甲连飞机,无论飞行员在或不在,空军组每人都要负责一架飞机,而且被称为"飞行队长"。

有意思的是,两周后当小张会见上级官员时,空军组的新上司反映说他不应该被驱逐,并坚持认为小张是个态度良好的工作者。

☞ **讨论题**

试用激励理论分析,小张为什么在装甲连和空军组会有如此不同的表现?

第三节　案例分析:对不同员工的激励方式

下面是对几个不同的管理对象的简单描述,请仔细阅读他们的情况并根据所学理论回答后面的问题。

1. 王春华是一个大制药公司的销售代表。他的工作包括走访医生以推销公司的处方药品。他现年 27 岁,已婚,有一个孩子。他获有大学的企业管理学位,他在该公司已工作 5 年,年薪约 12 万人民币。

2. 庄小蝶是个某医院儿科护士长。现年 29 岁,已婚,有两个孩子。她目前正在攻读硕士学位。在医院,她的名声很好,大家都认为她是一位很能干的护士。她的年薪约 7 万人民币。

3. 李东是国内一家最大的快餐食品专利制造商的营业部副主任。现年 51 岁,与配偶离婚,现有一个孩子正在上大学。他已在这个公司工作 9 年,年薪约 30 万人民币。他是分享该公司红利的高级管理人员之一。

4. 周越民是一家大联营超级市场的兼职(非全日)雇员,现年 26 岁,退役军人。入伍前和退役后都一直为这个公司服务。他是一个重要的雇员,每小时工资约 15 元人民币。他现在还在当地一个大学里学习,再有 12 个学时他即将完成商业管理学位的学习。

5. 苏灿是一家新航天工业公司的市场开发部的副经理。今年 25 岁,未婚,聪明伶俐,热情而又精力充沛,是"新女性"的代表。年薪约 11 万人民币,她即将完成硕士学位的学习。

6. 张伟是一家连锁餐馆的副经理,25 岁,未婚,读过 3 年大学。他每周工作 6 天,周薪 1 200 人民币。另外,他每年还从家里的一笔遗产中得到约 2 万人民币的收入。

7. 徐莉是某大学校长的行政助理,现年 31 岁,单身,曾受过一年秘书训练。她的职责包括:在学位要求方面给学生做顾问,监督和保管学生档案。她的年收入约为 5 万人民币。她已在这所大学工作 12 年,开始时为打字员。

8. 梅川是化学研究人员,在国家最大的化学公司中工作。4 年前他从一个重点大学毕业后就到这个公司来工作。现年 26 岁,目前他的年薪约为 7 万人民币。两个月后他即将结婚。

9. 从辉是一座办公大楼的由 16 人组成的夜间清扫队的监督员。他任监督员已有两年的时间了,在被提升到目前职位之前,他曾做过 11 年清扫工作。从辉今年 44 岁,已婚,有两个孩子。他的年薪约为 3 万人民币。他每周有 3 天要在本地一家医院任临时清扫工。

10. 夏斌博士是一个著名大学的历史学教授。他在有声望的专业刊物上发表过一些文章,并且写过一本很受赏识的教科书。但是近 4 年来,他没有写出什么东西来。他是一位富有资历的教授,拿系里最高的工资,年薪约 12 万人民币。今年 40 岁,已婚,有 1 个不满 10 岁的孩子。最近两年,他在教学上的兴趣与热情已明显地低落下来,而学生对他优秀教师的赞誉也随之减少。

☞ **讨论题**

假设你就是他们的上司,请从下面的策略中选出你认为最能激励他们每个人提高工效的策略,并说出你选择的理由。

(1)个人鼓励计划

(2)承认其成就

(3)增加工资

(4)以降级或解雇作为威胁

(5)提高身份地位(如扩大办公室、给予头衔、办公室铺地毯、增设秘书)

(6)小组分红计划

(7)丰富工作内容

(8)附加津贴

(9)更多地参与管理决策

(10)更多的行动自由(就是说,更少的监督)。

资料来源:上海商学院管理学精品课程

第四节　课堂实践：激励你的员工

小组讨论：

根据偏好—期望理论分析为什么这三个员工没有得到激励？

角色模拟：

模拟背景：如果你是公司的人力资源总监，遇到了上述三种问题，急需解决，假设你要通过谈话的方式来激励员工。

模拟方式：两个人一组，一人饰演人力资源总监，一人饰演案例中的角色，模拟谈话的场景。

情境 1：

李丽是公司的新员工，正期望着获得老板的青睐。她知道，别的员工做得好，老板会有所称赞，但是老板对她只是批评。她不知道老板到底要她做什么。

情境 2：

孙华今年已经 58 岁了，她希望在最近几年退休。公司最近进行了一次改组，她成为地位很高的决策层中的一名成员，成员们有丰富的专业经验，公司让他们负责与生产过程、质量控制、财务预算、货物清单控制、聘用和解雇等相关的全部决策。孙华已步入职场多年，有丰富的管理决策经验，但是她觉得这些职位对年轻有为的员工是非常有益的，因为他们会因为被给予更多的责任而激动不已，并且希望能够有出人头地的机会，而她自己却不愿意被这样的工作打扰，只希望是"当一天和尚，撞一天钟"，直到退休为止。

案例 3：

王洪接受了一个大型软件开发公司提供的工作，部分是因为公司能够提供大量的晋升机会，但是工作不久后他感到很郁闷。他注意到，工作绩效最好的员工没有得到晋升，反倒是那些拉关系的人得到了晋升。

第五节　课堂实践：管理思想检验

（1）请学生用 15 分钟填写管理思想检验问卷，检验自己是"X 理论"的信奉者还是"Y 理论"的信奉者。

（2）请学生列举身边分别用"X 理论"，"Y 理论"作为管理指导思想的实际管理案例。并分析讨论在何种情况下"X 理论"有效？何种情况下"Y 理论"有效？

附件:管理思想检验问卷

对下面每一种表述,请在五个选择中挑选一个最符合你看法的一项并记录相应的分数。例如:强烈同意记 5 分,同意记 4 分,强烈不同意记 1 分等等。然后计算累积分。

1. 一般情况下,人们愿意在别人领导下工作,他们比较缺乏志向,不愿意承担责任。

强烈同意	同意	不知道	不同意	强烈不同意
(5)	(4)	(3)	(2)	(1)

2. 大部分人,不管其先天的素质特征如何以及其能力如何,他们能够通过学习获得领导的技能。

强烈同意	同意	不知道	不同意	强烈不同意
(5)	(4)	(3)	(2)	(1)

3. 运用奖励(如物质奖及职务提升)和惩罚是使下属努力工作的最好方法。

强烈同意	同意	不知道	不同意	强烈不同意
(5)	(4)	(3)	(2)	(1)

4. 在工作中,如果你的下属能够影响你的话,那么就意味着你失去了对下属的影响力。

强烈同意	同意	不知道	不同意	强烈不同意
(5)	(4)	(3)	(2)	(1)

5. 一个好的领导应该能够给予下属以详尽完善的指导,而不只是给予他们一般性的指导,由他们自己去完善细节。

强烈同意	同意	不知道	不同意	强烈不同意
(5)	(4)	(3)	(2)	(1)

6. 建立个人目标通常比树立群体目标更有优势,因为通常群体不会达到很高的工作成绩。

强烈同意	同意	不知道	不同意	强烈不同意
(5)	(4)	(3)	(2)	(1)

7. 上级只应该给下级与他们承担的工作直接相关的信息。

强烈同意	同意	不知道	不同意	强烈不同意
(5)	(4)	(3)	(2)	(1)

8. 在企业中,上级对下级施加影响是一个基本的组织原则。

强烈同意	同意	不知道	不同意	强烈不同意
(5)	(4)	(3)	(2)	(1)

总分_____

如果获得的总分超过 32 分,说明您是"X 理论"的信奉者;如果得分低于 16 分,则说明您倾向于以"Y 理论"管理别人;如果在 16 分和 32 分之间,则说明您的管理指导思想游移于上述两种极端的管理原则之间。

第三章　人力资源规划

◆**实践目的**◆
❖ 运用定性预测和定量预测方法对企业的人力资源进行预测

◆**技能提高**◆
❖ 对企业人力资源进行预测,并撰写人力资源规划书

◆**相关知识点**◆
❖ 人力资源定性预测与定量预测的方法

第一节　课堂实践:预测对安装工的需求

美国东南部的一个大型厨房的柜橱和厨具分销商期望在今后 10 年里,年销售额从 150 万美元上升到 225 万美元。在对外部环境进行审视时它注意到当地的环境发生了以下变化:(1)许多新员工进入市场领域。(2)人口正在变老;许多人的孩子已经离开家庭,成为"空巢"夫妇。这些家庭正在构建他们的家并寻找更大、更昂贵的厨具。(3)许多家庭已经有了预算意识并且想有一个与其能承受的价格范围相适应的厨具。(4)运营成本是稳定的。

厨具分销商的人力资源规划员想要预测下一个 10 年安装人员的需求。除了教室内的指导以外,安装人员还需要为期 8 个月的在职培训,因此预测要求准确。首席执行官想要在未来使用自己的安装人员而不是依靠外部的分包商。人力资源规划员罗德里格斯(Rodriguez)先生决定通过确定分销商的销售量和安装工需求量的关系来预测人力资源的需求。他接触美国各种规模的分销商,并且获得了以下信息,如表 3 - 1:

表 3 - 1　销售额与安装工需求量的关系表

销售额(百万美元)	安装工人数(人)
1.0	4
1.5	7
2.0	9
2.5	15
3.0	17

☞ **讨论题**

(1) 请用统计的方法预测销量 225 万美元应需要安装工人员的数目。

(2) 仅使用定性的方法预测人员为什么会带来风险？预测安装工人数还应考虑什么因素？为什么？

资料来源：克雷曼，人力资源管理——获取竞争优势的工具，机械工业出版社 2003 版

课堂实施建议：

(1) 10 分钟：请学生在课堂上完成人力资源规划的定量计算。

(2) 10 分钟：分组对该公司的人力资源规划进行定性分析。

(3) 10 分钟：讨论该公司人力资源规划。

第二节 经验性练习：公司人力资源计划的编制

小翟两天前调到人力资源部当助理，虽然他进入这家品牌汽车企业已经有两年了，但是，面对桌上那一大堆文件、报表，他还是有点晕头转向。原来副总经理王静直接委派他在一周内拟出一份本公司明年的人力资源计划。

小翟觉得要编制好这计划，必须考虑下列关键因素：

首先，是公司现状。公司总部共有生产人员 1 980 人和产品与技术开发人员 55 人，行政和文秘性白领职员 84 人，基层与中层管理干部 120 人。

其次，据统计，近 5 年来员工的平均离职率为 4%。不过，不同类员工的离职率并不一样，生产工人离职率达 5%，而技术和管理干部只有 3%。

旗下零售门店 5 年来的员工流动情况如下，年初门店销售经理有 40 人，在 5 年期间平均 80% 的销售经理仍在店内，20% 的销售经理离职；年初 80 位经理助理有 10% 晋升到经理，70% 留在原来的职务，10% 离职；期初 120 位高级销售有 5% 晋升到经理助理，80% 留在原来的职务，5% 降级为销售助理，20% 离职；期初 160 位销售助理有 15% 晋升到高级销售，65% 留在原来的职务，20% 离职。

再次，按照既定的扩展计划，行政白领职员和销售员要新增 10% ~15%，生产和技术人员要增加 5% ~6%，中层、基层干部不增不减。

有一点特殊情况要考虑：最近本地政府颁发了一项政策，要求当地企业招收新员工时，要优先照顾应届毕业生。公司一直未曾排斥应届毕业生，只要他们申请，就会按照统一标准进行选拔，并无歧视，但也未特殊照顾。如今，政府对招聘应届大学生的企业，给予适当鼓励。

小翟还有 10 天就得交出计划，其中应包括各类干部和员工的人数，要从外

界招收的各类人员的人数以及如何贯彻政府关于照顾应届毕业生的计划落实。

此外,该公司刚开发出几款新型轿车,所以预计公司销售 5 年会翻一番,他还得提出一项应变计划以备应付这种快速增长。

任务:

(1)根据给出的零售门店的人员流动数据,运用马尔可夫分析法进行人力资源供给预测;

(2)预测新产品的销售额变化而导致的企业产品与技术开发人员的需求。(假定近 4 年的新产品销售额分别为 10 200 万、8 700 万、7 800 万、9 500 万,相应的开发人员数为 60 人、50 人、40 人、55 人。预计明年的新产品销售额将达10 000万,请对产品与技术开发人员人数进行预测。

(3)假设你是小翟,请为该公司编制一个人力资源计划。

附件:人力资源的规划书样板

公司职位设置与人员配置计划:根据公司 2008 年发展计划和经营目标,经总经理授权,人力资源部协同各部门研讨制定了公司 2008 年度的职位设置与人员配置计划。在 2008 年,公司拟新增产品开发二部,由原来的九个部门发展为十个部门,其中总经理主要负责人力资源部和财务部,并负责领导公司全面工作;行政副总经理负责行政部和工程维修部;营销副总经理负责销售部和生产部;技术副总经理负责产品开发一部和二部。

1.各部门人员职位与人员配置暂拟定

总经理办(5 人)

总经理、行政副总经理、营销副总经理、技术副总经理、文秘各 1 名。

行政部(16 人)

行政部经理 1 名、行政部文员 2 名、司机 6 名、总务主管 1 名、总务员工 6 名。

财务部(4 人)

财务经理 1 名、会计 2 名、出纳 1 名。

人力资源部(3 人)

人力资源部经理、福利薪酬专员、招聘培训专员各 1 名。

工程维修部(5 人)

工程维修部经理 1 名、维修技工 4 名。

销售一部(19 人)

销售一部经理 1 名、销售组长 3 名、销售代表 12 人、销售文员 3 名。

销售二部(13 人)

销售二部经理 1 名、销售组长 2 名、销售代表 8 人、销售文员 2 名。

产品开发一部(18 人)

开发一部经理 1 名、项目经理 4 名、项目工程师 8 名、项目技术助理 4 名、绘图资料文员 1 名。

产品开发二部(13人)

开发二部经理1名、项目经理2名、项目工程师6名、项目技术助理3名、绘图资料文员1名。

生产部(133人)

生产部经理1名、生产部副经理2名、值班长2名、统计文员2名、半成品仓库主管1名、成品仓库主管1名、生产部员工120人,半成品仓库员工2人、成品仓库员工2名。

2. 人员招聘计划

2.1 员工增补需求

根据2008年职位与员工配置计划,公司人员数拟发展到229人,公司至2007年底在册员工数为180人,需增补44人,具体增补职位和人数如下:

开发二部经理1名、项目组长3人、项目工程师3名、项目技术助理3名、绘图资料文员1名、销售二部经理1名、销售组长2名、销售代表8名、销售文员2名、技术员工20名。

2.2 招聘方式

开发二部经理:内部晋升和社会招聘。

项目工程师:从项目技术助理晋升和社会招聘。

销售二部经理:内部晋升和社会招聘。

项目技术助理:社会招聘和学校招聘。

销售组长:从销售代表晋升和社会招聘。

销售代表:社会招聘和学校招聘。

绘图资料文员:社会招聘和学校招聘。

销售文员:社会招聘和学校招聘。

技术员工:社会招聘。

2.3 招聘策略

(1)社会招聘主要通过在《人才市场报》上发布招聘广告;社会招聘还拟请与公司长期保持良好合作的上海海纳人力资源公司(海纳公司)人才中介推荐和猎头;以及参加由海纳公司组织的人才交流洽谈会和在《人才市场报》电子版——网站(www.china91.com)上发布招聘信息;在专业性刊物上发布招聘信息等5种形式。

(2)学校招聘主要通过应届生洽谈会招聘,准备在2008年第一季度在学校举办招聘讲座、发布招聘广告。

(3)公司内部员工推荐和晋升。

(4)技术员工和总务员等初级职位也可请市、区职业介绍所免费推荐。

2.4 招聘人事政策

新进公司员工原则上试工三个月,试工合格后双方签订正式劳动合同,办理社会福利金并调整薪资。薪资等级按公司岗位等级工资制度执行。

2.5 2008年招聘风险预测

由于应届生毕业人数呈上升态势,初级文员等的招聘应该没问题。在2008年中,高级人才招聘竞争比历年更激烈,开发部经理和销售经理等人才在社会上比较紧缺,但由于本公司在同行业中薪资福利水平属偏上水平,基本可以排除风险。优秀应届毕业生的招聘本企业将比较困难,因为明年由于数家大型跨国公司进入本市和国家公务员的招录人数增加。高级技工由于社会拥有量呈减少趋势,2008年公司请海纳公司猎头方式来招聘。

3. 人事政策调整

3.1 薪资福利政策调整

经公司总经理提议,董事会批准,2008年1月起增加员工工龄津贴,为公司连续服务每满一年,每月增加20元工龄津贴。

2008年起公司必须完成半年度生产、销售、利润目标,组织员工春游、秋游各一次,费用为每人200~500元,视完成利润情况决定。

3.2 招聘政策调整

2008年起,公司内部员工推荐中高级人才,经公司考核录用为正式员工,每成功一名,奖励推荐人500元。招聘信息公司张榜公布,希望公司全体员工积极参与。

3.3 考核政策调整

废除公司原制订的半年度和年终部门考核成绩末位员工提前中止劳动关系的条例,调整为考核不合格提前中止劳动关系的新条例,目的使考核更能反映员工实际工作表现,激励创优秀部门、争优秀员工。

建立部门经理对下属员工的书面评语,每季度一次,让员工及时了解上级对自己的评价,发挥优点,克服缺点。增加相互沟通。

2008年,加强对考核组人员的专业培训,减少考核误差,提高考评的可靠性和有效性。

3.4 员工培训政策调整

2008年起,新进公司员工的上岗培训,除了公司制度培训,增加岗位操作技能培训和安全培训,并实行笔试考试。考试合格方可上岗。

2008年起,公司为了激励员工在业余时间参加专业学习培训,经公司审核批准,凡愿意与公司签订服务年限的,公司予以报销部分或全部培训学费。

4. 人力资源成本预测

因公司2008年发展较快,全年人力资源成本增长幅度在20%左右,具体预算如下。

4.1 招聘费用预算(36 600元)

参加人才交流会,全年2次,计2 000元。

在大学举办应届生交流会2次,每次300元,计600元。

在《人才市场报》或网站发布招聘信息全年4次,每次拟3 000元,计12 000元

请海纳公司猎头招聘——开发部经理1名、销售部经理1名、高级技工2名,预算20 000元。

宣传资料费计2 000元。

4.2 培训费用(36 000元)

因员工业余培训学费报销政策出台,公司全年的培训费用比2007年拟增加30%,全年约36 000元。

4.3 员工工资预算

按公司每年增资 5% 和增加员工 44 人计算,全年工资支出预算为 672 万元。

4.4 员工福利预算

增加春、秋游费用 18 万元(由行政部预算并组织),为员工缴纳社会福利费用预算为 245 万元。

5. 结语

2008 年人力资源计划拟公司实际发展态势,分步落实,不断调整完善。

人力资源部

2007 年 12 月

第四章 职务分析与职务设计

◆ **实践目的** ◆
※ 使用关键事件法进行职务分析
※ 学会用访谈法和和二手资料分析法进行职务分析
※ 运用激励型职务设计方法

◆ **技能提高** ◆
※ 对具体工作进行职务分析,并了解这些职务分析的作用
※ 就具体的职务进行重新设计,使其更具内部激励力

◆ **相关知识点** ◆
※ 关键事件法
※ 职务分析的作用
※ 激励型职务设计

第一节 案例分析:某企业职务分析过程

A公司是我国中部省份的一家房地产开发公司。近年来,随着当地经济的迅速增长,房产需求强劲,公司有了飞速的发展,规模持续扩大,逐步发展为一家中型房地产开发公司。随着公司的发展和壮大,员工人数大量增加,众多的组织和人力资源管理问题逐渐凸显出来。

公司现有的组织机构,是基于创业时的公司规划,随着业务扩张的需要逐渐扩充而形成的,在运行的过程中,组织与业务上的矛盾已经显现出来。部门之间、职务之间的职责与权限缺乏明确的界定,扯皮推诿的现象不断发生:有的部门抱怨事情太多,人手不够,任务不能按时、按质、按量完成;有的部门又觉得人员冗杂,人浮于事,效率低下。

公司的人员招聘方面,用人部门给出的招聘标准含糊,招聘主管往往无法准确地加以理解,使得招来的人大多差强人意。同时,目前的许多岗位不能做到人事匹配,员工的能力不能得以充分发挥,严重挫伤了士气,并影响了工作的效果。公司员工的晋升以前由总经理直接决定。现在公司规模大了,总经理几乎没有

时间来与基层员工和部门主管打交道,基层员工和部门主管的晋升只能根据部门经理的意见来做出。而在晋升中,上级和下属之间的私人感情成了决定性的因素,有才干的人往往并不能获得提升。因此,许多优秀的员工由于看不到自己的前途,而另寻高就。在激励机制方面,公司缺乏科学的绩效考核和薪酬制度,考核中的主观性和随意性非常严重,员工的报酬不能体现其价值与能力,经常可以听到员工对薪酬的抱怨和不满,这也是人才流失的重要原因。

面对这样严峻的形势,人力资源部开始着手进行人力资源管理的变革,变革首先从进行职务分析和职务设计开始。职务分析、职务评价和设计究竟如何开展、如何抓住职务分析和职务设计过程中的关键点,为公司本次组织变革提供有效的信息支持和基础保证,是摆在 A 公司面前的重要课题。

首先,寻找进行职务分析的工具与技术。在阅读了国内目前流行的基本职务分析书籍之后,他们从中选取了一份职务分析问卷,作为收集职务信息的工具。然后,人力资源部将问卷发放到了各个部门经理手中,同时在公司的内部网也上发了一份关于开展问卷调查的通知,要求各部门配合人力资源部的问卷调查。

据反映,问卷在下发到各部门之后,却一直搁置在各部门经理手中,并没有发下去。很多部门是直到人力资源部开始催收时才把问卷发放到每个人手中。同时,由于大家都很忙,很多人在拿到问卷之后,都没有时间仔细思考,草草填写完事。还有很多人在外地出差,或者任务缠身,自己无法填写,而由同事代笔。此外,据一些较为重视这次调查的员工反映,大家都不了解这次问卷调查的意图,也不理解问卷中那些陌生的管理术语,如何为职责、何为工作目的。很多人想就疑难问题向人力资源部进行询问,可是也不知道具体该找谁。因此,在回答问卷时只能凭借个人的理解来进行填写,无法把握填写的规范和标准。

一个星期之后,人力资源部收回了问卷。但他们发现,问卷填写的效果不太理想,有一部分问卷填写不全,一部分问卷答非所问,还有一部分问卷根本没有收上来。辛苦调查却没有发挥它应有的价值。

与此同时,人力资源部也着手选取一些职务进行访谈。但在试着访谈了几个职务之后,发现访谈的效果也不好。因为,在人力资源部,能够对部门经理访谈的人只有人力资源部经理一人,主管和一般员工都无法与其他部门经理进行沟通。同时,由于经理们都很忙,两个星期时间,只访谈了两个部门经理。

人力资源部的几位主管负责对经理级以下的人员进行访谈,但在访谈中,出现的情况却出乎意料。大部分时间都是被访谈人在发牢骚,指责公司的管理问题、抱怨自己的待遇不公等。而在谈到与职务分析相关的内容时,被访谈人往往又言辞闪烁,顾左右而言他,似乎对人力资源部这次访谈不太信任。访谈结束之后,访谈人都反映对该职务的认识还是停留在模糊的阶段。这样持续了两个星期,访谈了大概1/3的职务。王经理认为时间不能拖延下去了,因此决定开始进入项目的下一个阶段——撰写职务说明书。

可这时,各职务的信息收集还不完全。怎么办呢?人力资源部在无奈之中,不得不另觅它途。于是,他们通过各种途径从其他公司中收集了许多职务说明书,试图以此作为参照,结合问卷和访谈收集到一些信息来撰写职务说明书。

在撰写阶段,人力资源部成立了几个小组、每个小组专门负责起草某一部门的职务说明,并且还要求各组在两个星期内完成任务。在起草职务说明书的过程中,人力资源部的员工都颇感为难,一方面,不了解别的部门的工作,问卷和访谈提供的信息又不准确;另一方面,大家又缺乏编写职务说明书的经验,因此,写起来都感觉很费劲。规定的时间快到了,很多人为了交稿,不得不急急忙忙、东拼西凑了一些材料,再结合自己的判断,最后成稿。

最后,职务说明书终于出台了。人力资源部将成稿的职务说明书下发到了各部门,同时,还下发了一份文件,要求各部门按照新的职务说明书来界定工作范围,并按照其中规定的任职条件来进行人员的招聘、选拔和任用。但这却引起了各部门的强烈反对,很多直线部门的管理人员甚至公开指责人力资源部,说人力资源部的职务说明书是一堆垃圾文件,完全不符合实际情况。

于是,人力资源部专门与相关部门召开了一次会议来推动职务说明书的应用。人力资源部经理本来想通过这次会议来说服各部门支持这个项目。但结果却恰恰相反,在会上,人力资源部遭到了各部门的一致批评。同时,人力资源部由于对其他部门不了解,对于其他部门所提的很多问题,也无法进行解释和反驳,因此,会议的最终结论是,让人力资源部重新编写职务说明书。后来,经过多次重写与修改,职务说明书始终无法令人满意。最后,职务分析项目不了了之。

人力资源部的员工在经历了这次失败的项目后,对职务分析彻底丧失了信心。他们开始认为,职务分析只不过是"雾里看花,水中望月"的东西,说起来挺好,实际上却没有什么大用,而且认为职务分析只能针对西方国家那些管理先进的大公司,拿到中国的企业来,根本就行不通。原来雄心勃勃的人力资源部经理也变得灰心丧气,但他一直对这次失败耿耿于怀,对项目失败的原因也是百思不得其解。

资料来源:人力资源开发网,www.chinahrd.net,2007-05-30

☞ **讨论题**

(1)该公司为什么决定从职务分析入手来实施变革,这样的决定正确吗?为什么?

(2)在职务分析项目的整个组织与实施过程中,该公司存在着哪些问题?

(3)该公司所采用的职务分析工具和方法主要存在着哪些问题?

第二节　经验性练习:运用关键事件法进行职务分析

请用关键事件法描述你熟悉的一份工作(你可能的职业,大学辅导员,大学教师等)参见附件1。

附件1:关键事件法指导

(1)如何找出关键事件:

● 想想是否有某一事件让你感觉到某人工作做得很好

● 该事件的详情

● 该事件是否明确让你感觉某人绩效良好、一般或差

(2)关键事件的描述:

● 原因和背景

● 后果

● 员工能否支配或控制上述后果

(3)例子:关于打字员工作的准确、整洁的能力的关键事件

职务:打字员

维度:工作准确、整洁的能力

关键事件:

● 查出信件、报告中不正确的地方,检查并进行改正。

● 书写的稿件每一侧都是对齐的,看起来如印刷版。

● 检查并纠正给顾客邮寄的资料中的错误地址。

● 对行为确定是否合适时,不使用秘书手册。

● 不按常规,将图表、信笺错误地归档。

● 由于粗心,颠倒次序、打错大小、位置及其他数据等关键信息。

● 某个字可能有误时,不去查字典。

● 产生打字错误及弯曲的边,以至于必须重新打字50~100页。

第三节　经验性练习:运用二手资料法和访谈法进行职务分析

结合二手资料分析法和访谈法对学校老师或者学生会干部的工作进行职务分析,详细分析一下他们工作的主要职责、享有的权利和必须承担的责任。撰写

职务说明书,并分析这些信息在这些工作中起什么作用?

练习指导:

1. 结合网上已有的职务分析模板资料完成这项职务分析。

2. 运用二手资料分析法和访谈法,进行当面沟通,或利用电话、网络、EMS、E-mail等进行访谈,获得所需要的信息。

3. 将信息进行汇总和分析,找出这项工作的主要职责、权利、责任、所要求的素质和资格,撰写工作说明书和职务分析报告。

附件2:打字员/接待员职务描述

运营支持部门

职位代码: 7301-2

工资等级:GS-322-4

责任:在主管的指令下工作,属操作支持部门

所要求的知识、技术及能力条件:

- 打字速度达到40单词/分钟
- 有礼貌
- 熟练使用 Word perfect,Lotus1-2-3等软件

最低资历要求:

- 高中或同等学力
- 两年文字处理经验,特别能应用 Word perfect 软件;
- 一年数据库管理经验, 特别是使用 Lotus1-2-3 的经验。

任 务	工作条件	绩效标准
打印信件	配置 IBM 的 PC 机、软件,以及机构工作手册	两小时之内,打完所有信件,无错误
接待来访者	部门主管会见日程安排	不出现预约来访者抱怨等待太久等情况,前提是主管准时约见。
整理文档	使用 IBM 应用软件,接受主管的指令	每周更新档案,必须准时,完好

第四节 经验性练习:服装营业员职务重新设计

运用激励型职务设计方法,请就服装营业员的工作进行重新设计,使其更具有内部激励力。或就你熟悉的工作进行重新设计,使其更具有内部激励力。

要求:

(1)通过职务分析方法描述某一服装营业员的工作。

（2）描述"工作特性模型理论"。

（3）根据"工作特性模型"理论分析，原职务在哪些方面进行调整，使其更能激励服装营业员努力工作。

（4）描述重新设计后的服装营业员的工作。

第五章　员工招聘与录用

◆ **实践目的** ◆

❈ 熟悉招聘的人员渠道和招聘程序

❈ 能根据不同的要求来撰写吸引求职者的招聘广告

❈ 熟悉各种候选人的挑选方法

◆ **技能提高** ◆

❈ 能就某一特定职位设计出合理的挑选程序

❈ 提高拟写招聘广告技能

❈ 提高面试技巧,针对特定的职位设计结构式面试清单

❈ 提高人际互动能力

◆ **相关知识点** ◆

❈ 招聘的人员渠道

❈ 拟写招聘广告的技巧

❈ 人员的甄选过程和方法

❈ 设计面试问题的技巧

第一节　案例分析:高校人才市场硝烟弥漫

介绍:1999 年 10 月至 2000 年 3 月,高校人才市场又掀起新一轮人才争夺战,各大公司尤其是 IT 行业公司轮番上阵,用尽各类招数,激烈争夺人才,宁静的校园弥漫着浓重的硝烟味道。

1. 参与人才竞争的公司

以往,从高校大规模招聘人才的主要有巨龙通信(北京)、大唐通信(西安)、中兴(深圳)。1999 年,一直未主动出击的一些国有企业突然出现在高校人才市场上,其中有:山东东方电子集团、TCL 集团、海尔集团、东方通信集团、联想集团、普天集团及其下属的各个子公司(兆维集团、北京电话设备厂等)。清华大学、北京大学、南京大学、北京理工大学等高校也承认,中国入世在即,吸引了诸

多外企大举参与人才竞争，例如：朗讯、贝尔实验室、摩托罗拉、西门子、通用电器、阿尔卡特、爱立信、微软研究院等。

2. 人才需求专业分布

主要集中在高新技术产业，通信工程、计算机软件、计算机应用、电子工程、微电子等专业异常火爆；生物工程、医药、环境科学也很抢手；MBA、投资经济、证券等管理专业颇有人气。但是，这些公司都不约而同地看好研究生，即便是通信和计算机专业的本科生与研究生相比，也显得少有人问津。

3. 进入高校时间早、招聘时间长

教育部为避免影响各高校教学秩序，要求高校推迟到 11 月 20 日以后开展具体的学生分配工作。但是，许多公司采用各类形式，10 月初就开始到高校"搜刮"人才。实际上，1999 年比 1998 年提前一个月启动人才招聘工作，比较早的公司有华为、中兴、大唐等。各公司招聘持续时间比较长，少则 2 个月，多则 6 个月，如烟台东方电子公司的校园招聘从 11 月到学生放寒假之日。有的公司则进行两轮甚至三轮招聘，如中兴公司、巨龙公司、联想集团等。

4. 人力投入大

多数公司由主管技术或人力资源部副总裁亲自带队到各高校招聘，有的公司甚至由总裁亲自出马，如华为的任正非总裁、东方通信的施继兴总裁、中兴的候为贵总裁、巨龙的张书华总裁等。大多数公司分派 4～10 组招聘团，有的甚至更多，如华为在国内的招聘人员分成 20 小组，每小组近 10 人。

5. 物力投入大

华为、中兴、大唐、东方电子等国内企业用于毕业生的招聘费用一年达几百万元。宣传资料制作精美、量大，包括各公司简介、内部刊物、报纸、小礼品、光盘、产品介绍。大多公司负责招聘的人员配手机、笔记本电脑，统一着装。多数公司租用高档酒店、饭店作为招聘现场，以示公司实力。

6. 人才价码高

大多数公司的薪资为本科 2 000～5 100 元/月、双学士 3 000～5 800 元/月、硕士 4 000～6 800 元/月、博士 7 200～10 000 元/月。有趣的是，公司间为了争夺人才竟然现场展开比价，如中兴公司开始提出硕士生的月薪约为 4 500 元，华

为随后提出 5 000 元,中兴接着上升为 5 500 元,华为接着加价……外企提出的薪资更高,如微软实验室博士生不低于 1 万元。有的公司打出高福利策略,如烟台东方电子公司提供住房:硕士两居、博士三居室、有安家费;清华大学提供住房,有安家费。

7. 宣传手段纷繁多样

各公司主要在三条战线展开宣传工作,一是校园网,通过不断在各个学校发布公司的招聘信息和公司简介,让学生在较短的时间内迅速了解公司情况;二是招聘海报,各高校学生主要活动区域贴满了各类招聘海报;三是专场招聘会,在专场招聘会上详细地讲解公司情况和人才需求,使需求信息得到有效的传播。另外,许多公司组织各地毕业生到公司总部参观,加深印象。更有求贤若渴者直接到对口专业学生的宿舍宣传,现场对话。

☞ **讨论题**

(1)了解目前高校人才市场情况之后,你有什么感想?

(2)你所在的学校的校园招聘情况如何,如何开展高校人才招聘工作?

(3)作为一家 IT 行业的人力资源经理,公司迫切需要通信和计算机专业高层次人才,面对如此激励竞争的人才市场,你有什么对策?

(4)查阅网络资料,除了案例总结的校园招募方式外,还有哪些有效的具体的校园招募方式?

第二节 案例分析:微软与丰田的招聘实践

1. 微软怎样招人

微软的企业文化是宽容和自由,给员工一个充分发挥创造力的空间,这就要求微软的员工有相当的素质。因此,微软在招聘工作上一点也不马虎,而是有一套自己独特的方法和严密的体系。

微软搜寻人才的方式很特别。当微软的用户在进行联机检索时,HR 工作人员就会收集他们检索的有关信息,然后通过一个专用程序统计出该用户所使用的关键词。从统计结果中可分析出此人是否具有较高的计算机技能,以判断是否将其列为招聘对象。通过微软系统认证工程师考试的人员也会被收录到微软的人才数据库,微软公司也会根据得分情况决定是否让他来公司参加招聘考试。

对于那些得到宝贵应试机会的人来说,想要进入微软公司需要经历一次笔试、两次(四轮)面试,如果其中任何一个环节出现差错,就会有工作人员对你说遗憾了。

1.1　笔试

由于微软公司录用人员采取的是普遍撒网、重点捕捞的策略,所以每次都会通知很多人来应试(通常是 400~500 人),而最终只采用 3~5 人,这种 1% 的录用几率就需要在笔试过程中进行第一次筛选。

整个笔试的内容主要针对三个方面进行考察:知识面(20%)、编程能力(50%)和智力(30%)。

(1)在考察应试人员知识面的时候,主要要求能够知道一些常用的术语,比如 XML,.NET,ASP,AOD 等,一方面要知道这些缩写词完整的英文含义,同时还要能将其翻译成中文。一般说来,了解这些词语最好的方法就是查看微软相关的资料,比如每个月最新版本的 MSDN,或者平时多留心。

(2)因为微软的工作人员必须要具备相当的编程能力,所以应试者必须要对微软的 VB 和 VC 等编程工具非常熟悉,同时还要具备在短时间之内写出一段符合要求的程序,或者是在现有的程序中查找出错误。需要提醒应试者注意的是,编程方面的题目占据了 50% 左右的分数,所以这部分是成败的关键所在,一定要引起特别的重视。

(3)由于微软公司所需要的工作人员在各方面都是高素质的,其必须要具备足够的随机应变能力以及与常人所不同的思考方式,而智力题就是对此最好的考察方法了。通常这些智力题难度并不是很大,但是要求应试者有发散性思维和逆向思维能力,比如"有 12 个球大小外观完全一样,其中有一个重量和其他的不一样,怎样用天平称 3 次找出这个球"、"男孩走 2 步的时候女孩需要走 3 步,现在男孩和女孩同时迈出左脚,问走到第几步的时候会再次同时迈出左脚"。此类题目数量一般在 4~5 道,有时候在别人的点拨之下很快可以找到答案,但是在有限的时间和紧张的压力下就显得稍微有些难度了。

1.2　第一次面试

笔试之后,微软公司会组织专人进行阅卷工作,然后确定分数线并通过电子邮件和电话通知部分成绩优秀的应试者参加第一次面试。和一般的面试不同,第一次面试需要你通过三轮五位面试人员的考察,而整个面试时间也很长,如果全部面试完毕需要大约 4~5 个小时。

（1）第一轮面试

第一轮面试是由微软公司在职的三位软件工程师对应聘者进行全方位的考察，这其中包括简单的网络组建、系统故障分析，也有涉及 Windows 2000 的 Active Directory 特性的问题，还有 Windows XP 各方面新增特点与使用。同时，工程师还会询问应聘者一些关于微软其他产品的使用与编程方面的问题。

这轮面试是很多人同时在一个大房间里进行，所以周围环境的干扰比较大，这要求应聘者回答问题的时候音量高一些，遇到一些比较繁琐的问题可以用文字形式辅助回答。但是如果遇到自己不会的问题最好直截了当地明说，否则会给面试人员留下不好的印象。

（2）第二轮面试

通过第一轮面试之后，会有一位资深软件工程师对应聘者进行再次考察，它的提问范围仍然不出前面三位工程师的范畴，但是难度要大大增加，比如说通过实际案例说明 Windows 2000 Active Directory 的使用、说明系统故障产生的原因、对现有一段程序优化等。也就是说不仅要知其然，还要知其所以然，这才最能够体现应试者的各方面综合素质。

（3）第三轮面试

通过了前面两轮面试之后，可以说微软应试之旅难度最大的部分已经完成了，但是下面的考察也并不轻松。微软公司怎么说也是一个知名的外企，员工怎么能不会说英文呢？所以接着就轮到一个外籍人员进行英语方面的测试。他的测试就是听与说，主要通过自我介绍进行提问，比如家庭状况、现在工作、为什么要到微软公司、对微软公司的看法等。其实这主要就是一些日常对话，涉及技术方面的内容很少，一般只要具备了英语 6 级水准，并且平日注意英语锻炼，通过这关并不是难事。

需要强调的是，并不是每一个人都有机会在第一次面试的时候直接面对老外，这是因为在前两轮面试的时候，所有的工程师都会在提问之后给你打分：Passed 或者 Failed，如果得到了 3 次"Failed"就彻底无缘微软公司了。

1.3 第二次面试

通过第一次面试之后，就意味着大半只脚已经踏入了微软公司的大门。之所以是大半只脚，是因为在最后一次面试之前每个应聘者都还有将近 20 个的竞争对手，但是最后所需要招聘的人数只有 4~5 个，因此第二次面试就是能否进入微软公司的关键所在。

第二次面试是微软分公司的老总和应聘者直接对话，微软在招聘时很注意不给应聘者造成压力，而是让应聘者成功地表现自己的才能，因此，这一轮谈话通常都是在轻松愉快的氛围中进行的,面试者会询问一些为人处事、待人接物以及对待工作和人生的问题,基本上也都是和技术无关的。

面试之后,微软公司会综合考虑应聘者的笔试成绩与两次面试得分,整个招聘过程至此才算是告一段落。

资料来源:世界企业文化网 www.wccep.com/html/20051229143215 – 1·html

2.精挑细选寻求人才:丰田公司的全面招聘体系

丰田公司全面招聘体系大体上可以分成六大阶段,前五个阶段招聘大约要持续 5～6 天。

第一阶段,丰田公司通常会委托专业的职业招聘机构,进行初步的甄选。应聘人员一般会观看丰田公司的工作环境和工作内容的录像资料,同时了解丰田公司的全面招聘体系,随后填写工作申请表。1 个小时的录像可以使应聘人员对丰田公司的具体工作情况有个概括了解,初步感受工作岗位的要求,同时也是应聘人员自我评估和选择的过程,使许多应聘人员知难而退。专业招聘机构也会根据应聘人员的工作申请表和具体的能力和经验做初步筛选。

第二阶段,评估员工的技术知识和工作潜能。通常会要求员工进行基本能力和职业态度心理测试,评估员工解决问题的能力、学习能力和潜能以及职业兴趣爱好。如果是技术岗位工作的应聘人员,更加需要进行 6 个小时的现场实际机器和工具操作测试。通过此阶段应聘者的有关资料被转入丰田公司。

第三阶段,丰田公司接手有关的招聘工作。本阶段主要是评价员工的人际关系能力和决策能力。应聘人员在公司的评估中心参加一个 4 小时的小组讨论,讨论的过程由丰田公司的招聘专家即时观察评估,比较典型的小组讨论可能是应聘人员组成一个小组,讨论未来几年汽车的主要特征是什么。实际问题的解决可以考察应聘者的洞察力、灵活性和创造力。同样在第三阶段应聘者需要参加 5 个小时的实际汽车生产线的模拟操作。在模拟过程中,应聘人员需要组成项目小组,负担起计划和管理的职能,比如如何生产一种零配件,人员分工、材料采购、资金运用、计划管理、生产过程等一系列生产考虑因素的有效运用。

第四阶段,应聘人员需要参加一个 1 小时的集体面试,分别向丰田的招聘专家谈论自己取得过的成就,这样可以使丰田的招聘专家更加全面地了解应聘人员的兴趣和爱好,他们以什么为荣,什么样的事业才能使应聘员工兴奋,以便更好地做出工作岗位安排和职业生涯计划。在此阶段也可以进一步了解应聘人员的小组互动能力。

通过以上四个阶段,员工基本上被丰田公司录用。

第五阶段,对应聘人员进行一个 25 小时的全面身体检查。了解员工的身体一般状况和特别情况,如酗酒、药物过敏等问题。

第六阶段,新员工需要接受 6 个月的工作表现和发展潜能评估,新员工要接受监控、观察、督导等方面严密的关注和培训。

资料来源:中国人力资源网 www.hr.com.cn

☞ **讨论题**

(1)从文化关系等方面比较分析美企微软和日企丰田招人的异同点。

(2)丰田公司把招聘第一阶段和第二阶段委托专业的职业招聘机构来完成,现在这种人事外包方法已越来越受企业青睐,请查阅相关资料并分析其有效性。

第三节　案例分析:北京同仁堂医药集团公司人员选聘程序

北京同仁堂集团公司是我国中药行业著名的老字号企业,至今已有数百年的历史。改革开放后,同仁堂组建集团公司、股改上市,不断适应市场,改革创新,奋力拼搏,经济运行质量有了很大的提高。作为高新技术产业,特别是面对集团要进军生物制药、电子商务等高科技领域的战略,目前的人才状况不能适应市场的发展。在市场竞争日趋激烈的今天,谁拥有一流的人才,谁就拥有一流的企业和产品,谁就能在市场竞争中取胜。正是在这样一个背景之下,此医药集团公司于 2000 年初面向社会公开招聘高中级专业人才,并委托一家北京市咨询有限公司来做此项工作,这是公司人事管理制度的一个创新。

在前期准备过程中,工作人员达成共识,即关注企业文化,尽量挑选与企业文化融合的应聘人员。北京同仁堂集团公司本身有着很好的品牌和形象,在招聘宣传中重点突出其平实、稳重的特点,以及市场经济下获得的新的生机。广告用语也基本突出类似特征。

招聘信息发出不久,收到 300 多份简历。按照应聘职位分别归类登记并输入数据库后,按照预计的招聘程序开始选聘员工。

第一,履历表的筛选。选聘工作之前,人事部已经根据工作岗位规范确定出各类人员的选拔标准,并确定使用统一的筛选标准。履历表提供了许多有用的信息,那些在专业技术和经历方面比较适合公司发展目标、且与同仁堂医药集团公司的企业文化基本融合的应聘者将成为筛选的优胜者。

第二,人事专家面试。面试是人事选员中最常用的获得信息手段,对人事决策具有直观作用。面试的目的是双重的,即信息的收集和对候选人的评价,它弥补了其他选拔手段中信息空白的不足。同仁堂公司强调这种面试的现实作用，借以评估那些只能通过面对面的相互交流才能测出来的因素，如语言表达、自信心及人际交往能力。公司着重考察应聘者的适应组织环境能力、与人友好相处能力，由此推断什么工作能充分发挥应聘者的才智。5个人事工作人员面试后，依据印象和感觉对应聘者进行综合评估，并筛选出优胜者。

第三，心理测试。各种测评工具都是各有所长，它们的功能不同，适用对象和解释的范围也不同。根据不同岗位的需要把心理测试工具组合成分别针对一般管理人员、中高级管理人员、专业技术人员（财会、营销、策划）三类。在策略上采用择优策略，尽可能全面地了解所有应聘人员的情况，从能力、性格、动机、兴趣等各个角度和层次上做广泛测查，依据职位要求综合性地评估各人的优势水平、与职位要求的匹配程度，从中选择最具综合优势的人员。采用择优策略，在测验设计上要求全面、详细。能力测试、个性测试和职业适应性测试都被采用，同时确定不同的职位考察的内容侧重点，形成不同测验维度的权重关系，这些差异在测验设计和评估标准上都有具体体现。同仁堂公司特意把心理测试安排得比较靠后，仅用于最可能被录用的候选人，达到真正择优的目的。

在这个基础之上，公司注意考察另外一些问题。如能否适应国有企业的工作、稳定性如何、期望薪金如何，对于一些期望较高的候选人，人事工作人员与其详细讨论。通过这一阶段筛选，剩下的应聘者基本符合相关职位的要求。

最后，是专业理论方面的测试。公司采用了结构化面试的方式。考官主要有：从社会上请来的拟聘岗位方面的技术专家、医药集团公司领导、用人部门的主管经理和人事面试专家。面试主要以技术专家为主导，用人部门主管经理和人事面试专家从各方面来综合考察候选人。

面试工作结束后的第二天，由各方面专家、公司相关人员、咨询公司组成评议组对剩余候选人排序，确定出最终候选人。

☞ **讨论题**

（1）同仁堂是如何安排人才选聘程序的，请列举出其所运用的筛选方法。

（2）假如你在负责你所在公司的软件工程师选聘工作，你会如何安排选聘工作？

a）描述软件工程师的工作分析。

b）把重点需要考查的职务要求填入挑选规划表第一行，把拟采用的挑选方法填入挑选规划表第一列，并在表中用"√"表示每种职位要求所拟采取的挑选方法。

表 5 - 1 挑选规划表

挑选方法 \ 职位要求				
筛选简历				
背景调查				
面试				
智能测试				
人格测试				
工作样本测试				
无领导小组讨论				
管理游戏				
文件筐				
……				

第四节 案例分析：小 W 设计的招聘广告

介绍：小 W 刚被聘为北京 QM 家具公司的人力资源部招聘主管，上班的第一天，人力资源部经理 H 先生在将小 W 介绍给各位同事之后，就给小 W 布置了第一项任务。由于近期公司与欧美的一些国家贸易看好，急需要懂家具、会外语的国际商务人员，另外，原来的总经理秘书 Z 小姐和办公室行政主任刚刚离职，一大堆事务急需要处理，H 经理希望 10 天内落实人员事宜。

小 W 思考片刻，决定采用在《北京晚报》做招聘广告的形式完成 H 经理交给的任务。小 W 立刻打电话给 H 经理，H 经理说："我只要尽快到位，至于采用什么方式，你自己决定。"小 W 很高兴，立即打开电脑，设计了一份招聘广告，内容如下：

诚 聘

北京 QM 家具公司是一家集设计、生产、销售为一体的大型家具公司，注册资金 300 万人民币，为民营企业，成立已经十年，因业务发展需要，经北京市人事局人才市场管理办公室批准，诚聘有志之士加盟，共创 QM 未来。

国际贸易主管 3 名

1. 国际贸易专业大学本科以上学历；

2. 三年以上实际工作经验；

3. 良好的沟通能力；

4. 具有从事家具行业经历者优先考虑。

总经理秘书1名

1. 大学本科以上学历,英语专业毕业优先,优秀的英语听、说、读、写能力；

2. 具有三年以上相关的工作经验,熟悉外资公司的运作方式；

3. 具有很强的亲和力,做事积极主动；

4. 善于协调公司内外关系,具有很强的处理复杂事务的能力。

办公室行政主任1名

1. 三年以上家具行业企业办公室行政工作经验；

2. 大学本科以上学历,MBA优先考虑,40岁以上；

3. 优秀汉语和英语书面及口头表达能力,具有较强的社会活动能力和组织协调管理能力；

4. 熟练使用各类办公设备；

5. 有驾驶证。

☞ **讨论题**

(1) 小W在《北京晚报》刊登招聘广告是否合适,为什么?

(2) 小W设计的广告内容是否合理,为什么? 若有,不合理处如何修改?

(3) 目前,有哪些招聘渠道,你认为哪个有效?

第五节　经验性练习:写一份招聘广告

介绍:假如你是ABC公司的人力资源经理,现在你按照上级的要求——选择最合适的方式来为公司招聘一位财务主管。你经过细心考虑,认为用招聘广告的方式是最合适的。请撰写这份招聘广告。选择的广告媒体是什么? 并通过调研对招聘费用做预算。

附件:招聘广告撰写指导

提高招聘广告的成功率对企业节省招聘成本大有益处,一份好的招聘广告至少要达到两个目的:一是吸引人才;二是宣传企业价值观与形象,所以撰写与发布招聘广告应当紧紧围绕这两个目的进行。

1. 常见问题

（1）没有招聘单位名称，让读者对企业的可信度产生怀疑，至少无法了解企业的经营范围；

（2）没有关于招聘职位的工作信息，即没有交代清楚所招聘岗位的主要职责与任务；

（3）对人的自然属性进行限制，即对年龄、性别、身高等内容提出了要求，有歧视倾向；

（4）能力要求太笼统。例如出众的中英文书写及沟通技巧，"出众"一词过于模糊；社会关系良好，具有卓越领导才能，其中"社会关系良好"是指关系融洽还是关系广泛，没有明确定义；还有"卓越领导才能"，没有进行详细描述，让人摸不着头脑。

（5）要求过高或过于全面。找到满足所有要求的青年高级人才恐怕非常困难，即使有具备了这些条件的人才，现在必定身居要职，不会轻易跳槽，更不会跳到一个连名字都不（敢）写的企业。

（6）令人不愉快的用词或用语，例如：谢绝来电与来访。

2. 设计原则

招聘广告的设计原则与其他广告基本相同，应符合 AIDAM（Attention, Interest, Desire, Action, Memory）原则。即：引起注意原则、产生兴趣原则、激发愿望原则、采取行动原则和留下记忆原则。

（1）引起注意原则

一则好的招聘广告必须能吸引眼球，这就要求广告能用独特的、与众不同的格式、篇幅、标题、字体、色彩或图案进行设计，再配合合适的媒体与广告位，以取得好的效果。

例如：诚纳英贤志士，共创世纪伟业：您想加入一个成功的国际企业吗？融入这个充满活力的团队吗？您职业发展的良机——加入××！您想提高自己吗？一个提高您自己的机会摆在您面前，与××一起抓住它吧！

有一则招聘广告，刊有一幅雄鹰图案，图案上方写着："飞翔，需要更广阔的天空。"在一群大雁下边写着："××展翅飞翔，期待着您的加盟！"这样的广告语非常有吸引力。

（2）产生兴趣原则

如果只让大家对你有所关注，但产生不了兴趣，也就失去了意义。要想在引起注意的基础上让受众产生兴趣,就必须设计出能够使人产生兴趣的点或面,比如语言的表述要力求生动形象,有时还需带些幽默感。

例如有一则电视招聘广告:描述一位送货员在恶劣的天气下骑着摩托车送货,却碰上了拥挤的交通。于是,他绕小路并运用夸张、高超的驾驶技术,按时将货物送到客户手中。此时旁白响起:当发现如此优秀的员工时,我们绝不放过。下一幕是送货员的摩托车轮胎被人用铁链缠绕在电线杆上,由于送货员不知情,仍然加大油门向前冲,被后坐力拉倒,整个人刚好跌入一个事先预备好的货车厢中。然后车门被关上了,他便囚犯似的被载走。最后一幕是送货员穿着某公司制服微笑地出现在画面中。幽默夸张的情节让人莞尔,这则广告不但贴切地描述了公司对于优秀人才的渴求,更反映出对人才惺惺相惜之情。

报纸广告也有很多精彩的例子,如:精彩,与您共演绎;公司遵从尊重人、培养人、服务人的理念,以极具竞争力的薪酬、全面体贴的职业发展规划、高效和谐的企业文化,诚招天下英才;与您携手共进,共创辉煌未来;××永远属于富有理想和激情的年青一代!

(3)激发愿望原则

求职者看到广告后,进而如何使他们产生申请的意愿,除了以上所列内容外,还要来点实际的,即能够满足他们需求的内容。人的愿望大多来自内部需要和外部刺激,内部需要是他们是否想找我们能提供的工作(职位),外部刺激就是要让他们看到应聘该职位能得到的好处。所以,在广告中还要加入:员工能够得到的薪酬福利与培训发展机会、挑战性的工作与责任、自我实现的可能等内容。

例如,有一则房地产公司在招聘售楼业务员时采用:你愿意让自己辛勤的付出拥有丰厚的回报吗? 我们致力于培养职业经理人,追求健康丰盛的人生等。

(4)采取行动原则

招聘广告的最终目的是单位在公布后很快收到大量符合条件的申请信与简历,要做到这一点就需要简单明了地写明联系人与联系方式,包括电话、传真、电子信箱、通信地址等,以便让求职者利用他们习惯的方式与你联系。

(5)留下记忆原则

不管看到广告的人是否采取了行动,都要在他们记忆中留下深刻印象,这是招聘广告的第二个目的,即对企业的形象与业务进行宣传。要想达到此目的,上面谈到的广告手法都可使用。

3.广告的内容

根据招聘广告的目的、作用与设计原则,一份有效的招聘广告至少要包括下列内容或信息：

（1）企业价值观或使命

尤其要体现企业对人才的态度，即用人理念。例如：为您提供一个没有天花板的发展空间；以人为本；本公司注重应聘者的人品和能力，尤其是对贡献社会、成就自我的认同感；公司将运用现代企业管理理念和先进的企业经营机制，为每一位加盟人士提供充分实现自我价值的舞台和持续的发展空间等。当然，不要把那些你做不到，或根本不想做到的口号写在上面。

（2）企业所从事业务（包括企业的商标与标志）

简要介绍企业主要业务，如果有企业网站，可给出网址，但要避免长篇大论。举例：世界500强企业之一，在全世界26个国家和地区拥有分公司及分店，在北京、上海、天津等地的大型超市开张后，公司在华前景乐观。为配合福州东街口店开张，诚聘……；公司由一批留学归国人员创建，是一家以网络平台运营、软件开发和系统集成等为主的高科技企业。现诚邀各界精英加盟，共创网络事业。

（3）招聘岗位信息

一是岗位名称。岗位名称一定要规范，即使用行业通用名称。例如：英语口语翻译、客户服务部经理、财务经理、软件开发工程师等。

二是岗位目的。此岗位在企业中的作用与地位，即此岗位为企业所作贡献，目的是让应聘者明确岗位对求职者的期望（这也是许多招聘广告最为不足之处）。举例，某食品生产厂肉食生产主管岗位目的是：按工厂确定的生产计划，按时、保质、保量地完成肉食生产任务。采购部主管岗位目的：保证以公道的价格，按时、足量、保质地提供生产所需要的原料。

三是主要职责与任务。即此岗位在企业中主要承担的责任，完成的工作等，列出3～5条即可。例如，某公司品牌管理人员的主要职责为：参与公司品牌管理工作；参与公司品牌计划的调研、制定工作；参与公司品牌的打假、维权工作；负责商标申请注册、续展、备案等日常工作；沟通内外部关系。另一政府事务主管的主要职责：及时掌握国家医药相关政策及信息；负责确定公司产品价格；协助招标工作及医疗保险目录的申报工作等。

四是岗位要求。即职位说明书中的任职条件，需要从受众角度进行修辞。如果企业还没有职位说明书或招聘岗位为新增岗位，则应当在招聘前对上述内容进行界定，然后起草招聘广告。

主要内容可用 KASO 概括，即 K（Knowledge）：基本知识；A（Ability）：能力；S（Skill）：技巧；O（Others）：其他特质。在大量招聘广告中，一般都会提到对基本知识、能力和技巧的要求，但对其他特质（决定了一个人在工作中的思维、感觉和行为方式)的要求不多,而这一点恰好是决定应聘者能否很好履行岗位职责的重要因素。

其他特质(可通过对在岗优秀人员分析得到)大致分为三类:奋斗精神、思维方式和交往特征。例如,服务行业的服务员工只具备相关知识、能力与技巧是不够的,必须具有亲切感、性格稳定性等素质;市场人员必须具备很好的创意、判断力和不怕困难的精神以及很强的交往欲望;财会人员必须天生喜精确。

为了强化或突出对某类人员的要求,可单独列出几条共性内容,例如:我们的选才标准为锐意进取的敬业精神、高度合作的团队意识、良好的沟通表达能力、承受压力的心理素质。

(4) 需申请者提供的信息

在招聘广告中应对应聘者应提供哪些信息提出明确要求。一般包括简历(如果工作中需要用到外语,则应当要求中英文简历)、学历和学位证书复印件、有关资格证书、身份证复印件、照片(视需要而定)等。

(5) 时间信息

招聘广告中应当明确广告的截止时间与安排面试的大概时间,以便申请者心中有数。

(6) 联系信息

一是联系部门(表明单位程序正规);二是联系人;三是联系方式(电子邮件、通信地址、联系电话、传真等)。

4. 选择媒介

发布招聘广告时可供选择的媒介很多,主要包括:报纸、杂志、电视、广播(现在用得较少)、网站(包括企业内部网与专业招聘网站)、人才招聘会现场宣传题板、散发印刷品等。这些媒介各有优点与缺点,在选择时应考虑以下几个方面的因素:

(1) 媒介的受众与招聘对象是否吻合

选择在招聘对象接触最多的媒介上发布广告效果最佳,这受到教育水平、年龄结构、专业领域、职业划分或所从事行业等因素影响。

(2) 选择同行业或竞争对手通常采用的媒介

如果一家媒体从来不刊登招聘广告,则关注它的人相对较少,因为求职者也希望能在同一媒体上看到更多的招聘信息。当然,另一个问题也需要引起注意,如果企业是高新技术企业,则不建议在纯广告性质的媒体的密集版面上(特别是报纸)做广告。因为所有广告都是豆腐块大小,无法分清主次,影响视觉,显得企业档次不高,很多读者也无心多看(当然,对劳动密集型企业或小型企业就另当别论了)。

(3)媒介相结合

可以选择两种或两种以上媒介相结合的方式,如可运用报纸与网络结合的方式等。

(4)切忌在报纸夹缝中刊登广告

一是因为读者的注意力一般不在那里,另一方面版面位置影响到读者对企业层次或实力的判断。

5.歧视现象

在招聘广告中,我们经常可以看到有关年龄、性别、身高、学历、户口等限制条件,造成这种现象的原因是多方面的,一方面是多年来大家一直这样做,另一方面目前劳动力市场还处于买方市场,游戏规则由单方制定。此外,我国目前保障个人就业权利和就业机会平等的相关法律细则有待继续完善。

因而,作为担负社会责任的企业,特别是负责人力资源管理人员,应当加强法律意识,避免各类歧视问题。当然,如果某些岗位确实对人的一些自然属性有特殊要求,也可以在招聘广告中提出,但同时要给出附加说明,解释为什么需要这些限制条件。例如招聘空姐、高空作业的重机械操作人员等,都会有具体限制。

第六节　经验性练习:撰写结构式的面试清单

根据下面附件中关于人力资源部经理的信息,准备挑选方法。

(1)确定关键要求。

(2)运用何种挑选方法考核这些关键要求。

(3)撰写一份面试时将向求职者提出的问题(以结构式的面试清单列示)。并说明某个问题用以评估候选人的哪项要求。

附件:"人力资源部经理"职务描述

　　职务名称:人力资源部经理。

　　所属部门:人力资源部。

　　直接上级职务:行政副总经理。

　　工作目的:负责公司人力资源管理工作。

　　工作要求:工作细致、服务意识强。

工作责任：

1. 编写、执行公司人力资源规划；

2. 招聘：制定招聘程序、组织社会招聘和学校招聘、安排面试、综合素质测试；

3. 绩效考评：制定考评政策、考评文件管理、考评沟通、不合格员工辞退；

4. 激励与报酬：制定薪酬/晋升政策、组织提薪/晋升评审；

5. 福利：制定福利政策、办理社会保障福利；

6. 人事关系：办理员工各种人事关系转移、办理职称评定手续；

7. 培训：组织员工岗前培训、协助办理培训进修手续；

8. 与员工进行积极沟通，了解员工工作、生活情况。

衡量标准：

1. 工作报告的完整性；

2. 公司其他员工对人力资源部工作的反馈意见。

工作难点：如何更好地为员工服务。

工作禁忌：服务意识差，行动缓慢。

职业发展道路：行政副总经理。

任职资格：

1. 工作经验：三年以上管理类工作经验；

2. 专业背景要求：曾从事人力资源管理工作2年以上；

3. 学历要求：大专以上；

4. 年龄要求：30岁以上

5. 个人素质：积极热情、善于与人交往、待人公允。

第七节　课堂实践：如何识别简历中虚假的信息

课堂实施建议：15分钟。学生讨论的形式。

某公司是国内知名的建材生产厂商，因业务发展需要招聘若干销售代表，公司通过网站登出广告，一个星期后，公司的人力资源部收到上百封的简历，在以往的简历中，常常存在着虚假信息，而且在面试中，应聘者为了获得工作，也常常隐瞒一些真实情况。

问题：如何识别简历中虚假的信息？

(1)学历和学位证书；

(2)工作经验；

(3)实习经验；

(4)其他。

第八节 课堂实践:模拟选聘

讨论题:谁当总经理最合适

某通信集团公司拥有 6 家下属公司,分别经营计算机软件开发、传呼机装配、手机制造等业务。为了达到二次创业的目标,董事会决定另外聘请总经理。现有甲、乙、丙三位优秀的候选人,请根据他们各自的特点,进行分析比较,提出任用意见。下面是甲、乙、丙三个候选人的个人资料:

甲:学术带头人,是高科技企业的当然领导者!

男,36 岁,计算机专业博士,工龄 5 年。毕业后一直在本公司从事技术研发工作,主持开发过多种公司主干产品,曾负责过与某外资合作项目的建设,1997—1998 年被任命为一分公司总经理,业绩优良。现任公司副总经理,主管研发及企业战略工作。

甲对通信技术发展趋势敏感,熟悉行业特性,能正确把握企业产品的定位,果断地做出决策;现在公司的主导产品由他主持开发;精通英、日两门外语,与外商谈判水平高;爱惜技术人才,为他们提供良好的发展空间。

甲自信、坚韧,工作干劲大,精力充沛。但是个性内向,人际交往能力较欠缺,不喜欢应酬性的公关活动;在战略重点上,主张把资金投向技术开发而不是市场开拓,强调技术带动市场。

乙:只有把握市场的人才能称为市场经济条件下的领导者!

男,32 岁,毕业于某名牌大学的电信专业,本科学历,在读 MBA。1994—1996 年在某大型国有企业从事技术研发工作,1997—1999 年在某外资通信企业从事市场营销工作,2000 年至今在本公司从事市场营销,业绩优良。现任公司副总经理,主管市场。

乙有很强的品牌意识,重视广告与经营策略,注重市场研究与营销网络的建设;强调企业必须以市场为导向,组织生产经营活动。他的企业策划能力、市场洞察力、公关能力和指挥协调能力都很强。有良好的社会关系,既与许多客户保持良好的个人关系,又有许多同学与朋友在各省市与通信相关部门担任领导职务。公司在其领导下营业额年年上升。

乙个性热情,开朗,应变能力强,有魄力,开拓进取,雄心勃勃。但是乙自负,性情比较急躁,自我控制情感能力较差。

丙:优秀管理人才是企业成功的关键!

男,38 岁,通信技术专业专科毕业,毕业后在中型国营电子企业工作 10 年,任技术员、技术科长、车间主任、副厂长、厂长。在工作期间,利用业余时间进修学习,获得了上海交通大学 MBA 学位。1998—2002 年在一家美国独资企业上海办事处任首席代表,全面主持工作,业绩优良。

丙重视企业的内部管理,注重组织机构的合理设置,在理顺企业内部关系、制定规章制度、企业文化建设等方面有丰富的经验;重视企业内部人才的培养,上下关系都能搞好。主张通过管理创新推动技术创新和市场创新。

丙办事沉稳,喜欢深思熟虑,三思而后行;待人谦和,彬彬有礼,说话办事通情达理,在群体中威望很高。但丙为人求稳,开拓进取精神不是很强。

(材料来源:黎恒,丁晓岚,无领导小组讨论的实务操作——中层管理人才选拔案例,中国人力资源开发,2002(9))

课堂实施建议:

(1) 分组讨论, 每组 5 人,模拟董事会成员讨论选聘人选。

(2) 每位同学发放讨论案例 1 份,评分表 4 份。

(3) 学生接到"讨论题"后,可以用 15 分钟时间拟写发言提纲。

(4) 按顺序每人限 3 分钟依次发言,阐明自己的基本观点。

(5) 学生依次发言结束后,彼此间可进行自由交叉辩论;在辩论过程中可更改自己的原始观点,但对新观点必须明确说明。

(6) 请大家充分地表达自己的看法,最后拿出小组的意见来。辩论结束后,学生将拟写的发言提纲、草稿纸和小组最终意见交给教师。

(7) 每位同学对小组其他同学的人际沟通技能进行打分。

表 5-2　人际沟通技能评分表

姓名	总分				
评价要素	好　5	较好　4	一般　3	较差　2	差　1
沟通协调能力					
领导控制能力					
情绪稳定性					
论点正确性					
自信程度					
口头表达能力					
发言自主性					
反应灵活性					
肢体语言					
备注		记分员签字: 　　　　年　　月　　日			

第六章 员工薪酬系统

◆ **实践目的** ◆

❈ 了解员工的不同需求对福利设计的影响

❈ 领悟现代工资结构设计的基本原理、程序和方法

◆ **技能提高** ◆

❈ 理解灵活的福利方案的设计原理

❈ 通过职务评价、内部职务结构设计和个人工资确定这三个步骤,按部就班地体验工资结构设计的全过程

❈ 通过角色模拟,进一步了解薪酬设计的基本原理和方法

◆ **相关知识点** ◆

❈ 薪酬的设计原理

❈ 福利内容与作用

第一节 课堂实践:应该推荐谁加薪

虽然由于过去几年行业竞争激烈导致了利润率大幅下降,公司一直没有对员工薪酬进行调整,但是为了感谢优秀员工为公司作出的贡献,公司今年特意拨出 5 万元作为加薪专款。由于数额太小,就设立了人力资源薪酬委员会来决定这笔款项的分配。公司让各部门推荐 1 ~ 2 位员工作为候选人。经过初步筛选,提交给公司人力资源薪酬委员会的候选人有:

王喜——刚刚被任命为财务部副经理,大学财务专业本科毕业,目前正在本市某大学攻读 MBA;已经在公司做了 6 年的会计,其目前的薪酬与他的新职位并不相称;人际协调能力强,与银行、税务局、财务局等部门的有关工作人员建立了良好的私人关系。

成华——人力资源部经理助理,大学文秘专科毕业后,她就任总经理办公室秘书,直到干满 4 年,1 年前才提升到她现在的职位,现在正在本市某大学成教学院攻读工商管理专业的专升本课程;调职至今,她的薪酬也并未得到调整。

赵明——生产部经理助理,大学企业管理专业本科毕业后已进入公司工作

8 年。1 年前获得 MBA 学位;他从生产车间工人做起,后担任班长、车间主任、分行副厂长等职务,任现职已有 2 年;他意志力强,勤恳踏实,经常带头加班加点工作;许多工人都对他很服气;凡是上级交代的生产任务,他总是能圆满完成。

李峰——信息技术部经理,计算机科学专业硕士,研究生毕业以后已在公司工作 4 年;他精益求精,带领信息技术部员工不断完善公司的各项管理信息系统。例如改进了公司的库存控制系统,不但大大降低了人工费用,而且还大幅度减少了库存,提高了公司资金的流动速度。

舒砚——营销部华东片区经理,职业中专营销专业毕业后进入公司,已经工作了 11 年;曾做过流水线生产工人、维修工、班长、业务员、公司驻广州代表处负责人、驻东三省代表处负责人等岗位的工作;他一直表现突出,特别是为公司的市场开拓立下了汗马功劳;为了加强与北方客户的友谊,他甚至有 1 小时喝下 2 斤二锅头的壮举。

李岳——总经理办公室副主任,担任现职 7 年,进入公司已满 16 年;由于前年公司裁员,总经理办公室人员精简下去 9 人,所以这两年他一直身兼数职:党委干部、工会干部、接待员、司机、秘书等。

要求:

参与者可分组进行练习,一般以每组 11 人为宜,其中 5 人扮演公司人力资源薪酬委员会成员,其余 6 人分别扮演上述 6 位被推荐者。

首先,各小组扮演被推荐加薪候选人的 6 位小组成员分别向任职公司人力资源薪酬委员会的 5 位小组成员陈述自己应该加薪的理由,时间控制在 3 分钟/人。

其次,各小组任职公司人力资源薪酬委员会的小组成员根据候选人的个人陈述和上述背景资料进行集体民主决策,时间控制在 25 分钟以内。注意:尽管所有被推荐人都有理由得到加薪,但是由于金额有限,不能按人头平均分配。

然后,各小组任职公司人力资源薪酬委员会的小组成员推选 1 名代表,向所有参与者报告本小组的加薪方案,并说明理由;时间控制在 5 分钟/人。

接着,所有参与者可以自由发言,对各小组的加薪方案进行评价或者补充;时间控制在 1 分钟/人。

最后,各小组在参考其他小组以及自由发言人意见的基础上,形成比较完善的书面加薪方案,并呈交给老师。

第二节 课堂实践:福利制度多元化练习

目的:了解不同员工对福利的不同偏好

所需时间:大约 40 分钟

参与者和角色:把全班分成人数大致相等的 6 个小组,每个小组安排下列角色:

陈燕——28 岁的单身母亲,有 1 个 3 岁的孩子。她是部门经理,年薪200 000 元,另外每年她可以从她的前夫那里得到 15 000 元孩子的抚养费。

王萍——55 岁的寡妇,无儿无女。每年可以拿到 7 000 元养老金,另外,她每周工作约 20 小时,每小时拿 20 元,每年可以赚约 19 000 元。

陈跃——32 岁的男子,经过若干年的努力,终于在 2009 年拿到本市户口。他已婚,有 1 个 5 岁的孩子。他现在在上夜校,1 年内有望拿到学士学位。他的年薪为 50 000 元。他的妻子是检察长,年薪约为 100 000 元。

李儒——23 岁的残疾人,单身,有教育学硕士学位,因为一次交通事故导致下身瘫痪,整天被困在轮椅上。年薪为 60 000 元。

孙美丽——24 岁的外来务工人员。她的普通话相当糟糕,年薪为12 000元。

赵亮——20 岁的男性,大学 2 年级,课余时间每周工作约 14 小时,每小时赚 15 元,每年能赚 10 000 元。

背景:6 个参与者为同一家公司工作,这家公司除了按照劳动法的规定交纳刚刚实行了一项灵活的福利制度,与传统的"一项福利制度适用于所有人"不同,公司另外拿出相当于每个员工年薪 25% 的资金用于福利。这些福利每年的成本如下。

员工的补充医疗保险:

计划 A(没有扣除,支付 90%)= 3 000(元)

计划 B(扣除 200 美元,支付 80%)= 2 000(元)

计划 C(扣除 1 000 美元,支付 70%)= 500(元)

家属的补充医疗保险(扣除和支付比例与上相同):

计划 A = 2 000(元)

计划 B = 1 500(元)

计划 C = 500(元)

人寿保险:

计划 A(覆盖 25 000 元)= 500(元)

计划 B(覆盖 5 0 000 元)= 1 000(元)

计划 C(覆盖 100 000 元)= 2 000(元)

计划 D(覆盖 250 000 元)= 3 000(元)

心理健康计划:500(元)

预付法律支持费用:300(元)

假期:每星期成本为年薪的2%,不超过6星期

退休时的养老金大约等于退休时年薪的50%:1 500(元)

夏季的三个月,每周工作四天(只适用于全日制员工):年薪的4%

托儿所服务(对所有有孩子的员工):2 000(元)

公司提供的上下班班车:750(元)

在职学习费用报销:1 000(元)

学习语言费用报销:500(元)

健身锻炼费用报销:2000(元)

任务:

1. 每组用15分钟的时间制订一个灵活的福利方案,所需费用约占每个角色年薪总和的25%(不许超过)。

2. 阶段1完成后,每个组指定一位发言人,向全班报告他们的福利方案。

3. 全班讨论结果。每个参与者的需要、兴趣、问题等如何影响他们的决策?这些结果对于激励多元化的劳动力有什么启发?

第三节　　经验性练习:奖励的实施

假设你作为一名顾问受雇于一家中等规模的销售组织,帮助该组织给三类基本员工建立激励制度。第一类员工是由20名销售员组成的销售队伍,他们都是按直接佣金制付薪工作的。第二类员工是由7名辅助人员组成的(2名秘书和5名装货员),所有7名员工都是直接按小时工资率付薪工作的。第三类员工是由2名管理人员组成的。

管理人员对销售员执行的直接佣金制感到满意,但是他们猜疑很多销售员在任何一个既定月份中,一旦达到可接受的销售水平时,他们就会倾向于懈怠。7名辅助人员看起来是可靠的,但管理人员相信他们的绩效在合适的激励计划下是可以提高的。管理人员对自己目前的薪金感到满意,但他们想为额外利润寻求某种形式的避税。

你的工作是设计一种激励计划,请寻找相关资料,使你的计划所包括的内容对每一类员工都有吸引力。

第四节 经验性练习:企业内部工资结构设计综合作业

这项综合作业的目的是使大家更深刻地领悟现代工资结构设计的基本原理、程序和方法。作业提供了一个模拟的典型情景,使大家通过职务评价、内部职务结构设计和个人工资确定这三个步骤,按部就班地体验一下工资结构设计的全过程。不过这毕竟不是真刀真枪的实践,只是一次大为简化了的演示性模拟作业罢了。

1. 职务评价法

常见的职务评价法有两种,即等级评定法(或叫定级法)与评分法。

1.1 等级评定法

这是确定各职务间相对价值高低的最简单的方法之一。这套程序要求从总体上比较各项职务,然后据此把这些职务排出等级,按职务总体价值由高到低的顺序排列。这种方法简便易行、成本低廉,但实际上由于缺乏正规而详细的标准,因此最后得到的结果难以有足够说服力。这种等级也较难转化成工资数值,因为这些等级不能表明各职务价值差异的大小程度,所以此法只适于职务种类少、职工对职务都了解的小型企业。

下面列有某公司财会系统中十项职务的说明,请据此用表 6-1 排出这十项职务相互总体价值的大小等级,价值最高的职务列为 1 等,最低者为 10 等。

表 6-1 职务等级

职务名称	等 级
财务处长	
秘书	
数据处理科科长	
会计科科长	
计算机操作员	
数据记录员	
会计师	
高级账目员	
初级账目员	
打字员	

（1）财务处长

职务说明：监控各项会计职能，包括制备工资单、应收账目、应付账目、开具账单及其他有关活动；监控预算编制管理中会计账目的保存，并负责编制年度预算；检查财务记录与财务程序，就财务簿记程序提出建议；监督管理与培训下属人员；制备财务报告与财务分析；建立与实施决算控制；执行有关企业资金投资方面的政策。

职务职能要求：需要会计原理与实践的知识，还需要有预算制定、行政管理及投资实践方面的知识，应掌握国家及地方相关会计情景的法律与法规的应用；需具备建立、保持、分析和修正财务记录的能力以及监控领导下属职员的能力。要求大学主修企业管理或相关领域的毕业学历，并有 5 年以上预算管理预决算操作方面的实际经验。

接受的监控：在公司领导班子的行政性指导下工作。

实施的监控：监督领导会计科科长、数据处理科科长及本职能部门其他职员。

（2）秘书

职务说明：完成多种行政性任务，但无领导监控责任；从事一般文字秘书工作，处理来访接待及电话，传达既定计划与政策，帮助领导处理办公室琐事；保管行政性档案与机密资料；可能指导助理秘书的工作；起草及撰写函电，要求对办公室程序及政策有透彻了解。

职务职能要求：要求掌握包括档案制度、接待及电话处理在内的办公室工作方法、程序与设备的知识及函电、报告撰写知识；能正确使用修辞手法及一般统计与资料保管方法；能按既定政策与程序，做出正确判断，拟定函电；掌握速记与停歇技巧，每分钟不少于 115 个词；有能力监督指导助理秘书。要求至少高中毕业或同等学力，并至少有两年工作经历。

接受的监控：在初级及以上的行政干部监督下工作。

实施的监控：可能要指导一名或数名助理秘书。

（3）数据处理科科长

职务说明：制定符合给定期限的工作进度计划；指导工作计划与操作程序的正常维持；为需要数据处理服务的部门收集与分析有关数据以确定；与各部门有关人员会商，以维持现有程序和开发新程序；检查正在处理的报告与数据以保证其完整性与精确性；布置、监督与检查下属的工作；了解有关的新操作技术和设备以改进本部门工作绩效。

职务职能要求：应掌握程序规划与分析的原理与技术，以及编码操作、机器程序、设备运转与维修的原理与技术知识;掌握会计原理,统计方法,符号逻辑及监控技术与方法的知识;能对复杂程序及加工中心进行分析。要求具备主修电子数据处理、会计、数学、企业管理或有关专业大学本科学历与三年以上数据处理工作经验。

接受的监控:在财务处长指导下工作。

实施的监控:监督领导程序员,计算机操作员,键盘操作员及其他指派的工作人员。

(4) 会计科科长

职务说明:计划与协调会计科的活动,负责按期完成报表,布置工作区域及规划办公室布局;解释和采用审计师的知识与政策,指导部门年度预算的制定并陈述其根据;就有关会计程序的事务与其他有关人员会商;培训本部门主要下属并考评其工作绩效。

职务职能要求:需了解复式簿记法及实践的知识;办公室管理实践与知识;能制备财务报表;能制备涉及收、支账目的日记分录账;能监督领导其他会计与办事人员,要求具备会计专业大学本科学历并至少在会计或审计工作从事负责管理方面的四年工作经验。

接受的监控:在财务处长指导下工作。

实施的监控:监督管理会计师与记账员的工作。

(5) 计算机操作员

职务说明:监控与操作电子计算机,装入磁带盘、卡片箱及打印设备;将外围设备接入系统,进行常规性诊断以确定机器或程序故障的原因;将常规办法无法解决的问题呈报主管人员。

职务职能要求:掌握电子机算机系统及有关专用输入和输出装置的知识;应能操作多种数据处理设备;能监控复杂的计算机并采取正确行动纠正机器的问题;能遵守书面指令;能进行算术运算并校核报告的总计值及报告格式的正误。要求具备高中毕业或同等学力,并有两年电子计算机操作工作经验。

接受的监控:在数据处理科科长等较高技术和主管职位上的人员指导下工作。

实施的监控:无。

(6) 数据记录员

职务说明:将会计文件、统计文件或编码工作单中的信息,通过键盘操作,输入数据存贮装置;校对输入数据的准确性;协助进行文件编码;进行与计算机数据插入与记录有关的日常办公室职员工作,以及上级要求的有关工作。

职务职能要求:要具备键盘输入数据的能力,一般文件每小时按键应达8 000次以上,差错率不大于3%;能完成常规办公室职员工作,能遵守口头或书面指令,要求高中毕业或同等学力,并有一年操作数据输入的工作经验。

接受的监控:在较高的技术、行政或主管岗位上工作人员的直接领导下工作。

实施的监控:无。

(7) 会计师

职务说明:筛选与校验采购单、清款单及其他与存货有关的文件;协作维持固定资产清单册及日记分录账;制备试算表、决算报告及统计报表;协助制定财务记录、程序及决算控制;答复有关预算账目状况的质询和提供有关信息。

职务职能要求:应具备会计原理、会计实践做法与程序的知识;应能设计与建立适当会计方法、报表与程序;能与他人沟通交流会计消息。要求有会计或企业管理专业大学本科学历,所修会计有关课程不少于6门,无需事先工作经历。

接受的监控:在会计科科长监督领导下工作。

实施的监控:无。

(8) 高级账目员

职务说明:制备并处理应付款账;在会计科科长指导下,为初级账目员安排日常工作计划并作检核、查验;审批及筛选会计文件;查验有关工资的质询,并计算工资扣除额;处理包括拖欠款处置在内的假账与账目保持,对编制的账单进行分析及分类剖析。

职务职能要求:应掌握财务簿记工作中的使用方法与词汇知识,包括应付款项的有关知识;能迅速而准确地把财务信息登账并进行算术运算,能制备和查验财务报表工资单、发表与报告。要求高中毕业或同等学力及两年财务簿记工作经历。

接受的监控:在会计科科长监督指导下工作。

实施的监控:在会计科科长指导下,对初级账目员的日常工作进行有限地监控。

(9) 初级账目员

职务说明:查验、平衡或调整账目;对统计或财务数据进行记账、检验、归纳和造表;制备或查验发票和订货单;进行算术运算;操作计算机器和簿记造表机器,并从事上级要求的有关工作。

职务职能要求:要掌握财务簿记和办公室一般工作方法,了解程序与实践的知识;能给财务数据登账,并迅速准确地进行算术运算;能操作办公用机器并学会操作簿记机器;能遵守口头和书面指令,要求高中毕业或同等学力,并有一年财务簿记工作经验。

接受的监控:在会计科科长及高级账目员监控下工作。

实施的监控:无。

(10) 打字员

职务说明:给信函统计与财务报告打字;操作复印机及其他标准办公室设备;接受、分发及处理信函;完成编目及归档等各种办公室工作,以及承担上级要求的有关工作。

职务职能要求:掌握基本的算术与语言正确运用的知识、包括不写错别字及正确运用标点符号;能完成日常办公室工作。能遵守上级的口头与书面指示;能以至少每分钟45个单词的速度打字。高中毕业或同等学力。

接受的监控:在较高的技术行政或主管岗位上的工作人员直接指导下工作。

实施的监控:无。

1.2 评分法

这是一种应用得最广的职务评价技术。此法主要由三个步骤组成,即选维度、分等级与评分。第一步选维度,就是要先选出一系列维度或因素,用来评定各种职务的相对价值高低。到底该从哪些方面去评价,这是很关键的。因为用不同的因素去评定同一职务的相对价值会得出不同的判断。例如学历、工龄、任务的复杂性、体力消耗的强度、劳动条件的优劣等,都属这类因素或维度,在职务评价时是否包括进去,至关重要。一位电焊工和一位打字员相对价值的高低,很大程度上要看选中的评价维度而定。

在维度选定以后,第二步就是把选出的因素进一步分解为若干等级,这些等级说明了同一因素的不同水平。例如,一个人的学历就可以分解为初中以下直到大学本科毕业以上的若干级。等级分定后,再按照它们各自单位价值的高低,逐级赋予一定的相当分数。对各种因素也要分别赋予或派给一定分数,也就是各具不同的权重,以反映每种因素对该单位的重要性。

各因素及其每一等级的分数都给定后,第三步才是评分。评分者从每一选定维度或因素考察每一职务后,再确定每一职务的分数。每一职务在各维度所评分数的总计分,就决定了该职务相对于该单位中其他职务价值的高低。评分法这种职务评价制度可以分析每一职务在这些不同维度上的相对价值,便于向职工进行有说服力的详细解释。与前面介绍的定级法相比,评分法是定量性的,在进行企业内部工资结构设计时,比定级制那种简单的定性评定法易于转化为具体的工资金额。

　　本作业中评分法练习共选取了9种维度或因素,又各自都划分为5个等级,这里所选用的维度与"美国工业管理协会职务评价计划"所用的颇为类似。不过赋予各因素的具体分数以及这些因素的定义则都是为本作业而专门制定的,带有演示性质,比实际中使用的要简单些。

　　现在请你根据前面列有职务说明的十种财务系统的职务的特点,对照表6-3所给出的9种选定的评价因素的定义与评分标准,利用表6-2给这10种职务分别就各项维度进行评分,并计算出来反映其对组织相对价值高低的各职务的总计分。

表6-2　职务分数

		1.学历	2.工作经历	3.任务的复杂性	4.接受的指导	5.判断失误的影响	6.与别人的接触	7.对脑力或视力要求	8.工作条件	9.对下属实施的领导	10.总计分
财务处长	等级										
	分数										
秘书	等级										
	分数										
数据处理科科长	等级										
	分数										
会计科科长	等级										
	分数										
计算机操作员	等级										
	分数										
数据记录员	等级										
	分数										
会计师	等级										
	分数										
高级账目员	等级										
	分数										
初级账目员	等级										
	分数										
打字员	等级										
	分数										

表6-3 职务因素定义与评价标准

1. 学历:该职务所要求的正式教育年数,年数越多,分数越高。

等级	分数	定 义
1	10	高中二年以下
2	20	高中二年或更多
3	40	高中毕业
4	70	大专或大学肄业
5	100	大学本科毕业

2. 工作经历:在本职务要求的工作领域的工作年限,越久,分数越高。

等级	分数	定 义
1	25	不足一年
2	40	一年至两年不到
3	60	一年至三年不到
4	80	三年至五年不到
5	100	五年甚至更久

3. 任务复杂性:本职务要求进行的独立分析、判断及解决问题的活动,越多越频繁,所涉因素越多,分数越高。

等级	分数	定 义
1	15	任务十分简单且常规化
2	30	工作包括偶然的常规化问题
3	45	常需作常规性决策,通常有明确指导原则可循
4	60	很多情况非标准原则覆盖,要进行分析和解决问题
5	80	大多数情况是非常规性的要求,高主动性和判断力,包括自行制定新方法和新程序

4. 所接受的指导：职务要求的上级主管者给予监控与检查指导多少，越少，分数越高。

等级	分数	定 义
1	5	在持续的直接监督指导下
2	15	在直接的指导下，每日或每周有上级频繁检查
3	30	中等程度的一般性指导，检查不频繁
4	60	一般性指导，要作重大非常规性决策，几个月才来检查一次
5	100	极为广泛的指导，重大非常规性决策，由总经理或常委检查，不频繁

5. 判断失误的影响：可能的失误对公司其他职能影响。

等级	分数	定 义
1	5	失误只有极小的短期影响，对个人工作以外的影响微不足道
2	10	对直接的工作及一两个别人有微小的短期影响
3	20	中等影响，给别人工作造成短期问题
4	40	中至重大影响，对若干其他部门带来较持续的问题
5	80	代价重大，对许多其他职能部门造成广泛的长期消极影响

6. 与别人接触：职务要求的与直接工作部门以及人员的交往强度，越强，分数越高。

等级	分数	定 义
1	5	与少数同事和直属上级外人员极少与无交往
2	10	与直接工作部门外接触较少，沟通量不大
3	20	与外界有中等程度交往，只涉及常规性信息
4	40	有中等至频繁的交往，包括进行说明、解决问题和做出调整等
5	60	交往很频繁，要解释、说明、解决问题

7. 对脑力或视力的要求:指不断监控设备、仪表或复写抄录书面材料,这方面要求越高,分数也越高。

等级	分数	定 义
1	5	极少或没有监控设备或阅读图文要求
2	10	只有有限的要求,操作是重复性的,只需中等程度注意力
3	15	严密性工作,要求频繁集中脑力与视力
4	20	很严密的工作,持续集中脑力与视力
5	30	不断监控设备或书面数据,脑力及视力紧张程度高

8. 工作条件:噪音、温度涉及不舒适劳动条件的其他因素,越恶劣,分数越高。

等级	分数	定 义
1	5	周围环境很舒适
2	10	偶有噪音或极端(高/低)气温
3	25	偶有中度噪音及极端气温
4	20	定期出现较高噪音或极端气温
5	25	极高或持续噪音或极端气温

9. 对下属实施的领导:职务所要求进行监督管理性活动的多少与深、广度。越多、越深、越广,分数越高。

等级	分数	定 义
1	10	不要求对别人进行监督指导活动
2	20	监督一或数位个人
3	45	对数位从事中等难度与中等复杂度任务的工作人员进行持续监督指导
4	80	对若干从事复杂任务的中等或高级技术人员进行督导,包括为他们做规划
5	120	对若干管理人员或专业人员进行督导,包括大量规划与协调活动

1.3 职务评价法的比较

这一节的作业为大家提供一项等级评定法与评分法的比较。请将表6-2中所得的10项职务的总计分,填入表6-4的左面第一栏中。然后按这些分数的高低排列出等级顺序来,分数最高的列第一,最低的列第十。下一步再将表6-1中用等级评定法所列出的顺序抄写到表6-4第三栏。最后,计算出第三栏中用等级评定法所得登记与第二栏中按评分法转化来的等级之间对应的差值来,并将结果填入最右边第四栏中。若两种职务评价法所得等级不同,应该怎么解释呢?

试考察一下第一栏中分数与第三栏中等级之间关系。你看出评分法提供的各职务相对价值差额的信息能说明什么呢?这是定级法所未能提供的。

表6-4 等级评定法与评分法的比较

职务名称	(一)分数(得自表6-2评分结果)	(二)按分数所得等级顺序	(三)等级(自表6-1等级评定法所得)	(四)第二栏与第三栏等级差
财务处长				
秘书				
数据处理科科长				
会计科科长				
计算机操作员				
数据记录员				
会计师				
高级账目员				
初级账目员				
打字员				

2. 企业内部职务结构设计与定价

评分法以给每个职务各选定维度评分总计分来表示各职务对本单位相对价值的高低。然而,仍旧存在着如何把具体数量的金额,即工资额赋予这些分数的问题。确定工资多少的一种方法就是联系各个职务评得的总计分,来考察一下其他单位相似职务的应有工资。一般是假定这种单位相对价值高低的"市场现有价格"。因此,企业在给其内部职务结构定价时所考察的典型职务的工资,不应是因为劳动力市场人员短缺或过剩而造成的不正常的过高或过低的数值。用目测作图或其他更复杂的数学方法,可以求得代表着集中典型职务的"市场价值"与它们在职务评价中所评得的总计分之间线性关系的直线,并不难得出代表此关系的线性方程式。有了公式,便可能用来推算该企业中所有其他职务的工资,哪怕有些职务适用该企业而其他企业中并不常见的。

多数企业在确定自己内部职务结构的定价策略时,多采取"随大流"的策略,即跟大多数同业公司保持相近似的水平。当然有的财力雄厚的大公司,可以独秀一枝定价偏高,以利延揽天下之英才,但这需以实力作后盾。有的企业也可定得比同业水平偏低,这固然可节约成本,但在人才市场上竞争力就较弱了。

表 6-5 是对五家公司进行调查后所获数据,表中只列出我们感兴趣的 10 种财会系统职务的平均年薪值。有几点说明,一是即使同一企业中职务相同的职工,也会因工龄、能力、经验、绩效等不同而有差异,亦即一公司的某一特定职务的定价,常有一变化范围,表 6-5 中数据是取其中间值的。二是各企业的职务定价存在一定差异,这是正常现象,因为各企业有其不同条件与策略,所取职务评价方法也可能不同,同一职务名称工作内涵也可能不同,所以定价自然有所差异。三是这些公司都属中外合资,其级差比国内一般企业大,这反映了西方国家工资政策的特点,这些数据仅作举例参考,具有演示性,不宜取作真实定价依据,公司名称亦系假名。此外,与上述三点理由相同,各公司的这 10 项职务价值等级顺序也不尽一致,这也是可理解的。

表 6-5　工资调查数据(年薪变化范围中间值)(单位:元)

职务＼公司	康利	鸿运	大明	七星	联通
财务处长	5 750	4 850	5 250	5 450	4 900
秘书	2 520	1 480	1 700	2 350	1 450
数据处理科长	4 630	3 300	3 650	4 250	3 980
会计科长	4 550	3 430	3 860	3 790	3 680
计算机操作员	2 300	2 000	1 740	1 980	1 630
数据记录员	1 500	1 250	1 500	1 440	1 260
会计师	2 640	2 100	2 330	2 430	2 200
高级账目员	2 000	1 890	1 630	1 900	1 580
初级账目员	1 610	1 570	1 400	1 580	1 340
打字员	1 150	1 070	1 080	1 000	930

我们既然取"向同行看齐"的策略,但这五家同行又各不相同,应向哪家看齐,显然先得打出一条有代表性的单一标准作为参照对象,并据此给自己的内部

职务结构定价。可先用计算法来求得,即取各家的算术平均值或中值作为参照标准,再利用散步点作图法分析来求得。下面将分别练习。但应说明,个别企业因其特殊原因,工资水平定得反常的偏高或偏低,不能真正代表职务的真正价值,不具典型性,则在求取参照标准时可考虑把这类数据剔除。

现在先来操练第一步,请将上列五家参照公司各该 10 项职务年薪的平均值算出,填入表 6－6 左边第一栏,再将表 6－2 各职务在评分法过程中所获总计分转抄到表 6－6 中的第二栏。

表 6－6　从参照标准计算本企业各职务年薪

职　务	(一)市场年薪参照值	(二)评分法所得总计分(来自表6－2)	(三)计算求得的年薪
财务处长			
秘书			
数据处理科长			
会计科长			
计算机操作员			
数据记录员			
会计师			
高级账目员			
初级账目员			
打字员			

第二步就是要确定参照工资与各职务评得的总计分间的关系了。常用的办法是在一副散点图上标绘出相应的这些职务总计分与相应的参照年薪点。图 6－1 是演示性的,职务 A 评得总计分 100,而其对应参照年薪为 1 000 元,在图上例可标得 A 点;同样,职务 B 和 C 的总计分各为 200 和 300,其对应年薪为 B 和 C 点。

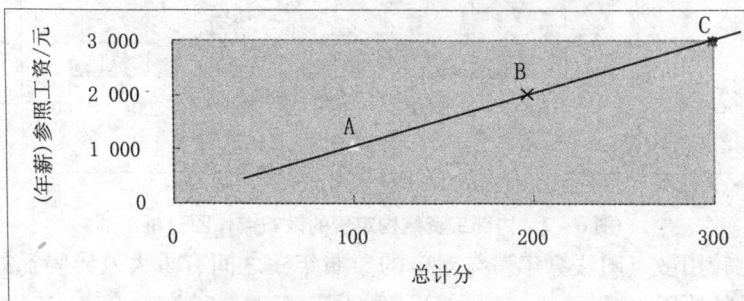

图 6－1　参照工资与三项典型职务总计分间的关系

各总计分与参照工资间的关系可通过找出能最适应各点位置的直线来确定,最简单的办法靠目测,即凭眼力绘出一根最接近各点的直线来;较复杂但更精确可靠的办法是利用线形回归法来算出能代表最适应各点的直线方程式。参照这条直线(或线性回归方程)便可求得其他职务对应的年薪值。例如依据图6-1的直线,总计分为250职务的对应年薪是2 500元,就很容易用计算或作图来求出。这个线性方程,其特征参数是它的斜率与截距,便代表了这公司的内部职务结构特征。斜率越大,直线越陡,说明工资级差较大;斜率较小,直线越平缓,则级差较小,工资较平均。截距大小与其点工资有关。

现在请在图6-2这张散点图上,根据表6-6第一、二栏中给出的有关参照年薪总计分的数据标出对应10项职务点。然后用目测法绘出最适应各点散布位置的特征直线来(如有条件,用线性回归法算出,当然更准确)。也可用作图法求得截距与斜率(a和b的值),从而列出代表此直线的线性方程,y = a + bx.虽然目测法所获数据不太精确,但有了这条直线,就不难根据这10项职务的总计分,求得各自对应的年薪值。无论用哪种方法都可以。请将算得的结果填入表6-6右侧第三栏。

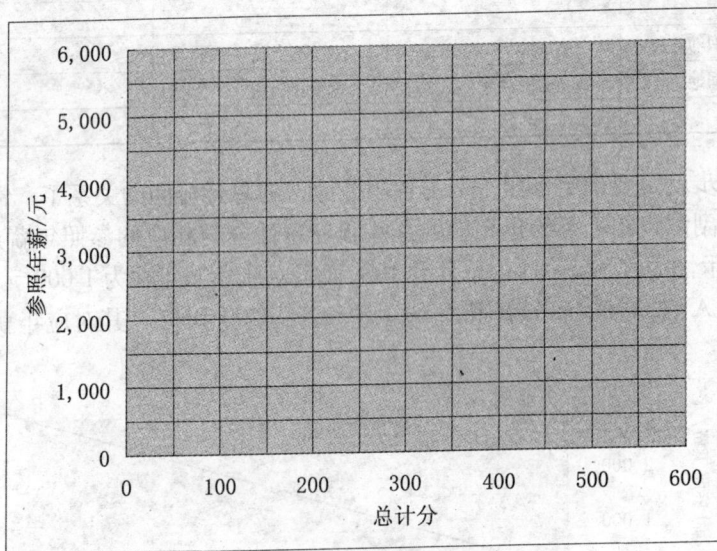

图6-2　内部工资结构定价的散布点作图分析

试比较用散点图法算年薪与对应的参照年薪之间有重大差异吗?如果有,解释差异的原因。

3. 工资水平与个人工资的确定

虽然通过以上介绍的方法,已经可以确定公司内各职务的工资值了,但在真正的工资管理实践中,还有几个具体问题需要解决。

第一个要考虑的问题是如何适时地调整职工工资,以补偿因为通货膨胀、生活费用上升的影响,避免职工实际生活水平下降的问题。这种调整不是普遍的加薪和人人有份,这种工资水平的变化有可能影响企业内部工资结构的定价特性,必须予以注意。当企业领导将一笔经费拨给手下部门,却充分放权,让各部门负责人自行决定如何处置这笔加薪专用款,对其中属于"大锅饭"性的生活费用调薪的成分无特别指示时,尤其要注意此种影响。在这种情况下,有的部门负责人可能决定该部门每人增薪5%,属于补偿生活费用上涨的调整,而余款则留作按每人工作绩效而发放的奖金,或按绩效给予浮动的奖励性增薪。另一部门负责人则决定他的下属享受皆大欢喜式的生活补助性增薪只调3%,其他更多费用供奖励。这样一来,整个企业原有的职务结构就打乱了,原来既定的内部工资结构政策就会严重变形。

还应考虑的是处理这笔生活调薪费用本身的方式。常用的有两类:一类是等比调整式,即所有的人在原有工资基础上调同一百分比。这一来,原有工资高的,调高的绝对值也高,似乎是"锦上添花",扩大了级差,使低薪者有"便宜了当官的"、"有欠公允"的怨言,但原有内部工资结构的相对级差比却得以保持,代表工资结构政策的线性方程的斜率虽有变化,却是一致的。另一类是等额调整式,即所有人不论职务及原有工资高低,一律给予同等数额增薪,是彻底的平均主义措施,似乎一视同仁,无可非议,但却引来级差比变小,而各点处的斜率混乱,不一致,动摇了原工资结构设计的基础。例如,若取等比调整式,每人按比例各调高10%,则原来年薪2 000的可增加200,原来年薪1 000的增加100。后者的工资在调薪前后都是前者之半,比例未变。现若取等额调整式,这两个都增薪150,高薪者成了年薪2 150,低薪者1 150。此时后者与前者之比从调薪前50%变成调薪后53.5%。连续几次这种调整,原有的工资结构政策就会大变样了。

下面的一道练习将使你更清楚地认识两种调整方式的不同后果与影响。表6-7中是一种假想的演示性情况,五种不同职务。它们在用评分法作职务评价后所评得的总记分,分别列于表6-7左方第二栏内,第三栏中则列出了按公司工资结构原有政策所确定的这五种职务的原有年薪值。按照这一统计的政策,线性方程的斜率都是10元/分。五年期间,由于通货膨胀,企业曾多次进行过补助性普遍调薪,甲公司采用的是等比调整式,乙公司却采用了等额调整式。两公司的这五种职务经五年不同的调整后现有年薪分别列于表 6-7 的第五与第九栏中。请你逐一计算出它们五年中增薪的绝对量与相对量(相对量既绝对增薪额占原年薪的百分比),以及如今的斜率(即现年薪与总记分之比,元/分),同时还不妨算出五职务原年薪与现年薪的小计,填入表 6-7 相应位置中。

请对这些数据进行观察和比较,然后再回答下列问题。

(1)甲公司与乙公司分别用两种不同的生活费用调薪方法,五年后,各自造成了哪些不同的后果?

(2)等比调整式与等额调整式两种不同的生活费用调薪方式有什么长处和弱点?

表 6-7   生活费用调薪方式对工资结构的影响

职务代号	职务评价总计分	调整前原年薪/元	原斜率(元/分)	甲公司				乙公司			
				五年等比调整后年薪/元	五年增薪绝对额	五年增薪相对值	现斜率(元/分)	五年等额调整后年薪/元	五年增薪绝对额	五年增薪相对值	现斜率(元/分)
A	1 000	10 000	10	15 000		%		13 000		%	
B	900	9 000	10	13 500		%		12 000		%	
C	600	6 000	10	9 000		%		9 000		%	
D	200	2 000	10	3 000		%		5 000		%	
E	100	1 000	10	1 500		%		4 000		%	
小计											

4. 小结

前面第二部分作业中,我们根据参照工资,为企业的每一职务,确定了一项单值的工资。但实际在大多数企业中,每一职务是有一定的工资波动范围的。根据工龄长短、绩效优劣等因素,同一职务上的不同个人可以有不同的工资。通常刚调任一新职务的人,工资偏低,要随着他资历加深、经验增多,工资才会相应提高。当增至一定上限,再要增薪,就只能依靠提职了。图 6-3 表明了不同职务上工资的变化范围,通常此范围是在标准20%之内。图 6-3 还表明,相邻级别的职务间,工资有不小的重叠区,所以工龄长或绩效好的职工,工资可能高于工龄较短或绩效欠佳的上一级职工。

　　下面的练习将使你有机会考察一下涉及个人工资决定的一些有关因素。某
公司的会计科长要拟定职员的增薪方案。此次增薪总额为 1 200 元,恰好是这 8
人现有月薪的 8% 。据国家统计部门公布的资料,从半年前上次调薪以来,物价
指数上涨了 5% 。这种调薪,按惯例应包含生活费用补助性的普遍加薪和绩效
奖励性的浮动加薪两种成分在内。劳动工资处的文件也明确要求这两类增薪应
当都有,不可偏废。劳动工资处还规定,凡上半年绩效考评得分低于平均值(5
级制评分,5 分为优,4 分为良,3 分即平均水准)的职工,都不得享受奖励性浮动
加薪,只能吃那一份"大锅饭",即普遍的补助性加薪。

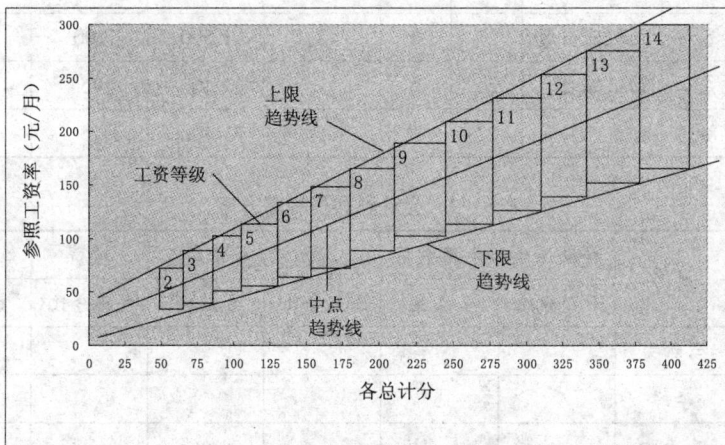

图 6-3　各职务工资变化范围

　　表 6-8 中列出了这 8 位职工的姓名、职务、担任现职年数、现有年薪、上次
加薪数据及考绩分数等背景情况。假使你是会计科科长,在掌握了你手下这 8
名科员的上述情况后,你将怎样分配拨给你的那笔 1 200 元加薪经费? 请利用
表 6-9 把你的加薪方案表现出来。请将每人补助性增薪的数额填在表 6-9 第
二栏内,而将每人的奖励性增薪的数额填在第四栏内。第一和三栏分别是该数
额占该部分增薪总额的百分比。第六栏请填入增薪总额,它是第二与第四栏两
数额之和。第五栏即每人增薪总额占 1 200 元的百分比。再提醒一下,半年物
价指数增加了 5% ,而总增薪额需限制在 1 200 元的预算限额之内。

表6-8 会计科科员有关增薪的背景情况

序号	姓名	职务	年龄	性别	任现职年数	现有年薪/元	上次增薪额/元	绩效分数
1	竺希文	会计师	46	男	4	2 550	200	3
2	李婵	会计师	38	女	2	2 250	150	5
3	毛力驹	高级账目员	42	男	5	2 200	125	3
4	芮汝葱	高级账目员	35	男	3	1 000	100	4
5	魏莲妹	高级账目员	32	女	5	1 800	75	2
6	桑春梅	初级账目员	27	女	2	1 500	100	4
7	包东仁	初级账目员	24	男	1	1 400	75	5
8	史敏思	初级账目员	22	男	1	1 400	75	2

表6-9 会计科科员提薪方案

序号	姓名	补助性生活费用增薪		奖励性绩效增薪		增薪	总量
		1 百分比	2 数额	3 百分比	4 数额	5 百分比	6 数额
1	竺希文						
2	李婵						
3	毛力驹						
4	芮汝葱						
5	魏莲妹						
6	桑春梅						
7	包东仁						
8	史敏思						
小计		%	元	%	元	%	元

资料来原:余凯成等编著,组织行为学,人力资源管理案例与练习,大连理工大学出版社,1999

第七章　绩效评估

◆ **实践目的** ◆

❀ 会使用绩效评估常用的几种方法,如图表式评定量表、行为观察式量表、目标管理方法,并能区别它们

❀ 熟悉绩效评估的程序

◆ **技能提高** ◆

❀ 提高绩效评估反馈技能

❀ 熟悉和运用目标管理

❀ 运用绩效评估的程序对具体的绩效管理进行评估

◆ **相关知识点** ◆

❀ 绩效评估的方法

❀ 绩效反馈的技巧

❀ 绩效评估的程序

第一节　案例分析：安利(中国)绩效考评：让员工广泛做主

据了解,安利(中国)队伍的和谐稳定又保持活力是少有的,近年来员工的流动率只有 10% 左右。人才的忠诚度得益于安利先进的绩效考评制度,这也是它成为财富 500 强排行榜里长盛不衰的公司之一的重要原因。

安利(中国)的绩效考评围绕着"创新精神"、"程序管理"、"坦诚沟通"等七项能力和行为要求进行考核评分。在具体衡量标准上,对不同层级的员工要求不一样,越是高层,要求越高。

公司还将这七项要求做成标准化的明晰表格,考量每一项能力时还设定了细致的问题,每一个问题又分五个等级进行评估。绩效评估表特别强调突出"团队精神"和"持续学习的态度"的重要性。更为独特的是,绩效评估表的第三部分要求所有主任级以上的员工在上一年度都要对下一年度工作订立 3 至 5 个目标,对一年中达到目标的情况考核评分,而对这些评估表现的量化得分将决定加薪幅度、升职机会、浮动花红(奖金)的多少,所有这些评估都客观、公平和公

开进行。

安利(中国)依靠这一套客观标准对每个员工进行考核,在内部保持公平机制,让同等学力、经验、职位和贡献的员工,收入水平相当。虽然,安利的薪酬在行业内是中等略偏上的水平,但是公司这一有效的机制保证了薪酬水平的对外竞争性以及对内的公平性。

安利(中国)的绩效考评制度,是对优秀员工激励制度的完美诠释。研究销售人员绩效考评制度的专家认为,安利(中国)针对销售人员设计的绩效考评制度帮助销售人员相信自我、挑战自我和成就自我,提高安利(中国)的顾客满意度和忠诚度。

安利(中国)的绩效考评结果是安排培训的最好依据。在考评表里,任何一级员工的强项和弱项都一清二楚!依据上一年的考评结果,新一年中每月份的培训已全部制定安排妥当,以公司要求的七项才能要素为核心,针对不同职级的员工弱项的每一项才能要素安排相关培训课程,培训内容包括管理技巧、团队建设、业务技巧和服务技巧等。培训范围覆盖到每一位员工,越高级别的员工对其投入的培训时间越多,资源就越大。

安利(中国)曾委托市场检测机构对安利(中国)营销人员进行了一次全范围的抽样调查,结果显示,在加入安利(中国)前有35%的人对生活缺乏信心、被别人瞧不起或自尊心受到过伤害,而从事安利事业后,有26%的人增强了对生活的信心,改变了生活态度,有33%的人认为丰富了自己的知识,提高了个人的能力和自身的素质。而这一切应当归功于安利(中国)完善的绩效考评系统和培训体系。

但有专家提出,每一个人对绩效的理解不一样,安利(中国)的绩效考评没有统一的标准,而且问题分散,容易造成偏差!安利(中国)也意识到这一点,他们采取了一些补足措施:首先,针对不同的业务部门有不同的侧重。如对财务人员注重分析能力的考评,对营销人员注重团队合作和人际沟通能力的考评;其次,人力资源部门对各个部门给出了考评指引,要求每个部门能把握有60%的员工在3分,20%~30%在4~5分,10%~20%在1~2分,从而对评分有效地进行平衡;最后,对于最终结果依然失衡的部门,人力资源部会进行内部平衡和部门再沟通。

资料来源:夏光,人力资源管理,案例·习题集,机械工业出版社,2006

☞ **讨论题**

以上案例谈到安利(中国)绩效管理的方法和成效,请讨论在运用这些方法时可能潜在的问题和注意事项。

第二节 案例分析：一项"令人满意的"评定令人满意吗

安德鲁·希尔顿在过去26年里一直在"汉密尔顿化学公司"做一名电气科学工程师,最近被提拔到管理层,他的新职位是工程设计服务机构的经理,有20名来自不同学科的工程师向他报告。

这个公司工作状况一直不好,士气和绩效一直比较低。在过去的两年中,该公司的生产率已降低25%,缺勤率上升了10%。与工作有关的人身伤害上升了12%。

安德鲁认为问题是由于以前的经理——邦德·辛普森,错误地使用绩效评估系统而引起的。工人们每年依据一个6分图解式评定量表按以下的工作维度进行评定:

(1) 安全;

(2) 与他人协作的能力;

(3) 对公司长期成长的贡献;

(4) 对生产率的贡献;

(5) 成本控制;

(6) 出勤。

在过去两年中,辛普森在所有6个维度上给每个雇员一个"令人满意的"评分——3分。经过安德鲁最初两个月的观察,他相信辛普森对他们的评分是错误的。6个工程师很突出,为绩效优异者,而另3个工程师则明显让人不满意。

☞ 讨论题

(1)你认为辛普森给了每个人一个令人满意的评定吗?

(2)你同意安德鲁关于"绩效评估可能导致那个问题"的意见吗?请给以解释。

(3)如果安德鲁选择给每个雇员应得的评分,你认为会产生一种强烈反应甚至使人更加不满意吗?

(4)安德鲁应该如何处理这种局面?

资料来源:(美)劳伦斯·S·克雷曼,人力资源管理——获取竞争优势的工具,机械工业出版社,2003

第三节　课堂实践:为你的老师制定目标

目的:这个练习将帮助你学习如何写出切实的、能实现的、可衡量的以及相关的目标。作为目标管理知识点的延伸。

时间:大约 20~30 分钟。

介绍:

(1) 由 3~5 名同学组成小组。

(2) 用几分钟的时间讨论你们班老师的工作。他或她做些什么? 是什么限制了良好的绩效? 什么样的行为会导致良好的绩效?

(3) 每组同学为老师制定五个目标并列出清单,试着挑选出让老师达到高绩效工作的最重要的目标。

(4) 每组选出一名代表与全班同学讨论其所在小组的目标。

(5) 全班讨论各个小组陈述的目标,注意它们的:(a)明确性;(b)是否易于衡量;(c)重要性;(d)目标的优先顺序。

(6) 在所有的小组阐述了他们的目标并且全班已经讨论了这些目标后,看看老师的反应。

第四节　课堂实践:绩效考评反馈

研究表明,大学教师工作的七个绩效范围为:教师的知识,考试的程序,学生与教师之间的关系,组织的技能,沟通的技能,主观关联性以及任务的效用。这些范畴包含在了该练习后面的绩效考评评分单中。

介绍:选出一个班长(或者是自愿者或者是由老师选出的某人)。班长将为老师主持一次绩效考评的反馈会谈。

老师离开教室 15 分钟。在此期间,班级成员向班长提出根据上述的每项绩效范畴为老师提供的有意义的反馈。班长将记录下班级同学的信息来准备他或她的反馈(并不要求以书面文件的形式)。

在 15 分钟后,班长应该邀请老师回到教室并开始反馈会谈。班长扮演提供绩效反馈的人,老师扮演自己。

时间:不超过 15 分钟。

附件 1：老师绩效考评的评分表

在这个过程中为你的老师评分，为以下的每个绩效范畴评定适合的分数。

A 远远高于平均水平；

B 平均；

C 及格，但是低于平均水平；

D 远远低于平均水平，不及格。

_____ 教师的知识。

_____ 考试的程序。

_____ 学生与教师之间的关系。

_____ 组织的技能。

_____ 沟通的技能。

_____ 主观关联性。

_____ 任务的效用。

附件 2：观察者的评分表

在完成这一练习后，评估班上的同学在向老师提供反馈时使用的绩效考评的反馈技能。在 1 到 5 的评分范围内为反馈的提供者评分。在每个标准技能下面的空白处写出评论的具体实例，以便来解释你的反馈。

```
1        2        3        4        5
不满意  不太满意   一般      好       出色
```

_____ 使用以前与员工一起制定的具体目标作为标准来衡量过程。

_____ 让员工放松并且向他们解释反馈会谈的目的。

_____ 将威胁减少到最小，要鼓励和支持员工。

_____ 当提供不利的反馈时，批评其绩效，而不是个人。

_____ 获得员工的参与并鼓励他们进行自我评估。

_____ 用具体的实例来说明评分。

_____ 让老师反馈来保证他或她对反馈的理解。

_____ 与接受反馈的人一起创造未来的发展计划。

第五节　用行为观察式评定量表为你的老师进行绩效评估

通过说明老师在以下事项中的行为次数来评估其绩效。用下面的分数级来打分，并把你的分数填在横线上。

5 = 很频繁；

4 = 经常；

3 = 有时；

2 = 很少；

1 = 几乎不或从不。

工作知识

____ _____授课能系统地阐述课程体系，并能拓展相关的知识

_____……

人际关系

_____很乐意与学生交流

_____……

考试的程序

_____第一堂课公平考试要求及评分标准

_____……

课堂组织

_____每堂课能按教学计划的进度进行

_____……

沟通的技能

_____课堂上能把复杂的问题简单地表达清楚

_____……

教学态度

_____上课准时，不迟到早退

_____……

教学效果

_____学生课下对老师的教学效果评价正面

_____……

第八章　人力资源维护

◆ **实践目的** ◆
❈ 运用法律法规分析人力资源管理的法律问题
❈ 分析企业人力资源维护
◆ **技能提高** ◆
❈ 提高利用网络资源搜索具体劳动法律法规的能力
❈ 把新规定的劳动方面的法律理解转化为人力资源管理的工作规范

第一节　案例分析：沃尔玛公司：我们关心我们的员工

美国的沃尔玛公司于 2002 年全球拥有员工总数达 1 200 多万人,成为全球最大的私有雇主。自 2002 年开始,连续 5 年蝉联美国《财富》杂志公布的世界 500 强企业排名榜首。可是在 20 世纪 60 年代初,该公司只是阿肯色州一家名不经传的地区百货商店。在美国零售业中位居第四。70 年代期间,该公司的销售额从 4 500 万美元增长到了 16 亿美元,商店数目从 18 家增加到 330 家。时至今日,沃尔玛旗下在美国拥有连锁店约 3 500 多家,其他国家拥有 1 100 多家,是一个实实在在的企业帝国。

沃尔玛作为一家从事零售服务的企业,为何在短短的几十年里一跃成为世界最知名的公司。研究发现,沃尔玛有着一套独特的人力资源管理方式。沃尔玛的口号是:"沃尔玛没有雇员,只有同事和合伙人",公司从不把员工当作"雇员"来看待,而是视为"合伙人"和"同事"。公司规定对下属一律称"同事",即使是沃尔玛的创始人山姆·沃尔顿在称呼下属时,也是称呼"同事"。沃尔玛各级职员分工明确,但少有歧视现象。"尊重个人"是其三个基本原则之一,沃尔玛不只强调尊重顾客,提供一流的服务,而且还强调尊重公司的每一个人。该公司一位前任副董事长曾经说,"我们是由具有奉献精神、辛勤工作的普通人组成的群体,来到一起为的是实现杰出的目标。我们虽然有不同的背景、肤色、信仰,但坚信每一个个人都应受到尊重和尊严的待遇。"

沃尔玛公司的前任董事长山姆·沃尔顿非常关心他的员工,由于他的坚持,几乎所有的经理人员都用上了镌有"我们关心我们的员工"字样的纽扣。山姆

·沃尔顿常常深入一线倾听员工的意见。他曾说:"关键在于深入商店,听一听各个合伙人要讲的是什么。那些最妙的主意都是店员和伙计们想出来的。"美国《华尔街日报》曾有报道说:"几个星期前一天晚上,沃尔顿先生夜不能寐。他起床到一家通宵服务的面包铺买了些点心,凌晨二点半时,他带着这些点心来到一个发货中心,同一些刚从装卸码头上回来的工人聊了一阵。结果,他发现这儿至少还需要两个淋浴间。"一名拥有如此身价的世界富翁居然如此深切地关心着他的员工。难怪这些"合伙人"都亲切地称他为"山姆先生"。

☞ **讨论题**

(1)请你结合本题,谈谈人力资源维护的重要意义。

(2)人力资源维护对一个企业的作用主要体现在哪些方面?

(3)沃尔玛在人力资源维护方面有哪些特点?

(4)根据你的知识,你认为沃尔玛在人力资源维护上有哪些需要改进的地方?

(5)结合中国当前的实际,试谈谈中国人力资源维护方面有哪些不足?

第二节 案例分析:劳动合同纠纷

王某与企业订立8年期的劳动合同,于2006年6月30日到期。2005年7月5日,王某休息外出会友时摔伤腰部,遂住院治疗,两个月后出院,企业指定医院证明:"可以上班,两个月内避免腰部剧烈活动,两个月后来院复查"。王某身体状况不能适应原工作岗位的工作,要求适当调整工作岗位,从事力所能及的工作,待两个月后医院复查结果出来后再定工作岗位。企业表示,既然不能从事原来岗位的工作,而企业无法为其安排别的工作,同意王某在家休息一个月,休假期间按当地最低工资标准支付病假津贴;随后于2005年9月6日以"非因公负伤,不能从事原岗位工作"为由,解除了与王某的劳动合同。王某不服,申诉到当地劳动争议处理机构,请求维持原劳动关系。

请查阅相关的法律法规,对本案提出你的分析意见。

第三节 经验性练习:www.12333sh.qov.cn

请学生提出其关注的人力资源管理的法律问题,通过上海人力资源和社会保障局网站或其他网络资源查找相关的法律法规,并分析该问题(请注明查找的网页）。

附录：

问题一：招聘广告中的承诺有效吗？

解答：这个问题主要涉及两个方面：一是招聘广告的性质及效力；二是招聘广告与随后签订的劳动合同的关系。用人单位的招聘广告在性质上只能属于要约邀请；我国《劳动法》第十九条规定："劳动合同应当以书面形式订立，并具备 7 项条款"，但企业的招聘广告一般并不包含上述法律规定的劳动合同的必备条款。

现实中，用人单位通过报刊、杂志、新闻媒介等方式发布招聘广告，许多求职者则通过这些广告应聘，对于招聘广告的法律性质需要有清醒的认识。

问题二：放弃权利的承诺书无效？

解答：《劳动法》和《上海市劳动合同条例》都有规定："下列劳动合同无效：1. 违反法律、行政法规的劳动合同；2. 采取欺诈、威胁等手段订立的劳动合同。无效的劳动合同，从订立的时候起，就没有法律约束力。确认劳动合同部分无效的，如果不影响其余部分的效力，其余部分仍然有效。"这里的"威胁"是指以给公民及其亲友的生命健康、荣誉、名誉、财产等造成损失为要挟，迫使对方作出违背真实的意思表示的行为。

问题三：要求休"探亲假"被单位拒绝，怎么办？

解答：探亲假，是指职工享有保留工作和工资而同分居两地的父母或配偶团聚的假期。根据劳动法规关于职工探亲待遇的规定，"凡在国家机关、人民团体和全民所有制企业、事业单位工作满一年的固定职工，与配偶不住在一起，又不能在公休假日团聚的，可以享受探望配偶的待遇；与父亲、母亲都不住在一起，又不能在公休假日团聚的，可以享受探望父母的待遇，但是，职工与父亲或母亲一方能够在公休假日团聚的，不享受探望父母的待遇。职工探望配偶的，每年给予一方探亲假一次，假期为 30 天，往返路费应由所在单位承担。未婚职工探望父母，原则上每年给假一次，假期为 20 天，往返路费应由所在单位承担。如因工作需要或者职工自愿两年探亲一次的，可两年休假一次，假期为 45 天。已婚职工探望父母的，每 4 年休假一次，假期为 20 天。往返路费，超过本人月标准工资的 30% 部分，应由用人单位负担。另外，用人单位应根据实际需要给予职工探亲路程假。凡实行休假制度的职工，应在休假期间探亲；如休假期较短，可补足其探亲假的天数。"

问题四：职工拒绝加班能否作为辞退理由？

解答：《劳动法》第 36 条规定："国家实行劳动者每日工作时间不超过八小时，平均每周工作时间不超过四十四小时的工时制度"。《劳动法》第 41 条规定："用人单位由于生产经营需要，经与工会和劳动者协商一致后可延长工作时间，一般每日不得超过 1 小时，因特殊原因需要延长工作时间的，在保障劳动者身体健康的条件下延长工作时间每日不得超过 3 小时，但是每月不得超过 36 小时。"

第四节 经验性练习：应对新颁布实施的人力资源管理的法律问题

2008 年，有关劳动法律方面的条例有很多改进。如 2008 年 1 月 1 日开始实施的《中华人民共和国劳动合同法》,2008 年 5 月 1 日开始实施的《中华人民共和国劳动争议调解仲裁法》和 2008 年 9 月 18 日颁布和实施的《中华人民共和国劳动合同法实施条例》,这些关于劳动关系的重要法律和条例,依照其立法精神,必将使企业在劳动关系管理上迎接更多的挑战,也使我们的人力资源管理者承担更多的责任、掌握更高的人事管理技术、面临更多的人事风险。所有风险的形成的原因,是企业传统的人事管理的理念和技术手段,与新"劳动合同法"等法律的立法宗旨之间的差距所造成的。

任务:

面对劳动合同法律制度的巨大变化,人力资源管理专员应该如何应对? 人力资源管理工作应有哪些改变? 基于这些问题,请以小组分工的形式,查阅相关新规定的资料,理解与企业人力资源管理实践工作相关的新规定,并讨论作为企业的人力资源管理专员,如何做才能最大可能地避免争议。

附录:新规举例

例 1:签无固定期限合同的十年标准有误解

【案例】

在一家商业公司工作 10 年多的黄先生提出与公司签个无固定期限劳动合同,公司说他还不符合条件,理由是从 2008 年 1 月 1 日算起,他要等到 10 年后,才有资格签订无固定期限劳动合同。

【对应条例】

劳动合同法第十四条第二款规定的连续工作满 10 年的起始时间,应当自用人单位用工之日起计算,包括劳动合同法施行前的工作年限。

【解读】

连续工作满 10 年应订立无固定期限劳动合同,但计算"连续 10 年"时,很多人都误以为是从"劳动合同法"实施之日起,即 2008 年 1 月 1 日。这次明确了:应当自用人单位用工之日起计算,包括"劳动合同法"施行前的工作年限。也就是说,只要存在事实劳动关系,就算得上工作年限。

例 2:试用期工资不低于"80%"

【案例】

苏敏是一名大学应届毕业生,2008 年 8 月 20 日,她成功应聘到一家广告公司上班。她试用期每月工资只有 650 元。尽管这已经超过了太原市城区最低工资标准,但在她看来,这点工资远远不够花,这样的待遇设置也十分不合理———因为公司其他正式员工的月收入都在 1 800 元左右,试用期员工和正式员工待遇差别太大。而且,苏敏发现,她的同学也普遍面临着这样的问题。

【对应条例】

劳动合同法实施条例第十五条规定:劳动者在试用期的工资不得低于本单位相同岗位最

低工资的 80% 或者不得低于劳动合同约定工资的 80%，并不得低于用人单位所在地的最低工资标准。

【解读】

部分用人单位对新人"试用期"内支付的工资较低，侵害了劳动者的合法权益，也打击了他们的积极性。实施条例在"劳动合同法"规定的基础上，对试用期的工资进行了详细规定，劳动者在试用期的工资不得低于本单位相同岗位最低档工资的 80% 或者不得低于劳动合同约定工资的 80%，同时不低于用人单位所在地的最低工资标准。

第九章 员工培训

◆ **实践目的** ◆

※ 了解有效培训方案的指南,并能对具体培训方案进行分析

◆ **技能提高** ◆

※ 能运用有效培训指南对培训方案进行剖析和完善

◆ **相关知识点** ◆

※ 培训计划的制定

※ 培训方法的选用

※ 培训效果的评估

第一节 案例分析:如何让应届生融入企业

刚走出校园的大学生就像一张白纸,企业如何在这张白纸上构图? YC 公司负责培训工作的李刚参照公司原有的培训体系,为公司新招的 13 位大学生编制了一份培训计划,但是,计划编制出来后经过大家的讨论发现还有几个问题需要解决。

YC 公司是某著名跨国公司于 20 世纪 90 年代初在我国沿海某城市投资上亿美元建立起来的独资的半导体组装和测试工厂。全公司分为 10 个部门,包括制造部门(组装部门、检测部门和新近设立的内存生产部门)、一般管理部门(人事、材料、会计、电算)和间接部门(生产管理、质量保证和动力部门)。员工近 1 000 人,其中外国管理人员 12 人,部门经理 12 人,主管 13 人。主导产品为 SOP,IP,QFP,TR 等中等技术水平的半导体芯片。

公司每年定期或者不定期地从大学或社会上招聘新员工,除了零散招聘人员以外,上规模的招聘一般在 10~35 人之间(包括不同学历、工作经验等)。在公司内部有独立的培训学校,有专门的人员负责培训工作。为了能够提高公司人员的层次水平和素质,使得公司的人才积累和储备能适应不断发展的公司规模和要求,这次公司从东北几所高校中招入了 13 名非本地籍贯的大学生,他们来自不同的学校,不同的专业(有学电子的、有学机械的、有学管理的、有学计算

机的等),公司准备对他们进行一个半月的培训,以期望能达到设想的目标:

(1)对公司组织和经营形象的了解,培养团队精神;

(2)建立起职业人的基本姿态;

(3)对半导体生产中各环节的常识性了解;

(4)帮助新员工顺利融入公司文化;

(5)帮助新员工顺利地踏入社会;

(6)熟悉企业内部管理环境,为以后的职业发展奠定良好的基础;

(7)要使新员工对公司所处的行业特点、行业地位有一个清楚的认识,使理论更接近于实际。

1. 培训内容

对新员工的教育中分成两部分:基本入门教育和在职教育(On the Job Training,OJT)。前者又包括职员的一般职业精神教育、本公司的企业文化、半导体的生产流程、企业内部的管理介绍(各部分大致内容见表9-1,各部分时间分配比例见图9-1,每周课程示例见表9-2),基本入门教育之后进行部门的分配。OJT主要是生产线上的实习、授课与实地讲解相结合,以达到最好效果,时间为两周。教育一周为6天半,每周六进行培训效果评估。每日时间安排见表9-3。

表9-1 基本入门教育各部分的内容

部 分	内 容
一般职业精神教育	冰释游戏(旨在促使学员间更快了解)、职业礼节教育、科学的思维方法训练、演讲(我的人生)、thank you-note(感谢条)、变化从我做起(录像)、团队精神的培训、交流能力训练、环保观念培养、做report、标准化概念教育、如何写报告、正确的职业观教育、职业规划等
企业文化教育	我们之歌、体操、挑战改革史(录像)、企业文化(录像)、企业宗旨、体育活动、韩国文化(录像)、盲人引导犬(游戏,旨在培养学员的爱心)、地雷阵游戏(组织协调训练)、组织开发训练——MAT(忍耐力训练)、报恩之心(培养知恩之情)、工作的乐趣等
半导体的生产流程教育	半导体概述、半导体专业用语(中英文)、组装工程概要、检测工程概要、公司产品介绍、任务与技术等
企业内部管理介绍	防静电、清洁度生活、安全保安规则、遵守公司制度、清洁工作、ISO9000系列质量体系教育、全面质量管理介绍、质量控制方案运用、六西格玛质量控制介绍、公司人事制度、企业内部集成化制造自动与执行系统介绍、集团全球统一方针和执行过程参考介绍、生产期间管理、统计过程控制、品质经营游戏(强调成本与质量概念)、模拟经营游戏(目的如上)等

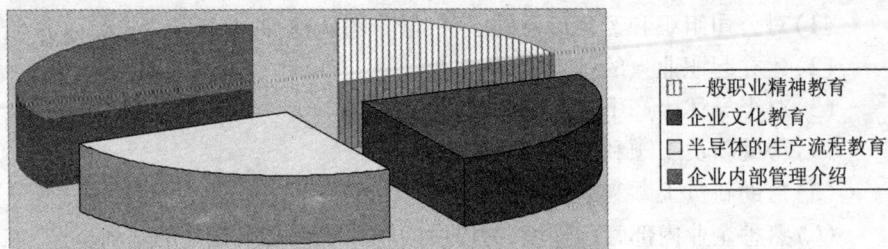

- 一般职业精神教育
- 企业文化教育
- 半导体的生产流程教育
- 企业内部管理介绍

图9-1 入门教育内容时间分配百分比

表9-2 一周课程安排示例

周一	周二	周三	周四	周五	周六	周日
8:00 ~ 8:30	教育准备					
8:30 ~ 12:00	组立概要(讲师)变化从我做起(录像)	组立概要(讲师)环境安全(讲师)	检查概要(讲师)职业礼节(教导员)	六西格玛(讲师)公司人事制度(讲师)	生产期间管理(讲师)TQC全面质量管理(讲师)	集团全球统一方针和执行过程参考介绍(录像)体育活动(教导员)
12:00 ~ 13:00	午餐休息					
13:00 ~ 17:00	公司主题歌(教导员)检查概要(讲师)	清洁度生活(讲师)遵守公司基础(教导员)	ISO9000(讲师)REPORT(录像)	厂内参观(教导员)内部清洁准则(讲师)	标准化概念(讲师)	
17:00 ~ 17:30	教育整理					

表 9 - 3　每日教育时间安排

各项内容	基本入门教育	OJT
晨练	5:30	——
早餐	6:00 ~ 7:00	6:00 ~ 7:00
每天报到时间	7:45 之前	7:45 之前
上午课程时间	8:30 ~ 12:00	8:30 ~ 12:00
午餐	12:00 ~ 13:00	12:00 ~ 13:00
下午课程时间	13:00 ~ 17:00	13:00 ~ 17:00
写受训心得	17:00 ~ 17:30	17:00 ~ 17:30

2.参与人员

负责人:有一个培训校长,负责计划的编写,各个阶段任务的确定、分配以及定期的效果评价。再配一名教导员,负责日常的一部分课程教学。

讲师安排:一是教导员;二是各部门的经理以及主管,一般都是在各个工程、部门经验丰富、业务熟练的课长、主管,他们一般已经在公司工作 4 ~ 5 年了,而且生活的阅历很丰富。而在 OJT 中,一般是在工程现场很有经验的职长和维修工,年龄和新员工相仿,易于交流;三是从本地高校外聘的讲师来讲正确的职业观。

3.培训方法

3.1 讲演法

其最大优点是经济,它具有别的方法所没有的感染力,而且人们从很小的时候起就接受这种教育方式,比较习惯。在培训中,一旦学员来到教室会在很大程度上提高他们的学习积极性。在讲演法中,讲师的能力很重要,因为利用这种方法很有可能引起沉闷的气氛,讲师如果能利用生动的语言或者录像、图表、投影、幻灯来表达讲课内容,让学生参与教学,把单向沟通扩展为双向沟通,效果就不一样了。讲演法的优势相当强,它有利于传授一般的知识。

3.2 角色扮演法

角色扮演可以按照事先计划好的程序进行,有特定的问题和场合,需要提高一些特定的技能,强调某些观念,而另一种自发性角色扮演可以让学员在学习过程中学会发现新的行为模式,减少在人际交往中的拘束和过强的自我意识。通过角色扮演可以向学员提供各种机会,让他们在充分的实践和尝试中达到学习的目的。在活动中有机会观察到其他学员的表现,可以彼此学习,模仿他人的行为、举止以及处理问题的方式等。在培训时教官还会总结,并亲自示范。

3.3 工作教练法

在准备阶段,教员要与学员建立合作的关系,帮助学员消除紧张情绪,提高学员的学习兴趣;在演示阶段,教员可以把工作的操作步骤向学员解释清楚;在试行操作阶段,教员可以请学员用语言描述一下整个过程,请他们提出问题,由教员解答,鼓励学员自己动手操作一遍,并注意可能出现的误操作,防止出现事故和人身伤害;在随访阶段,主要原则是放手让学员操作达到自动化的程度,学员由被动学习转为主动学习,及时表扬和肯定有助于学员的强化。现在这种方法不断系统化,不仅适用于操作工的培训,而且适用于那些工作结构性差的工作。

3.4 视听辅助设备法

在培训中可以使用各种视听辅助设备,从粉笔、黑板到电视。在某些情况下,这些辅助设备与其他方法结合可以提高教学效果;另一些情况下,这些设备本身就是沟通教员和学员的媒介。

3.5 会议法

会议在很大程度上有积极的教育作用。它要求与会者把事实、意见、信息充分摆出来,全面地讨论,不但总结自己,而且要为别人总结,最后得出群体的意见和结论。也许与会者刚开始很难摆脱以往的习惯,这就需要会议领导者因势利导,逐渐打开局面。

4. 教材

所有教材均为公司的内部教材,各个章节是由各个部门的经理或是主管编写。

5. 效果评价方法

在培训中,不定期地进行考试或者评价,以检验学员的掌握程度和培训效果。更重要的是追踪性评估,对学员走上工作岗位以后的表现进行反馈,从中提炼出对评价培训效果有帮助的内容。每天早上进行前一天课程内容的检验,每周六进行一周培训效果评估,形式主要是笔试。讲师在总结课程时加上对学员个人的评价。学员对讲师具体从讲课中的备课、学员反馈、出勤、提供的教学意见等方面来评估。

6. 存在的问题

计划编制出来后,经过大家的商议和讨论,发现还有几个问题需要解决:

(1)如何在培训初期了解新员工的期望?

(2)如何在培训过程中处理好新员工的共性和个性的关系?

(3)由于这次 13 名新员工是非本地籍贯的,对于本地的风俗、习惯不了解,有很多的不适应,甚至导致了抵触的情绪,如何通过培训来帮助他们顺利适应?

(4)在本次的培训人员中有两名是朝鲜族的新员工,由于公司是韩国的独资企业,招入本民族的新员工,一方面是在日常交流时比较容易沟通,另一方面在出国培训时可以充当翻译。但是,在其他新员工的心里会产生负面效应,影响他们的培训积极性,甚至在日后的工作过程中造成不必要的冲突,特别是当朝鲜族学员在培训中的表现不尽如人意时。如果发生这样的情况,将通过怎样的引导消除文化的障碍,很好地解决这一问题?

(5)在培训效果评价时,关于半导体技术等刚性知识,我们可以通过卷面测试等方式了解学员通过培训掌握的程度,但是关于文化的适应、管理等柔性方面如何去了解评价? 如何进行系统的反馈评价? 有些讲师由于个人的喜好或者工作情况的变动,在授课时往往不能及时到位,发生调课等情况,甚至有时就打发一个一般职员前来授课,使得授课没有产生应有的效果,也使新员工对公司有了不良的印象,更严重的后果是进度遭到破坏,使得整个培训计划不能顺利进行。如何很好地控制计划的执行过程?

(6)OJT 的内容处于比较尴尬的境地,因为公司新员工培训中 OJT 的面向对象是所有的新员工,这包括了分配到生产线上的技术人员,也包括日后在支援部门工作的一般管理人员,而显然 OJT 主要是针对工程技术与设备管理方面的人员,其他新员工日后的工作与某些部门是有联系的(比如材料科负责购买业务的职员要熟悉各工程的原材料,以及它们的编码含义、设备配件的组成、消耗、生产地、易耗品分类等),但是大部分内容深入讲授也没有多大的作用。公司也不可能从教育一开始就根据职工的部门设计一项工作的任务,因此浪费了一部分人员的精力和时间,甚至可以这么说,工程部的技术人员也不必花费那么多时间去学习技术、工艺与设备方面的基本知识。OJT 的出发点是对的,如何通过调节使得培训达到理想的效果?

(7)在选择培训方法时,我们都知道每种方法都有不同效果,比如角色扮演法,它一般使用在涉及人际关系、群体决策、管理技能、访谈等方面的培训。如何确定培训的方式和内容,使之搭配得最合适,效果最好?

(8)在教材问题上,由于教材是讲师自己编写,并且自己授课,再则学员都是新员工,出现了问题很难发现,如何处理教材这一问题?

(9)由于公司的新员工培训第一次出现全部受训员工都是应届毕业生的情况,而且这次培训计划的很多内容还是参照历次培训计划内容,但是以前大多数的新员工都有工作经历,这和刚走出校门的学生在很多方面都是不同的,如何根据培训目标以及新员工的具体情况调整培训的各项内容、日常时间的安排,使得针对性更强,预期可能的效果更强?

(10)如何对整个培训项目进行客观、正确的评估?

案例来源:何国玉,人力资源管理案例集,中国人民大学出版社,2004

第二节 案例分析:无效的培训

某公司决定,派出人力资源部的员工去外地某培训中心参加一次培训。当时,人力资源部的人员都想参加,不仅是因为培训地点特殊,而且此次培训内容很精彩,培训讲师都是在大公司工作且有丰富管理经验的专家。但是人力资源部特别忙,所以主管再三权衡,最后决定由手头工作较少的 A 和 B 去参加。人力资源主管把培训时间、费用等事项向 A 和 B 作了简单的交代。培训期间,两人认真听课,对老师所讲的内容作了认真地记录和整理。但课后两人总是在一起,很少跟其他学员交流,也没有跟老师交流。培训回来后,主管只简单的询问了一些培训期间的情况,两人与同事也没有详细讨论过培训的情况。过了一段时间,同事都觉得培训后两人并没有什么明显的变化,两人也觉得听课很精彩,但对实际工作并没有什么帮助。

☞ **讨论题**

(1)A 和 B 的培训令人满意吗?为什么?

(2)该项培训,人员的选配是否存在问题?

(3)根据案例提出能够提高培训效果的有效措施。

第三节 案例分析:餐饮服务培训

红筷子快餐公司开办了不足三年,生意发展得很快,开业时仅有两家店面,到现在已是由多家分店组成的连锁网络了。

　　不过,公司分管人员培训工作的副总经理张慕廷却发现,直接寄到公司和由"消费者协会"转来的顾客投诉越来越多,上个季度竟达 80 多封。这不能不引起他的不安和关注。

　　这些投诉并没什么大问题,大多鸡毛蒜皮,如抱怨菜及主食的品种、味道、卫生不好,价格太贵等;但更多是有关服务员的服务质量的,不仅指态度欠热情、上菜太慢、卫生打扫不彻底、语言不文明,而且业务知识差,顾客有关食品的问题,如菜的原料规格、烹饪程序等常一问三不知;有的顾客抱怨店规不合理,服务员听了不予接受,反而粗暴反驳;再如发现饭菜不太熟,拒绝退换,强调面额已经动过饭菜了等。

　　张副总分析,服务员业务素质差,知识不足,态度不好,也难怪他们,因为生意扩展快,大量招入新员工,草草做半天或一天岗前集训,有的甚至未培训就上岗干活了,当然影响服务质量。

　　服务员是两班制。张副总指示人事科杨科长拟定一个计划,对全体服务员进行两周业余培训,每天三小时。开设的既有"公共关系实践"、"烹饪知识与技巧"、"本店特色菜肴""营养学常识"、"餐馆服务员操作技巧训练"等务"实"的硬件课程,也有"公司文化"、"敬业精神"等务"虚"的软性课程。张副总还准备亲自去讲"公司文化"课,并指示杨科长制定"服务态度奖励细则"并予公布。

　　培训效果显著,以后连续两季度,投诉信分别减至 32 和 25 封。

　☞ 讨论题

　　(1)你认为这项培训计划拟订的如何? 你有何内容增删的建议?

　　(2)你觉得这次培训奏效,起主要作用的是哪些内容?

　　(3)如果你去主讲那两门"软"性课,你将讲些什么内容? 你会采取什么样的教学方法? 为什么?

　　(4)角色扮演:让一些学员扮演顾客,一些扮演服务员,演练在顾客抱怨和工作紧张或加班时员工的表现,再对所模拟的场景分析,并讨论演练过程中所出现的问题该如何解决。

　　资料来源:河北工程大学精品课程网

第四节　案例分析:在海尔顿烘烤食品公司送面包

　　海尔顿烘烤食品公司(Helton)是由三兄弟在 1953 年共同组建的。现在,海尔顿公司已经成为一个非常大型的多元化公司,生产千种以上不同食品。海尔顿公司雇佣了 10 000 多名工人,覆盖美国约 23 个州。

海尔顿公司的主要工作之一是送面包。一旦被雇佣,雇员就被分派到一个区域,并且得到一份当地的客户名单,他们的工作就是送面包制品并签订新的订单。所有新雇员在进入公司工作前都要接受技能培训。这种持续一周的训练由地区经理与新员工一对一地进行。受训者随同经理一起去走将属于他或她的道路,期望受训者观察并记住该地区经理在这条路上各个停留站所完成的活动。在每个停留站,受训者的主要责任是去观察并帮助经理完成必要的任务。在两个停留站之间有相当长的开车时间,这使经理有机会回答受训者所提出的所有问题并且测验受训者必须记住的细节,如文书工作及停留站的顺序等。经理也利用这段时间与受训者一起回顾各种可能发生的情况并且说明他们将如何正确地处理。在培训的第 2 周,由受训者独立执行任务。雇员会被告之:如果在路上他们出现任何问题,就用电话通知经理。

☞ **讨论题**

(1)分析这个培训方案的有效性,用什么办法可以成功地遵循指导过程中的步骤?

(2)你将如何重新设计该方案使其更为有效? 具体谈谈你的建议,并说出你所提的每一个建议的基本原理。

资料来源:克雷曼,人力资源管理——获取竞争优势的工具,机械工业出版社 2003 版

第五节　　经验性练习

作为海尔顿烘烤食品公司新任人力资源部门的培训主管,请你针对上述案例写一份关于公司人力资源培训的工作计划书。

第六节　　课堂实践:培训模拟

将班级同学进行角色分配:

培训者:3 ~ 5 名(以小组分工形式进行);

评论员:3 ~ 5 名;

受训者:班级其余同学。

培训者(即负责培训的成员)根据事先准备好的培训课程对受训者进行培训。选取的培训内容可以是商务礼仪知识、电话应答技巧、领带打法技巧等。培

训者必须在20分钟内完成这一培训。培训者需要注意自己的培训步骤、方式等,并准备培训材料。

　　受训者则需要对他们的培训者进行评估(培训评估问卷表请见培训评估问卷表),记录他们对培训的感受、对过程的优缺点的认识、以及提出改进建议等。

　　最后,由评论员们讨论培训过程并与受训者们交流感受,由评论员现场测试此次培训的效果,并为培训者打分。

　　附件:培训评估问卷表

培训者:　　　　　　　　　培训课程:

1.总体评价(目的、内容、资料、接受程度、投影、讨论、环境、收获等):

非常差	较差	一般	较好	非常好
1	2	3	4	5

请简单说明你这样认为的理由:

2.总的来说,你觉得这次培训是否达到了你的预期目标:

一点也没有达到	较差	一般	较好地达到了预期目标	非常好地达到了预期目标
1	2	3	4	5

请简单说明你这样认为的理由:

3.总的来说,你对于培训者的评价:

非常差	较差	一般	较好	非常好
1	2	3	4	5

请根据下列项目对其评价:

	非常差	较差	一般	较好	非常好
陈述培训目标					
调动课堂气氛,保持学员学习兴趣					
沟通使用辅助设备(投影仪、板书等)					
态度(友好、愿意帮助学员)					
培训者课前准备					

4.总的来说,你觉得这次培训的设备:

非常差	较差	一般	较好	非常好
1	2	3	4	5
请简单说明你这样认为的理由:				

5.总的来说,你觉得这次培训的时间安排:

非常差	较差	一般	较好	非常好
1	2	3	4	5
请简单说明你这样认为的理由:				

6.总的来说,你觉得这次培训的内容:

非常差	较差	一般	较好	非常好
1	2	3	4	5

	不同意	勉强同意	同意	很同意	绝对同意
培训材料的编排让我有兴趣读					
培训讲义对我有帮助					
我觉得能够将培训中所学到的知识应用到以后的工作中					
培训材料内容分布很合理					

7.如果你是培训师,请从专业角度对此次培训提出改进建议:

8.记录现场测试培训效果的结果:

9.记录评论员的感受及对培训者的总体评价:

第十章　职业生涯

第一节　案例讨论:吴士宏的职业发展之路

2006 年 4 月 19 日,TCL 集团向外界发布公告,正式宣称 TCL 集团董事吴士宏内部股权转让的过户手续彻底完成,吴士宏将其持有的 TCL 集团的 1 008 万股股份,分别转让给 TCL 的十位高管,她不再持有任何 TCL 的股份。通过这样的方式,吴士宏带着套现得来的 3 000 万人民币彻底与 TCL 六年来的种种是非画上了一个句号——尽管加入之时,她还曾经表示要将一腔热血全部献给 TCL。

吴士宏前期职业生涯的顺利发展以及在 TCL 的受挫有其深刻的原因。

吴士宏没有高深背景,也未受过正规的高等教育。她曾在椿树医院做护士,获得自学英语大专文凭后,通过外企服务公司进入 IBM 公司。从沏茶倒水、打扫卫生的岗位做起,直至 1997 年出任 IBM 中国销售渠道总经理。1998 年,吴士宏从 IBM 跳槽,出任微软(中国)公司总经理,1999 年 6 月辞职,并很快高调加盟 TCL 集团,并于两年后再度离开。

吴士宏曾经深有感触地说:“不是 IBM,不可能有我吴士宏的今天。”因为 IBM 是一个注重员工发展、有完善的员工培训系统的大企业,她才有机会从一个“蓝领”一步步成长为成熟的职业经理人。

很多企业家认为,以吴士宏的教育背景而言,尽管通过后天的努力学习,以及相关工作的经历,能力可以得到相当的提升,但要进一步地向更高层次发展,原本知识结构上的缺陷并不是通过业内培训就可以完成的,必须进行系统性的学习。

"在我内心,始终有着沉重的危机感,如果不先走一步,就意味着被人领先",分析吴士宏的职业经历,可以说吴士宏的成功采用的就是笨鸟先飞的办法。然而当达到职场生涯顶峰之时,需要进行系统学习再次提高自身能力的吴士宏却为了一些眼前的利益,放弃了多次"充电"的机会。

1997 年 8 月,吴士宏放弃了去美国攻读 MBA 高级研修班,而此时却正值全球性网络兴起的大潮,可以说吴士宏错过了最好的学习和发展机会。而 1999 年,从微软中国总经理位置上退下之时,吴士宏也本应该找机会补充知识体系,但"逆风飞扬"神话的火爆又让她迷失了自己。

"在吴士宏的职业高峰时期,实际上已经透支了一切。"专家认为,吴士宏正是因为没有及时地将能力提升与自己位置的提升进行相应匹配,才有止步于 TCL 的结局。

现在看来,如果当年吴士宏放弃 TCL 的邀请,出国进修,弥补缺陷,尽管会错失一些赚钱机会,但在如今中国 IT 投资的大环境下,具备了更高能力的吴士宏以微软中国总裁的名声必然能够找到更好的机会。

☞ 讨论题

请结合学习本章所掌握的知识,谈谈该如何评价吴士宏的职业发展道路? 吴士宏的案例对你有什么启发?

第二节 案例分析:职业途径管理

在芝加哥,大陆银行鼓励员工在不能被经常性纵向提升的情况下,在部门间横向调动。一些人可能从审计部门调到商业培训部门,一些人可能从研究开发部门进入国际开发部门。过去不灵活的人力资源管理政策已不适应解决现在和将来的问题。大陆银行使用的另一个方法是建立双重职业或管理阶梯。新的技术职位在头衔和薪水方面与管理职位是同样的。例如,银行设立了高级贷款、会计和系统专家等与高级管理地位等价的职位。

安抚没被提升的员工的另一个办法是工作做得好时给予更多的薪水。多年来,发展依靠创造性人才——科学家、工程师、作家、艺术家——的公司已经采取许多创新性的员工职业生涯发展方法。例如,在摩托罗拉公司,科学家现在能沿着类似于学院的途径从助理研究员、研究员、高级研究员一直作到杰出研究员。

该公司现有 130 名研究员,他们的年薪从 $ 65 000 到 $ 100 000 不等。

在通用电气公司,职业生涯停滞时期的员工(由于组织缺乏提升机会或者个人缺乏能力或晋升期望)有时被分配到特别工作组或研究小组。这些员工从技术和管理的角度没被提升,但至少被分配到新工作,有了新的前途,日常工作发生了变化。

又如,谨慎人寿保险公司(Prudential Life Insurance Company)调动经理以提高业绩。罗克韦尔工业公司(Rockwell International)使用特别工作组使经理们在得不到期望的提升速度时不会感到自我价值的丢失。

☞ **讨论题**

在纵向提升机会不多的情况下,企业在职业生涯管理上有许多创新的做法,请在查阅二手资料的基础上讨论这些做法的利弊。

第三节　　经验性练习:为职业生涯设计收集资料

根据本章内容的学习,结合自己职业的实际,收集相关的职业信息,进行职业生涯设计。

主体内容:

(1)自我分析(专业、工作经历、性格爱好、个人生活目标等);

(2)本职务的传统工作及新工作;

(3)本职务所需要的知识技能和能力;

(4)职业生涯的进入;

(5)职业生涯的成长路径;

(6)专业的成长(专业协会、证书、学位、专业杂志等)。

参考文献

中文文献

1. 丹尼尔·A·雷恩. 管理思想的演变,中国社会科学出版社,2000
2. 韦恩 F·肖卡(Wayne F. Cascio). 人力资源管理,机械工业出版社,2006
3. 赵曙明. 人力资源管理与开发,中国人事出版社,1998
4. 赵曙明. 人力资源管理研究,中国人民大学出版社,2001
5. 赵曙明,彼得·J·道林,丹尼斯·E·韦尔奇. 跨国公司人力资源管理, 北京:中国人民大学出版社,2001
6. 戴昌钧. 人力资源管理(第 2 版),南开大学出版社,2008
7. 戴昌钧. 行为与管理模式——人力资源管理的一种新探讨,国家自然科学基金资助项目(批准号 79270057)研究报告
8. 石金涛. 现代人力资源开发与管理,上海交通大学出版社,1999
9. 黄津孚. 现代组织与人力资源管理,人民日报出版社,1994
10. 李燕萍. 人力资源管理,武汉大学出版社,2002
11. 约翰·伊万切维奇(John M1 Ivancevich),赵曙鸣. 人力资源管理(第 9 版),机械工业出版社,2005
12. 加里·德斯勒. 人力资源管理(第 6 版),北京:中国人民大学出版社,1999
13. 罗锐韧,曾繁正. 人力资源管理,哈佛商学院 MBA 教程系列,红旗出版社,1997
14. [美]R·韦恩·蒙迪,罗伯特·M·诺埃. 人力资源管理(第 6 版),经济科学出版社,1998
15. D·麦格雷戈. 企业的人事方面,纽约:希尔图书公司,1960
16. 刘听. 薪酬管理,中国人民大学出版社,2003
17. [美]雷蒙德·A·诺伊. 雇员培训与开发,中国人民大学出版社,2001
18. 杨生斌. 培训与开发,西安交通大学出版社,2006
19. [美]阿尔特曼(S. Altman). 管理科学与行为科学,北京航空航天大学出版社,1990

20. 托马斯·G·格特里奇. 有组织的职业生涯开发,南开大学出版社,2001

21. 徐柏泉. 组织行为学,百家出版社,安定1992年报2月

22. 严文华. 跨文化企业管理心理学,东北财经大学出版社,2000

23. 罗特利斯伯格. 管理的士气,哈佛大学出版社,1942

24. 企业的社会责任标准初探——SA8000的机遇与挑战,重庆出版社, 2005

25. 竹内弘高,野中郁次郎. 知识创造的螺旋——知识管理理论与案例研究,知识产权出版社,2006

26. [奥] A·哈耶克. 个人主义与经济秩序,北京经济学院出版社,1991

27. H·西蒙. 现代决策理论的基石,北京经济学院出版社,1992

28. 倪敏玲. 试论战略人力资源管理的本质与特征,苏州大学学报(工科版),2005

29. 俞荣建. 基于企业战略的工作分析与评价模式创新,工业技术经济, 2006,7(7):103 – 106

30. 左雯珏. 谈企业激励制度的自助式福利新方向,商业时代,2006 (13):56

31. 徐振寰. 中国工会在构建和谐劳动关系中的作用,工人日报,2006 – 12 – 06

32. 冯观富. 教育心理辅导精解(上册),台湾:心理出版社,1993

33. 龙君伟. 论易变性职业生涯,中国人才,2002,8:34 – 36

34. 李景元,李兆明. 现代企业班组管理,企业管理出版社,1995

英文文献

1. Huselid M A, Jackson S E, Schuler R S. Technical and Strategic Human Resource Management Effectiveness as Eeterminants of Firm Performance, Academy of Management Journal, 1997,40(1):171 –188

2. Pfeffer J. Competitive Advantage Through People, Boston:Harvard Business School Press,1994

3. Frederick W Taylor. The Principles of Scientific Management, New York: Harper & Row, 1911

4. Peter Drucker, Knowledge Work Productivity:The Biggest Challenge California Management Review Vol. 41 No. 2 1999

5. John G Adair. The Hawthorne Effect: A Reconsideration of the Methodological Artifact, Journal of Applied Psychology, 1984(2)

6. Peter F Druck. The Practice of Management, New York: Harper & Brothers, 1954

7. Gary Desslerr. Human Resource Management(7th ed), Prentice – hall Inc, 1995

8. Peter Drucker. The Coming of the New Organization, Harvard Business Review, January – February 1988:45.

9. Thomas Steward. Brain Power, Fortune, 1991 – 06 – 03

10. H. Shwind, Das, Werther Davis. Canadian Human Resource Management, McGraw – Hill Ryerson Limited , 1995

11. Ouchi W G, Jaeger A M. Type Z Organization: Stability in the Midst of Mobility, Academy of Management Review, 1978,3:305 – 314

12. Sullivan J J. A Critique of Theory Z, Academy of Management Review, 1983:8 – 13

13. Joiner C W. Making the "Z" Concept Work, Sloan Management Review, 1985:57 – 63

14. Thompson G. Fitting the Company Culture, In T. Lee (ed.) Managing Your Career, New York: Dow Jones & Company, 1990

15. A H Maslow. Motivation. Personality, New York: Harper & Row, 1954

16. F Herzberg B Mausner, B Snydeman. The Motivation to Work, New York: John Wiley & Sons, 1959

17. V H Vroom. Work and Motivation, New York: John Wiley & Sons, 1967

18. Randall S Schuler, Vandra L Huber. Personnel and Human Resource Management (5th edition), West Publishing Company, 1993: 135

19. Leslie Brokaw. The Enlightened Employee Handbook, Inc13, 1991: 55 – 57

20. Wagner R J, Baldwin T T, Roland C C. Outdoor Training: Evolution or Fad? Training and Development Journal, 1991,45(3):50 – 57

21. D C Borchard. New Choices: Career Planning in a Changing World, in Career Tomorrow, ed. Cornish, 25 – 33

22. Dougias T Hall. Protean Careers of the 21st Century, Academy of

Management Executive,1996,10(4)

23. Jogn R Schermerhorn Jr, James G Hunt, Richard N Osborn. Managing Organizational Behavior(5th Edition), New York：Wiley Pub Company,1993

24. Hugh J Arnold Daniel. C. Fekdman Organizational Behavior, McGraw：Hill Book Company,1986

25. P Morgan. International Human Resource Management：Fact of Fiction, Personnel Administrator,1986,(9):43 – 47

26. Richard Holden. Managing People's Values and Perceptions in Multi – cultural Organizations, Employee Relations,2001,23(6):614 – 626

27. Hofstede Geert. Cultural Dimension in People Management In "Globalizing Management", New York：Wiley, 1993

28. Hofestede Geert. Culture's Consequences：International Difference in Work Related Values, London：Sage, 1980

网上资料

1. 中国人力资源外包网,http：//www. hros. cn

2. 二十一世纪管理培训网,http：//www. 21emr. com

3. 中调网：员工冲突管理的有效方法,http：//www. chinacaehr. net/html/ERM_yan_Jiu/ERM_fang_fa/20071128/6762. html,2006 – 02 – 08

4. 杜布林冲突的系统分析模型, wiki. mbalib. com/wiki/杜布林冲突的系统分析模型

5. 我国安全生产的形势和任务,李毅中, info. cec – ceda. org. cn/zcfg/pages/20070628_8674_4_. html,2007 – 06 – 28

6. 赵琼. 广东企业社会责任问题调查,企业,担负起你的社会责任,www. dajingmao. com /sub/view. asp? id =1167,2004 – 09 – 18

7. 张淑君. 世界工运百年回顾(四),工人日报, http：// gonghui. pudong. gov. cn/ web/ new_page/ doc. asp? id =4656

8. 王晶. 西方国家劳动关系调整的启示,(转载)首都经济贸易大学劳动经济学院, http：//hi. baidu. com/yu _ 156888/blog/item/305202d1a421d03b9b5027ac. html ,2007 – 07 – 06

9. 工会与企业的关系如何处理,中国人大网,http：// www. npc. gov. cn/zgrdw/ common/ zw. jsp? label = WXZLK&id = 294426 & pdmc =1135, 2002

– 04 – 28

10. 中国政府门户网站，www. gov. cn，2008 – 10 – 16

11. 人民网，www. people. com. cn，2008 – 10 – 17